Series of Overseas China Studies

Discovering China from the Outside

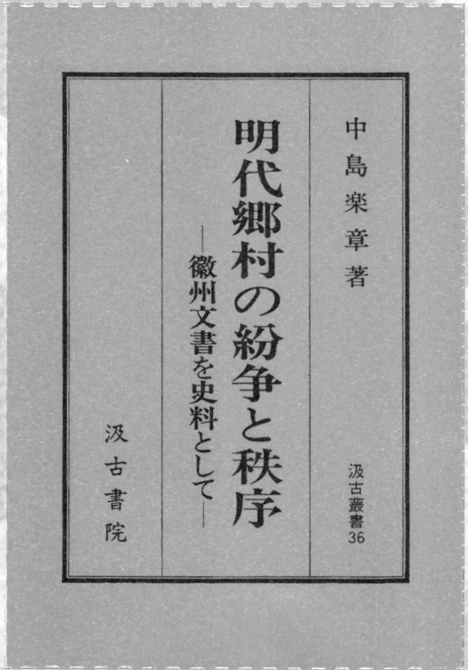

海外中国研究丛书·精选版

U0112490

思库·SCHOOL 出品

海外中国研究丛书

—

到中国之外发现中国

纠纷与秩序

徽州文书中的明朝

［日］中岛乐章 著　郭万平 译

明代郷村の紛争と秩序

徽州文書を史料として

江苏人民出版社

图书在版编目(CIP)数据

纠纷与秩序:徽州文书中的明朝/(日)中岛乐章著;郭万平译. --南京:江苏人民出版社,2024.5
(海外中国研究丛书 / 刘东主编)
ISBN 978-7-214-29057-1

Ⅰ.①纠… Ⅱ.①中…②郭… Ⅲ.①乡村-行政管理-研究-中国-明代 Ⅳ.①D691

中国国家版本馆CIP数据核字(2024)第063508号

书　　名	纠纷与秩序:徽州文书中的明朝
著　　者	[日]中岛乐章
译　　者	郭万平
责任编辑	胡海弘
装帧设计	周伟伟
责任监制	王　娟
出版发行	江苏人民出版社
地　　址	南京市湖南路1号A楼,邮编:210009
照　　排	江苏凤凰制版有限公司
印　　刷	苏州市越洋印刷有限公司
开　　本	652毫米×960毫米　1/16
印　　张	21.25　插页4
字　　数	275千字
版　　次	2024年5月第1版
印　　次	2024年5月第1次印刷
标准书号	ISBN 978-7-214-29057-1
定　　价	98.00元

(江苏人民出版社图书凡印装错误可向承印厂调换)

序“海外中国研究丛书”

中国曾经遗忘过世界，但世界却并未因此而遗忘中国。令人嗟讶的是，20世纪60年代以后，就在中国越来越闭锁的同时，世界各国的中国研究却得到了越来越富于成果的发展。而到了中国门户重开的今天，这种发展就把国内学界逼到了如此的窘境：我们不仅必须放眼海外去认识世界，还必须放眼海外来重新认识中国；不仅必须向国内读者迻译海外的西学，还必须向他们系统地介绍海外的中学。

这个系列不可避免地会加深我们150年以来一直怀有的危机感和失落感，因为单是它的学术水准也足以提醒我们，中国文明在现时代所面对的绝不再是某个粗蛮不文的、很快就将被自己同化的、马背上的战胜者，而是一个高度发展了的、必将对自己的根本价值取向大大触动的文明。可正因为这样，借别人的眼光去获得自知之明，又正是摆在我们面前的紧迫历史使命，因为只要不跳出自家的文化圈子去透过强烈的反差反观自身，中华文明就找不到进入其现代形态的入口。

当然，既是本着这样的目的，我们就不能只从各家学说中筛选那些我们可以或者乐于接受的东西，否则我们的“筛子”本身就可能使读者失去选择、挑剔和批判的广阔天地。我们的译介毕竟还只是初步的尝试，而我们所努力去做的，毕竟也只是和读者一起去反复思索这些奉献给大家的东西。

刘　东

目　录

译者的话

七年前译者在日本京都第一次阅读《纠纷与秩序:徽州文书中的明朝》日文版(汲古书院,2002年)时,便被书中丰富多彩的徽州文书和新见迭出的学术观点所吸引,后来经著名宋史学者久保田和男先生的介绍,结识了该书作者中岛乐章先生。中岛先生学术视野开阔,研究领域涉及中国社会史、东亚海域史,主要研究课题有以徽州文书为主的明清时期文书和档案史料研究,明清徽州乡村社会纠纷处理与秩序形成,元明时期乡村统治与社会管理,宋元明清时期中国东南部宗族形成,明清时期徽州的山林经营、商业活动、民众文化、识字教育、社会移动,明日朝贡贸易、海上贸易等等。本书日文版是中岛先生博士论文(早稻田大学)的增订版,是其代表性学术成果,曾在国际明史学界产生热烈反响。此次中文版出版之际,作者又作了若干修订。

自唐末至明代,中国东南部随着社会经济的快速发展,人口持续增长、移民流入,商业化日益凸显,尤其在长江中下游地区,移民流入加大了人口压力,招致了移民社会特有的不稳定秩序和“健讼”风潮。然而,朝廷行政体系对基层社会的统治力却逐渐减弱,主要依靠老人制、里甲制等进行乡村社会管理。但在16世纪后半期,以老人、里甲制为中心的纠纷处理框架开始动摇，乡村社会中纠纷处理、秩序维持主体多元化。本书充分利用徽州文书，实证性地探明了这一演变过程，具有极高的学术价值，对于中国学者的社会史研究，也有他山之石的借鉴意义。然而，译者受研究方向和外语能力所限，未必能够准确、典雅地反映原著特色，因此，在译著出版之际，译者诚惶诚恐，敬希诸位专家学者指正。

本书得以列入江苏人民出版社品牌图书“海外中国研究丛书”，首先要感谢王保顶先生的热心举荐和大力帮助，正是他的周密安排和细致审稿，才使本译著顺利问世。在翻译过程中，数次与中岛乐章先生商谈有关史料、译词、学术观点等问题，笔者也受益匪浅。研究生高飞同学初译了本书的大部分章节，冯军南、梁琼之也校译了部分章节。在最后校译阶段，笔者也参考了顾盼、郑民钦、李建云等先生的译文，在此一并深表谢忱。

郭万平

2010 年 10 月 18 日

于浙江工商大学

中文版序

我开始从事徽州文书研究，在很大程度上起于偶然。在早稻田大学攻读博士课程期间，我发现明代中期的法制史料《皇明条法事类纂》记载有大量有关明代老人制的史料，而世人并没有注意到这些史料的存在，于是，开始着手研究基于明代老人制的纠纷处理状况。1993年春，我在研究过程中偶然拜读了牧野巽先生的论文，才知道本书第五章所论述的重要史料《茗洲吴氏家记·社会记》。这一史料生动形象地记录了乡村、宗族的社会生活和纠纷的实际状况，可以说与该史料的“邂逅”，成为我与徽学结缘的开端。

幸运的是，当时《徽州千年契约文书》读书班恰好在东洋文化研究所契约文书研究会开读，我也有幸参加。此后不久，便轮到我发表研究报告，而我在调查《徽州千年契约文书》的过程中，接触到了本书第三章介绍的宣德二年《祁门谢应祥等为重复买卖山具结》的史料，我至今难以忘记看到这一史料结尾“理判老人谢尹奋”这一署名时的惊讶之情。在这个研究会里，我有幸获得了与臼井佐知子先生、岸本美绪先生及其他先生共同解读文书的机会，并发表了一系列论文，这些论文就是本书第二至五章的雏形。

更为幸运的是，当时作为徽州文书研究领域极具代表性学者之一的栾成显先生来到日本，参加了契约文书研究会。之后的1996年，通过栾成显先生的介绍，我得到去中国社会科学研究院历史研究所留学的机会，并有幸跟随徽学中心主任周绍泉先生研修。虽然仅有短短半年时间，但得到了徽州文书研究权威学者周、栾两位先生以及陈柯云、张雪慧老师的悉心指导，与阿风（中国社会科学研究院历史研究所）、权仁溶（韩国高丽大学）等同学一起研习徽州文书，并利用各种机会，到中国各地实地调查原始文书，与中国各地的徽学研究者交流。尤其是王振忠（复旦大学）、卞利（安徽大学）两位先生均与我同岁，对我的研究提供了诸多教益和帮助。我回国以后，又以日本方面其研究刚刚起步的徽州文书作为基本史料，发表了一系列论文，2002年本书日文版由汲古书院出版发行，受到学界同仁的关注。

为完成本书，我得到许多来自各方的大力帮助。在研究徽州文书的过程中，得到了国内外众多学者的指教和建议，在中国进行文书调查时，也得到各地收藏部门职员们的大力帮助。另外，在本书日文版出版之际，又得到山根幸夫先生的热心帮助和汲古书院编辑部工作人员的大力协助。尤其是早稻田大学的近藤一成先生，作为授业恩师，一直给予我悉心指导，并与金子泰晴等早稻田大学东洋史学科的同学们一起，长期以来对我的研究生生活给予莫大支持。在此，我还想特别向家乡的父母再次致以最衷心的感谢。

此次承蒙浙江工商大学日本文化研究所郭万平先生的热心推荐，拙著中文版有幸作为“海外中国研究丛书”之一种，由江苏人民出版社出版发行。在中国，与徽州学相关的研究成果相当丰富，已有许多优秀论著问世。拙著能够翻译成中文并介绍给中国的各位学者和读者，我感到十分荣幸。尤其是郭万平先生，百忙之中不辞辛劳地翻译此书。在此，对郭万平先生、高飞先生的大力帮助以及江苏人民出版社王保顶先生的周密安排深表谢忱。

本书第一章，围绕2000年之前中国国内外的徽州文书收集、整理与研究成果进行了全面综述。2000年至今的十年时间里，徽州文书研究又取得重大进展，发表了许多研究成果。首先在资料集方面，出版发行的有刘伯山主编《徽州文书》第一至三辑（广西师范大学出版社，2002—2009年）、周向华编《安徽师范大学馆藏徽州文书》（安徽人民出版社，2009年）等。还有作为徽学基本文献史料出版的《徽学研究资料辑刊》（黄山书社，2004年至今）、徽学研究集成丛书《徽州文化全书》全20卷（安徽人民出版社，2005年）。除此之外，有关徽学、徽州文书的专著、论文也陆续问世。我在本书中提到，现存徽州文书总数至少有20万份，但最近有学者推算，如果加上民间保存的文书的话，其总数将增加到35万—50万份（前述《安徽师范大学馆藏徽州文书》，第2页）。因本书日文版出版较早，本书第一章无法综述近十年来徽学的最新研究成果，第二章以下也不能吸收近十年徽学研究的新成果，我深感遗憾，希望广大读者把本书第一章视为20世纪徽学发展的一种概括，并把本书作为徽学未来发展的铺路石。

令人遗憾的是，拙著日文版出版不久，我在徽州文书研究领域的恩师周绍泉先生于2002年在北京逝世。周先生凭借其在徽学方面的渊博知识和对疑难文书卓越的解读能力，主导了1980年以来徽州文书研究的快速发展。如果没有周先生在各个领域的杰出贡献，当今徽学研究的繁荣发展程度将大打折扣。最后，我想再次向周先生致以最最真挚的谢意，并以拙著中文版的出版来纪念周先生。

中岛乐章

2010年10月10日

于日本福冈九州大学

凡　例

1. 本书所引徽州文书，一般引用原文，加以句读。

2. 除正字外，徽州文书中混杂有略字、异体字、俗字、误字、假借字等，本书原则上采用常用汉字。常用汉字中没有的汉字，尽可能地使用正字。此外，文书资料集中采用简体字后的活字化徽州文书，也改为常用汉字加以引用。

3. 许多徽州文书是用难以判读的草书写成的文书，或者因影印不清而无法判读，尤其是许多专有名词难以推定。本书中用“□”来表示因破损、影印不清而无法判读的字，和无法推定正字的草字等。此外，对推定汉字存疑时，在该汉字后面标注“?”。

4. 明显误字在（　）内订正，对推定汉字存疑时，在其后面标注“?”。明显为脱字的，在[　]内补正，对推定汉字存疑时，在其后面标注“?”。

5. 引用文书时，没有特别考虑每行字数和换行位置。但若有与文书内容相关的空格、抬头，无论字数多少，一律空二字，抬头则在行中换行。行间小注放在[　]内加以引用。

6. 文书末尾的年月日、署名部分的位置，尽可能地模仿原始文书风格，有时则适当地加以调整。署名者花押用“（押）”表示，并非亲笔花押而是别人抄写的花押则用“〈押〉”表示。用“○”或“×”代替花押时，遵从原文做法。

7. 主要徽州文书资料集略称如下：

① 王钰欣、周绍泉主编《徽州千年契约文书》第一编（宋·元·明编）：

《契约文书》

② 王钰欣、周绍泉主编《徽州千年契约文书》第二编（清·民国编）：

《契约文书》二编

③ 安徽省博物馆编《明清徽州社会经济资料丛编》第一集：

《资料丛编》一集

④ 中国社会科学院历史研究所徽州文契整理组编《明清徽州社会经济资料丛编》第二集：

《资料丛编》二集

⑤ 张传玺主编《中国历代契约会编考释》上、下卷：

《会编考释》

8. 在引用研究论文时，若该论文先在杂志登载后又收录在单行本，原则上著录初次发表时间和收录图书书目。题目在初发表论文和单行本之间有出入时，一般以后者为准，页码也依照后者。

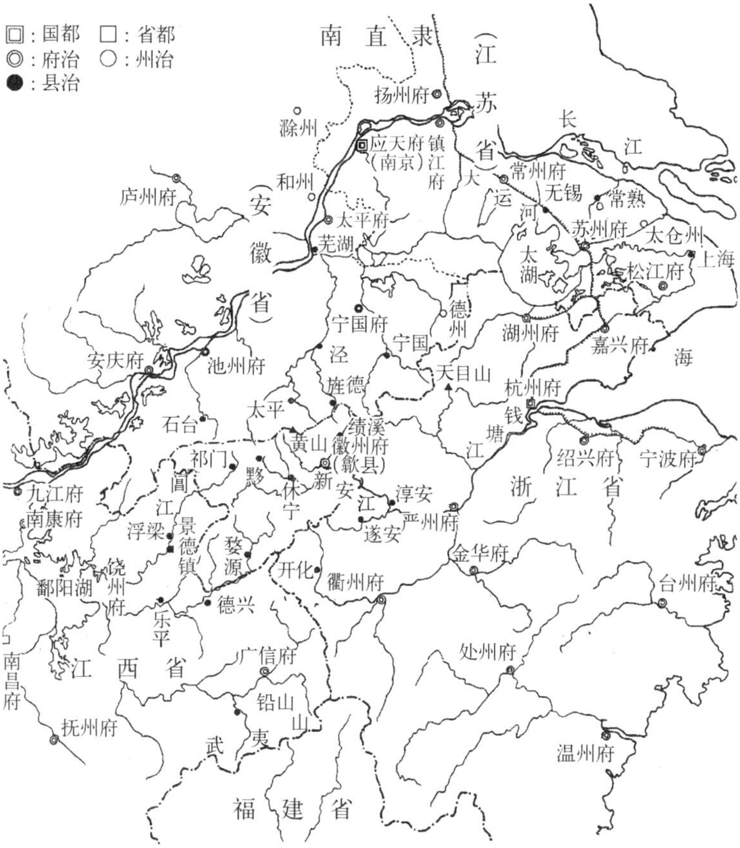

回：国都 □：省都
◎：府治 ○：州治
●：县治
南直隶（江苏省）
（安徽省）
扬州府
滁州
应天府（南京）
镇江府
和州
庐州府
太平府
芜湖
常州府
无锡
常熟
长江
大运河
苏州府
太仓州
上海
太湖
松江府
宁国府
德州
宁国
湖州府
嘉兴府
海
安庆府
池州府
泾
天目山
旌德
杭州府
太平
钱塘江
石台
黄山
绩溪
徽州府（歙县）
绍兴府
宁波府
祁门
黟
休宁
新安江
淳安
浙江省
九江府
阊江
南康府
浮梁
景德镇
婺源
遂安
严州府
金华府
鄱阳湖
饶州府
开化
衢州府
台州府
乐平
德兴
南昌府
江西省
广信府
处州府
铅山
抚州府
武夷山
温州府
福建省

徽州府及其周边

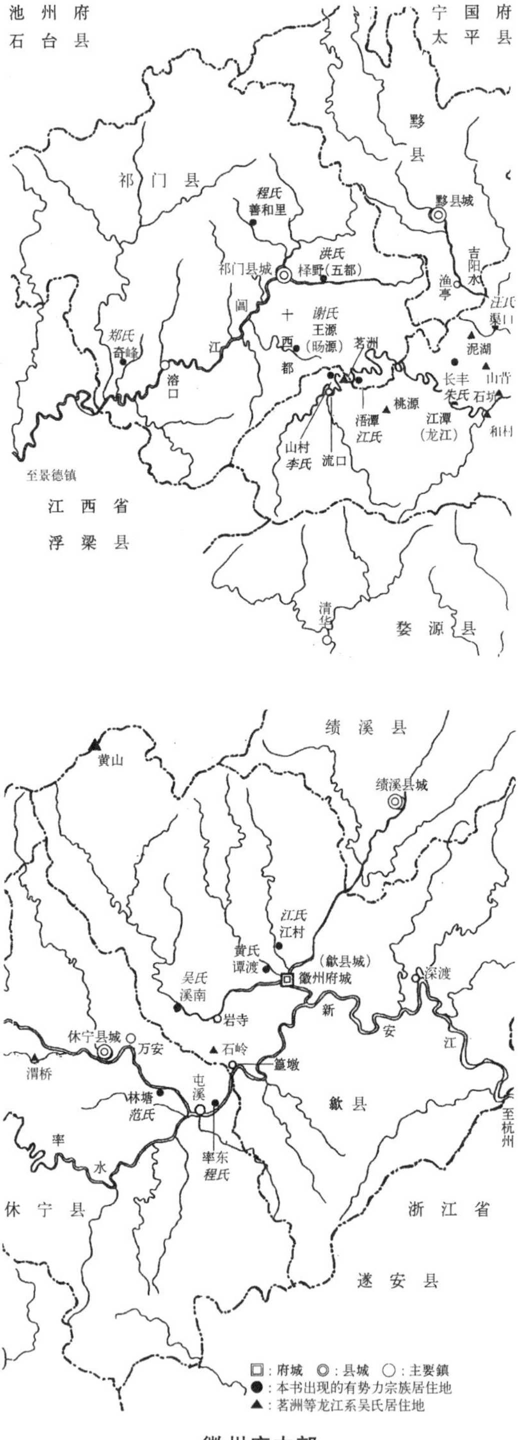

池州府
石台县
宁国府
太平县
黟县
祁门县
程氏
善和里
黟县城
洪氏
祁门县城
桎野(五都)
吉阳水
渔亭
阊江
十西都
谢氏
王源(旸源)
郑氏
奇峰
茗洲
泥湖
长丰
朱氏
桃源
洛口
浯潭
江氏
江潭(龙江)
山村
李氏
流口
至景德镇
江西省
浮梁县
清华
婺源县
绩溪县
黄山
绩溪县城
江氏
江村
黄氏
谭渡
(歙县城)
徽州府城
深渡
吴氏
溪南
岩寺
新安江
休宁县城
万安
石岭
篁墩
渭桥
屯溪
林塘
范氏
歙县
至杭州
率水
率东
程氏
休宁县
浙江省
遂安县
□:府城 ◎:县城 ○:主要鎮
●:本书出现的有势力宗族居住地
▲:茗洲等龙江系吴氏居住地

徽州府中部

第一章　徽州文书研究的展开

引言

明清时代的社会经济史研究，自清水泰次、梁方仲等学者取得开拓性研究成果以来，通过搜集大量文献史料而不断得以推进。各种文献史料中，明代至民国时期史料存留至今的数量最多，县志、府志等地方志成为重要史料，还有实录、会典等中央政府基本资料，反映地方政治实态的官箴、公牍等政书，出自士大夫阶层之手的文集、笔记等史料，通过对它们的广泛探讨，不断积累实证性研究。战后的日本，根据这些史料群，对商品生产与手工业、赋役制度与乡村统治、地主与佃农的关系及共同体论等进行了相关的深入研究。1970 年代，作为全面把握这些问题的框架，乡绅论相关课题研究逐步展开。①

---

① 关于 1970 年代以前的明清史研究，山根幸夫编《中国史研究入门》下卷（山川出版社，1983 年）、岛田虔次等编《亚洲历史研究入门》（同朋舍，1983 年）第一卷“中国Ⅰ　明・清时期”诸条目中有详细整理和介绍。此外，包括乡绅论在内的战后明清史研究综述，有森正夫《日本明清史研究中的乡绅论》（一）、（二）、（三）（《历史评论》308、312、314 号，1975、1976 年），近年来的檀上宽《明清乡绅论》（初发表于 1993 年，后收入《明朝专制统治史的构造》，汲古书院，1995 年）亦具参考价值。

众所周知,1980年代以后,日本明清史研究范畴发生了极大变化,不再受封建制论、共同体论等束缚的社会经济史研究获得巨大进展。在经济史研究领域,商品流通与市场结构、经济变动与财政体系等相关研究非常活跃;在社会史研究领域,以特定地域社会秩序的形成以及社会性统合特质等为焦点,即所谓"地域社会论"成为研究方法的主流。①

以上田信、山田贤为代表的社会史研究,其研究方法在许多方面受到文化人类学和地理学的影响,在史料运用上除地方志以外,更倚重族谱作为主要史料。地方志等文献史料中包含有许多涉及赋役制度、乡村统治等方面的记载,但在乡村制度运行实态以及在乡村社会展开的各种社会关系方面,这种史料未必能提供十分充足的信息。1980年代以后的明清社会史研究,充分地利用以往社会经济史研究常常忽略的族谱史料,因此,以往被忽视的同族结合的重要性得到重视,区域开发的展开与秩序形成过程也逐渐明晰。通过1980年代以后的社会史研究,明清时期乡村社会概念可以说变得非常丰富、具体起来。②

上述1980年代以后的"地域社会论"诸研究,围绕有势力宗族的迁移和统合的过程、地域开发的展开、社会秩序的形成等主题开始了新的研究尝试。但是,族谱类史料在性质上,往往忽视通过地缘、职缘、政治、文化、信仰、娱乐等形成的同族关系以外的人群结合。此外,对于实际上存在的多数中小同族形态、有势力同族内部的阶层分化等课题的探讨,从总体上来说依然比较薄弱。在论述现实乡村社会时不可回避的土地所有、租佃关系等因素也常常被忽略。关于赋役制度、乡村统治与宗族

① 1980年代以降,论及所谓"地域社会论"的论著极多,《历史评论》580号(1998年)为《中国"地域社会论"的现状与课题》专辑,登载山本进《明清时代的地方统治》、三木聪《明清时代的地域社会与法秩序》、井上彻《宋元以降的宗族意义》、山田贤《中国明清史研究中"地域社会论"的现状与课题》四篇论文。此外,《历史评论》581号收录有伊藤正彦《中国史研究的"地域社会论"》。各位学者的见解分歧较大,但对于把握当今"地域社会论"均有学术价值。

② 对1980年代以降的明清社会史研究成果进行综述的代表性论文,可参照岸本美绪《明清时期社会组织与社会变化》(社会经济史学会编《社会经济史学的课题与展望》,有斐阁,1992年)、马渊昌也《最近日本以明清时代为对象的"社会史"研究》(《中国史学》六卷,1996年)。

组织的关系，除片山刚有论及外，几乎为学术空白。1990 年代以降的明清社会史研究，已意识到这些问题，在国家、地方政府与民间社会的中间领域，开展并不断推进对于公益活动、秩序维持、民众文化、民间信仰、乡村的社会结合与共同性特质等方面的研究，在研究领域与史料搜集两方面，正在探索新视野和新方法。①

第一节　明清契约文书研究的进展

对于上述研究课题，地方档案、诉讼记录及契约文书等史料，因提供了非常有用的素材而备受关注。近年来，在欧洲史、日本史研究领域，通过对具体的纠纷、审判事例与同时代人关于犯罪、诉讼的心性和言论的分析，纠纷社会史研究活跃起来。最近，在中国史研究领域，唐泽靖彦、青木敦、太田出等学者发表了值得关注的研究成果。② 在地方志、族谱中，很难发现这种纠纷、审判史料，但这种纠纷、审判史料在精英阶层和有势力同族以外的广泛社会阶层、不限于同族结合的多样性人群结合、生产活动与征税、治安与秩序维持系统等方面，提供了丰富信息，多角度地折射出当时基层社会的实际状态。

早在 1980 年代，滋贺秀三充分利用判语史料从事的清代审判制度研究，寺田浩明关于基层社会习惯、秩序形成的系列研究，在方法论上给明清社会史研究带来极大影响。③ 黄宗智(Philip C. C. Huang)等美国学

---

① 关于此类课题，前注所引论文分别从不同视点出发，进行现状整理并提出一些问题。此外，亦可参考臼井佐知子《明清时代史的基本问题》(汲古书院，1997 年)前言部分的森正夫《总说》。最近，滨岛敦俊《总管信仰——近世江南农村社会与民间信仰》(研文出版，2001 年)一书，根据文献史料和民间传说，以江南地域开发和商业化为背景，探讨了以民间信仰为基轴的农村社会共同性，可以说是近年明清地方社会研究的代表性成果。

② 唐泽靖彦《清代诉状及其书写者》(《中国——社会与文化》13 号，1998 年)、青木敦《健讼的地域印象——以 11—13 世纪江西社会的法文化与人口移动为中心》(《社会经济史学》65 卷 3 号，1999 年)、太田出《清中期长江三角洲市镇的犯罪与治安》(《法制史研究》50 卷，2001 年)等。

③ 参照三木聪《明清时代的地域社会与法秩序》。

者，对诉讼档案进行了深入研究，并围绕地方官审判的法源问题、官府审判与民间调停的关系等，与滋贺秀三、寺田浩明等日本学者展开了热烈的讨论。黄氏以明清时期国家与民间社会的关系为主要论点，其特征就是设定了国家、地方政府的力量和民间社会的力量轮流作用的“第三领域”，有别于欧美的明清、近代史学者认为在国家与社会之间形成“公共领域”的见解。①

上述诸研究当然是以中央、地方档案和判语以及其他审判史料为主推进研究的，可以说这些法制史料对于社会经济史研究具有重大的意义。从实录至地方志的官方文献史料，在制度运用方面、基层社会实际状况方面未必包含了充足的信息。出自士大夫阶层的文集和笔记等，对一般民众的生活世界一般止于间接的记述。族谱史料一般也无法传达同族关系以外的各种各样的社会结合信息。另一方面，出自官方之手的各种审判记录往往提供了与各种民众生活和社会关系相关的素材，而且制度史史料和地方志等，对于既定的各项制度在基层社会的实际状态，也包含不少有价值的记载。

进入 1990 年代以后，除上述法制史料外，以徽州文书为代表的各种文书史料作为研究明清时期法制史、社会经济史的新素材，在日本也受到广泛关注。当然，契约文书的研究本身并非始于近年，以清代后期至民国时期的文书为中心的研究，已有近百年的积累。关于明清契约文书研究史，岸本美绪已经进行了全面详细的整理。② 以下主要依据岸本先生的研究进行简单的回顾。

---

①《中国——社会与文化》13 号（1998 年）小特集《后期帝政中国的法、社会、文化》中，收录有黄宗智《〈中国的法庭审判与民间调停：清代的表达与实践〉序论》（唐泽靖彦译）、滋贺秀三《清代的民事审判》、寺田浩明《清代听讼所见“逆说”现象的理解——兼论黄宗智“表达与实践”论》等论文，学者们清楚地表达了不同见解和立场。

② 岸本美绪：《明清契约文书》，滋贺秀三编《中国法制史——基本资料研究》，东京大学出版会，1993 年。该论文收录的《文献目录》，介绍了主要的文书资料集和研究文献。本书在介绍先行研究成果时，若不特别注明，一般参照该《文献目录》。

日本展开的清代契约文书研究，有出于统治台湾目的而衍生出来的"台湾私法"以及后来的《满洲旧惯调查报告书》，侵略战争时期以《中国农村惯行调查》为主，伴随以东北和华北为中心的农村实态调查，调查参与者同时也进行文书研究，从战前至战后公开发表了许多著作、论文。中华民国成立后，以《民商事习惯调查报告录》为主，经中国人之手开始许多农村社会、土地制度的实态调查，取得了与清代以来契约文书相关的许多成果。最早将契约文书作为明清史研究史料予以关注的是傅衣凌。傅衣凌在抗日战争最激烈时期于福建永安发现了百余件明清时期契约文书，进而研讨以租佃关系为中心的相关问题。

1949 年中华人民共和国成立，随着相继而来的土地革命，全国数量庞大的土地文书被烧毁、废弃。这一时期的土地文书在现实进行的土地分配中被看作是旧社会地主统治的象征，无论如何也不能成为学术研究对象。尽管如此，在土地革命告一段落的 50 年代后半期至 60 年代，如后所述的徽州文书收集工作逐步展开。此外，福建也开始了一些契约文书的收集工作。①

另一方面，在战后日本，战前从事农村调查的学者的文书研究成果相继发表，同时开始进行国内所藏文书史料的整理与研究，尤其是关于清末江南租栈租簿等史料，以村松佑次为首，还有川胜守、夏井春喜等进行了详尽研究，关于江南鱼鳞册也主要由鹤见尚弘进行了细致的分析。②此外，今堀诚二、渡边幸三对个人收集的文书加以介绍和研究，仁井田陞、今堀诚二对日用类书所收的契约和族谱所收的文书进行研究。另外，东京大学的年轻学者整理和研究了近两千件东京大学东洋文化研究

① 杨国桢:《中国学术界对明清契约文书的搜集和整理》,《中国近代史研究》5 集，1987 年，第 77 页。

② 关于日本学界 1990 年代初期以前的租簿、鱼鳞册研究，可参照夏井春喜《东京大学东洋文化研究所藏〈徐永安栈〉关系簿册》(一)(《北海道教育大学纪要》第一部 B，36 卷 1 号，1987 年)第 34 页、第 35 页注 4,《日本现存租栈关系簿册及鱼鳞册(目录及分类)》(《史流》33 号，1993 年)第 70 页所引论文目录。

所收藏的清代契约文书,并于1983年将其目录、解说予以出版。

1960年代,全国各地的大量文书史料再次遭到烧毁、废弃,当然,明清契约文书的收集和研究也完全停止。至70年代末,文书研究重新展开,到80年代正式开始。80年代以后的研究中心依然是徽州和福建的契约文书。关于徽州文书的研究容后再述,在福建,以傅衣凌、杨国桢为中心的厦门大学研究团队和福建师范大学的唐文基等收集了总计近一万件文书,出版了许多研究成果和若干册资料集。①

此外,自80年代起,中国各地开始了文书史料的收集和研究。已在研究论文和资料集中介绍过且具代表性的文书,如河北获鹿的户籍文书、山西丁村的土地文书、山东曲阜的孔府档案、甘肃河州的土地文书、长江三角洲的各种文书、遂安等浙江山区文书、浙江兰溪的鱼鳞图册、广东珠江三角洲的土地文书、四川自贡的盐业文书等等。② 在台湾,历史学者之外还有法学者、民俗学者,他们很早便开始对包括先住民关系在内的清代文书进行收集和研究,并出版发行许多研究论文和资料集。③ 顺天府宝坻档案、四川省巴县档案、台湾淡新档案等地方官府档案资料,也得到整理和出版。美国和日本的学者也发表了许多研究成果。

1980年代以后,中国的文书研究非常活跃,这也促使日本的明清史学者将目光转向文书史料,其中心毋庸置疑是徽州文书,此外也有福建的土地文书、北京的水买卖文书、苏州的地方行政文书、香港地区的各种文书、台湾和贵州等少数民族文书等,针对国内外所藏文书的研究逐步

---

① 代表性成果有杨国桢《明清土地契约文书研究》(人民出版社,1988年)。公开出版的文书资料集有杨国桢《清代闽北土地文书选编》(《中国社会经济史研究》1982年1—3期)、杨国桢《闽南契约文书综录》(《中国社会经济史研究》1990年增刊号)、福建师范大学历史系编《明清福建契约文书选辑》(人民出版社,1997年)等。

② 岸本美绪前述《明清契约文书》所附《文献目录》中,列举了资料集、主要研究论文中所涉及的中国各地文书。

③ 近年台湾出版了许多利用文书史料的专著、论文,其中,最具代表性的专著有陈秋坤《台湾古书契》(立虹出版社,1997年)。

展开[①]，宝坻、巴县、淡新、太湖厅等地方档案研究也正式展开[②]。目前，中国仍在全国各地进行文书史料的收集、整理，并推进地方档案的缩微胶卷化和出版工作。地方档案馆也逐渐向国内外学者敞开大门。毫无疑问，今后特别是清代、近代史研究方面，文书、档案研究将更加活跃。

尽管如此，这些地域的契约文书大部分属于清代后期至民国时期的遗留，数量也有限。福建的近一万件文书中，明代文书仅占少数，从内容上来看，土地文书占据大部分。地方官府的档案虽然数量多，内容丰富多样，但最早也是乾隆时期的，大部分属于清末，清代前期以前的资料极其匮乏。与此不同的是，徽州文书具有数量多、内容丰富、自宋元明清至民国时代跨度大、族谱等关联资料丰富等特点，因此具有极高的研究价值。

第二节　徽州地域史——地域开发与商业活动

近年的中国史研究中，与"敦煌学"一样，"徽州学"（徽学）作为一个研究领域逐渐被人们认同。当然，"徽州学"不仅限于徽州文书研究，其一个重要议题就是徽州商人研究，其次是利用族谱进行的宗族研究，徽州地域史的一般研究，思想、文化学术的研究等等，研究范围极其广泛。关于徽州学，臼井佐知子已在《徽州文书与徽州研究》（森正夫等编《明清

---

① 以下列举近年发表的主要论文。关于福建，有鹤见尚弘《福建师范大学所藏明代契约文书》[《横滨国立大学人文纪要》第一类（哲学社会科学）42 号，1996 年]。关于北京，有熊远报《清代、民国时期北京的水买卖业与"水道路"》（《社会经济史学》66 卷 2 号，2000 年）。关于苏州，有党武彦《论清朝地方文书行政体系——以仁井田陞博士旧藏清末苏州府昭文县文书为中心》（《专修法学论集》72 号，1998 年）。关于香港，有松原健太郎《契约、法、习惯——传统中国土地交易的一侧面》（《统治的地域史》，山川出版社，2000 年）。关于贵州，有武内房司《清代清水江流域的木材交易与当地少数民族商人》（《学习院史学》35 号，1997 年）。此外，东京外国语大学亚非语言文化研究所官网中，以《浅井文库：台湾原住民土地契约文书集成数据库》为名，公开了浅井惠伦等人收集的台湾文书的画像及解题（http://irc.aa.tufs.ac.jp/Asai/）。

② 最新成果收录在《东洋史研究》58 卷 3 号（1999 年）《明清档案》特集、夫马进编《中国明清地方档案研究》（日本科研费研究成果报告书，2000 年）。

时代史的基本问题》,汲古书院,1997 年)中有全面的研究史整理和展望。但是,本节以运用徽州文书史料为前提,首先以徽州地域开发的进展与宗族形成、商业活动的展开为中心,对宋代以前至清末徽州概括性描述。①

明清时期的徽州府由歙县、休宁县、祁门县、黟县(以上均属于今安徽省黄山市)、绩溪县(今属安徽省宣城市)、婺源县(今属江西省上饶市)六县组成,整体上位于施坚雅(William Skinner)所说的"长江下游大地域"的周边山区。但祁门县、婺源县位于鄱阳湖水系的阊江与乐安江的源头,属于"长江中游大地域"边缘。其余四县均位于浙江山区地带注入杭州湾的钱塘江支流新安江水系的上游。从休宁县东部至歙县,沿新安江展开广阔的徽州盆地,其周边分布着许多新安江支流形成的大小不一的河谷盆地,外围则是以黄山为主的蜿蜒山脉。

秦汉时期中央政府在这一地域设置了郡县,但实际上大部分是被称为"山越"的越人居住地,汉人的出入十分有限。汉人的大规模迁移,肇始于西晋灭亡后从中原南下的人群,而且在黄巢之乱等唐末混乱期,也有许多移民为躲避战乱而流入徽州。这样的移民出于自卫,一般形成认同共同祖先的同族集团,他们聚居在一起,开发农田和山林。在徽州,随处可见被称作"坞"的地名,这种"坞"的地形,多见于山地和盆地之间的扇状地上部。这种地形不仅容易进行集团性防卫,而且适宜水利开发,

① 关于徽州地域史研究,叶显恩《明清徽州农村社会与佃仆制》(安徽人民出版社,1983 年)是基本文献。欧美方面的研究,宋汉理《中国地方史的变迁与延续:徽州地方的发展,800—1800 年》(Harriet T. Zurndorfer, *Change and Continuity in Chinese Local History: The Development of Hui-zhou Prefecture, 800 to 1800*, E. J. Brill, 1989)亦颇有价值。此外,关于徽州的地域开发,有斯波义信《宋代的徽州》(初发表于 1972 年,后收入《宋代江南经济史研究》,汲古书院,1988 年)、小松惠子《宋代以降的徽州地域发展与宗族社会》(《史学研究》201 号,1993 年)等论文。关于徽州商人的研究,其论著数量庞大,其中以藤井宏《新安商人研究》(一)、(二)、(三)、(四)(《东洋学报》36 卷 1—4 号,1953、1954 年)具有代表性。最近有臼井佐知子《徽州商人及其网络》(《中国——社会与文化》6 号,1991 年)等论文。中国学者的论著,张海鹏、王廷元主编《徽商研究》(安徽人民出版社,1995 年)乃集大成之作。以下论述,基本上以这些研究成果为基础。

故早期定居地多选建于此。

这种地域开发的正式开展始于宋代。与其说是江南等三角洲地带，倒不如说天目山、会稽山等山地周边扇状地和河谷盆地，更是宋代农业开发的发达地区，这里的地理环境适合这一时期集约型农业的发展。从唐末至宋代，徽州以土豪性质的有势力同族为中心，在周边山地流出的河流上设置“碣”“坝”“堰”等设施并加以利用，与“陂”“塘”等储水池灌溉并用，以此完备水利体系，进行以水田为中心的集约型农业开发。又在周边山地从事杉和松等木材、墨、纸、漆等加工品，以茶为主的山林产品等商品生产，然后向沿新安江而下的两浙方面，以及沿鄱阳湖水系而下的江西方面运出。

到南宋时期，徽州盆地的山村型地域开发基本完成，于是，人口过剩与耕地不足的矛盾日益突出。到明代人口压力增大，在地域内部，连徽州盆地周边的山区、河谷地带也逐渐开发出来，并且也有向毗邻的浙东和江西盆地的人口流动。在外地的商业活动也从这一时期开始活跃起来。特别是后来的移民被先住者控制了条件好的土地和资源，缺乏充足的生产基础，他们中的大部分人在隶属条件下，不得不在先住的有势力同族的手下从事田地和山林的耕作。人口饱和、土地等资源不足等，被认为是宋代至民国时期佃仆制度存续的主要原因。

元末红巾军侵入徽州一带，一时之间当地处于混乱状态。不久，以南京为根据地的朱元璋控制了徽州。朱元璋在徽州和浙东等地，推进鱼鳞册编造等乡村制度整备措施，这也成为明朝成立后乡村统治体系的基础。在明朝前期，徽州的人口流动和农业开发基本上告一段落，人口与耕地相对维持均衡，因此，农业生产也大体上处于稳定状态。这一时期徽州本地人进行了一些商业活动，但一般来说，不过是以各种山林产品交易为中心的地方商人集团之一。

明代中期左右开始，徽州的人口压力再次增大，人们为了寻求生存，展开了全国性商业活动。徽州商人以明代中期的盐专卖法——开中法改革为契机，作为代表明清时期的商人集团而发展起来。此后徽州商人与中央、地方政府的关系密切起来，以以扬州为据点的盐业为中心，引领了长江三角洲至长江一带、华北、华南的商业流通。作为客商，徽州商人广泛地往来于扬州、苏州、杭州、汉口等大商业都市以及县城、市镇等商业区。通过同族或同乡网络，组织推动全国性商品流通和手工业生产。也有像歙县出身的王直一样，作为徽州商人中的海商，与日本、东南亚国家进行贸易活动。

多数徽州商人出身于宋元以降的有势力宗族。商业资本屡次依赖同族筹措，特别是山林经营的收益常常成为资本来源。同时，徽州商人会用商业活动利润再次在故乡购买土地和山林，还通过设置族产、修建宗祠、编纂族谱等强化宗族的基础，支援族人参加科举考试，培养官僚。另外，徽州出身的人中有许多将本籍移往江南等地，也有不少人在迁居地考中科举。据说这些移民一般与徽州同族继续保持着密切关系。

明末清初，徽州成为奴仆叛乱和反清活动的舞台，社会一度陷入混乱，但不久便稳定下来。徽州商人与清朝政府也维持着密切关系，清代前期继续保持繁荣，乾隆年间全国性经济景气，徽州通过商业活动流入庞大的财富。但是，之后因贩卖官盐的利润下降等，徽州商人的繁荣景象逐渐衰弱。特别是鸦片战争后上海开埠，长江下游的商业中心开始由苏州、杭州移至上海，掌握上海商业流通的宁波商人的势力大增，徽州商人的活动逐渐衰退。太平天国时期，徽州也成为战争舞台，遭到极大的人力、物力损失，之后外部财富的流入也不断减少，徽州社会因而进入停滞期。

尽管如此，自清末至民国时期，徽州当地的有势力宗族始终保持稳定势力。各户拥有的田地和山林、宗族与其支派拥有的族产、宗族统辖下的佃仆，宗族祭祀与社、会等民间结社以及里甲、保甲等乡村组织，与这些相关的文书被宗族成员和宗族组织很好地保存下来。这些文书在地主与宗族等土地所有、佃仆的役使以及其他诸种权利的保证方面是不可或缺的，加上徽州传统上就是诉讼非常盛行的“健讼”之地，所以，作为围绕土地和佃仆发生诉讼和纠纷时的证据，各种文书具有长时期保存的必要性。现存徽州文书的大部分，便是这样被有势力宗族或其成员保存下来的。

第三节　徽州文书的收集与整理

一、徽州文书的收集

如上所述，在徽州，保存了大量明清以来直至民国时期的文书。1949 年中华人民共和国成立后不久，便开始了土地改革，众所周知，许多地方的土地文书被视作“封建土地所有”的象征而被烧毁，作为历史资料被系统地保存下来的为数稀少。但幸运的是，在留存有大量古代文书的徽州，自 1950 年代中期起，文书一般被当作“文物”，开始进行有组织地收集。现在各地机关所藏的主要徽州文书，出现在 50 年代至 60 年代前半期，总体上来说有以下三种收集途径。

首先，中华人民共和国成立后，部分文书是与民国时期档案资料一起，从旧政权地方政府手中直接接收而来。这类文书主要由安徽省档案馆及黄山市所属各县档案馆所藏文书构成。安徽省档案馆现存明清时期徽州文书总计达 6 151 件，其中多数是 50 年代从旧地方政权手中接收过来的。① 此外，在休宁县，直至民国三十二年(1943)，明末以来鱼鳞图册被视为地税征收依据而使用，中华人民共和国成立后，在县城的钟楼中发现了自顺治四年(1647)至民国时期完整形态的全县鱼鳞图册，一并保存在休宁县档案馆。②

其次，部分文书是伴随土地改革由政府机关收集而来的。徽州自

① 严桂夫主编:《徽州历史档案总目提要》，黄山书社，1996 年，第 43 页。
② 同上书，第 35、47、52 页。

1952 年土地改革开始,地主的土地和剩余财产被没收、分配,与此同时,地主和宗族的大量契约文书被没收,部分地区有一并烧毁的情况。尤其是在由安徽省划到江西省的婺源县,据说有大量文书被烧毁,因此,现存徽州文书中婺源县文书极少。但幸运的是,参加当时徽州土地改革的华东宣传部某领导得知被没收文书中有许多年代久远的历史资料时,提议对其进行保存。现在安徽省博物馆以及图书馆所藏的部分徽州文书,就是此时被封存保留下来的。①

此外,据《文物参考资料》1954 年第 12 期可知,安徽省博物馆于同年 5—7 月,向以徽州为中心的安徽省南部派驻"芜湖、徽州两专区调查征集工作小组",进行古籍调查和文物收集。此时工作组针对屯溪旧书纸店将古书、纸张等作为制纸原料购入,下达了禁止将古书籍作为制纸原料、擅自将古书等卖往外地的通告。小组在收集屯溪各种古书的同时,还收集了监生执照和会试朱卷等文书史料。② 隶属江西省的婺源县,也开展了文物保护收集工作,至 1957 年底,共保存 3 万册以上的线状古书,从废纸堆中收集文物。③ 1960 年,江西省文物管理委员会在婺源县收集了大量官私文书、鱼鳞册、古籍等。④ 通过这些活动,大量文书得以收集和保存。

最后,最重要的文书史料收集是在 1956 年以后,通过屯溪的古籍书店进行的。关于其经过和由来,刘重日、周绍泉、臼井佐知子等学者已进行了详细介绍。⑤ 据此可知,徽州的土地改革于 1954 年完成,地主、宗族等遗留下来相当多的文书和古书。但这些文书屡屡被当作无用

---

① 刘重日:《徽州文书的收藏、整理与研究现状》,姜镇庆译,《东洋学报》70 卷 3、4 号,1989 年,第 138 页。

②《安徽省博物馆在皖南进行历史文物的调查、征集工作》,《文物参考资料》1954 年 12 期。

③ 贺华、金邦杰:《婺源县县委重视、文化馆带头进行文物保护工作》,《文物参考资料》1958 年6 期。

④ 王咨臣:《江西文管会在婺源收集了很多图书资料》,《文物参考资料》1960 年 4 期。

⑤ 刘重日前述《徽州文书的收藏、整理与研究现状》、周绍泉《徽州文书的由来、收藏、整理》(《明代史研究》20 号,1992 年)、臼井佐知子《徽州文书与徽学研究》(《史潮》新 32 号,1993 年)、臼井佐知子前述《徽州文书与徽州研究》。

之物，乃至地主身份象征的累赘，有不少古文书均被当作废纸卖给旧货商。

当时屯溪中心区的老大桥附近，有百余名古书商和古物商，把从徽州各地买来的古书和文书以及其他古物在此贩卖。他们把认为有价值的古书卖给来自上海、杭州的古书商，对于其他文书等，如前文所述的那样，作为造纸原料卖给造纸厂，作为雨伞、爆竹的材料以及山林产品的包装纸等进行转卖。例如歙县今存文书中，与县西部相比，县东部的文书极少，就是因为当时歙县东部毗邻浙江省遂安县的农村地区，那里有许多被称作“土纸坊”的造纸厂，大量文书被作为造纸原料卖掉（承蒙周绍泉先生赐教）。

1955 年，上海古书商韩世保到徽州购买古书，获悉这一情况后，便告诉了时任文化部副部长的郑振铎。众所周知的藏书家郑振铎，对贵重古文书日渐消失的情况非常担心，向安徽省委书记曾希圣提议，派人收集和保存这些文书。曾希圣接受提议，并下达指示，由安徽省文化局派遣相关人员到徽州调查实际情况。1956 年 9 月，在徽州中心区屯溪的新华书店设立专门的古籍书店（后称文物书店），购入古文书、古籍等。

据当时负责屯溪古籍书店文物收集的余庭光介绍，收购文书的方法大致有两种。一是召集众多书贩，为他们提供资金，到徽州各地收购古书和古文书，古籍书店再以稍高的价格买入。另一种是古籍书店方面派人收购古文书和古书。例如从祁门县废品仓库一次性收购文书数万件，从歙县造纸工厂的废纸中以一斤一角的价格购入大量文书。1957 年 10 月 17 日《人民日报》刊载余庭光《徽州发现宋元时代的契约》一文，第一次通报了在祁门、休宁进行的徽州文书收集情况。不久，余庭光又在《文物参考资料》1958 年第 4 期上发表了《歙县发现明代洪武鱼鳞图册》《徽州地区收集到万余件珍奇资料》。

据余庭光介绍，屯溪古籍书店自 1956 年开始的 9 年间收购的文书，总数达 10 万件以上。古籍书店将收购的文书大体上按照年代、种类进行分类、标价，如明代官契（有官印的契纸）一张五角、抄契簿等簿册一册二元以上等，并将目录发送到全国各地机关，出售文书。

到 1960 年代，这些文书先后售给北京的中国社会科学院历史研究所和经济研究所、中国历史博物馆，合肥的安徽省博物馆和图书馆，北京的中国书店，上海的古籍书店，以及各地的大学等等。除此之外，还有一些文书未经屯溪古籍书店之手，直接卖给北京的中国书店等，而中国书店等将购入的文书又转卖给其他机关，这就是中国各地机关所藏徽州文书的由来。但是，由于屯溪古籍书店没有对购入的文书进行较好的系统分类，便依次将其售出，造成同一系统文书分散于各个机关，至今对于文书的系统调查仍在艰难地进行中。

1966 年“文化大革命”开始，徽州文书的收集和整理工作也被迫中止，不仅如此，再次出现集中文书史料并烧毁的情况。例如，江西师范大学保存有上万件“文革”前部分学者收集的婺源县文书，“文革”期间全部被学生们烧毁（承蒙周绍泉先生赐教）。另外，婺源县“文革”以前收集的文书几乎全部被烧毁。不少徽州农村地区残存的文书，也是在这一时期被销毁的。

二、徽州文书的收藏状况

如上所述，自 1950 年代开始以屯溪古籍书店为中心收集的徽州文书，依次售给全国各地机关。“文革”结束的 70 年代末起，部分机关再次展开徽州文书的收集工作，目前仍在进行之中。于是，分散于全国各地大学、研究所、图书馆、博物馆、档案馆的徽州文书得以被收藏，但也存在许多同一家庭、宗族、村落的文书往往分散于不同机关的情况。不过，目前编制统一的藏书目录还比较困难，也没有全面介绍各地机关收藏状况的资料。但中国、日本、美国的部分学者发表了介绍各机关收藏徽州文书状况的报告。笔者综合文书实地调查时的见闻以及各种参考文献的记载，概括中国徽州文书收藏状况如下。①

（一）北京市

北京市许多具有代表性的研究所、大学、图书馆、博物馆，以 1950 年代末通过屯溪古籍书店购入的文书为中心，把徽州文书珍藏下来，特别是中国社会科学院历史研究所（以下略称历史研究所）收藏了总数达 1.4 万件以上的文书，经过系统性整理、分类，制作了大致完整的目录，可以说是名副其实的徽州文书研究中心。中国社会科学院经济研究所（以下略称经济研究所）以清代土地文书为中心，据推测保存了一万件左右的徽州文书。北京大学图书馆和中国国家图书馆（原北京图书馆）也分别收藏了数千件明清徽州的土地文书和鱼鳞册，中国历史博物馆也保存着以徽州为中心的三千至五千件土地文书、黄册、鱼鳞册等。中国第一历史档案馆也收藏了从中国人民大学接管的明代徽州诉讼文书等。另外，北京师范大学也保存有相当数量的徽州文书。文化部文物管理局、中国社会科学院地理研究所、中国书店、清华大学也收藏有徽州文书，但具体状况不明。

① 系统介绍徽州文书收藏状况的论文有：刘重日前述《徽州文书的收藏、整理与研究现状》第 140 页、周绍泉前述《徽州文书的由来、收藏、整理》第 38 页、臼井佐知子前述《徽州文书与徽学研究》第 88—89 页。关于安徽省各地档案馆的徽州文书收藏状况，详见严桂夫前述《徽州历史档案总目提要》第 47—56 页。此外魏斐德主编的《中华人民共和国的明清史研究》（Frederic Wakeman, Jr., ed., *Ming and Qing Historical Studies in the People's Republic of China*, Center for Chinese Studies, Instutute of East Asian Studies, University of California, 1980）一书，是 1978 年美国学者访问中国各地进行史料调查时的记录，其中第 39—43、63—71 页记载了北京图书馆（今中国国家图书馆）、中国历史博物馆、南京博物馆、南京大学历史系、上海图书馆所藏文书史料情况。费维恺主编的《中国宋代至 1900 年的社会与经济史》（Albert Feuerwerker, ed., *Chinese Social and Economic History from the Song to 1900*, Center for Chinese Studies, the University of Michigan, 1982）一书的第 26、47—49 页，也论及上述部门的文书收藏状况。周绍明《徽州文书——打开中国明清社会经济史研究之门的钥匙》（Joseph P. McDermott, "The Huichou Sources——A Key to the Social and Economic History of Late Imperial China",《亚洲文化研究》15 号，1985 年）第 51—54 页，也介绍了安徽省图书馆、南京大学历史系、中国社会科学院历史研究所、中国社会科学院经济研究所等的徽州文书收藏状况。上述之外的参考文献，引用时都加以注明。

(二)合肥市

安徽省会合肥市的省级机关,通过各种途径收集了大量徽州文书。安徽省博物馆除土地改革时期接管的文书之外,还有 1950 年代直接收购以及从屯溪古籍书店购入的文书,因此收集了丰富的徽州文书,并较早开始对其进行研究。安徽省图书馆也保存有多种徽州文书,尤其是清代徽州各类诉讼案卷,颇具史料价值。安徽省档案馆也收藏了总计 6 151 件徽州历史档案,其中大部分是从旧政权接收的历代官府档案。近年安徽大学设立了徽学研究中心,重新收集了残存于徽州农村的一万数千件以上文书,目前收集工作仍在持续进行。另外,位于芜湖市的安徽师范大学图书馆,也保存有大约 200 件徽州文书,该大学的历史系也收藏有徽州的商业文书等。

(三)黄山市

明清时期占徽州府主要部分的黄山市及市属各县的公家机关,也收藏有许多徽州文书。特别是黄山市博物馆,据最近调查可知,收藏有三万多件徽州文书,是全国各类机关中最多的。但数量庞大的文书正处于整理过程中,目前尚未公开。① 如前所述,休宁县档案馆保存了自清初至民国的赋役文书,总计 4 158 卷,仅鱼鳞图册就有 1 146 卷,总计 4 万张。歙县档案馆收藏 1 391 件历史档案,黟县、绩溪县、祁门县、屯溪区等档案馆也收藏了数量不等的历史档案。另外,黄山市属各县的博物馆、图书馆、地方志办公室等部门及今隶属于江西省婺源县的各部门保存有部分文书史料,但详情不明。

(四)南京市、天津市

除北京市、安徽省外,南京、天津的大学、图书馆、博物馆也收藏有徽州文书珍藏本。其中,南京大学历史系资料室收藏总计 4 453 件徽州文书,特

① 《徽州社会科学》自 1999 年第 4 期开始连载倪清华《黄山市博物馆藏徽州文书提要》,陆续介绍黄山市博物馆所藏部分徽州文书。

别是里甲制相关文书、诉讼案卷、商业账簿及“社”“会”组织簿册等,尤具史料价值。南京博物馆保存有约 3 000 件文书史料,其中多数应属徽州文书,但目前基本上没有公开。天津市图书馆收藏约 260 张元、明、清时期的徽州文书,天津历史博物馆收藏有百余件安徽省(可能多数属于徽州)文书史料,南开大学图书馆也收藏有一些元、明、清时期的徽州文书。①

(五) 其他

除上述之外,据报告,中国各地的各类部门也收藏有许多徽州文书,国外也有若干珍藏。尤其是浙江省博物馆拥有一万多件文书史料,其中约一半为遂安县等浙江诸县文书,另外一半为徽州文书(承蒙周绍泉先生赐教),但目前尚未公开。与此不同的是,上海图书馆收藏徽州、江南等地账簿史料一百多件,学者可以自由阅览。另外,山东省图书馆收藏有 31 张南宋至明末的文书,厦门大学历史系资料室收藏有徽州“社”“会”组织的相关文书,广州的华南研究资料中心最近也购入若干徽州文书。② 中山大学、广州市图书馆、四川省图书馆、南充师范学院也有若干徽州文书。此外,也有一些为学者个人收集、收藏的文书。虽然中国以外的徽州文书收藏量极其有限,但引人注目的是哈佛大学燕京图书馆,收藏有总计 924 件明代歙县出身的徽州商人的书简和名片。③

笔者目前掌握的各地机关收藏徽州文书状况已如上述。中国国内仍有一些部门收藏有徽州文书,但了解其全貌非常困难,有待学者们的进一步调查。徽州民间也残存有相当数量的文书史料,屯溪等地古董店也有一些文书在出售。因此,目前北京、合肥、黄山市等地仍设有数个部

---

① 刘尚恒、李国庆《天津馆藏珍本徽学文献叙录》(《首届国际徽学学术讨论会文集》,黄山书社,1996 年),傅同钦、马子庄《清代安徽地区庄仆文约简介》(《南开学报》1980 年 1 期),冯尔康《清史史料学》(台湾商务印书馆,1995 年)第十一章第一节《契据文书史料》。

② 周绍泉《徽州文书与徽学》(《历史研究》2000 年 1 期)第 53 页、王日根《明清徽州会社经济举隅》(《中国经济史研究》1990 年 4 期)、《征求解读一张地契》(《华南研究资料通讯》10 期,1998 年)。

③ 陈智超:《〈美国哈佛大学哈佛燕京图书馆藏明代徽州方氏亲友手札七百通考释〉导言》,《中国史研究》2000 年 3 期。

门，继续进行文书的收集工作。

那么，徽州文书总量到底有多少呢？原来估计徽州文书总量大概有十万件以上。因为据余庭光证实，屯溪古籍书店购入并卖向各地部门的文书有十万余件。① 但根据近年的进一步调查，其总量远远多于十万件。据严桂夫介绍，安徽省所属各级档案馆收藏的徽州历史档案，总计达九万件以上（但其中包括族谱，鱼鳞册一张以一件计算）。② 这些历史档案馆以从旧地方政府接收的文书为中心，通过不同于屯溪古籍书店的途径收集史料。黄山市博物馆内约有三万件徽州文书，不是经过屯溪古籍书店而是独自收集而来的。另外，"文革"结束至今，各地部门也收集了许多文书。

周绍泉先生综合这些数据，将散件文书的一张、簿册和案卷的一册或一卷视为一件，推测目前各地图书馆、博物馆、档案馆、大学、研究所等所藏徽州文书总数至少也有 20 万件。③ 此外，徽州农村也保存有相当数量的文书，关于其数量，目前难以预测。随着今后收集、调查活动的进一步展开，徽州文书总量将逐步得到向上修正。

三、徽州文书整理与资料集出版

1977 年"文革"结束后，徽州文书的整理与研究逐步恢复，到 1980 年代，徽州文书的整理工作正式展开。④ 1983 年中国社会科学院历史研究所组建"徽州文契整理组"，开始整理历史研究所收藏的徽州文书。同年，历史研究所与安徽省博物馆等达成协议，决定整理各部门收藏的徽州文书，并编辑出版资料集。

---

① 周绍泉前述《徽州文书的由来、收藏、整理》第 38 页。
② 严桂夫前述《徽州历史档案总目提要》第 36 页。
③ 周绍泉前述《徽学文书与徽学》第 54 页。
④ 关于 20 世纪 70 年代末至 90 年代初徽州文书整理、资料集出版的经过，前述刘重日、周绍泉、臼井佐知子的论文中有概述。

于是，中国社会科学出版社于1988年出版了安徽省博物馆编《明清徽州社会经济资料丛编》第一集（以下略称《资料丛编》一集）。该书将安徽省博物馆所藏888件、徽州地区博物馆（今黄山市博物馆）所藏62件合计950件徽州文书进行标点，以横排简体字形式出版。其中，明代文书约390件，清代文书约560件。内容多为田地山塘、房屋卖契，此外也包括卖田皮契、典当契、租佃文约、找价契、佃仆关系文书、卖身契、借贷文书、各种合同文书等。

1990年，中国社会科学院历史研究所徽州文契整理组编《明清徽州社会经济资料丛编》第二集（以下略称《资料丛编》二集），亦由中国社会科学出版社出版。[①] 该书将历史研究所所藏徽州文书中的宋元时期文书12件、明代文书685件合计697件，添加标点，以横排简体字形式出版，其特点是大量收录了年代较为久远的文书。内容全部是田地山塘、房屋等卖契，特别是卖山契居多。

1991年，历史研究所重新组建"徽州文书课题组"（后称徽学研究中心），组织综合性大型资料集的编集工作。接着，1992年，王钰欣、周绍泉主编《徽州千年契约文书》全40卷，由花山文艺出版社出版。[②] 该书从历史研究所收藏徽州文书中选出散件文书（一枚或数枚为一件文书）3 200余件、簿册文书（装订成册的文书）122册、鱼鳞册16部，将原资料直接拍照后影印出版。全书分为两大部分：第一编"宋・元・明编"（以下略称《契约文书》）全20卷，第二编"清・民国编"（以下略称《契约文书》二编）全20卷。第一部分收录南宋淳祐二年（1242）至明末的散件文书1 800多件、簿册文书43册、鱼鳞册13部。第二部分收录南明弘光元年（1645）至民国年间的散件文书1 400多件、簿册文书79册、鱼鳞册3部。[③] 每件文书分别注明标题和整理序号，并按照年代排序。

① 关于该书，《东洋学报》72卷3、4号（1991年）刊载有山根幸夫书评。

② 关于该书，《东洋学报》76卷1、2号（1994年）刊载有鹤见尚弘书评。

③ 关于《契约文书》一、二编所收簿册文书数量，目录上为明代44册、清代75册，共119册，但据鹤见尚弘的书评（第72页）可知，实际上为明代43册、清代79册，共122册。

该书特点为收录件数多，年代跨度大，收录种类广。该书收录各种土地买卖文书，此外收录内容还广泛涉及租佃、典当、找价、借贷、人身买卖、佃仆制、税役、户籍、商业、宗族、祭祀、诉讼、行政、科举等。于是，国内外学者得以开始利用丰富多样的文书史料，该书的出版，尤其对海外徽州文书研究的活跃起到极大的推动作用。

诚如上述，徽州文书的整理和出版工作主要以历史研究所为中心进行，但直到1990年代初，其他收藏部门的整理工作几乎没有进展。其原因之一是50年代各部门购入文书后不久，"文化大革命"便开始了，文书整理完全中断，给以后的整理工作造成很大影响。另外，各部门所藏文书被视为"禁区"遭到封锁，拒绝向外部人士公开，特别是博物馆等，一律把文书作为文物处理，学者多不易阅览。而且，许多部门缺乏富有知识、经验的工作人员对数量庞大的文书进行修补、整理、分类等，设备、经费也不充足。①

然而，自90年代后半期开始，各地收藏部门逐渐展开徽州文书的整理工作，不断出版资料集、目录等。1995年，张传玺主编《中国历代契约会编考释》上、下卷（以下略称《会编考释》），将西周时代的金文至民国时期的文书共1 402件契约史料加以标点和注释，以竖排简体字印刷，由北京大学出版社发行。该书收录的南宋、元、明代的契约文书的大部分，是以北京大学图书馆收藏品为主，也包括安徽省博物馆、北京图书馆（今中国国家图书馆）、中国历史博物馆、天津市图书馆等收藏的徽州文书。清代契约文书除上述部门所收藏的徽州文书，也包括多种其他地域的文书。文书内容也丰富多样，特别值得注意的是，还包罗了许多此前从未介绍过的南宋、元代的徽州文书。② 章有义《明清及近代农业史论集》（中国农业出版社，1997年）所收《清代徽州地主分家书置产簿选辑》（第

① 刘重日前述《徽州文书的收藏、整理与研究现状》第141页、臼井佐知子前述《徽州文书与徽学研究》第89页。

② 不过，该书中文书县名、年号、录字、注释等有不少错误，利用时须注意。例如，该书上册第561—562页所收《元统二年祁门冯子永等卖山地红契》文书，从出场人物的姓名、行政区划等来看，并非元朝的"元统"二年(1334)，而可能是百余年后的明朝"正统"二年(1437)。

299—484页),从经济研究所等徽州文书中汇辑了包括48件分家书、4种置产簿在内的各种文书,以横排简体字印刷,其中各种分家文书颇具史料价值。

最近,资料集《中国明朝档案总汇》全101册已经出版(广西师范大学出版社,2001年),是由中国第一历史档案馆收藏的3 000余件明代档案及900余件辽宁省档案馆收藏的辽东都司档案等全文影印而成。第一历史档案馆所藏史料是以明末兵部、礼部、内阁等中央政府档案为主,此外也收录了从中国人民大学接管的明初以来的徽州文书。特别是第一册所收的万历年间以前的档案,大多数为徽州文书。其中,15世纪前半期以后的多种诉讼文书,为明代前中期的诉讼制度研究提供了重要史料。①

自90年代后半期开始,徽州文书收藏目录也得以编纂出版。1996年,在收藏徽州文书的安徽省各档案馆的合作下,严桂夫主编《徽州历史档案总目提要》由黄山书社出版。该书是以安徽省档案馆为主的黄山市、歙县、休宁县、黟县、祁门县、屯溪区、绩溪县各档案馆,以及南京大学历史系资料室所收藏"徽州历史档案"(除民间文书、官方文书外,也包括族谱和各种文物)的总目录。通过该书的出版,以往几乎从未介绍过的大量文书群和鱼鳞册的收藏状况得以厘清,该书序言部分的《徽州历史档案总论》,综述了徽州文书类别和收集过程、收藏机关等,对研究者颇有助益。

2000年,中国社会科学院历史研究所收藏编纂的《徽州文书类目》,由黄山书社出版。该书是历史研究所所藏总计14 137件徽州文书的完整分类目录。全书分为九类,包括土地关系与财产文书、赋役文书、商业文书、宗族文书、官府文书、教育与科举文书、会社文书、社会关系文书、

① 笔者于1997年在中国第一历史档案馆调查史料之际,注意到那里收藏有许多明代徽州诉讼文书,并于1998年在国际徽学研讨会上提交论文《明前期徽州的民事诉讼个案研究》,作了介绍和研讨。其后出版的童光政《明代民事判牍研究》(广西师范大学出版社,1999年),也引用了第一历史档案馆所藏的明代徽州诉讼文书。

其他文书。各类文书又分为 117 目、128 子目。此前对徽州文书进行系统分类的分类法尚未确立，此后该书的分类法成为分类基准之一。在数量方面，土地关系与财产文书较多，在全书 709 页中占 529 页。其次为赋役文书，此前研究不太充分的商业与宗族、教育与科举、民间结社与民众信仰等相关文书，也被系统地整理出来。笔者期待今后其他部门所收藏的徽州文书，也通过通用的分类法制成联合目录，使文书研究走向体系化。

第四节　徽州文书研究史

几乎与中国各地研究部门收集、整理徽州文书同时，这些部门的学者也开始从事文书研究，但徽州文书研究工作的真正开展，却是在中国“文革”结束后的 20 多年，中国以外的研究则不过是 1990 年代以后的十几年。尽管如此，在 20 多年里，中国和日本等国学者已发表相当数量的徽州文书研究成果，在此无法一一介绍这些论文。但幸运的是，在中国徽州文书研究方面，《中国史研究动态》发表了陈柯云《徽州文书契约研究概观》(1987 年第 5 期)、阿风《徽州文书研究十年回顾》(1998 年第 2 期)、《1998、1999 年徽学研究的最新进展》(2000 年第 7 期)等一系列研究史综述文章，全面地介绍、评价了主要研究成果。关于中国和日本徽州学研究概况，臼井佐知子《徽州文书与徽州研究》、阿风《八十年代以来徽州社会经济史研究回顾》(《中国史学》八卷，1998 年)、铃木博之《“徽学”研究现状与课题》(《集刊东洋学》83 号，2000 年)等研究史综述，也介绍了徽州文书、宗族、徽州商人等相关主要论文。[①] 个别论文请参照上述文献。以下将对 1960 年以降各个时期中国国内外徽州文书研究概况略作梳理，并附注各位学者的代表性论文。

---

① 此外，整理、介绍徽州文书、徽州学研究的论文还有曹天生《本世纪以来国内徽学研究概述》(《中国人民大学学报》1995 年 1 期)、阿风《历史研究所“徽州学”研究综述》(《徽学研究论文集》，黄山市社会科学界联合会，1994 年)等等。

一、中国的徽州文书研究

（一）1960 年代—1970 年代前半期

如前所述，1950 年代末起，屯溪古籍书店开始收集徽州文书，最早利用这些文书发表研究论文的，是早已在福建契约文书研究方面取得卓越成就的傅衣凌（厦门大学）。傅先生于 1960 年在《文物参考资料》上发表《明代徽州庄仆文约辑存》，对中国社会科学院历史研究所和文化部文物局所藏的明代佃仆关系文书以插图形式予以介绍和研究。①

1961 年，韦庆远（中国人民大学）介绍了数件明代黄册制度相关专著中所录明代徽州户籍文书，并附有图版。② 1963 年，李文治、魏金玉（经济研究所）关于明清时期土地所有关系、佃农身份的论文，也利用了经济研究所所藏徽州文书。③ 但整个 60 年代，徽州文书研究论文大致仅有上述几篇。1966 年“文化大革命”开始，一切学术研究被迫中断，徽州文书研究也完全进入持续的空白期。值得关注的是，1971—1973 年，台湾的方豪连续地发表论文，介绍国共内战时期购入的徽州文书。④

（二）1970 年代末—1980 年代前半期

1970 年代，中国最早着手徽州文书研究的是经济研究所的章有义。章先生于“文革”末期的 1974 年，将关于太平天国时期徽州文书的论文发表在《文物》杂志上。⑤ 1977 年“文革”结束，他开始全力投入经济研究

---

① 傅衣凌：《明代徽州庄仆文约辑存——明代徽州庄仆制度之侧面的研究》，《文物参考资料》1960 年 2 期。

② 韦庆远：《明代黄册制度》，中华书局，1961 年。

③ 李文治《论清代前期的土地占有关系》、魏金玉《明清时代佃农的农奴地位》（均载《历史研究》1963 年 5 期）。

④ 关于方豪所藏徽州文书，其在《食货》复刊一卷三期至三卷一期（1971—1973 年）中，以《战乱中所得资料简略整理报告》（一）—（十一）为题连载，予以介绍，后收录于《方豪六十至六十四自选待定稿》（作者刊行，1974 年）。

⑤ 章有义：《太平天国失败后地主阶级反攻倒算的一个实例——驳斥林彪、陈伯达“两和”“互让”的谬论》，《文物》1974 年 4 期。

所所藏租簿、地产簿等研究,80 年代发表了大量案例研究论文。章先生的系列研究成果收录于《明清徽州土地关系研究》(中国社会科学出版社,1984 年)、《近代徽州租佃关系案例研究》(中国社会科学出版社,1988 年)。

继章有义之后,叶显恩(时任中山大学历史系教授,现在广东省社会科学院历史研究所)于 70 年代末开始徽州文书研究。叶先生首先研究明清徽州的佃仆制度,接着把研究领域扩展到徽州商人。1956、1979 年,他先后在祁门和休宁的农村,进行有关佃仆制度的实地调查研究。叶先生的徽州研究成果收录于《明清徽州农村社会与佃仆制》(安徽人民出版社,1983 年)。该书是一部综合性著作,涉及徽州的历史地理、土地所有关系、徽州商人、宗族组织、文化风俗、佃仆制度等方面,迄今仍是徽州学研究领域的基本文献。

进入 80 年代后,魏金玉(经济研究所)发表了明代佃仆制度的相关研究论文,刘重日(历史研究所)也发表了数篇关于佃仆制的专论。[①] 1983 年,历史研究所设立"徽州文契整理组",以刘重日为主,负责徽州文书的整理工作。[②] 安徽省博物馆的刘和惠、彭超两位先生自 1983 年前后开始,利用该博物馆所藏的徽州文书,全力投入研究。刘和惠的研究涉及佃仆制、田面田底权、元代文书考证等诸问题[③],彭超也围绕佃仆制、田面田底权、军户制等发表许多论文[④],前述《资料丛编》一集主要编纂者就是刘、彭两位先生。此外,傅衣凌撰文分析了明代徽州文书中通货的使

---

① 魏金玉《明代皖南的佃仆》(《中国社会科学院经济研究所集刊》三集,中国社会科学出版社,1981 年),刘重日、曹贵林《明代徽州庄仆制研究》(《明史研究论丛》一辑,1982 年),刘重日《火佃新探》(《历史研究》1982 年 2 期)等。

② 阿风前述《历史研究所"徽州学"研究综述》第 289 页。

③ 刘和惠《明代徽州佃仆制考察》(《安徽史学》1984 年 1 期)、《清代徽州田面权考察——兼论田面权的性质》(《安徽史学》1984 年 5 期)、《元代徽州地契》(《元史及北方民族史研究集刊》,《南京大学学报专刊》1984 年 8 期)等。

④ 彭超《试探庄仆、佃仆和火佃的区别》(《中国史研究》1984 年 1 期)、《论徽州永佃权和"一田二主"》(《安徽史学》1985 年 4 期)、《从两份档案材料看明代徽州的军户》(《明史研究论丛》五辑,江苏人民出版社,1991 年)等。

用情况。①

（三）1980 年代后半期—1990 年代前半期

1980 年代中叶，“徽州学”被公认为明清史研究的新领域。在徽州学被指定为重点研究领域的同时，各地研究团队纷纷成立，实现了研究态势的组织化。1985 年，当地学者组成徽州地区（今黄山市）徽州学研究会，发行机关杂志《徽学通讯》《徽学》等，在徽州移民众多的杭州等地设立分会。② 此外，《江淮论坛》《徽州社会科学》等杂志也刊登许多徽州学研究论文。之后，1994 年，黄山高等专科学校设立“徽州文化研究所”，发行机关杂志《徽州文化研究通讯》。

历史研究所“徽州文契整理组”成员周绍泉、栾成显、陈柯云、张雪慧在 1987 年以后，陆续在《中国史研究》等刊物上发表研究成果，1990 年，“徽州文契整理组”编《资料丛编》二集出版。翌年，该组织更名为“徽州文书课题组”。1993 年，“课题组”与历史研究所图书馆合作，编纂出版了《契约文书》。③ 1994 年，阿风加入“课题组”，成为其中一员，“徽州学研究中心”成立，并在之后作为中国徽州学、徽州文书研究中心发挥着重要作用。

位于芜湖的安徽师范大学历史系，以张海鹏、王廷元为首，成立“徽商研究中心”，从事徽州商人研究。接着，合肥的安徽大学历史系于 1989 年组建“徽州宗族研究课题组”（后改称“徽州学研究所”），以赵华富、卞利等学者为中心，主要从事宗族与社会史研究。④ 于是，到 90 年代，北京、合肥、芜湖、黄山市组成许多徽州学研究基地，各自承担文书研究、徽州商人、宗族等主要研究课题，形成了相互交流、相互联系的机制。

自 80 年代后半期起，徽州文书研究主要由历史研究所的学者们在推进。首先，“徽州学研究中心”主任周绍泉自 1987 年开始，对以土地制

① 傅衣凌：《明代前期徽州土地买卖契约中的通货》，《社会科学战线》1980 年 3 期。
② 臼井佐知子前述《徽州文书与徽学研究》第 90 页、《徽州文书与徽州研究》第 511 页。
③ 阿风前述《历史研究所“徽州学”研究综述》第 289—290 页。
④ 臼井佐知子前述《徽州文书与徽州研究》第 510—511 页。

度为中心的土地买卖、族产、田地亩产量等进行研究，也有许多关于徽州文书收藏、分类的研究。① 1993 年，校订、出版了有关明代徽州详细族产管理规定的《窦山公家议》（黄山书社）。此外，栾成显发现并介绍了元末朱元璋所编鱼鳞册，接连不断地发表关于明代黄册和鱼鳞册的高质量论文，与此同时，通过户籍文书和土地契约描摹出明初地主经营实态。②

陈柯云从对山林经营的分析入手，对乡约、宗族等社会史领域进行研究。他在 1995 年发表大作，通过与佃仆身份相关的诉讼案件，研究探讨了雍正帝发出的贱民解放令的实施状况，③但令人惋惜的是，翌年陈先生因急病辞世。张雪慧也以山林经营和土地买卖等为中心进行文书研究。④ 除此之外，历史研究所的陈高华、王毓铨也通过徽州文书，进行了元、明时期土地买卖制度的研究。⑤

历史研究所以外，刘淼（原《江淮论坛》编辑部，现苏州大学）1986 年以后通过徽州文书，着力进行地主制、土地交易、族产经营、“会”组织等相关研究。⑥ 刘先生是收集海外徽州学研究资讯的《徽州社会经济史译

① 周绍泉《田宅交易中的契尾试探》（《中国史研究》1987 年 1 期）、《试论明代徽州土地买卖的发展趋势——兼论徽商与徽州土地买卖的关系》（《明代史研究》18 号，1990 年）、《明清徽州祁门善和程氏仁山门族产研究》（《谱牒学研究》二辑，文化艺术出版社，1991 年）等。

② 栾成显《明初地主制经济之一考察——兼叙明初的户帖与黄册制度》（《东洋学报》68 卷 1、2 号，1987 年）、《朱元璋下令攒造的龙凤朝鱼鳞册》（《东洋学报》70 卷 1、2 号，1989 年）、《明初地主积累兼并土地途径初探——以谢能静户为例》（《中国史研究》1990 年 3 期）、《徽州府祁门县龙凤经理鱼鳞册考》（《中国史研究》1994 年 2 期）等。

③ 陈柯云《明清徽州地区山林经营中的“力分”问题》（《中国史研究》1987 年 1 期）、《略论明清徽州的乡约》（《中国史研究》1990 年 4 期）、《明清徽州宗族对乡村统治的加强》（《中国史研究》1995 年 3 期）、《雍正五年开豁世仆谕旨在徽州的实施——以乾隆三十年休宁汪、胡互控案为中心》（《清史论丛》，1995 年）等。

④ 张雪慧《徽州历史上的林木经营初探》（《中国史研究》1987 年 1 期）、《明清徽州地区的土地买卖及相关问题》（《中国古代社会经济史诸问题》，福建人民出版社，1990 年）等。

⑤ 陈高华《元代土地典卖的过程和文契》（《中国史研究》1988 年 4 期）、王毓铨《明朝田地赤契与赋役黄册》（《中国经济史研究》1991 年 1 期）。

⑥ 刘淼《略论明代徽州的土地占有形态》（《中国社会经济史研究》1986 年 2 期）、《清代徽州祠产土地关系——以徽州歙县棠樾鲍氏、唐模许氏为中心》（《中国经济史研究》1991 年 1 期）、《清代徽州的“会”与“会祭”——以祁门善和里程氏为中心》（《江淮论坛》1995 年 4 期）等。

文集》(黄山书社,1988年)一书的编译者。郑力民(《江淮论坛》编辑部)也研究了徽州的土地典当制度。[①] 杨国桢(厦门大学)《明清土地契约文书研究》(人民出版社,1988年)一书中的一章,专门论及徽州的山林经营,李文治、江太新(经济研究所)也分析了徽州文书中的地租形态和亩产量。[②]

（四）1990年代后半期以后的研究

1990年代后半期,徽州文书研究中心由土地制度和地主制,逐渐转向社会史、文化史、法制史、商业史等领域。例如,周绍泉以社会史、法制史为中心,展开了丰富多彩的文书研究,包括佃仆家系复原、里长与粮长、诉讼的相关社会关系等。[③] 栾成显收集一系列户籍文书研究成果,出版了《明代黄册研究》(中国社会科学出版社,1998年),同时,发表了关于里甲制、户籍制度的高水平研究成果。[④] 历史研究所的年轻学者阿风,研究了土地契约中"主盟"的作用、妇女财产权问题等至今研究尚且不足的家族法和女性史等相关内容。[⑤]

张海鹏主编《徽商研究》(安徽人民出版社,1995年)第十章《徽商个案研究》中,周绍泉、张海鹏、江怡祢充分利用商业文书和账簿、书简等,描绘出徽州商人经营的实态。封越健(经济研究所)也充分利用徽州文书,探讨了清代商业资本的来源;周晓光(安徽师范大学)分析了清代徽州盐商的商业账簿。[⑥] 社会史文书研究方面,王日根(厦门大学)进行了

---

① 郑力民:《明清徽州土地典当蠡测》,《中国史研究》1991年3期。

② 李文治《明清时代封建土地关系的松解》(中国社会科学出版社,1993年),江太新、苏金玉《论清代徽州地区的亩产》(《中国经济史研究》1993年3期)等。

③ 周绍泉《明后期祁门胡姓农民家族生活状况剖析》(《东方学报》67册,1995年)、《徽州文书所见明末清初的粮长、里长和老人》(《中国史研究》1998年1期)等。

④ 栾成显《明清庶民地主经济形态剖析》(《中国社会科学》1996年4期)、《中国封建社会诸子均分制述论》(《中国史学》八卷,1998年)等。

⑤ 阿风《徽州文书中"主盟"的性质》(《明史研究》六辑,1999年)、《明清时期徽州妇女在土地买卖中的权利与地位》(《历史研究》2000年1期)等。

⑥ 封越健《论清代商人资本的来源》(《中国经济史研究》1997年2期)、周晓光《徽州盐商个案研究:〈二房赀产清簿〉剖析》(《中国史研究》2001年1期)。

明清徽州族产和社、会组织的相关研究。[①] 在法制史领域,卞利(安徽大学)进行了明代民事纠纷的研究。[②]

90 年代末起,利用书简和各种手抄本的研究,为徽州学研究开拓了新领域。首先,陈智超(历史研究所)对哈佛大学燕京图书馆所藏万历年间徽州商人领受的七百余件书简进行了研究,并准备不久后编书出版。[③] 最近,王振忠(复旦大学)收集了大量徽州农村残存手写史料,并发表一系列具有影响力的论文。王先生介绍、研究了民间宗教的礼仪书、民间医书及习俗史料,徽州商人留下的商业书、路程书、商业书简等,这些研究已不限于徽学,为明清时期基层社会和民众文化研究在史料方面提供了新的可能性[④]。

以上介绍的研究成果仅限于徽州文书相关论文,徽州商人及宗族、徽州文化等相关论述当然是远远多于文书研究。代表性论著如研讨徽州商人的有王振忠《明清徽商与淮扬社会变迁》(生活·读书·新知三联书店,1996 年),张海鹏、王廷元《徽商发展史》(黄山书社,1997 年);研究徽州社会与宗族的有唐力行《明清以来徽州区域社会经济研究》(安徽大学出版社,1999 年),赵华富《两驿集》(黄山书社,1999 年)。论文集有《江淮论坛》编辑部编《徽商研究论文集》(安徽人民出版社,1985 年);史料集有张海鹏、王廷元主编《明清徽商资料选编》(黄山书社,1985 年),《明清徽商资料续编》(黄山书社,1997 年)。此外,关于徽州建筑和美术的图录也有很多,当地以黄山市为中心,出版了多种多样的徽州文化以及民俗志、乡土史相关书籍,特别是季家宏主编《黄山旅游文化大辞典》

---

① 王日根《明清徽州会社经济举隅》(《中国经济史研究》1995 年 3 期)、《明清庶民地主家族延续发展的内在机制》(《中国社会经济史研究》1997 年 2 期)。

② 卞利:《明代徽州的民事纠纷与民事诉讼》,《历史研究》2000 年 1 期。

③ 陈智超前述《〈美国哈佛大学哈佛燕京图书馆藏明代徽州方氏亲友手札七百通考释〉导言》。

④ 王振忠《抄本〈三十六串〉介绍——清末徽州的一份民间宗教科仪书》(《华南研究资料中心通讯》14 期,1999 年)、《徽州文书所见种痘及相关习俗》(《民俗研究》2000 年 1 期)、《抄本〈便蒙习论〉——徽州民间商业书的一份新史料》(《浙江社会科学》2000 年 2 期)等。

(中国科学技术出版社,1994 年)全面而又实用。高寿仙《徽州文化》(辽宁教育出版社,1993 年)以章有义、叶显恩先生的研究成果为基础,综述了徽州的社会文化,是一部有用的概说性书籍。黄山市学者姚邦藻主编《徽州学概论》(中国社会科学出版社,2000 年)较详细地记述了徽州文化和民俗志方面的内容。

此外,许多徽州学相关杂志论文,在国外很难查阅得到,但 1996 年安徽大学图书馆收集徽州学研究论文,编辑、出版了《徽学研究论著集成汇编》(全 14 册)。《汇编》收集了 1995 年之前在中国发表的徽州学相关论文 600 余篇,其中 408 篇为复印装订本,卷首还附有该书未收录文献的论文目录。全书由《总论》一册、《徽商》四册、《农村社会与土地制度》四册、《文化艺术》四册、《其它》一册构成,复印状态未必非常清晰,但却都是十分重要的文献。

徽州学受到国内外关注的同时,90 年代起以徽州研究为主题的学术会议也定期召开。1990 年安徽师范大学召开"徽州社会经济史学术讨论会",1993 年在黄山市召开"全国徽学学术讨论会"。1994 年"首届国际徽学学术讨论会"、1995 年"'95 国际徽学学术讨论会"均在黄山市屯溪举行,并且均有海外学者参加。之后,连年召开徽州学国际学界会议,"'98 国际徽学研讨会"在绩溪县、"2000 年国际徽学研讨会"在安徽大学分别召开。① 于是,学会上的许多学术报告编辑为论文集出版,如《徽学研究论文集》(黄山市社会科学界联合会,1994 年)、《首届国际徽学学术讨论会文集》(黄山书社,1996 年)、《'95 国际徽学学术讨论会论文集》(安徽大

① 关于上述徽州学学会的参加报告,主要有李琳琦《徽州社会经济史学术讨论会综述》(《安徽师范大学学报》1991 年 1 期)、陈柯云《中国徽学学术讨论会述评》(《中国史研究动态》1994 年 3 期)、曹天生《徽学研究的新动向——"首届国际徽学学术讨论会"综述》(《中国史研究动态》1995 年 6 期)、刘淼《徽州学:面向世界的传统中国区域社会研究——"国际徽学学术讨论会"论题述要》(《江淮论坛》1996 年 1 期)、中岛乐章《'98 国际徽学研讨会》(《东方学》98 辑,1999 年)、阿风《'98 国际徽学研讨会综述》(《中国史研究动态》1999 年 1 期)、松浦章《2000 年国际徽学研讨会》(《满族史研究通信》10 号,2001 年)、陈联《2000 年国际徽学研讨会综述》(《中国史研究动态》2001 年 3 期)。

学出版社,1997 年)、《'98 国际徽学学术讨论会论文集》(安徽大学出版社,2000 年)等。

1999 年,"安徽大学徽学研究中心"成立,对徽州的宗族、文书、商业、文化等进行综合性研究。目前,徽学研究中心开始推进徽州学文献综合目录的编纂、碑文和建筑物调查、文书史料收集等计划,徽州研究信息的电子化也在规划之中。此外,该中心发行机关杂志《徽学》、反映学术动态的《徽学研究通讯》,也开始出版《徽州研究丛书》。作为安徽省的研究计划的综合性徽州学丛书《徽州文化全书》也开始编纂。笔者期待今后以历史研究所和安徽大学为中心的徽州学研究组织不断壮大。近年来,中国以外的徽州学学者也通过参加国际学会、留学或访问中国的研究部门、收集资料等,与中国学者不断地加强学术交流。周绍泉、栾成显等学者长期驻留日本从事研究活动,给日本的徽州学研究带来极大影响,以后这样的相互交流活动将更加活跃。

二、日本的徽州文书研究

在日本,20 世纪四五十年代起,已有几篇关于明清时期徽州的论文问世。牧野巽、多贺秋五郎有宗族和族谱方面的研究论文①,特别是藤井宏关于徽州商人(新安商人)的综合性研究成果已被译成中文,对中国的徽商研究带来极大影响。②

日本最早进行徽州文书研究的是仁井田陞。1961 年,他利用傅衣凌、韦庆远介绍的文书,对明末徽州的庄仆(佃仆)制进行了初步研究。③

① 牧野巽《明代同族社祭记录一例——〈休宁茗洲吴氏家记·社会记〉》(初发表于 1941 年,后收入《近世中国宗族研究》,日光书院,1949 年;复收入《牧野巽著作集》第三卷,御茶之水书房,1980 年)、多贺秋五郎《论新安名族志》[《中央大学文学部纪要》6 期(史学科二),1956 年]等。

② 藤井宏前述《新安商人的研究》(一)、(二)、(三)、(四)。中译本有傅衣凌、黄焕宗译《新安商人的研究》(初发表于 1958、1959 年,收入前述《徽商研究论文集》)。

③ 仁井田陞《明末徽州的庄仆制——尤其是劳役婚》(初发表于 1961 年,后收入《中国法制史研究》第 3 卷《奴隶农奴法·家族村落法》,东京大学出版会,1962 年)。

但当时的日本学者无法接触文书原件，又因“文革”时期中国的学术研究中止，70 年代之前日本人利用徽州文书进行的研究极少。① 但文书以外的徽州研究，在六七十年代，重田德的徽州商人研究、斯波义信的宋代徽州开发史研究等重要论文，多贺秋五郎对包括徽州族谱在内的系统调查，论述明清徽州农村戏剧及其社会背景的田仲一成的研究论文，在文书研究方面也具有极高参考价值。②

“文革”结束后，在中国徽州文书研究非常活跃的同时，80 年代的日本也再次开始展开徽州文书研究。首先是 1984 年小山正明以傅衣凌、章有义、叶显恩诸人的研究为基础，考察了明清时期徽州的奴婢、庄仆制。③ 接着，1988 年，鹤见尚弘研究了在中国历史博物馆发现的永乐年间户籍文书。④ 该文是日本人利用徽州文书原件进行的最早的研究。但 80 年代，日本学者进行徽州文书调查的机会非常有限，总体来说，对地主制和土地制度的关心逐渐减退，中国对徽州地主制、土地制度的研究成果，除了叶显恩的著作⑤，对日本的明清史研究影响不大。尽管宗族研究盛行、商业流通和市场圈研究活跃，这一时期仍缺乏徽州宗族和徽州商

---

① 在利用徽州文书的六七十年代的研究中，山根幸夫《明代徭役制度研究》(东京女子大学学会，1966 年)研讨了韦庆远所介绍的徽州黄册关系文书；小山正明也在《明代的大土地所有与奴仆》(初发表于 1974 年，后收入《明清社会经济史研究》，东京大学出版社，1992 年)中，介绍了若干佃仆关系文书。

② 重田德《清代徽州商人的一侧面》(初发表于 1968 年，后收入《清代社会经济史研究》，岩波书店，1975 年)、斯波义信《宋代的徽州》(初发表于 1972 年，后收入《宋代江南经济史研究》，汲古书院，1988 年)、多贺秋五郎《中国宗谱研究》(日本学术振兴会，1981 年)、田仲一成《论十五、十六世纪中国地方剧的变质》(一)、(二)(《东洋文化研究所纪要》60、63 册，1973、1974 年)。

③ 小山正明《文书史料所见明清时期徽州府下的奴婢、庄仆制》(初发表于 1984 年，收入前述《明清社会经济史研究》)。

④ 鹤见尚弘《论明代永乐年间的户籍关系残简——中国历史博物馆所藏徽州文书》(《榎博士颂寿纪念 东洋史论丛》，汲古书院，1988 年)。鹤见尚弘在此之前，曾在 1982 年调查江南、徽州等地的鱼鳞册(《探访鱼鳞册——中国研修之旅》，《近代中国研究汇报》6 号，1984 年)，其后在《中国历史博物馆藏万历九年丈量的徽州府鱼鳞册一种》(《和田博德教授古稀纪念 明清时代的法与社会》，汲古书院，1993 年)中，又深入探讨了万历年间歙县的鱼鳞册。

⑤ 关于叶显恩《明清徽州农村社会与佃仆制》一书，冈野昌子在《东洋史研究》43 卷 3 号(1984 年)、涩谷裕子在《近代中国》16 号(1984 年)分别有书评。

人的相关研究。

但在1988年以后,徽州文书资料集接连不断地公开出版,进入90年代,徽州学、徽州文书研究突然活跃起来。1990年,涩谷裕子利用南京大学历史系资料室所藏《会簿》,详细地分析了祭祀组织"会"的运营形态。① 此后,涩谷先生还进行了社会史方面的文书研究,最近在休宁县山村进行的实地调查活用了碑刻和民间传说,生动地分析了棚民和山林经营的相关社会关系。② 80年代末开始着手徽州的宗族、村落研究的铃木博之,也于1990年发表了根据文书史料分析清代族产经营的研究论文,最近又对家产分割文书进行了研究。③

1992年出版的《契约文书》,将日本的徽州文书研究推上一个新台阶。1993年,大田由纪夫根据《契约文书》所收元末、明前期土地契约的定量分析,探究了货币使用的变迁过程。④ 1994年以后,作为本书的基础,笔者发表了与徽州乡村社会纠纷处理相关的一系列论文。以徽州商人研究为中心、引领日本徽州学发展的臼井佐知子,也于1995年起开始进行明清徽州的家产分割、继承文书、文书管理保存、寄进文书等方面的研究。⑤ 岸本美绪也在综述明清契约文书全貌的同时,翻译介绍了周绍泉、栾成显有关文书研究的成果。⑥ 在东京大学东洋文化研究所,1993

---

① 涩谷裕子《明清时期徽州农村社会的祭祀组织——〈祝圣会簿〉简介》(一)、(二)(《史学》59卷1号、59卷2—3号,1990年)、《徽州文书中的"会"组织》(《史学》67卷1号,1997年)等。

② 涩谷裕子:《清代徽州休宁县的棚民》,《传统中国的地域形象》,庆应义塾大学出版会,2000年。

③ 铃木博之《清代族产的发展——以歙县许荫祠为中心》(《山形大学史学论集》10号,1990年)、《徽州的"家"与继承习惯——以瑞村胡氏为中心》(《山形大学史学论集》19号,1999年)等。铃木博之在《清代徽州府的宗族与村落——歙县江村》(《史学杂志》101编4号)等论文中,有许多利用族谱、地方志的宗族研究。

④ 大田由纪夫:《元末明初徽州府下的货币动向》,《史林》76卷4号,1993年。

⑤ 臼井佐知子《徽州的家产分割》(《近代中国》25号,1995年)、《徽州文书所见"承继"》(《东洋史研究》55卷3号,1996年)、《中国明清时代文书管理与保存》(《历史学研究》703号,1997年)、《文书所见中国明清时代的"寄进"》(《历史学研究》737号,2000年)等。

⑥ 岸本美绪前述《明清契约文书》。译介有周绍泉《徽州文书的分类》、栾成显前述《明清庶民地主经济形态剖析》。

年以后几乎每月均召开“契约文书研究会”，以岸本先生和臼井先生为中心，发表徽州文书等契约文书的研究报告。

此外，山本英史将黟县一个宗族的相关契约文书与族谱加以对照，并进行分析，[①]高桥芳郎也详细考证了明代休宁县的诉讼案卷[②]。熊远报依据清代婺源县的诉讼案卷，分析了县社会中的中心—周边的对立结构。[③] 伍跃专著主要探讨明清时期地方行政，其中也充分利用了众多徽州文书。[④] 上田信阐述风水、里甲及乡约、棚民等社会的、生态的文脉，论述山林经营、保全体系的研究论文，也具有重要价值。[⑤] 日本学者真正开始徽州文书研究，不过十余年而已，但已在祭祀组织、乡村组织、地方行政及家产分割、继承、诉讼、纠纷处理等社会史和法制史领域，发表了许多值得注目的研究成果。最近，山林及棚民等环境、生态史也引起学者们的关注。在日本明清地域史研究中，徽州学包括徽州商人、宗族、建筑、语言文化等研究，已逐渐成为最具活力的研究领域。

三、欧美、韩国的徽州文书研究

欧美学者主要从社会史的视点出发，对明清时期的徽州进行了相关研究，[⑥]在此主要介绍与徽州文书相关的论著。欧美徽州学的开拓者是荷兰莱顿大学（Universiteit Leiden）的宋汉理（Harriet T. Zurndorfer），其专著以宗族和商业问题为中心，论述了徽州的地域社会史，其中多处

---

① 山本英史：《明清黟县西递胡氏契约文书研究》，《史学》65 卷 3 号，1996 年。

② 高桥芳郎：《明代徽州府休宁县的一个争讼——〈著存文卷集〉简介》，《北海道大学文学部纪要》46 卷 2 号，1998 年。

③ 熊远报：《清代徽州地域纠纷的构图——以乾隆朝婺源县西关坝诉讼为中心》，《东洋学报》81 卷 1 号，1999 年。此外，熊远报还有探讨徽州诉讼文书来源的论文《抄招给帖与批发——明清徽州民间诉讼文书由来与特征》（《明代史研究》28 号，2000 年）。

④ 伍跃：《明清时期的徭役制度与地方行政》，大阪经济法科大学出版部，2000 年。

⑤ 上田信：《山林、宗族与乡约——以华中山间部事例为例》，木村靖二、上田信编《地域世界史 10 人与人的地域史》，山川出版社，1997 年。

⑥ 关于欧美主要徽州学研究情况，可参照臼井佐知子前述《徽州文书与徽州研究》第 515 页。

参考了叶显恩、章有义的徽州文书研究成果。① 美国议会图书馆的居蜜(Mi Chu Wiens)也于1980年代初起,在南京大学等地调查徽州文书,发表了介绍、论述租佃文书、佃仆文书等方面的研究论文。②

剑桥大学的周绍明(Joseph P. McDermott)也在80年代前半期任职国际基督教大学时在中国调查徽州文书,在最近发表的大作中,他通过明末的乡约和民间宗教礼仪,论述了皇权向乡村的文化渗透。③ 此外,魏安国(Edgar Wickberg)也指出徽州文书作为定量史料的重要性。④ 在法国,贾永吉(Michel Cartier)介绍了徽州学的产生情况。⑤ 由于对徽州文书史料的解读相当困难,尽管欧美学者充分认识到徽州文书研究的意义,但真正的文书研究论著还很少。然而,1999年12月,在美国第二国家文书馆,安徽省档案馆、马里兰大学共同主办"中国文书研讨会:徽州历史文书与文化"(One Day Conference on Chinese Archives: Huizhou Historical Archives and Culture);2001年11月,在马里兰大学召开"徽州文书研讨会"(Huizhou Historical Archives Conference)——美国学者开始关注徽州文书的研究工作。

---

① 宋汉理《中国地方史的变迁与延续》(Harriet T. Zurndorfer, *Change and Continuity in Chinese Local History*)。同书卷末附有部分经济研究所、历史研究所、南京大学历史系所藏徽州文书目录。

② 居蜜《明清时期徽州的宗法制度与土地占有制——兼评叶显恩〈明清徽州农村社会与佃仆制〉》(黄启臣译,《江淮论坛》1984年6期、1985年1期);《明清徽州地区租佃文书介绍》(《汉学研究通讯》4卷1期,1985年);《徽州的仆佃制》,刘广京主编《中国明清时期的正统》(Mi Chu Wien, "The Tenant/Servants of Hui-chou," in Kwang-Ching Liu, ed., *Orthodoxy in Late Imperial China*, University of California Press, 1990)。

③ 周绍明《徽州文书——打开中国明清社会经济史研究之门的钥匙》(Joseph P. McDermott, "The Huichou Sources—A Key to the Social and Economic History of the Late Imperial China");《皇帝、精英与庶民:明末的社会契约》,《中国地方与皇家规范》("Emperor, Elites, and Commoners: The Community Pact Ritual of the Late Ming," in Joseph P. McDermott ed., *State and Court Ritual in China*, Cambridge University Press, 1999)。

④ 魏安国《1912—1944年中国南方的清地使用权》[Edgar Wickberg, "Qing (Ch'ing) Land Tenure in South China 1912—1944"],《中国近代史研究》4集,1984年。

⑤ 贾永吉《徽学的创始》,《中国学文献通讯》Ⅷ(Michel Cartier, "Naissance de la Huizhoulogie," *Revue bibliographique de sinologie*, Ⅷ, 1990)。

最近在韩国，朴元熇教授以宗族问题为中心，把徽州社会史作为研究主题。以他为中心，高丽大学的年轻学者着手进行徽州研究。尤其是权仁溶通过众多赋役文书和诉讼案件，探讨了明清时期丈量和里甲制的实态，获高丽大学博士学位的洪性鸠也对徽州乡约等进行研究。① 90 年代起，欧美和台湾、韩国学者在明清、近代史研究中，利用宫内档案、地方档案和各地契约文书进行清代、民国时期的社会史、法制史、文化史等的研究，与此相关，今后徽州文书研究的展开也值得期待。

除此之外，在台湾，70 年代，方豪发表了相关论文，介绍自己收藏的徽州文书。之后，在 80 年代初期，台湾出身的威斯康星大学经济学教授赵冈，通过对徽州文书的定量分析，研究明清时期的地价和租佃制度。② 此后，台湾文书的调查、研究非常活跃地开展起来，但徽州文书研究几乎没有出现。最近，陈瑛珣在其专著中，通过契约文书，分析了女性的经济活动，其中利用了大量徽州文书。③

第五节　徽州文书研究的领域、意义与课题

一、徽州文书的分类和研究领域

徽州文书数量丰富，种类众多，关联资料繁杂，涉及研究领域也极其广泛。如前所述，据推测，徽州文书总数仅各地部门收藏的就有 20 万件

---

① ［韩］权仁溶：《明末清初徽州里甲制研究》，高丽大学博士学位论文，2000 年。此外，权仁溶也有用中文发表的论文《从祁门县“谢氏纠纷”看明末徽州的土地丈量与里甲制》（《历史研究》2000 年 1 期）。

② 赵冈《明清地籍研究》（《“中央研究院”近代史研究所集刊》9 辑，1980 年）；赵冈、陈钟毅《明清的地价》（《大陆杂志》60 卷 5 号，1980 年）；赵冈、陈钟毅《明清时期的租佃制度》（《大陆杂志》61 卷 1 期，1980 年）；赵冈《一则研究笔记——明清时代新时期的土地所有权模式》，《亚洲研究之旅》40 卷 4 号，1981 年（Chao Kang, “New Date on Land Ownership Patterns in Ming-Ch'ing China—A Research Note,” *Journal of Asian Studies*, Vol. 40, no. 4, 1981）；赵冈《中国历史中的人与土地：一个经济分析家》，斯坦福大学出版社，1986 年（Chao Kang, *Man and Land in Chinese History: An Economic Analisis*, Stanford University Press, 1986）。

③ 陈瑛珣：《明清契约文书中的妇女经济活动》，台明文化出版社，2001 年。

以上，所跨年代由南宋至民国末达 730 余年。在内容方面，土地文书最多，赋役文书、商业文书次之，除此之外还留存有行政文书、诉讼文书、教育科举文书及社、会等团体文书等等多种文书。笔者以下以周绍泉《徽州文书的分类》（岸本美绪译，《史潮》新 32 号，1993 年）以及前述《徽州文书类目》的分类为基准，并进行若干整理，将徽州文书研究领域分为八类予以概述。

这里所谓徽州文书，原则上指徽州地域残存的或徽州出身者书写的全部史料。其形式上既有一张一张的“散件”，也有装订成册子的“簿册”，内容方面除狭义的契约文书外，也包括诉讼、行政文书和各种账簿、备忘录、杂记账、日记、书简等，但照原样抄写刊本的抄本并不包括在文书范畴内。另一方面，因内容的关系，诉讼案卷等原始文书印刷成册的刊本，也视作文书。族谱的刊本、抄本暂且不作为文书看待，但其中经常有多种文书史料被引用，这种编纂文献引用的原始文书，似乎应该被视为广义上的徽州文书。

（一）土地制度

徽州文书中数量最多的是土地（包括房屋）契约文书，因此，学者们很早就开始通过文书史料进行土地制度史研究。涉及土地制度的文书，首先是数量庞大的土地买卖、典当文书。这些文书分为盖有官印的“赤契”和没有官印的“白契”。但为了得到官印，必须在地方衙门缴纳“契税”，得到“契尾”等税契证书。因此，典当文书与买卖文书相比，白契较多。土地文书包括划定土地界线的“清白合同”，交换土地的“对换文约”，继承、授与土地的“批契”，支付追加卖价时的“找价契约”，重新买回土地时的“退契”，官府发给土地开垦者的“垦荒帖文”等。与土地契约相比，涉及动产的文书较少，以耕牛交易文书和各种借贷文书为主。

（二）地主制、租佃关系

毋庸置疑，地主制、租佃关系是中国明清史研究中最主要的课题。1980 年代以后，徽州文书与刑科题本等一样，与之相关的极具体系的史料群受到关注，学者们迅速进行事例研究和定量分析。上述土地制度的相关文书，同时也是地主制和租佃关系研究的主要史料。单件的租佃文书之外，抄录汇集地主和宗族所有的田地和山林相关契约的“抄契簿”（誊契簿、置产簿）、对租佃文书进行总结抄录的“租簿”（租底簿）等，提供了特定地主和宗族的土地所有及买卖的定量资料。田皮、田骨的买卖、典当等田面田底相关文书也有不少。另外，反映徽州山林经营重要性的山林租佃契、采伐山林契约以及“力分”（山林租佃者成材后的应得份额）买卖、典当契约等史料也非常丰富。

（三）佃仆、奴仆制

明清时期的佃仆制，体现了具有徽州特征的身份关系，其关联资料众多，所以成为最早进行研究的领域，近年社会史方面研究也在进行之中。佃仆、奴仆相关文书，有卖身时所立“卖身契”、向主家臣服或应役的“投主服役文约”以及佃仆、奴仆因过错向主家谢罪时所立“伏罪甘罚文约”等，租佃文书尤其是山林租佃约中，也有许多佃仆订立的契约。明清时期的诉讼案卷和审判文书中，也有一些反映主仆间激烈纠纷的资料，抄契簿和租簿中也有大量关联史料。族谱、族规家法、祠规、祠志、墓志等，也常常包含一些佃仆管理规定等。

（四）赋役制度、乡村统治

赋役文书的数量仅次于土地文书，其中，清代的鱼鳞图册数量庞大。鱼鳞图册分为列举里内各田地资料的“分装册”及把里内全部田地集于一图的“总图”，还有将分装册简略化的“田地号簿”。鱼鳞册中还有许多归纳某一户所有田地的“归户册”及其编纂依据“归户票”。具有代表性的户籍文书是明代的赋役黄册，其中大部分是抄写里保存的“黄册底籍”而成的抄本。此外，还保存有明初“户帖”和编造黄册时各户提供的“亲供册”。伴随着明末以后的赋役改革，新编了代替黄册的征税依据“实征册”、一条鞭编审之法施行时交予纳税户的“条编由票”和“审定户由”。另外，还有许多“易知由单”“税票”“执照”等纳税通知书、领收书和因纳税名义变更而交换的“推单”等，还有为数不少的明代里甲制、军户制关系文书和“门牌”等保甲制关系文书等乡村统治方面的史料。议定里甲和同族内税役负担分担的“承役文书”也非常重要。

（五）徽州商人

商业文书包括为商业资本筹措和合伙经营而签订的各种商业合同和商业契约等，特别是有大量商业账簿和商人的日用收支簿，可以详细地分析徽州商人的实际经营状况。最近，商业必要的指南和备忘录、路程记及商业入门书、商人交换书简、客商旅行日记、商人家族分家书等多种多样的手写史料不断得到介绍。以往的徽商研究，侧重于族谱、文集中记载的商人传记，地方志、笔记、白话小说等所记载的徽州商人活动及刊本的商业书和路程书等，但通过这些商业文书，可以更准确、具体地分析徽州商人的日常经营和活动。

（六）宗族、家族制度

宗族研究的主要史料是数量庞大的族谱。族谱通常会收录宗族规约及祭祀规定、宗祠、坟墓、族产管理规定等，这些常常作为独立账簿或被刊刻留存下来。例如，记录宗祠中祭祀规约及族产管理、收支状况等的“宗祠簿”“祭祀簿”“清明会簿”，记录坟墓位置及拜礼、管理规定的“墓志”等。另外，还有宗族为保全族产、统制族人而协议订立的宗族合同和宗族文约、宗族内的各房收支账等，诉讼文书中也有许多与宗族相关。与家族制相关的文书，特别是分家书（阄书、分单等），大量留存下来，家计簿和收支账等家族账簿也非常丰富。此外，还有继承文书、入赘文书、婚约、结义兄弟交换契约时的“庚帖”“兰谱”、冠婚葬祭的相关账簿等。最初大部分徽州文书均是由宗族和家族制成、保存下来的，可以说几乎所有文书均与家族、宗族的活动、资产经营相关联。

（七）诉讼、纠纷、地方行政

诉讼、纠纷方面的文书，大致可分为官府发给当事人或当事人递交给官府的诉讼文书和解决诉讼或纠纷过程中当事人订立的民间文书。

呈交给官府的诉讼文书包括“告状”“诉状”“禀状”等告诉状和申告书，官方给付的文书有“帖文”“牌”“票”等指令书，还有令状、诉讼结束后作为日后证据发给当事者的“执照”，以及诉讼结束后抄录相关文书给付的“抄招给帖”等。民间文书分为纠纷、诉讼解决时两当事人交换的“和息合同”“息讼合同”等“合同”类，和当事人一方向另一方交出的“戒约”“甘罚约”等“约”类两大类别。此外，抄录、刊刻诉讼案卷的簿册或刊本也大量留存下来，其中多数可能是基于“抄招给帖”。行政文书有地方官下发的告示和禁约、行政指令书和申告书、任命状和保证状、官厅间文书、地方官的书简、行政事业相关收支簿册等。

（八）社会史、生活史

社会史方面的文书，特别是“会”等民间结社的相关文书倍受学者们关注。在明清时期的徽州，以宗族和村落祭祀、庶民金融、商业、公益事业等为目的，各种“会”组织纷纷结成，“会”组织的设立趣意书、运营规约、收支决算账簿（会簿）以及“会”参加权（会股）的买卖、典当契约等多种史料留存下来。乡村居民协商村内各种问题而订立的合同和禁约（所谓乡规民约）等，这些反映乡村社会各种关系的文书也十分重要。最近，王振忠等学者介绍了书简、日记、杂记账、文书文例集等与乡村日常社会生活相关的多种手写史料，我们期待社会史、生活史方面的文书研究今后取得更大进展。

（九）教育、民间信仰、民众文化

教育、宗教、文化史方面的文书，也是值得期待取得进展的研究领域。教育史方面，特别是书院、文会、族学、私塾运营的相关规约和收支簿，作为展示了文人结社和民间教育实况的史料受到重视。此外，科举考试试题和答案、捐纳监生学位的证书（执照）及清末、民国时期小学校等的相关史料也保存下来。宗教史方面，有寺庙修建和运营的相关账簿和寄进文书，同族祭祀、迎神赛会的相关账簿，民众宗教礼仪书等丰富多彩的史料留存下来，还有许多风水、占术、咒术、葬仪等广义的民间信仰史料。文化史关系方面,地方文人的书简、手稿之外,还有冠婚葬祭、岁时习俗、建筑、地方戏剧、民间医疗等反映民众文化的极其丰富的手写史料。

总之,中国的徽州文书研究早期以地主制、土地制度为中心进行,但1980年代末起,向宗族及家族、商业史、法制史、社会史、文化史等领域扩展。日本的明清史研究方面,也在考察地域社会基础上,将乡村统治和赋役制度等纳入研究范围,重新认识到对宗族等民间秩序形成动态、地方行政和乡村组织这一社会统合的动向进行整体把握的必要性,对民众日常世界及民间信仰、民众文化的关心也日益高涨。从这一意义上来说,中国的徽州学研究与日本、韩国、欧美的学者之间,正逐渐形成共同的问题意识。

二、徽州文书研究的意义

如上所述,徽州文书数量庞大,所跨时段长,内容广泛。20世纪初期以来,殷周的甲骨、金文,战国、秦汉的简牍,隋唐的敦煌、吐鲁番文书,明末、清代的故宫档案等被相继发现和介绍。虽然与日本史、西洋史相比,中国史原始文书极其匮乏,这些珍贵的第一手史料拥有近百年的研究史和庞大的论文积累,然而,徽州文书研究的正式展开也不过是最近20余年的事。最近,曾编纂综合性中国史研究便览的魏根深(Endymion P. Wilkinson),列举了以原始史料为基础的中国史学研究五大领域:① 甲骨学;② 简牍学;③ 敦煌学;④ 徽州学;⑤ 明清档案学。并认为这些原始史料没有经过儒家历史著述者、官方历史编纂者、现代理论家之手,它们构筑了中国史的新见解,反映了其他历史记录中难以展现的各种制度实态和极具地方特色的细节。[①] 1980年代出现的徽州学与20世纪初发

① 魏根深:《中国历史:规范、修正与扩充》,哈佛大学亚洲中心,2000年,第488页(Endymion Wilkinson, *Chinese History: A Manual, Revised and Enlarged*, Harvard University Asia Center, 2000., p. 488)。

展起来的各学科领域一起,被公认为是利用原始史料研究中国史的代表性领域。

日本的中世史、近世史研究拥有丰富多样的地方文书作为最根本的史料群,但以往的明清史研究,除少数特别的史料外,主要是将编纂史料作为社会经济史、法制史的史料群。当然,对于清末和民国时期华北农村社会,同时代也进行了许多契约文书研究,积累了许多清末的租栈关系文书、江南鱼鳞册方面的高水准研究成果。

日本史的文书研究,不仅包括土地制度史,也涵盖社会史、经济史、法制史、文化史、民俗史等几乎所有的历史学领域,时间上自古代、中世至近现代,横跨近千年。与此不同的是,之前中国史的文书史料提供一定数量的地主制、土地制度相关信息,此外的领域相关素材较少,时间上大多数集中于清末至民国的近 150 年。近年来徽州文书之所以引起许多中国史学者的关注,是因为这一史料群从数量、文书内容的丰富性以及时代的广阔性方面打破了如上所述的界限,从史料方面对徽州这一地域的研究,有可能与日本史研究处于同一水准,甚至超出。

历史研究所的周绍泉认为,徽州文书具有数量多、种类多、关联研究领域广、时间跨度长的史料特点,而且其学术上的史料价值极高,具有启发性、连续性、具体性、真实性、典型性。也就是说,文书史料可以通过编纂史料常常容易忽视或难以明确的历史事象,唤起人们的注意,并使对这些事象的认识成为可能(启发性)。因为整个明清时期的丰富史料无间断地留存下来,因而可以探明某个主题的数百年变化与发展状况(连续性)。徽州文书展示了文人士大夫的观察记录和论述中难以展现的农民生活,体现了具体的实态(具体性)。况且这些文书是未经过加工整理的原始史料,作为历史记录避免了人为的润色(真实性)。此外,利用族谱和文书史料等进行事例研究,如缙绅(乡绅)地主、庶民地主、商人地主等各个类型,并非单纯地描述其概念形态,而是实证性论述其典型形象

（典型性）。①

不过，徽州文书为家族、同族、村落范围的历史事象研究提供了详细而具体的素材，而关于其与外部世界的关系以及在宏观历史上的定位，则不得不借助于编纂文献。但即使在这一方面，徽州文书与其他地域文书相比，在相关各史料的丰富性方面，也具有得天独厚的条件。

徽州拥有数量庞大的族谱史料，除各地机关所收藏的史料外，民间也保存有许多族谱。特别是现存明代族谱，半数以上来自徽州。据多贺秋五郎介绍，日本、美国以及台湾所收藏的明代族谱，半数以上来自徽州。② 山西省社会科学院家谱资料研究中心编《中国家谱目录》共著录60部明代族谱，半数以上属于徽州。③ 元代的《新安大族志》和明代的《新安名族志》《新安休宁名族志》等反映有势力宗族沿革和迁移过程的文献也保存下来。此外，还有许多墓志、祠志、族规家法等族谱以外的宗族资料，江苏和浙江的族谱中也有很多来自徽州移民。

关于地方志，徽州府留存有最早的南宋淳熙《新安志》，明代的两种府志和除黟县外五县的县志，清代的许多府、县志和乡镇志。程敏政《篁墩文集》《新安文献志》、汪道昆《太函集》等文集和赵吉士《寄园寄所寄》等笔记也包含有关于徽州宗族和商业的丰富内容。明末歙县知县傅岩的《歙纪》、清代休宁知县廖腾煃的《海阳纪略》、万世宁的《自讼编》以及清末徽州知府刘汝骥的《陶甓公牍》等判语、公牍，也具有极高的史料价值。此外，还有明末的《丝绢全书》《休宁县赋役官解条议全书》等赋役和地方行政方面的重要史料。以明末为中心盛行出版的商业书和路程书中，也有许多是徽州出身者编纂的，④江南地方等地方志和文集、笔记、盐法志、碑刻、征信录、白话小说等，也包含了许多关于徽商和徽州社会的

① 周绍泉前述《徽州文书与徽学》第5—7页。

② 多贺秋五郎前述《中国宗谱研究》第三章第二节《现存明代宗谱及其成立过程考察》。

③ 山根幸夫：《山西省社会科学院家谱资料研究中心编〈中国家谱目录〉》（书评），《东洋学报》75卷3、4号，1994年，第204—207页。

④ 臼井佐知子前述《徽州文书与徽州研究》第524—526页。

记载。徽州的医书、算术书、风水书、占术书、民间宗教书、商业书、路程书、书简和文书文例集、地方剧脚本等多种多样的原文,也多以抄本形式保存下来,为社会史、文化史研究提供了丰富史料。

徽州学研究的最大优势在于,以徽州文书为中心,大量地保存了长时期族谱等文献史料和建筑等非文献史料,除社会经济史和制度史外,涉及文学、思想、宗教学、民俗学、语言学、书志学、美术学、科学技术、医学、建筑学等广泛领域,有可能复原包括民众文化、日常生活在内的一个地方社会的全貌。虽然这一特性与敦煌学共通,但敦煌文书中大部分为佛典,而徽州文书涉及社会经济、制度、文化等几乎所有领域,提供了多层面、极详细的史料,也为许多领域的定量分析提供了可能性。

三、徽州文书研究的课题与展望

如上所述,徽州文书、徽州学研究具有广泛的可能性,这一史料群无疑将为今后明清史研究中的土地制度、地主制及经济史、商业史、法制史、社会史、民众文化等研究,开拓新的视野,但目前的徽州文书研究仍存在许多课题和问题点。

最大的问题点在于文书的整理和收藏状况。如前所述,近年来各地部门陆续出版了徽州文书资料集和目录,中国国内外的学者已可以方便地利用相当数量的文书。但资料集所收录的文书,仅仅是全体的一部分,缺少所藏文书目录完备、可供海内外学者自由阅览的部门。况且许多机关虽然收藏有许多文书,但因人员和经费不足,文书得不到整理;有的则完全不允许外部学者使用。

再者,屯溪古籍书店也并没有系统地对文书进行收集和出售,同一系统的文书却分散收藏于全国各地部门。许多同一宗族、家族的文书,分散保存于数个不同的部门,例如祁门县十西都谢氏的相关文书,笔者所走访的所有部门几乎均有收藏。同一诉讼案件和土地买卖的相关文书,也常常收藏于不同部门,而且各收藏部门的交流不畅通,所以,文书系统研究十分困难。

因此，在以往的研究中，徽州文书收藏部门的学者，大多仅利用该部门的文书进行研究，文书研究整体难以实现充分的体系化。但近年来以历史研究所和安徽大学为中心，黄山市各部门、南京大学等学者之间逐渐形成一个网络，出版《徽州历史档案总目提要》《徽州文书类目》等文书目录。我们期待今后各部门输入计算机，实现文书目录的数据库化，将来网罗尽可能多的部门，编纂全国性联合目录。

徽州文书研究的另一个问题点，便是研究者不足。目前徽州学研究者较多，但与徽商和徽州文化相比，专门研究徽州文书的学者极少，中国国内外不过十几名。徽州学专家以外的学者，也利用徽州文书不断发表重要论文，但相对于数量庞大的徽州文书史料群，学者数量明显地少于战国、秦汉出土史料和敦煌、吐鲁番文书学者。徽州文书研究处于成长期，尚未确立诸如日本史、西洋史研究中的史料批判和古文书学。唐泽靖彦尝试对清末诉讼档案进行言论分析和文本分析①，这对徽州文书研究也非常有效和必要。

在明清时期地方社会研究中，徽州地域无疑具有最好的史料条件，但这并不仅限于单一地域的事例研究，引入关联地域和领域的研究成果进行比较考察也是非常必要的。徽州文书和族谱等所显示的社会经济史、法制史、文化史状况，与浙东及江西、福建等华中山间盆地具有较高的共通性，而与长江三角洲以及湖广、江西等冲积平原状况却迥然相异，显示了华北平原等地方社会状况的巨大差异。

明代至清代前期，没有可以与徽州相匹敌的史料群，同水准的比较研究并不容易。但清代后期以后，徽州以外的许多地方也保存有丰富的

---

① 唐泽靖彦《口头与书面之间——清代审判文书中供述书的文本(text)性》(《中国——社会与文化》10号，1995年)、《清代告诉状的叙述型(narrative)：历史学的文本分析》(《中国——社会与文化》16号，2001年)。文书史料也屡屡通过代书人之手，多数按照一定叙述模式作成，尤其在诉讼文书中，常常包含许多虚构成分。因此，这种文本论分析，也是今后明清文书研究的课题之一。

文书史料和族谱，文书研究积累丰富的福建、台湾以及华北、东北、江南、广东、西南地域等地的研究成果，为徽州学研究提供了较高的参考价值。与契约文书并列的第一手史料群，如清朝的中央和地方档案的研究成果也非常重要。在综合利用实录和法典、地方志、文集和笔记、官箴和公牍、刑案和判语等各种各样的编纂史料的同时，充分利用以文献史料为基础的明清、近代社会经济史、法制史、政治史、文化史等研究成果，不断回顾文书研究及其他文献研究的成果，也是十分必要的。为了对数量庞大的文书史料进行定量的、统计的处理，经济学方法是相当有效的，计算机数据库化也将发挥巨大威力。

清末至民国时期盛行的农村习惯调查和土地制度调查，对徽州文书研究具有极高价值。此外，还可以参考文化人类学者进行的村落、宗族研究，对徽州文书史料和族谱等文献丰富的村落进行实地调查，有希望得到此前调查中从未发掘过的成果。展望未来，可以将徽州文书放在更广泛的历时性、共时性文脉中加以探讨。具体来说，与近年来逐渐呈现盛况的秦汉出土史料、敦煌及吐鲁番等西域文书等进行历时性探讨，与日本和朝鲜、越南等近世东亚的文书进行共时性比较考察。总之，徽州学研究的特征，是通过以文书为中心的丰富史料群，描绘出明清时期一个地域的历史全貌，而在以此为中心的中国史历时性文脉，或中国至东亚的共时性文脉中进行比较考察也是可能的。

小结

本章尽可能详细地阐述了徽州地域史，徽州文书的收集整理过程、收藏状况、研究史以及研究意义、范围、课题等。如前所述，徽州文书在1980年代以后明清史研究“史料革命”中，与中央、地方档案并列，尤其对于明代至清代前期这一时期，是史无前例的重要史料群。

关于明清史“史料革命”，斯波义信曾有如下论述：

> 中国史尤其是明清史史料学,自1980年代开始为之一变,忽然间进入近乎理想的状态。特别是战前、战中,仅有若干先学利用过的地方史料公之于众。……最大受益领域可能是社会史。极端地讲,以新出史料为基础,对既成社会史论调进行全面的重新论考,为以后对其进行重新认识、重新发现和重大修订提供了可能性。①

本书的主旨也是通过探讨明代徽州文书这一同时代最丰富多彩的"地方史料",重新探讨先行研究中关于乡村社会纠纷处理和秩序形成问题的普遍认识。

关于中国传统社会的纠纷处理,自战前开始,人们似乎一直认为,大部分日常纠纷是通过宗族和村落、同业团体等各类自律性团体自行解决的,很少诉诸官府。战后的明清社会史、法制史研究,也大体上继承这一普遍观点,他们认为,在乡村社会中,与国家支配和地方官治同时,存在着具有自律性的"村落共同体"。

最早对这种观念进行系统批判的是中村茂夫。他在1979年的论文中,以滋贺秀三有关清代地方审判的研究成果为基础,通过判语等史料,阐明清代地方官曾处理过许多"户婚田地"等民事诉讼,并指出以往的"民间处理说"缺乏依据。② 岸本美绪也在1986年的论文中,根据日记史料认为,无论"国家审判"还是"民间调停",对于当时地方社会的人们来说,均是休戚相关、十分盛行的。③

1980年代起地方档案得到公开,利用清代后期丰富的诉讼案卷,有关地方审判的研究得到进一步发展。滋贺秀三于1987年根据淡新档案

---

① 斯波义信:《夫马进著〈中国善会善堂史研究〉》(书评),《东洋史研究》57卷2号,第142页。

② 中村茂夫:《试论传统中国法即雏形说》,《法政理论(新潟大学)》12卷1号,1979年,第二节《民间处理说及其疑点》。

③ 岸本美绪:《〈历年记〉所见清初地方社会生活》(初发表于《史学杂志》95编6号,1986年),《明清交替与江南社会——17世纪中国的秩序问题》,东京大学出版会,1999年。

指出，当时诉讼处理过程是国家审判与民间调停同时进行、相互补充发挥作用的，中国的社会秩序是通过诸如此类的官民相互补充形式而形成的。①

进入1990年代，美国学界的地方档案研究活跃起来，在法制史、社会史两个领域利用档案史料进行的研究成果不断发表。其中，黄宗智对淡新、巴县、顺天府档案中的清代后期诉讼文书进行了定量分析，完成了有关清代民事诉讼处理的专著。② 他确认了清代地方官“听讼”中的调停特征，针对滋贺秀三重视民间调停与地方官审判之间连续性的观点，他认为地方官判决是根据基于律例的“积极性原理”，反映当事者一方的主张，完全不同于民间调停。黄先生还认为，许多清代诉讼，官府审判与民间调停是通过差役和乡保相互作用，在这个“第三领域”中解决的。

清代的诉讼处理系统研究，不仅限于法制史领域，作为清代社会秩序的模式也受到关注。“民间处理说”曾被视为“村落共同体”论的有力证据，然而，近年来清代诉讼制度研究则否认乡村社会中自律性“法共同体”的存在，重视诉讼处理过程中官民的相互作用，否认“村落共同体”，认为在流动的社会关系中以地方有势力者、有名望者为中心形成社会秩序，与1980年代以后的“地域社会论”③如出一辙。

另一方面，黄先生对诉讼处理中官民相互作用这一事实的理解，基本上沿袭滋贺先生的观点，但对其定位不同。美国的明清社会史学者认为明末以后的中国社会中以地方精英为中心形成“公共领域”，并承认以此为基础形成“市民社会”的萌芽，而黄先生批判了这一见解，他认为当

---

① 滋贺秀三：《关于清代州县衙门诉讼的若干感想——以淡新档案为史料》，《法制史研究》37卷，1987年。

② 黄宗智：《清代的法律、社会与文化：民法的表达与实践》，斯坦福大学出版社，1996年（Philip C. C. Huang, *Civil Justice in China: Representation and Practice in the Qing*, Stanford University Press, 1996）。

③ 三木聪前述《明清时代的地域社会与法秩序》、伊藤正彦前述《中国史研究的“地域社会论”》。

时社会中并不存在“公共领域”,而是官与民力量相互作用的“第三领域”。[①] 而且,当时许多诉讼是借助官差和所在地乡保的作用,在这样的“第三领域”中得到解决的。[②]

于是,滋贺先生与黄先生在见解上的最大分歧点就在于,是否认为民间调停与地方官审判之间存在连续的同质性,是否将二者视为性质不同的事物,二者中间是否存在“第三领域”。但为了综合探讨民间调停与官府审判之间的关系,地方官府档案可能存在史料界限性。地方档案对于诉诸官府的诉讼,提供的不仅有法庭审理的过程,也包括提起诉讼后当事人的拘留、实地取证、所在地的和解调停等丰富信息。然而,等不到向官府提起诉讼便在所在地得到解决(可能居多数)的纠纷事例,在地方档案中几乎没有留存记录。

另一方面,明代法制史研究中完全没有利用整理出来的地方档案,判语等史料也少于清代,同时,缺乏地方诉讼处理实态方面的研究。关于明代的审判制度,有杨雪峰的专著[③],该书不仅有法制史料,甚至广泛地利用小说类资料,极具学术价值。但遗憾的是,作者将明代法制完全纳入现代法范畴予以理解,对于明代的时代变迁的描述非常抽象,关于诉讼事例的论述也较少。关于明代的司法制度,很早开始在里甲制基础上以处理户婚、田地纠纷为主任的“老人”(日本称“里老人”)制度便受到关注。但如第二章所述,老人制研究主要侧重于成立过程、作为法源的《教民榜文》,其实态仅仅停留于据不完整史料得出的明代中期以前徒具形式这一点上。总之,明代乡村社会纠纷处理的实态及其与官府审判的

① 黄宗智:《中国的公共领域/社会的罪恶? ——国家与社会之间的第三领域》,《现代中国》12卷2号,1993年(Philip C. C. Huang, “Public Sphere / Civil Society in China?: The Third Realm between State and Society,”*Modern China*, Vol. 12, no. 2., 1993)。

② 黄宗智指出,清代地方官审判实质上是基于法律的权利保护,对此提出批判意见的代表性论文,可参照寺田浩明《清代民事司法论中的“审判”与“调停”——兼评黄宗智近作》(《中国史学》五卷,1995年)、滋贺秀三《清代的民事审判》(《中国——社会与文化》13号,1998年)等等。

③ 杨雪峰:《明代的审判制度》,黎明文化事业股份有限公司,1978年。

关系，在先行研究中均不明确。

在考察上述问题时，徽州文书是极其有用的史料群。徽州文书中遗留下明清时期多种多样的审判文书和诉讼案卷，为研究明初以来地方审判实态和变迁提供了可能性。此外，关于未起诉至官府却在乡村得到解决的纠纷，记录其经过的文约、合同等文书也大量留存下来，这样，可以探明整个明清时期包括民间调停和地方官审判在内的纠纷处理体系的全貌。本书的目的，也是以明代徽州文约、合同等民间文书和各种诉讼文书为中心，利用族谱、地方志、文集等关联资料，探明明代乡村纠纷处理实态及其变迁状况，进而探讨以此为背景的社会变动和宗族结合的展开、徽州特有的佃仆制诸问题，力图勾勒出当时乡村社会纠纷处理和秩序形成的状态。

本书是以 1999 年 1 月向早稻田大学提交的博士学位论文《明代乡村社会的纠纷处理——以徽州文书为主要史料》为基础，又增加后来发表的第七章，然后对全书进行大幅增补、改订而成，此次中文版出版之际，又作了若干修订。除第一、八章外，其余均刊载于学术杂志上，其对应关系如下所示：

第一章　新撰

第二章　《徽州的地域有名望人士与明代老人制》(《东方学》90 辑，1995 年)

第三章　《明代前半期里甲制下的纠纷处理——以徽州文书为史料》(《东洋学报》76 卷 3、4 号，1995 年)

第四章　《明代中期徽州府下的“值亭老人”》(《史观》131 册，1994 年)

第五章　《围绕明代徽州一宗族的纠纷与同族统合》(《社会经济史学》62 卷 4 号，1996 年)

第六章　《明代后期徽州乡村社会的纠纷处理》(《史学杂志》107 编 9 号，1998 年)

第七章　《明末徽州的佃仆制与纠纷》(《东洋史研究》58 卷 3 号，1999 年)

第八章　新撰

各章中，尤其是第二章新撰了一半以上，第四章也有近一半的新内容，第三章也增补了论文发表后收集的许多文书史料。第五、六、七章的论点大体上与原发表论文相同，但根据需要，又增加了一些新史料和文献。此外，本书未收录的《明代中期的老人制与乡村审判》(《史滴》15 号，1994 年)一文，主要根据《皇明条法事类纂》论述了明代中期老人制在国家法律上的地位，该文也是笔者系列研究的出发点。另外，《明代的诉讼制度与老人制——以越诉问题与惩罚为中心》(《中国——社会与文化》15 号，2000 年)也通过各种法制史料，尝试将《教民榜文》规定的老人制置于宋元以来诉讼问题流变中加以研究，敬希读者参考。

第二章　宋元、明初的徽州乡村社会与老人制的确立

引言

明代的老人制①是洪武十四年(1381)里甲制在全国施行后设立的，其前身是洪武二十一年(1388)废止的"耆宿"制。耆宿制废止后，老人制历经洪武二十年代逐渐完备起来，特别是在洪武二十七年(1394)，禁止发生于乡村的户婚、田地、斗殴等诉讼直接向地方官提出，而是向当地的老人下发《教民榜》，由里长等裁决这些诉讼。到洪武三十一年(1398)三月，以老人理诉制度为中心，颁布乡村统治政策的集大成之作《教民榜文》，老人制最终得以确立。

《教民榜文》与老人制，自古以来便在乡村社会自发地发挥作用，地方有势力者、有名望者处理纠纷，与国家的诉讼处理体系制度化地结合

① 在以往日本学者的研究中，一般专指"里老人""里老人制"。但在明代史料中，一般用"老人"这一名称，史料中没有出现过"里老人"的称呼。此外，频繁地出现于明代史料中的"里老"，一般并非指"里的老人"，而是"里长与老人"。因此，"里老人"作为史料用语并不妥当，本书统一用"老人"的称呼。详见中岛乐章《明代的诉讼制度与老人制——以越诉问题、惩罚权为中心》(《中国——社会与文化》15号，2000年)第136、153—154页。

在一起。这一点,很早就被人们评价为"(中国)历史上几乎独一无二的例外现象"①。一般在论述明代乡村的纠纷处理与秩序形成时,有必要先考察老人制的确立及其社会背景。本章首先概述老人制研究史,在此基础上,以宋元以来徽州地域史为背景,探讨老人制确立的历史背景,以及明代前期老人的社会特质。

第一节　明代老人制研究史

规定了老人制的《教民榜文》,是明朝乡村制度研究的最重要史料之一,战前就已受到关注,并有许多研究成果。最早正式研究老人制的,是明清乡村制度史研究的开拓者松本善海。松本善海在论述《教民榜文》中老人制制度内容的同时,根据实录记载,证实老人制施行后不到半世纪即在15世纪前半期的宣德年间废止,在明代后期,乡约、保甲制取而代之。此外,他还探讨了洪武年间老人制的成立过程。② 这些研究成果成为以后老人制研究的基础,日本学者普遍采用的"里老人"称呼便起源于他的研究成果。几乎与松本善海同时,研究中国传统社会的社会学者清水盛光也充分利用《教民榜文》和地方志,在其有关中国乡村社会的著作中阐述了老人制。③

战后,小畑龙雄在松本善海的研究成果基础上,推进了老人制的研究。他利用《御制大诰》,论述了耆宿制的制定至老人制的成立这一过

---

① 滋贺秀三:《刑事案件中出现的宗族私自制裁下的杀害——国法上的相应处理》,初发表于1970年,后收入《清代中国的法与审判》,创文社,1984年,第101页。

② 松本善海《中国地方自治发达史》(初发表于1939年,后收入《中国村落制度史研究》,岩波书店,1977年)第二编第二章《明朝》、《明代里制的创立》(初发表于1941年,亦收入《中国村落制度史研究》)。

③ 清水盛光《支那社会研究——社会学的考察》(岩波书店,1939年)第三编第二章《支那的村落自治》、《中国乡村社会论》(岩波书店,1951年)第一编第三章第二节《以教化为中心的共同生活规制——明代里制》。

程，还考察了申明亭老人进行教化和处理纠纷的情况。[1] 栗林宣夫利用《教民榜文》及众多地方志论述了老人制，特别是详细地论述了明代后期老人制的衰退与乡约、保甲制的兴起。[2] 两位先生的研究提供了许多关于老人制的新史料，基本论点大体上沿袭了松本先生的见解。另一方面，细野浩二针对《教民榜文》的解释，提出了自己的独特观点，认为老人不是各里一名而是多名，洪武三十一年以前老人不是设置于里而是设于每乡。[3] 1980 年代以后，除前迫胜昭重新探讨洪武年间的耆宿制外[4]，一直没有出现老人制的相关专论。此外，明代法制史本身研究薄弱，中国法制史学者也没有发表老人制方面的专论，仅有奥村郁三围绕传统中国的审判制度中官僚制与自治关系论述老人制的论文受到关注。[5]

总体上来说，在以往的老人制研究中，许多学者探讨了老人制的成立过程、《教民榜文》的制度内容，但仍有许多观点尚未形成定论。特别是老人制的实态方面，上述研究主要根据实录或地方志等片面的记载，便认为老人制在明代中期开始衰退，已趋于形式化，这一观点缺乏实证性研究。另外，对老人制的讨论主要是从明朝乡村统治政策这一角度出发，关于其与社会基础及乡村社会结构关系的研究比较缺乏，也几乎没有学者从法制史角度出发来探讨老人制在诉讼处理制度上的地位。

针对这一状况，进入 1990 年代后，三木聡尝试新的研究方法。他首先探讨了围绕老人制成立过程的各种观点，再次认同松本善海的观点，

---

① 小畑龙雄《明代极初的老人制》(《山口大学文学会志》创刊号，1950 年)、《明代乡村教化与审判——以申明亭为中心》(《东洋史研究》11 卷 5、6 号，1952 年)。

② 栗林宣夫《明代老人考》(东京教育大学东洋史研究室编《东洋史学论集》三，不昧堂书店，1954 年)、《里甲制研究》(文理书院，1971 年)。

③ 细野浩二《里老人与众老人——与〈教民榜文〉的理解相关连》(《史学杂志》78 编 7 号，1969 年)、《从耆宿制到里老人制——围绕太祖〈方巾御史〉的创出》(《中山八郎教授颂寿纪念 明清史论丛》，燎原书店，1977 年)。

④ 前迫胜昭：《有关明初耆宿的考察》，《山根幸夫教授退休纪念 明代史论丛》上卷，汲古书院，1990 年。

⑤ 奥村郁三：《中国官僚制与自治的接点——以审判权为中心》，《法制史研究》19 卷，1969 年。

认为老人处理纠纷时的申明亭实际上并非设在里，而是设于每都。他还参考滋贺秀三等法制史学者的研究成果，探讨了老人制下处理纠纷的实态，并指出，禁止户婚田地等诉讼不经老人、里甲而直接向官府提起的《教民榜文》的原则，从一开始便空洞化，老人制是从原有民间调停脱胎换骨而来的。[①] 三木聪的研究吸收了法制史研究的成果，将老人制定位于明代诉讼处理体系中，而且将其实态与《教民榜文》中的制度性义务严格区分开来，取得了划时代的研究成果。尤其是他不仅仅将老人制下纠纷处理视为明朝的乡村统治政策，而是与传统乡村的民间调停结合起来进行论述。三木聪介绍了许多关于老人制实态的新史料，但史源仍以地方志和实录为中心，没有涉及法制史料，而且对一些实录的史料解释也有待商榷。

关于这一问题，笔者在《明代中期的老人制与乡村审判》[②]一文中，以《皇明条法事类纂》为主要史料，重新探讨了明代中期老人制的法律定位问题，同时对其实态进行了初步考察。据此可知，明代中期禁止户婚田地等诉讼不经里长、老人而直接向官府提起的《教民榜文》的原则，直到明代中期一直被定为国法，与老人处理纠纷、民间调停等并存，在解决乡村纠纷的框架中发挥过一定作用。

笔者上述论文与三木聪的论文一起，曾引起几位学者的反响。井上彻详细介绍并探讨了三木聪和笔者的论点，指出分析老人制问题所集中反映的明朝国家与当地社会关系的必要性。[③] 山田贤在学界展望中，从“国家与社会”这一问题意识相关联的角度，评价了二人的观点。[④] 伊藤正彦在综述研究史后，详细地介绍了三木聪和笔者的论点，而且论述了构成老人制理解框架的“村落自治论”与“地主支配论”中的问题点，认为

---

① 三木聪：《明代里老人制再探讨》，《海南史学》30 号，1992 年。
② 中岛乐章：《明代中期的老人制与乡村审判》，《史滴》15 号，1994 年。
③ 井上彻：《三木聪〈明代里老人制再探讨〉、中岛乐章〈明代中期的老人制与乡村审判〉》（书评），《法制史研究》44 卷，1994 年。
④ 山田贤：《1994 年的历史学会——回顾与展望（明、清）》，《史学杂志》104 编 5 号，1995 年。

老人制不是以自律的村落共同体为基础的自治制度，而是国家利用乡村社会惯例所创设的职役。① 笔者在接受这一建议的基础上，又发表《明代的诉讼制度与老人制》一文，主要围绕"越诉"和惩罚权问题，探讨了宋元以来的沿革情况，同时尝试将老人制定位于明代诉讼制度中。②

本书未必将明朝乡村统治政策中老人制的定位和老人制的制度性理念作为中心论点，关于这一课题，可参考包括拙稿在内的上述诸论著。通过描绘明代乡村社会的纠纷处理全貌，可以从更宽广的视野认识老人制本身。从这一意义上来说，作为素材，以文书史料为中心的徽州史料群具有重要意义。

徽州文书中的许多史料，具体地描述了老人、里长处理所在地纠纷的实际状况，不是从朝廷角度，而是从其日常发挥作用的乡村的角度来阐明。此外，族谱、地方志、文集等史料中，也有许多记载涉及老人制，为老人的社会特质、与老人制成立背景相关的乡村纠纷处理惯例提供了丰富素材。本章首先通过文集及族谱、地方志中所收录的宋元以来传记史料，从徽州的地域史出发，考察老人制成立的社会背景。

自 1980 年代后半期开始，赵中男、余兴安、王兴亚等人，发表了有关老人制的专论。③ 除《教民榜文》等基本史料外，他们还介绍了许多日本学者所未曾利用过的地方志史料，是非常有价值的研究成果。但因没有参考日本学者的先行研究成果，总体上的论点似乎没有超出日本学者的研究水平。不过，最近韩秀桃参考了包括笔者在内的日本学者的研究成

① 伊藤正彦：《理解明代里老人制的建议——围绕村落自治论、地主权力论》，足立启二编《东亚社会、文化构造异化过程研究》，科研费研究成果报告书，1996 年。另外，伊藤先生认为笔者的研究也继承了"村落自治论"，但笔者在一系列论述中并没有使用过"村落自治"或"村落共同体"等概念，因此恕难认同。

② 参照中岛乐章《明代的诉讼制度与老人制——以越诉问题、惩罚权为中心》（《中国——社会与文化》15 号，2000 年）第 136、153—154 页。

③ 赵中男《试论明代的"老人"制度》（《东北师范大学学报（哲学社会科学版）》1987 年 3 期）、余兴安《明代里老制度考述》（《社会科学辑刊》1988 年 2 期）、王兴亚《明代实施老人制度的利与弊》（《郑州大学学报（哲学社会科学版）》1993 年 2 期）。

果，利用徽州文书从法学角度对老人制进行了探讨。①

在美国，明代老人制研究专论有张哲郎（George Jer-lang Chang）的论文，他在参考日本学者先行研究的基础上，探讨了老人制的成立过程及其职务，文末附有《教民榜文》英译本（*The Placard of People's Instructions*）。② 最近出版的范德（Edward L. Farmer）的专著，以朱元璋所定制度为中心，论述了明代初期的国家统治体制，论及《教民榜文》与老人制，并修订了张先生的《教民榜文》英译本，附录于后。③ 范德的英译本对于日本未见定论的部分，也作出大致妥当的解释，具有极高的参考价值。

除上述老人制专论外，也有一系列论文在了解宋元以来乡村秩序理念和地方政治改革潮流基础上，试图探明明初乡村制度。在以往的中国史研究中，对于宋至清这一传统中国的后期，有明确区分为“宋元史”与“明清史”的倾向。但最近越来越多的研究，不论政治制度史还是社会经济史，相比元、明间的中断性，反而更重视其连续性。④

关于元、明的连续性问题，陈高华最早注意到，他认为，以金华为中心的浙东山区的地主和知识分子的思想，很早开始便对明初政权的确立发挥过重大作用。⑤ 滨岛敦俊指出，作为老人制成立的思想基础，元末浙东的地主阶层认为，乡村纠纷应该通过“耆老”的调停加以解决。⑥ 檀上

---

① 韩秀桃：《〈教民榜文〉所见明初基层里老人理讼制度》，《法学研究》2000 年 3 期。

② 张哲郎：《明代早期的农村老人制》，《明代研究》1978 年 7 月（George Jer-lang Chang, "The Village Elder System of the Early Ming Dynasty," *Ming Studies*, 7, 1978）。

③ 范德：《朱元璋和早期的明朝法律：蒙古法律背景下中国社会制度的建立》，附录 3《教民榜文》（Edward L. Farmer, *Zhu Yuanzhang and Early Ming Legislation: The Reordering of Chinese Society following the Era of Mongol Rule*, E. J. Brill, 1995, Appendix 3, "*The Placard of People's Instructions*"）。

④ 例如，《岩波讲座世界历史 11　中部欧亚的统合》（岩波书店，1997 年）所收中砂明德《江南史的文脉》、檀上宽《初期明帝国体制论》，分别从社会史、政治史角度，强调元、明之间的连续性。

⑤ 陈高华：《元末浙东地主与朱元璋》，初发表于 1963 年，后收入《元史研究论稿》，中华书局，1991 年。

⑥ 滨岛敦俊《明代江南农村社会研究》（东京大学出版会，1982 年）第 25—37 页。此外，滨岛敦俊指出，产生这种思想基础的地域除浙东外，“也可能包含徽州等地主”（同书第 25 页）。

宽也论述到，在明初政权镇压私利追求型、权力指向型“富民”的同时，元代以来浙东“义门”郑氏为代表的“乡村维持型富民”，便成为里甲制的基础。[①] 井上彻也吸收了滨岛和檀上二人的观点，提议不应仅把老人制作为国家的原则、理念来处理，应以乡村社会结构和地主阶层的政治思想这一背景为基础进行重新探讨。[②]

接着，伊藤正彦开始关注南宋以降浙东等江浙各地出现的义役，就是以读书阶层为主导、不经胥吏和乡书手而决定役次，就这一点来说，其具有为粮长、里甲制体制开先例的意义。[③] 此外，他还指出，南宋、元代的“劝农文”理念，被明代的“六谕”所继承，并分析了元末浙东的地方政治改革方案，认为它是明初地方政治改革的先驱。[④] 上田信论述了在浙东盆地区域开发的过程中所形成的浙东士人理念，其对里甲制社会秩序的形成有较大影响。[⑤]

在欧美国家，窦德士(John W. Dardess)也对这一问题进行了全面研究。他指出，在以金华、处州等山区为中心的元末浙东地方，针对与官吏阶层合谋的大户豪民引起的地方行政紊乱，一些地方官在地域“儒者精英”的帮助下，实施了义役传统基础上的赋役改革、借“乡饮酒礼”和“保甲制”维持乡村秩序、“鼠尾册”和“鱼鳞册”的制作、对胥吏和豪民的镇压等一系列改革措施。他认为，这些改革是“后来明太祖在全国施行的统

---

① 檀上宽《元、明更替的理念与现实——以义门郑氏为线索》(初发表于 1982 年，后收入《明朝专制统治史的构造》，汲古书院，1995 年)、《〈郑氏规范〉的世界——明朝权力与富民阶层》(初发表于 1983 年，亦收入前书)等。

② 井上彻：《论明朝的“里”制——兼评森正夫著〈明代江南土地制度研究〉》，《名古屋大学东洋史研究报告》15，1990 年。

③ 伊藤正彦《“义役”——南宋时期社会整合的一种形态》(《史林》75 卷 5 号，1992 年)、《元代江南社会的义役、助役法及其历史性归结——粮长、里甲制体制成立一侧面》(《名古屋大学东洋史研究报告》17，1993 年)。

④ 伊藤正彦《元代劝农文小考——元代江南劝农基调及其历史地位》(《(熊本大学)文学部论丛》49 号，1995 年)、《元末一地方政治改革方案——明初地方政治改革的先驱》(《东洋史研究》56 卷 1 号，1997 年)。

⑤ 上田信：《传统中国——“盆地”“宗族”所见明清时代》，讲谈社，1995 年。

治政策的小规模范例”。① 此外，蓝德彰(John D. Langlois)也论述，元末浙东“儒者精英”所推行的地方政治改革和重视实务的政治思想等，是明朝统治体制的雏形。②

本章将以这些问题的提出为出发点，以宋至明代徽州地域史为背景，探讨老人制的成立过程。之所以将徽州作为考察对象，是因为笔者欲通过徽州文书，继续研讨乡村社会的纠纷处理，而且徽州与浙东等地域一样，具备老人制成立原型的社会经济、思想背景，并且拥有极丰富的文集和族谱等有用史料，考虑到这一问题，徽州无疑是最有效果的地域之一。

第二节　宋代徽州地方有势力、有名望人士与纠纷处理

徽州的地域开发，主要是由来自北方呈波状流入的移民推进的。③ 特别是唐末“黄巢之乱”时，许多大族为避难而迁徙至此，到五代至北宋时期，徽州(当时为歙州)的地域开发快速发展起来。这些大族在析化过程中，从最初定居地逐渐迁移于徽州各地，在这一过程中，依靠水利组织整备而集约化的农业和材木、茶等山林产品的商品化，加快了山村型经济开发步伐。其中，形成了一族不分割家产而累

---

① 窦德士：《儒学与专制：明朝建国中的职业精英》(John W. Dardess, *Confusianism and Autocracy: Professional Elites in the Founding of the Ming Dynasty*. University of California Press, 1982)。关于该书内容，檀上宽《明初建文朝的历史地位》(《中国——社会与文化》7 号，1992 年)第 173—175 页有详细介绍。

② 蓝德彰：《蒙古统治下金华的政治思想》，《蒙古统治下的中国》(John D. Langlois, “Political Thought in Chin-hua under Mongol Rule”, *China under Mongol Rule*, Prinston U. P., 1981)。

③ 关于宋代以降徽州的地域开发与同族组织的发展，见斯波义信《宋代的徽州》(初发表于 1972 年，后收入《宋代江南经济史研究》，汲古书院，1988 年；另见江苏人民出版社 2001 年中文版)、宋汉理《中国地方史的变迁与延续》(Harriet T. Zurndorfer, *Change and Continuity in Chinese Local History: The Development of Hui-chou Prefecture, 800 to 1800*, E. J. Brill, 1989)。另参照小松惠子《宋代以降的徽州地域发展与宗族社会》(《史学研究》201 号，1993 年)等等。

世同居的“义门”形态。[1]

以下将例举宋代以后徽州地域望族原型、淳熙《新安志》中收录的“义民”——宋初婺源县的汪廷美。他数十年与一族数百人同居共食，致力于家礼。秋冬时为乡人出粜，真宗朝减轻天下赋税二成时，他减少佃户佃租二成。他被人们称为“汪长者”，死后知县将其事迹刻石纪念。[2]此外，同县的王德聪是一个有田百顷的大地主，长达70余年间一家近五千人同居一处，造楼阁，储经籍，以此教育子孙。他也被里人称作“长者”，据传“里有辩讼者，得其一言则平”。仁宗下赐“孝友信义之家”匾额，知县称“匹夫而化乡人者，吾于汪君、王君见之”，来称赞二人的事迹。[3]

这些望族事例贯穿于宋元时期，多记载于徽州府下的文集、族谱、地方志等传记中。他们常被同时代人称作“长者”，其中多数为当地有势力的地主阶层。他们在作为同族领导人的同时，也常常向乡里分散私财，作出多种贡献。这些“长者”中的不少人，也是具有儒学教养的“处士”。他们为乡里处理纠纷（排难解纷），这也常常被视为其德行之一。

南宋以后，伴随着同族析化的进一步发展，汪廷美、王德聪这些累世同居的“义门”型望族事迹逐渐减少，但地域有名望人士处理纠纷广泛地为人们所认同。如南宋初期婺源县的李缯，早期曾修四书之学，跟随北宋末期自北方避难而来的学者学习二程之学，是婺源道学派开拓者，弟是进士，常常协调乡里，治理家务，“亲戚故旧，或以缓急，往往为之排难解纷”[4]。绍定五年（1232）中进士并历任地方官的祁门县人方岳的祖先，

---

① 关于宋代江南东、西路地域开发中“义门”的作用，可参照佐竹靖彦《唐宋变革时期江南东、西路的土地所有与土地政策——以义门的成长为线索》（初发表于1973年，后收入《唐宋变革时期地域研究》，同朋舍，1990年）。此外，关于宋代徽州的义门与累世同居，详见小松惠子前述《宋代以降的徽州地域发展与宗族社会》第24—27页。

② 淳熙《新安志》卷八《义民》。

③ 弘治《徽州府志》卷九《人物三・孝友・宋》。

④ 程洵《尊德性斋小集》（《知不足斋丛书》本）卷三《钟山先生行状》。

也被乡人尊称为“方长者”，他在兴义役的同时，据传“一言折衷，两讼消弭，盖有王彦方[1]之遗风焉”[2]。可见，如此所谓“长者”逐渐成为官僚阶层的母体。

在宋末元初的混乱时期，徽州各地群盗蜂起，针对这一状况，各地以地主阶层为中心进行乡村防卫。如歙县“处士”黄孝则，面对元初潜口、松源等地盗贼蜂起的状况，组织防御，保卫乡里，但他在平时也被推为乡村领导，据说“有讼者，必先质公，正其曲直。或相问责而退，或望庐而返”[3]。同样地，黟县“处士”汪元也在宋末元初混乱之际，保卫乡里，据传“至有望门而息讼者，有王彦方之风”[4]。

宋代以降的徽州，有许多史料记载了当地“长者”“处士”等处理乡村纠纷的事例。但毋庸置疑，这种状况仅是事情的一个侧面。宋代徽州隶属江南东路，但根据《名公书判清明集》等南宋时期的判语可知，当时江南东、西路是有名的“健讼”之地，同时被称为“豪民”（豪横、豪强）的土豪阶层“武断乡里”。豪民阶层往往与中央、地方官员相互勾连，通过买卖官盐和谷物、经营酒坊和包揽税粮等方式，侵蚀公权力，还通过地方衙门的胥吏、公人垄断地方行政，甚至备有牢狱和刑具，有时动用私刑，擅自进行制裁。[5]

当然，这种状况在徽州也不例外。例如，据南宋中期婺源县人王炎所述：

> 新安在今日为辅郡，而婺源壮县也。自县抵郡治二百里，而遥

---

① 王烈（字彦方）乃后汉时期太原人，“以义行称……有争讼曲直，将质之于烈”（《后汉书》卷八一《独行列传》）。

② 方岳《秋崖集》卷三六《记・方长者祠堂记》。本章所引文集，若无特别注明，一般采用《四库全书》本。

③ 弘治《徽州府志》卷九《人物三・隐逸・元》。《新安文献志》卷八九《行实・遗逸・处士黄公孝则行状》（赵若惺撰）。

④ 陈栎《定宇集》卷九《傅严处士汪公孺人吴氏墓志铭》。

⑤ 陈智超《南宋二十户豪横的分析》（《宋史研究论文集》，浙江人民出版社，1987 年）、梅原郁《宋代的形势户与官户》（《东方学报》60 册，1988 年）。

> 地岩险。部使者按行不至，郡将虽有方略，耳目亦无由尽得民利病。租赋狱讼浩穰，寖不治。豪右得乘间窟穴为奸，执持吏短长，目指气使，必如意。吏巧于舞文者，又上下其手，以招权鬻狱，其势几出长贰上。羸丁下户，有事无所讼，县公熟视不谁何，例坐罢软，下职去。①

官治秩序不能充分实现，胥吏们肆意指挥县衙门，在与之相勾结的豪民阶层面前，平民凄苦不堪，知县却束手无策。

事实上，“豪民”之“武断乡里”与“长者”“处士”之“排难解纷”，构成表里关系，对于公共权力不能充分发挥作用、乡村有势力者私自处理纠纷的事实，应从两方面进行理解。据休宁县茗洲吴氏族谱记载，南宋初期小伍公的人物事例便是反映类似情况：

> 小伍公，六公某三世孙也，性豪宕，有膂力。……值胡虏侵追，军兴急甚，官家皆低首仰给。同居多避匿，公慨然曰：“吾当恃寸铁以保乡土，转谷百数佐国家之急，又安避邪？”后以威武断里人词牒，借友报仇。怨家诉其夺邑大夫权，杀无辜，里人共排挤。……乃挈家徙避渔梁戴家坞。坞深邃，人多行不法，呰窳偷生而亡业，作抟掩、犯奸。公始以理谕之，不悛者铚权而服之，遂不敢犯。②

由此可见，他是金军南下时带头响应军需征收的地方有势力者，同时，“以威武”裁决乡里诉讼，以至于侵犯知县的审判权，被控告滥杀无辜，遭里人排斥，移居戴家坞。当地人不务正业，从事不法之事，他首先“以理谕之”，对仍不悔改者则进行制裁。

这样的小伍公事迹中，也加入了望族名人般的言辞，事实上，他是以威势“武断乡里”的“豪民”，况且“以理谕之”的秩序维持，实际上也是以

---

① 王炎《双溪类稿》卷二四《序·送洪宰序》。
②《茗洲吴氏家记》(明末抄本)卷六《家传记》。

“豪民”实力为背景的。南宋时期的乡村社会,官治势力弱化,胥吏阶层把持地方衙门,恃强凌弱,“豪民”压迫“小民”现象日益严重。在这种状况下,为了维持乡村社会秩序,只有期待地方有势力者自身的力量。他们自觉地以有名望人士的道义为基础,强调应该维持乡村社会秩序。当时文集所记述的“长者”“处士”的事迹,体现了这些地域有名望人士应有的理想姿态。

第三节　元代徽州乡村社会与地方有势力、有名望人士

至元十三年(1276)正月,元军入临安城之前,徽州也纳入元朝版图之内,翌年改称为徽州路。① 元朝统治下的徽州,地域性叛乱相继发生,社会秩序未必稳定,但与此同时,直到元代中期,国内和海外贸易却日益扩大,山林产品输出量增大,经济发展呈现盛况。

许多史料显示,元代徽州的地方有势力、有名望人士参与当地纠纷处理。代表性事例如歙县的郑绍卿,他是被人们称作“承累世富有之赀”的大地主,年轻时师从著名朱子学者休宁县陈栎。他在元末隐居故乡而不仕,赈恤乡里的同时,投入私财,修筑可灌溉数千亩水田的小母堨,被称为“郑长者”。乡人佩服其德行,据记载“乡邑讼理不决者,往往求直于长者,无不惭服而去”②。另外,休宁县处士吴玉林也投入私财,整饬水利设施,设立义庄,据记载“里人咸服其义,有争竞求直者,或得一言而止”③。

歙县洪味卿是数百家同姓村大族中因善修家政而被称为全族有声望之人,“乡闾讼争者,多诣父君求直,其有私为不善者,辄相语曰,洪公闻之,宁无愧乎”,他平时致力于纠纷处理。洪味卿死后,“强暴相凌弱

---

① 弘治《徽州府志》卷一《地理一・建置沿革》、万历《休宁县志》卷一《舆地志・沿革》、《休宁范氏族谱》卷七《谱表》等。

② 汪克宽《环谷集》卷八《传・郑长者传》。

③ 程敏政编《新安文献志》卷九二下《行实・世德・吴处士伯冈墓志铭》(解缙撰)。

寡，里中讼争纷然，以强凌弱，不能伸一喙”，人们感叹“安得复见洪公，以白吾心也”。① 这些“长者”“处士”的事迹，让人联想起谷川道雄所述的六朝“名望家社会”结构，这些有名望人士阶层通过赈恤、劝农、乡里防卫、纠纷处理等，维持“宗族、乡党”秩序。② 但宋元时期乡村秩序形成的中心，并非在乡里经营广大庄宅、同时以家世为背景独占朝廷官职的六朝贵族、豪族。他们是有德望的地主以及在野的读书人等，是在乡村社会具有威望的“长者”“处士”。

地方官以这些有名望人士为中心作为乡村领导阶层，如“父老”“耆老”，主要通过他们维持乡村秩序。据柳田节子研究，宋代的乡村“父老”阶层，主导着乡村农业生产和民间信仰，州县官在执行田地诉讼和水利开发、户籍制定时，也多向父老咨询。③ 在元代，这一状况基本上也没有变化。如在婺源（元代升格为州），有富家不履行婚约、贫家父母的灵柩不能埋葬的恶习，知州干文传“即召其耆老，使以礼训告之，阅三月而婚丧俱毕”④。歙县知县宋节“又谕父老，遍立乡塾，训诲子弟，使知孝弟、忠信”⑤。元末休宁县达鲁花赤额森托音就任后，“即召父老，宣布朝廷德意，指以法令所禁，使民知所趋避”⑥。同时期的休宁知县唐棣“召父老，问民不便者，皆以赋役不均”⑦，遂实施丈量土地。

元代歙县人徽州路学教授唐元，曾为徽州路起草如下“劝农文”：

> 尔父老归而督子弟。治尔禾耜，则器不钝。尔浚陂池，则水可潴。正定疆界，则邻息争。依时莳种，则物性遂。且衣食足，然后知

---

①《新安文献志》卷八九《行实・遗逸・洪府君味卿墓志铭》（程文撰）。

② 谷川道雄：《六朝名望家社会的理念构造》，《中国中世探求 历史与人间》，日本 editor school 出版部，1987 年。

③ 柳田节子：《宋代的父老——与宋朝专制权力对农民统治的关联》，《东洋学报》81 卷 3 号，1999 年。

④《元史》卷一八五《列传第七二・干文传》。

⑤ 弘治《徽州府志》卷四《职制・名宦・元》。

⑥ 郑玉《师山集》卷六《碑・休宁县达噜噶齐额森托音公去思碑》。

⑦ 危素《危太仆集》卷二《记・休宁县尹唐君核田记》。

> 礼仪。今天下郡县有学,乡社有学,门塾有学,皆立教法,使人趋善而避恶也。尔父老重告子弟曰,父慈子孝,兄友弟恭,则家道肥。男耕女织,不事游荡,则衣食裕。毋赌博纵酒食以破家,毋犯上讦阴私以破俗。①

唐元在劝农文中指出,乡村父老除督励子弟、处理田地纠纷外,还担负劝农、进行水利整备、教化子弟的责任,这些均是《教民榜文》中规定的老人和乡里社会的责任义务。② 特别是"父老",应告诫子弟,对父子、兄弟孝慈、恭友,"男耕女织"以保障生计,惩戒沉迷于赌博游荡、以下犯上的违法行为等,这些均与"六谕"的内容相一致。集中体现在《教民榜文》中的明初乡村统治思想,其渊源在元代徽州士人阶层的乡治理念上也可以明显地看到。③

认识元代乡村社会纠纷处理,重要问题在于社制的存在。④ 元世祖忽必烈于至元七年(1270)颁行《劝农条画》(所谓《社规》),以每50户为一"社",遴选一名"年高通晓农事"者为社长,担任农耕指导和督励、义仓运营等劝农工作,以及对善行者表彰和恶行者告诫。⑤ 社制原本主要是为了复兴因金末战乱而荒废的华北农村而引入的,而事实上,在预防叛乱和盗贼方面,也起到了维护当地治安、秩序的作用。特别是消灭南宋统治后的至元二十八年(1291)颁行的《至元新格》,言"诸论诉婚姻、家

---

① 唐元《筠轩集》卷一三《杂文·本路劝农文》。

② 反映这种"父老"的教化、劝农、纠纷处理的史料,在南宋时期"劝农文"中也比较多见。参照宫泽知之《南宋劝农论——农民统治的思想形态》(中国史研究会编《中国史像的重构——国家与农民》,文理阁,1983年)。

③ 通过对元代、明初劝农文的探讨,其内容被抽象化、定型化,最后归结到"六谕",这一方面的研究成果有伊藤正彦前述《元代劝农文小考》,其中详细介绍了上述唐元的劝农文。

④ 关于元代社制,可参照井之崎隆兴《元代"社制"的政治考察》(《东洋史研究》15卷1号,1956年)、杨讷《元代农村社制研究》(《历史研究》1965年4期)、中岛乐章《元代社制的确立与展开》(《九州大学东洋史论集》29号,2001年),以及拙稿第141页注5—11所列诸论考。

⑤《元典章》卷二三《户部九·农桑·立社》,《劝农立社事理》。

财、田宅、债负，若不系违法重事，并听社长以理谕解，免使妨废农务烦紊官司”①，明确规定了社长调停民事纠纷的权力。在徽州，大德年间(1297—1307)的徽州路总管郝思义将大司农司编纂的《农桑辑要》“颁之社长，俾专劝课”，同一时期的歙县知县宋节也“首务劝农、兴学，农有游惰者，从社长供申，籍充夫役，俟改悔除名”。②

直至元末，徽州的社长不仅劝农、教化，而且也负责解决乡村纠纷。元统三年(1335)《祁门县洪社客退还误占树木字据》③(书影1)，是反映元代社制下纠纷处理实态的珍贵史料：

> 十三都二保洪社客，有祖墓林壹段，坐落四都二保，土名张婆坞。却于元统叁年贰月间到彼看幸间，有四都潘富二评事砍斫杉木，并株木在山。彼时用宝字铁号印讫。今二家凭社长、众人入地内看视，即系控(空?)地内砍斫木植，不系坟地畔砍斫。今随即退还宝字铁号，付与潘富二评事，自用人工搬移前去，本家不在阻当(挡)。今恐人心无信，立此退号文书为用者。
>
> 元统三年三月初六日洪社客(押)
>
> 见退号人谢仁官人(押)

洪社客在巡视自己拥有的山地内墓林时，发现潘富二采伐杉木，并且将采伐的杉木印上铁号标记，归自己所有。其后社长和众人到场，对山地进行实地取证，结果表明，杉木并非洪社客的坟山，而是采伐自控(空?)地(无特定所有者的空闲山地)。于是洪社客立此退号文书，表明认同了潘富二搬运杉木。

---

①《元典章》卷五三《刑部一五·听讼》，《至元新格》；《通制条格》卷一六《田令·理民》，《至元新格》。

② 弘治《徽州府志》卷四《职制·名宦·元》。

③《契约文书》卷一第14页所收。陈柯云《明清山林苗木经营初探》(《平准学刊》四辑上册，1989年)第147页、第162页注40也介绍了该文书。

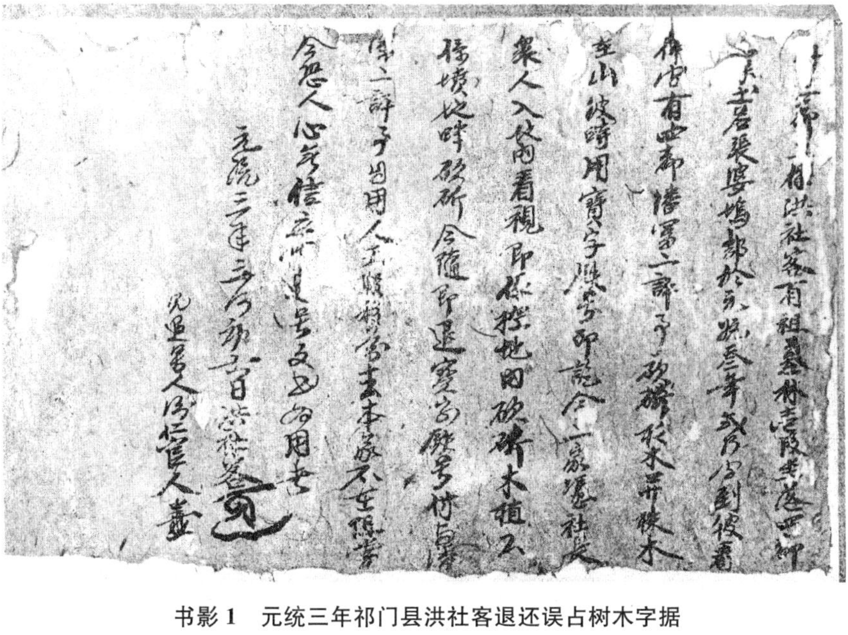

书影 1　元统三年祁门县洪社客退还误占树木字据

如本书第三、四章所述，在明代前、中期的徽州，老人和里长不仅调停纠纷，而且通过对向地方官提起的诉讼进行实地取证和重新审理，对解决民事诉讼起到主要作用。那么，元代状况如何呢？以下介绍反映元代中期民事诉讼处理的文书，即延祐七年（1320）《祁门□元振合族卖坟山赤契》①：

[　　　　]元振等照得。本宗有高祖妣四孺人胡氏墓山一[　　]字陆号，坐落十二都溶口山背。昨于己酉年间，被[　　　　]孙擅自于祖坟右臂白虎嘴上，创造坟堆，侵占[　　]不容己者。举请元美出名陈告到官，委官勘当，[　　　　]一力争论，经停四年，至皇庆壬子，方得归结了当。[　　　　]系元美独自经理前项墓山，入户供解。今来谓见元美[　　　]彼处迁造新坟。以此众议，念是元美争论四年，用力甚多。[　　　　]祖坟右臂白虎一山，约计贰亩……（四至略）……今将前项四止内山，尽数[　　　　]名下为主。面议价钱中统钞贰伯伍拾两，其钞对众收讫[　　　　]支费了当。其山一任元美自行掌管为主，迁造风水，并每[　　　　]修祖茔，供解税粮，日后各家子孙，永远不在收赎占拦。[　　　　]此义逊（?）文书为用者。

延祐七年二月十五日　　　　兄　元振（押）

弟　应智（押）　　　应信（押）

（以下侄六名、侄孙一名略）

因文书狭长，其上下部分欠缺多字，多处文意不明，大意如下：某姓元振一族，共有溶口山背处的祖墓，至大二年（1309）坟山的一部分被侵占，全族以元美为代表提起诉讼，经过官府实地取证（“委官勘当”），历经四年争论，坟山被归还。一族在“众议”之后，考虑到元美四年间为诉讼尽心尽力，以交钞 250 两将坟山卖给他，承认其专有权。在这一围绕坟

① 《契约文书》卷一第 11 页所收。

山所有权的诉讼事件中,地方官委派官员进行实地勘验后判决,并未注明社长等人的参与。由此可见,元代社长的职责可能以当地纠纷调停为主,未必参与地方官处理的诉讼案件。

元末至正十二年(1352)四月,西系红巾军徐寿辉部下武将项普略,从江西方面经婺源侵入徽州路,劫掠徽州一带,进而侵犯浙江方面。① 徽州一带是红巾军与元军攻防战的舞台,因而徽州陷入"群盗蜂午,残毁尤甚……时不闻官府之令"②的无政府状态,"兵戈扰攘之际,里中犷狼纠戈,叛者蜂起。苍头杀主,恶少杀人,掠财蓄毁室庐,怿纲纪,恬不为怪"③,乡村社会秩序完全遭到破坏。红巾军侵入的华中南各地的当地有势力者,募集义兵,在各地筑寨,进行乡村防卫(结寨自保)。陈高华曾评论说,这些各地义兵集团中,"徽州地区的武装最突出"④。至正十四年(1354),以婺源的汪同为中心的义兵集团与元军一起夺回徽州,但翌年再次被红巾军攻陷,至正十六年(1356)四月,元军与义兵终于击退红巾军。

但在至正十七年(龙凤三年,1357)七月,朱元璋武将邓愈、胡大海,自宁国经绩溪,驱逐元朝守备军,攻取徽州。邓愈等击退元军十万援军,确立了对徽州的统治权,又向浙东方面进军,以汪同为首的自卫集团也归服朱元璋军,编入其麾下。⑤ 至正十八年(龙凤四年,1358)十二月,朱元璋率军至徽州,召集"故老、耆儒",向"儒士"唐仲实、姚琏等谘问民事。唐仲实等进言,应效仿汉高祖至元代忽必烈等历代王朝创立者,不滥杀人民,令民生安定,朱元璋认为所言极是,赐"父老"们布帛。⑥ 接着,朱元

① 参照弘治《徽州府志》卷一《地理一·建置沿革》、万历《休宁县志》卷一《舆地志·沿革》、《休宁范氏族谱》卷七《谱表》等史料。关于红巾军侵略徽州以及抵抗红巾军的义兵集团,参照陈高华《元末农民起义中南方汉族地主的政治动向——兼谈元末的阶级矛盾和民族矛盾》(初发表于 1964 年,后收入前述《元史研究论稿》)。

② 赵汸《东山存稿》卷五《文·克复休宁县碑》。

③ 舒頔《贞素斋集》卷一《记·蔓青楼记》。

④ 陈高华前述《元末农民起义中南方汉族地主的政治动向》第 274 页。

⑤《太祖实录》丁酉(至正十七)年七月、九月。

⑥《太祖实录》戊戌(至正十八)年十二月庚辰条。

璋进攻浙东，将宋濂和刘基为代表的浙东士人纳入幕下。

以金华为中心的浙东士人阶层是明初政权的中枢力量，在政府决策时给明朝乡村统治政策以极大影响。与金华不同的是，徽州当地有势力者在元末战乱中以保护乡里为重点，除建国之初成为翰林学士的朱升外，并没有非常积极地作为文官参与政权。[①] 但徽州的婺源县是朱熹的原籍，南宋以来与金华一起，成为正统朱子学的中心，[②]特别是元代“自井邑、田野，以至远山深谷，民居之处，莫不有学有师，有书史之藏。其学所本，则一以郡先师子朱子为归”[③]，表明朱子学已广泛渗透于乡村层面。徽州与金华一样，位于江浙地方的周边山间部，通过发展集约农业和山林产品的商品化，可补充可耕地不足的现状。通过水利开发等，在乡村形成了以当地地主阶层为中心的紧密的社会关系。

以思想、社会方面与浙东共通性为背景，元代的徽州，通过当地有势力、有名望人士阶层进行纠纷处理、教化、劝农、水利整备等，元末时与浙东相同，试图通过乡饮酒礼、保甲制维持乡村秩序，[④]朱元璋统治下的至正二十三年（龙凤九年，1363），还在金华出身的端复初主持下制作了鱼鳞册。[⑤] 虽然不像浙东那么直接，但毋庸置疑，徽州士人和当地有势力、有名望人士的理念，以各种形式给予成立期的明朝政权以一定影响。

第四节　洪武年间老人制的确立

洪武元年（1368）正月，朱元璋在南京登帝位，此前吴元年（1367）十

---

① 窦德士：《儒教与独裁统治》，第 122—123 页（John W. Dardess, *Confusianism and Autocracy*, pp. 122 - 123）。

② 马渊昌也《元、明初性理学一侧面——朱子学的弥漫与孙作的思想》（《中国哲学研究》4 号，1992 年）。

③ 赵汸《东山存稿》卷四《商山书院学田记》。参照马渊昌也前述论文第 73 页。

④ 郑玉《师山遗文》卷一《序·荆山乡饮酒序》、郑玉《师山文集》卷八《鲍仲安墓表》等。

⑤ 栾成显《朱元璋下令攒造的龙凤朝鱼鳞册》（鹤见尚弘译，《东洋学报》70 卷 1、2 号，1989 年）、《徽州府祁门县龙凤经理鱼鳞册考》（《中国史研究》1994 年 2 期），鹤见尚弘《元末、明初的鱼鳞册》（《山根幸夫教授退休纪念　明代史论丛》下卷，汲古书院，1990 年）。

二月完成的《大明令》中已经出现了"里长"这一名称①,因此,这一时期已采用某种形式施行里制。史料表明,在洪武初年,包括徽州在内的华中各地确实已实施里甲制。② 洪武五年(1372)二月,在全国里社内建造"申明亭","凡境内人民有犯,书其过名榜示亭上",接着,又设置旌善亭。③ 同年四月,命令里社每百家举行乡饮酒礼,洪武八年(1375)在全国乡村设社学和里社坛、乡厉坛。④ 至洪武十四年(1381)正月,由十户里长户和百户甲首户构成的里甲制,在全国逐步实施,之后,申明亭、旌善亭、社学、里社坛、乡厉坛均以里为单位进行设置。⑤

在洪武十年代后半期,"初令天下郡县,选民间年高有德行者",在各里设"耆宿"。⑥ 然而其设置年代不明,应该是里甲制在全国施行以后之事。耆宿接受地方官政务和民情方面的谘问,与地方官一起向朝廷推荐人才,而且可以向京师上奏官吏的贤否、善恶。况且因为"俾质正里中是非",可想而知耆宿也负责里内教化和纠纷处理。但洪武二十一年(1388)八月,在"耆宿颇非其人,因而蠹食乡里,民反被其害"的进言之后,耆宿制被废止。⑦

在以往的研究中,多数学者认为,耆宿制废止后不久,重新导入老人

---

①《大明令·户令》:"凡各处解纳一应官物……凡遇解物,应合差夫并拨船只,验物多寡,书填名数差遣,并不差拨原纳物里长、人户送纳。"《大明令·刑令》:"凡江南府分里长犯赃、罪至徒者,除湖广行省所辖府分及九江、南康、池州等府,依律徒役外,其余去处里长,依律断讫,将本人见种田土没官,连同居共爨家小,迁徙江北地面住坐。"

② 鹤见尚弘:《明代的乡村统治》,《岩波讲座世界历史 12 东亚世界的展开Ⅱ》,岩波书店,1971年,第68—72页。

③《太祖实录》洪武五年二月"是月"条。参照松本善海前述《明代里制的创立》第461页等。

④ 关于乡饮酒礼,见《太祖实录》五年四月戊戌条;关于社学,见《太祖实录》八年一月丁亥条。另可参照松本善海前述《明代里制的创立》第460—461页。关于里社坛、乡厉坛的设置,可参照栗林宣夫《里甲制研究》(文理书院,1971年)第5—7页。

⑤ 松本善海前述《明代里制的创立》第462—463页。

⑥ 关于明初耆宿制及耆宿制废止以降老人制的成立过程,有松本善海前述《明代里制的创立》、小畑龙雄前述《明代极初的老人制》、栗林宣夫前述《里甲制研究》第56—59页、细野浩二前述《从耆宿制到里老人制》、前迫胜昭前述《有关明初耆宿制的考察》、三木聪前述《明代里老人制再探讨》第2—5页等研究成果。

⑦《太祖实录》洪武二十一年十月壬午条。

制，至洪武二十七年(1394)，老人被委以户婚、田地等诉讼处理。但洪武十八至十九年(1385—1386)颁行的共三编的《御制大诰》中，与耆宿一样，“老人”“耆老”“耆民”等称呼屡屡出现。例如在《御制大诰》中，“耆宿人等”告发害民的地方官吏，若发现有才能、清廉的地方官吏，允许“耆宿、老人”等上奏京师。若有诬告清廉官吏的情况，耆宿面奏辨明，而且每年末命令数十至千余名“乡里年高有德等”赴京师，面奏当地官吏的善恶。[1]《御制大诰》续编、三编中，有许多事实上由耆宿或老人(耆老、耆民)上奏告发地方官吏并捕至京师事例的记载。[2] 一些因犯罪被带至京师的地方官，哀求耆民面奏他们提交的免罪申请台词，[3]也有被耆老捕缚的地方官，恳求“我十四岁读书灯窗之劳至此，你可免我此番，休坏我前程”[4]。

那么，三编《御制大诰》中的“耆宿”与“老人、耆老、耆民”究竟有何区别呢？首先是耆宿与老人，有“仍有勾逃军、官吏生事，扰搅良民，其良民中豪杰之士、耆宿、老人会议、捉拿赴京”等连称的用例。[5] 在其他条目中，若地方官吏不当地命令人民向京师搬运物资，如“许市乡年高耆宿，非耆宿老人及英壮豪杰之士，将首领官并该吏帮缚赴京”[6]，则区分“耆宿”与“非耆宿老人”。然而，老人与耆老、耆民之间，在用法上总认为没有明确的区分。

我们也可以推测，老人、耆老、耆民等词语一般指年高者。但有洪武十九年正月自序的何广《律解辨疑》的“禁革主保里长”条，有“其合设耆老，须于本乡年高有德、众所推服人内选充”的规定，[7]洪武二十二年

---

① 《御制大诰》,《民陈有司贤否》第三十六、《耆民奏有司善恶》第四十五。

② 《御制大诰续编》,《阻当耆民赴京》第六十七;《御制大诰三编》,《臣民倚法为奸》第一、《进士监生不悛》第二、《妄举有司》第十四、《民拿害民该吏》第三十四等。

③ 《御制大诰三编》,《有司逼民奏保》第三十三。

④ 《御制大诰三编》,《县官求免于民》第十七。

⑤ 《御制大诰续编》,《逃军》第七十一。

⑥ 《御制大诰续编》,《民拿经该不解物》第五十五。

⑦ 何广:《律解辩疑》卷四《户律·禁革主保里长》条,《中国珍稀法律典籍集成》乙编第一册,科学出版社,1994年,第299页。

(1389)改订的明律《大明律直解》和洪武三十年(1397)最终完成的《大明律》也沿袭了这一规定。洪武十五年(1382),“老人”陈原九被任命为松江知府,①十八年,乌程县人朱华“以老人除监察御史”②。此外,同时期史料中也经常出现“老人”“耆老”“耆民”等词汇。

或许明朝各里在设置耆宿的同时,给予当地德高望重的年长者以老人(耆老、耆民)的地位,每里一名的耆宿一般也是从老人中选出的。即使在耆宿制废止后,这些老人(耆老、耆民)阶层可能依然继续存在。③ 不过,“耆民”等词汇,一般指当地年高者,但有时也不能完全这样判断。

耆宿制废止后,洪武二十年代前半期的老人制,从一开始便有参观政事、被录用为官员、负责收买预备仓谷物之意。④ 首先是洪武二十二年十一月,“令天下州县选民间耆年有德,每里一名,以次来朝,既至随朝观政,三月遣归”⑤,导入“来朝观政”制度。而且,“来朝京师,访民疾苦,有才能者拔用之,其年老不通治道者,则宴赉而遣之,至是来者日多”⑥,有才能者被录用为官员。事实上,洪武二十三年(1390)六月共录用452名耆民,十一月授予167名耆民以府州县官,该年共有1 916名耆民被任用为官。⑦ 有轶闻记载,太祖向来朝的老人们询问,应该如何在京师后湖修建黄册库,并委任提出妥当方策的老人负责黄册库管理工作。⑧ 老人“来朝观政”持续三年多时间,洪武二十六年(1393)正月中止。⑨

---

① 崇祯《松江府志》卷五七《志余·遗事》。

② 崇祯《乌程县志》卷五《人物·征辟》。

③ 栗林宣夫引用正德《大明会典》卷一九《户部四·农桑》“(洪武)二十一年令,河南、山东农民中,有等懒惰,不肯勤务农业,朝廷已尝差人督并耕种。今出号令,此后止是该里分老人勤督”,认为耆宿废止之前设置了负责督责耕种的老人,耆宿废止后可能继续存在(前述《里甲制研究》第57页)。该史料见于洪武三十一年颁行的《教民榜文》第二十四条,但《会典》却误引为二十一年,因此,不能作为耆宿与老人并存的依据。

④ 小畑龙雄前述《明代极初的老人制》第65—68页、栗林宣夫前述《里甲制研究》第58—59页。

⑤《太祖实录》洪武二十二年十一月癸未条。

⑥《太祖实录》洪武二十六年正月戊申条。

⑦《太祖实录》洪武二十三年六月庚寅、十一月癸丑、十二月“是岁”条。

⑧ 郎瑛《七修类稿》卷九《国事类·毛老人》。

⑨《太祖实录》洪武二十六年正月戊申条。

自洪武二十一年起，在各地设置用于储备谷物的预备仓。[①] 二十三年五月，“召天下老人至京随朝。因命择其可用者，赍钞往各处，同所在老人，籴谷为备”[②]。从来朝老人中选出有能力者，给予钞票，使之与当地老人一起收购预备仓谷物。洪武二十四年(1391)八月，预备仓谷物已经积满，老人收买谷物被废止。[③] 但洪武二十五年(1392)，命令县官和耆民配给预备仓谷物。[④] 洪武二十六年，太祖教谕户部，“朕常捐内帑之资，付天下耆民糴粟以储之”[⑤]。可见，洪武二十四年以后，实际上是老人在负责预备仓的运营。

然而，关于这一时期老人在里甲制下所担当的职责，先行研究中几乎没有明确论述。但当时法令中留存有一些史料，反映了当地老人的职务。首先是洪武二十四年，第二次攒造黄册时所定《攒造黄册格式》中有：

> 所在有司、官吏、里甲，敢有团局造册、科敛害民，或将各处写到如式无差文册故行改抹、刁蹬不收者，许老人指实，连册绑缚害民吏典，赴京具奏。[⑥]

法令赋予老人以权限，可以上奏京师，揭发攒造黄册时的不法行为。洪武二十六年颁行的《兵部职掌》中也有：

> 凡各处巡检司、弓兵并老人、里甲人等，获解内外卫所逃军及囚徒、无引人并贩卖私盐犯人等项，到部审问明白。[⑦]

---

① 星斌夫：《明代的预备仓与社仓》，初发表于 1959 年，后收入《明代漕运研究》，日本学术振兴会，1963 年。

②《太祖实录》洪武二十三年五月壬子条。另参照万历《吉安府志》卷一《郡纪》洪武二十三年条。

③《太祖实录》洪武二十四年八月壬午条。

④《太祖实录》洪武二十五年五月壬辰条。

⑤ 徐学聚《国朝典汇》卷九九《户部十三・救荒》洪武二十六年条。另参照成化《杭州府志》卷三二《恤政・预备仓》。

⑥ 正德《大明会典》卷二一《户部六・攒造黄册》，《(洪武)二十四年奏准攒造黄册格式》。

⑦《诸司职掌》卷五《兵部职掌・关津》，《断发逃军囚徒》。

规定老人和里长等人应该逮捕逃亡士兵、逃犯、没有路引的可疑人员、私盐犯人等，并押至兵部。又据同年的《户部职掌》可知，当时的老人被授予《勅谕老人手榜》作为守则。①

洪武二十七年(1394)三月，太祖下圣旨规定：

> 今后里甲、邻人、老人所管人户，务要见丁着业，互相觉察。有出外，要知本人下落、作何生理、干何事务。若是不知下落及日久不回，老人、邻人不行赴官首告者，一体迁发充军。②

老人有义务监视里甲内人户，若有赴外地者，要掌握其去处、职业、目的，若有行踪不明者和长期不回者，应向官府告发。从这一法令来看，当时的老人在里甲制下无疑已担负治安和秩序维持等重要职责。洪武年间制定的《新官到任仪注》(《节行事例》所收)中，对于官员到任时的“参见礼”，做出如下规定：

> 先从门子、库子，次弓兵、祗禁，次坊、乡里长，次阴阳、医者，次合属吏典，次六房吏典，俱行两拜礼，新官坐受。次坊、乡老人，次大诰秀才，次生员，次合属官参见，亦行两拜礼，新官拱手答礼。③

“坊、乡老人”在明朝的身份等级中，处于衙役和里长、胥吏之上，仅次于生员等。④ 后来到洪武二十七年四月十三日，太祖因各地民众因小事而越诉至京师，严厉禁止越诉，并规定：

> 命有司择民间耆民、公正可任事者，俾理其乡诉讼。若户婚、田宅、斗殴者，则会里胥决之，事涉重者，始白于官。且给《教民榜》，使

① 《诸司职掌》卷三《户部职掌·户口》，《读法》。

② 《南京刑部志》卷三《祥刑编·揭榜示以昭大法》，《洪武二十七年三月初二日为强贼劫杀人民事》。

③ 《节行事例》(《皇明制书》所收)，《新官到任仪注》。

④ 洪武二十三年三月审定的官民服饰，认可耆民、儒士、生员与文官服制相同，有别于其他庶民(《太祖实录》洪武二十三年三月乙丑条)。

守行之。①

朝廷命地方官选出公正的老人，授予《教民榜》，委任其处理乡村诉讼。户婚、田宅、斗殴等起因于小事的诉讼，首先由老人会同里甲进行裁决，若有重要事件的诉讼，允许直接向地方官提起诉讼。接着在洪武三十年(1397)九月，太祖命令户部在各乡里设置木铎老人，倡导“六谕”，巡行乡村，在各里设置一面大鼓，在农忙时节，由老人击打大鼓，督促鼓励农业生产，使里民在冠婚葬祭时互相帮助。②

洪武三十一年(1398)三月十九日，太祖向户部尚书郁新等人下达圣旨，因无能、贪婪的官吏残害良民，向京师越诉的诉讼连年不断，“今出令天下昭示，民间户婚、田地、斗殴、相争一切小事须要由本里老人、里甲断决，若系奸盗、诈伪、人命重事，方许赴官陈告”，再次重申起因于小事的诉讼由老人、里甲裁决。③ 正如圣旨末尾所述“前已条例昭示，尔户部再行申明”，基于二十七年的《教民榜》，增补了其后的法令，终于下令颁行共有四十一条的《教民榜文》。该年闰五月一日，明太祖去世，《教民榜文》可谓洪武年间乡村统治政策的集大成之作。

明代老人制肇始于胡惟庸、蓝玉之狱，形成于对官吏和豪民的彻底镇压、整肃之中。耆宿和老人在早期发挥了揭发官吏不法行为的作用，之后出现老人“来朝观政”和录用为官的现象。老人逐渐被赋予维持治安、秩序和劝农、教化等职责，接着又被委任处理户婚、土地等诉讼。总之，老人制是里甲制在全国施行后，经过施行耆宿制的洪武十年代末，在洪武二十年代逐渐形成的，很难确定其准确的成立年代。但最具有划时代意义的，应该是洪武二十七年四月，因为此时出现了规定老人拥有小事诉讼的排他性管辖权的《教民榜》，直至洪武三十一年三月《教民榜文》

① 《太祖实录》洪武二十七年四月壬午条。

② 《太祖实录》洪武三十年九月辛亥条。

③ 《教民榜文》卷首的太祖圣旨。关于《教民榜文》的颁行时间，可参照松本善海前述《明代里制的创立》第 467 页、第 469 页注 12 以及《国榷》卷一〇洪武三十一年三月丙寅条。

的颁行，老人制最终确立。

第五节 《教民榜文》所规定的老人制

《教民榜文》由序文和四十一条构成，第一至十四条以老人和里长、甲首处理里内纠纷的相关条目为主，第十五至四十一条是以老人为主进行教化和治安维持、劝农、水利等相关条目，此外，还有许多条目规定了与老人制没有直接关系的一般乡村统治政策。

序文中说，官吏人才难得，不能公正处理诉讼，向京师越诉者络绎不绝。因此，民间户婚、田地等诉讼，应先由各里老人、里甲进行裁决。第一条以下详细地规定了老人、里甲处理纠纷的制度。由此可知，民间的户婚、田地、斗殴、纠纷等所有涉及小事的诉讼，不允许直接向地方官提起诉讼，首先由各里的里长、甲首和老人予以理断，若不经里甲老人而直接向官府提起诉讼，不问虚实，杖六十，退回给里甲老人（第一条）。[①] 老人里甲若有诉讼，开会剖断，允许他们用竹蓖、荆条进行处罚。[②] 老人里甲应该处理的诉讼，包括户婚、田地等全部民事案件及斗殴等轻微刑事案件（第二条）。

老人经里内众人推举，选出公正、有声望者三至十人（第三条）。[③] 年事高但缺乏见识者，虽与老人同等对待，但不得参与裁决（第四条）。老

---

① 以往的研究一般基于顾炎武《日知录集释》卷八《乡亭之职》的记述，将不经老人里甲而向地方官提起诉讼视为“越诉”，事实上并不确切。参照前述中岛乐章《明代的诉讼制度与老人制》第139—142页。

② 关于老人的惩罚权，可参照前述《明代的诉讼制度与老人制》第146—151页。

③ 关于《教民榜文》所规定的老人定员等问题，学者们的理解分歧较大。松本善海（前述《中国地方自治发达史·明朝》）、小畑龙雄（前述《明代乡村的教化与审判》）认为，除设置一名“里老人”外，还有三至十名辅佐性老人，而清水盛光认为，各里设置有三至十名老人（前述《中国乡村社会论》）。细野浩二认为，除三至十名“里老人”外，还设置数名辅佐性老人，由多个里的里老人组成的“众老人”负责审理特殊案件（前述《里老人与众老人》）。与此相对，范德认为，每里设置三至十名老人，此外没有辅佐性老人，“众老人”是每里老人的总称[前述《教民榜文》（“*Placard of People's Instruction*”）]。本书暂采纳范德的观点。

人里甲剖决民事诉讼时，一般在里内的申明亭进行决议。若有涉及其他里的案件，则会同该里的老人共同裁决（第三条），若某里的老人有难以处理的案件，或与老人的子弟亲戚相关的案件，则会同相邻里的老人、里甲予以裁决（第五条）。若老人自身犯罪，也由众老人、里甲召开会议审理，若是轻罪，就地裁决，重罪则送官府（第七条）。

有关奸盗、诈伪、人命的重大刑事案件，允许直接向地方官起诉（第十条）。但除十恶、强盗、杀人等极其凶恶的案件外，对于奸盗、诈伪等刑事案件，若当事人希望和解，不愿向官府起诉，被告也服罪，也可以由老人进行处理（第十一条）。老人、里甲剖决诉讼时，不能设置牢狱拘禁当事人（第十三条）。里甲、老人待管辖范围内人民有事而亲自陈告时，才能进行审理（第十四条）。老人也告诫里内人民，若为小事发生纠纷，应相互让步，尽量避免诉讼。若人民不得不提起诉讼，老人衡量案件轻重进行判断，避免轻率地向官府提起诉讼（第二十三条）。

与纠纷处理相关联，里内的治安维持也是老人、里甲的重要职责。里内若有盗贼、逃犯等恶人，里甲、老人召集众人，将之逮捕送官（第十五条），并告诫里内人户不要窝藏犯罪的官吏和充工役、军役之人（第二十一条）。老人、里甲督促乡里人民相互告知里内外的出入情况（第十六条），若平时发现无赖做恶事，老人们将严加惩罚（第十八条）。在追捕卫所逃亡的军士和补充欠员时，里甲、老人应该与卫所派遣的官吏合作，征发、押送人丁（第三十七条）。

与纠纷处理和治安维持密不可分，教化、劝农相关职务也必不可少。在教化方面，老人、里甲平时就要劝诫里民施善行、谋生业（第十六条），若里内有孝子顺孙、义夫节妇等善行者，将其事迹向朝廷和上司报告（第十七条）；相反，不遵守尊长教诲、乱长幼之序者，里甲、老人对其进行惩罚（第三十五条）。另外，订立“木铎老人”制，让里内难以自食其力的高龄者等巡回里内，宣唱“六谕”（第十九条）。

在劝农方面，每里设置劝农鼓，每当农忙时节，在老人的监督下，鸣鼓督促众人下田劳作(第二十四条)。里甲、老人奖励、监督各户种植枣、柿、棉花,积极从事养蚕(第二十九条)。进行水利开发时,由老人在实地调查后订立计划,上奏朝廷(第三十条)。当公正廉洁的地方官被诬告时,老人、里长与众人一起上奏,禀明朝廷。若有贪婪害民的地方官,则绑缚之,押至京师(第二十二条)。

此外,先行研究认为,婚姻、葬礼之际的相互扶助(第二十五条),民间子弟的《御制大诰》讲读(第二十六条),乡饮酒礼的遵行(第二十七条),里社、乡厉坛祭祀的举办(第二十八条),社学的管理与运营(第三十二条),祖先祭祀的举行(第三十三条)等,也被列入老人的职责范围。但《教民榜文》中的这些条目,均是与老人制无直接关联的一般性规定,不应当看成是老人的职责。

特别是与社学相关的第三十二条,洪武初年刚刚设立社学,因弊端过多而废止,颁行《教民榜文》以后,不拘居住地和子弟人数,由有德之人在农闲时节开学,教育民间子弟。所以,将社学管理列为老人职责完全是误解。当然,在以里为单位开展的相互扶助及乡饮酒礼、里社、乡厉坛祭祀等活动中,老人作为里的中心人物,发挥了重要作用。但这些终究是里全体的任务,应与明确记载老人和里甲职责的条目相区别。

正如上述,元代施行了社制,社长在进行劝农、教化的同时,也"以理谕解"婚姻、田宅、债务等纠纷,社长职务仅限于对民事纠纷进行随意调停。据《教民榜文》可知,这些诉讼中的大部分,一般委派老人和里长处理,加上里甲、粮长制的税粮科派、征收、搬运,地方官(特别是州县官)将审判(刑名)、征税(钱谷)行政的相当部分移交至乡村组织中,地方官治直接作用于乡村的机会大幅度减少。

第六节　明初徽州乡村社会与老人制

至正十七年(龙凤三年,1357),朱元璋攻占徽州,在扩大在长江中下游地区的统治权的同时，对徽州府(一度改称兴安府)在至正十八年(龙凤四年)、至正二十三年至二十四年(龙凤九至十年)实施田地调查，编造鱼鳞册，其中数册保存至今。明朝建立后，徽州府先后隶属中书省、直隶，洪武三年(1370)设置里社、乡厉坛，翌年进行户口调查，发放户帖，八年设申明、旌善亭和社学，十四年攒造赋役黄册，里甲制最终完成，乡村统治体制逐步完备。①

到了洪武十四年，鱼鳞图册和赋役黄册开始完备起来，基于里甲、粮长制的税粮征收、运输体制逐步确立。然而，在引入老人制之前，乡村秩序维持和纠纷处理的实际状况尚不明确。目前笔者可以确认的是，反映明代徽州纠纷处理实际状况的最早文书史料，是安徽省博物馆所藏的洪武六年(1373)祁门县十都谢允畅、谢超然订立的合同文书②：

> 十都谢允畅、超然，同兄翊先原有祖产山壹片，坐落本保，土名吴坑、枫林坞，经理唐字一千九佰八十六号。……其山分法不明，致使两下争竞。今凭族众平议，立写清白文书，将前项山地均分，人各壹半。其山经理，在谢允畅、超然二户，候后自实之日，谢翊先该壹半合经理山肆亩，谢允畅、超然分该壹半合经理山肆亩。自立文书之后，各自照依分数，砍斫杉木，收苗管业为主。两下不许审(翻?)悔争竞。如先悔者，甘罚花银贰两，与不悔人用，仍依此文为使。今恐无凭，立此清白合同文书为照者。
>
> 洪武六年癸丑年冬十月廿三日　谢超然(押)　谢开先(押)
>
> 见议族人　谢仕荣(押)　谢景纯(押)

王源的谢允畅、超然，与族兄谢翊先共同管理祖宗传下来的吴坑、枫林坞的山地，因分割不明确而发生边界之争，谢氏“族众平议，立清白文

① 弘治《徽州府志》卷一《地理一·建置沿革》、万历《休宁县志》卷一《舆地志·沿革》、《休宁范氏族谱》卷七《谱表》等。

② 安徽省博物馆藏《明洪武合同文书(之一)》(藏号2:16767)。

书,将前项山地均分”。“其山经理,在谢允畅、超然二户”,就是指鱼鳞册上此山地是以允畅、超然二户的名义登记的,日后再次申报时,山地的名义由二户与翊先平均分割。可见,因祖产分割而出现的同族内部发生的纠纷,通过族众合议得以解决,同时,在确定所在地土地所有、预防纠纷方面,鱼鳞册也发挥了重要作用。

洪武十年代末施行耆宿制,即“俾质正里中是非”,但耆宿参与处理纠纷的真实情况并不清楚。耆宿制废止后,自洪武二十二年起,施行令各里老人参观政事的“来朝观政”,徽州也有许多老人赴京师。休宁县的范山“明理义,敦五伦……人有患难,必竭力拯之”,“邑侯以齿德推三老,洪武庚午夏,奉高皇帝旨,取听宣谕,偕耆老朝京师”,由知县推举为老人,于洪武二十三年赴京师,但在归途中病故于江宁县。[1] 同县的汪辉“洪武初,以年高召赴阙,面询民间疾苦,恩赐宴赏而归”[2]。还有同县的金译,洪武二十三年“以老人召见,授县丞,以疾辞”[3]。当然,也有实际上任官的老人,如歙县老人胡伯顺在洪武二十四年由老人升为监察御史,同县的老人江子任也由老人转任知县。[4]

接着在洪武二十七年四月,民间的老人“俾听其乡词讼”,授予《教民榜》,但在此之前老人是否参与所在地的纠纷处理情况不明,一般认为洪武二十七年老人开始被“赋予审判权”。但歙县溪南吴氏拥有的坌塘山始祖光公坟墓,洪武二十年代经历了如下纠纷过程:

> 洪武二十一年,被十五都汪学盗葬坟二穴于公墓后。裔孙吴秀民等具投十五都耆老吴原杰,会同本里胡太寿到山勘明。汪学情亏,即举坟改正,复立文书,不致再行侵害。……洪武二十六年三月

---

① 《休宁范氏族谱》卷八《谱传 · 中支博村族》。
② 《新安休宁名族志》卷二《西街汪氏》。
③ 弘治《休宁志》卷一三《人物六 · 遗逸 · 国朝》。
④ 弘治《徽州府志》卷六《选举 · 荐辟 · 国朝》。

间，又汪学明在继妣坟后盗葬一穴，当即告明，督令改正明白。①

洪武二十一年，吴氏坟墓被十五都的汪学盗葬，吴氏"具投"于十五都"耆老"吴原杰，会同对坟山进行实地取证，结果确认汪学盗葬，吴氏收回坟墓。洪武二十一年，正值耆宿制废止之年，向十五都的"耆老"提出的投诉是耆宿废止的八月之前，"耆老"可能是指耆宿。但如上一节所述，洪武十年代末起乡村中同时设置老人（耆老）与耆宿，而且耆宿制废止后继续存在，所以也可以认为上述史料中的"耆老"是指老人。

其他一些传记史料也记载了洪武年间徽州老人参与的纠纷处理。首先是休宁县的鲍斌，"洪武辛未，朝廷宣召老人，而仲斌以年高有德，推举赴京，宴赉后归。闾里有不平者，质之咸得其直"。他在洪武二十四年作为老人到京师"来朝观政"，归乡后负责当地的纠纷处理。在洪武三十一年，讲读《御制大诰》，率学徒赴京师，在礼部接受考试，领受恩赐后归乡。② 同样地，婺源县的张宗喧也是"国初举耆老，令上京师，背大诰，公称旨，受御敕而归。听断务秉公直，乡评信服"，作为老人，他赴京师背诵《大诰》，在乡里处断公正，令人信服。③ 明初休宁县的汪真也"点充老人，片言折狱，一乡德之"，他于洪武三十一年受牵连被充军，作为老人的事迹在此之前。④ 休宁县的叶高原，"国初举耆老，处事公平，两相输服，有无后言"⑤，也体现了洪武年间老人进行的纠纷处理。像这样让老人负责纠纷处理，不能认为只是在洪武二十七年以后的数年间。很可能早从洪武二十年代初开始，老人就与元代的社长一样，广泛地负责乡村的日常纠纷调停，二十七年四月，明朝的老人不仅仅任意调停纠纷，在小事诉讼中也被赋予排他性管辖的权利和义务。

---

①《歙西溪南吴氏先茔志》唐始祖光公（坌塘山）项。

② 唐文凤《梧冈集》卷六《记・孝思堂记》。

③《甲道张氏宗谱》卷三七《历代谱纪》。

④《新安休宁名族志》卷二《曹村汪氏》。

⑤《新安休宁名族志》卷三（下）《龙山叶氏》。

在徽州，洪武三十一年颁行《教民榜文》以前，老人在纠纷处理以外，就还承担其他各种职责。如婺源县的鲍叔用之妻俞氏，在其夫死后五十年间对公婆尽孝道，所以，洪武十五年“邑耆老赵文右等具闻于县”，朝廷闻奏后授俞氏旌表。绩溪县的许德仁之妻余氏，在其夫死后养育遗儿许中等，并拒绝了同里高某的求婚，洪武十九年“诏例有病民者，悉去之，高为耆民，遂诬（许）中，以例当窜遐荒”，耆民高某诬告余氏之子，使其流放化外。因此，余氏直诉京师，经法司审问，判定高某诬告。①

洪武年间绩溪知县蔡美“城南有田千余亩，旱则无获。美召耆老相视水源，于上三里之乳溪口筑堨凿渠，引水灌田，遂得常稔”，他与耆老一起制订水利计划，灌溉农田千余亩。② 洪武十七年，休宁知县周德成二度犯罪，被带至京师，县之耆民等向朝廷递交免罪书，最终得以赦免。③ 二十三年休宁县丞甘镛、二十七年知县刘绍先也因连坐而遭逮捕，耆民向朝廷递交免罪书，二人得以复职。④ “耆老”和“耆民”，有时泛指德高望重的年长者，但此时可能最主要指的是各里老人。

在洪武年间的徽州，老人除承担处理纠纷的职责外，还负责表彰节妇等教化、告发恶行等秩序维持、参与水利计划的制订、向朝廷递交地方官的免罪请愿等。此外，如上一节所述，捉拿逃兵、逃犯、监视里内外出入人员等治安维持事项，也是老人的职责范围。这些职责大体上与元代的社长相同，最后在洪武三十一年《教民榜文》中作出明确规定。里甲制中的税粮征收体系，于洪武十四年基本完成，老人制中的纠纷处理、教化、治安、秩序维持等，也从此时开始，比元代的社制更加完备，在太祖统治末期最终完成。

由上可见，确立后的明代老人制，一般以传统农村的秩序维持能力

---

① 均见于弘治《徽州府志》卷一〇《人物四・列女・国朝》。

② 弘治《徽州府志》卷四《职制・名宦・国朝》。

③《新安文献志》卷九三《寓公・休宁知县周德成墓志铭》（刘如孙撰）。

④ 均见于弘治《徽州府志》卷四《职制・名宦・国朝》。以及弘治《休宁志》卷二《宦绩二》。

为基础，由当地地主阶层承担，但具体地反映其实际状况的史料极其缺乏。不过，许多明代徽州的传记史料反映了老人的社会特点。首先以明初老人类型之一的婺源县许溥化为例予以阐明：

> 公讳溥化，字次诚。……及壮，值元纲解纽，疆宇瓜分。遂率义师保障乡闾，续奉省檄，命领屯兵。戊戌冬，太祖皇帝遣院判邓愈取徽州，抵邑，公乃率众归附。……尤乐善好义，以资贫乏，助葬娶。整辑里中桥道，割私田为资，建义祠以祭族之无祀者。……洪武壬申，以老人应诏，面听宣谕，回奉督挑堰塘，官民咸悦。①

许溥化在元末混乱时期抵抗红巾军，率义兵集团守护乡里，朱元璋进攻徽州时归顺之。之后，许溥化在乡里扶助贫者，修桥筑道，抽出私产为宗族修建义祠，他属于檀上宽所说的“乡村维持型富民”。洪武二十五年（1392），许溥化作为老人赴京师，听太祖宣谕后归乡，奉朝廷之命监督水利开发。

此外，前文介绍过的明初徽州老人中，可能大多数是当地的地主和富民。休宁县的汪真之父“国初清丈，佥业居多”，是元末以来的大地主。同县的叶高原据传也是“德性温雅，克守先业”，可见，他们均为当地的地主阶层。歙县人吴祖荫于洪武年间被推举为老人，为朝觐而赴京师，之后在永乐年间作为粮长，负责向京师运粮，无疑也是有实力的富民之一。②

上述老人中也包括民间读书人“处士”。如休宁县的鲍仲斌：“性诚实，貌质朴。家贫嗜学，隐居教授，砚田笔耒，伏腊弗给。洪孺人辅之以勤俭，仲斌安贫乐道，甘于恬静，介然不易其守。”他并非富裕地主，而是在乡里通过传授学问而谋生，即所谓“乡先生”。他于洪武二十七年作为老人被召至京师，得到太祖接见后归乡。同县的金译“性敏而好学”，据

① 《新安文献志》卷九七《行实·材武·处士诚斋许公溥化墓志铭》（汪叡撰）。
② 《新安名族志》后卷《歙县向杲吴氏》。

说其有传世著作。由此可见,明初老人中,既有宋元以来的“长者”即有德望的富民,也包括“处士”阶层,但常常也有像歙县的吴祖荫“善吟咏,所著有《拙笔稿》”那样二者兼备的情况。

老人的这一社会特点在永乐年间后的史料中也有体现。如歙县的吴贤奴,出身于南唐以来的“巨室”,他以老人名义揭发了粮长对乡里的压迫。① 据传,黟县的王张荣,其高祖世代为“分城内重租负郭田六百余亩”的富户,任老人后“捐赀解忿”。② 明代中期休宁县老人金奇杰“世居邑南,为巨室……至君,产益拓,族益华,岿然为一邑老成人”③,是县内屈指可数的当地地主。明代后期的歙县老人凌玄庆“累赀巨万,而赈赡宗族,加惠乡闾”,是富裕的名门望族人士。④ 另外一个具有明显读书人特征的例子是婺源县的张操,他是师从后为给事中的张资敬的一名“处士”,在永乐至宣德年间成为老人,“人服其化,而从判如流”⑤。

这些传记史料虽没有直接反映当时老人的实际情况,却体现了老人的规范。但如第三章所介绍的,从现存文书史料可以知道,宣德年间祁门县十西都的老人谢尹奋,是当地开垦山地、经营山林的经营型地主。事实上,在明代前半期的徽州,许多老人均是出身于有势力宗族的地主、富民阶层,而且在宋元以来朱子学的渗透下,确实也具备读书人的教养。但即使在明代徽州,乡村社会纠纷处理体系也并没有在老人制下发展为一元化。代表性例子是明代中期祁门县的程新春,他出身于“资产甲于一乡”的富豪之家,负责乡里的纠纷处理,若有起诉者,人们就会劝告“何事劳有司乎,得翁一言,则是非曲直有所归矣”⑥。明代徽州的传记史料中类似“排难解纷”的事迹不胜枚举。像在第三章中详论的那样,老人制

① 崇祯《歙县吴氏家记》明十八世祖贤奴公偕配孺人胡氏项(《契约文书》卷九第41页所收)。
②《新安名族志》后卷《黟县八角亭王氏》。
③ 程敏政《篁墩文集》卷一八《记・保翠堂记》。
④ 乾隆《沙溪集略》卷四《文行》。
⑤《张氏宗谱》(康熙十三年刊本)卷一四《内纪文翰・处士张公孟海传》。
⑥ 光绪《善和乡志》卷六《墓志》之《窦山先生程公行状》《明处士窦山程公墓志铭》。

下的纠纷处理，广泛地与同族、邻里间的调解相互补充，通过诉讼实地取证与和解调停，在乡村社会纠纷处理框架中发挥了连接点的作用。

小结

在唐末以降的徽州，伴随着外地移民的流入，垦荒和水利开发、地域开发急速发展起来。南宋以前有限的土地资源，是通过劳动集约和山林产品的商品化得到补充的，山区型地域开发基本完成。尽管如此，人口对土地压力的增加与五代以来的高额赋税负担相互作用，使有限的农业资源在地域内的竞争日益激化。宋代以降的徽州同族组织发达，通过族人聚居与合作来应对这种不利环境，成为其意义之所在。① 此外，南宋以来社会不太稳定，特别是元末红巾军侵入带来秩序混乱和政府统治的弱化，人们集结同族和村落的有实力者，以图实现乡村防卫和秩序维持。在这一过程中，乡村地区以同族组织为中心，形成了紧密的社会关系，这也为里甲制、老人制的施行奠定了社会基础。

最近，青木敦从边界移居与人口增加的视点出发，论述了发生在宋代江西、湖南东部以及包括徽州在内的江东西部“健讼”的背景。唐末至宋代，这一地域移民的流入与开垦急速增加，但由于耕地的人口过剩与土地交易的活跃，土地纠纷日益激化，加之由于移民社会特有的不安定因素，竞争性秩序结构中人们花费的诉讼成本增加，招致“健讼”风潮和“讼学”的发达。②

北宋时期的徽州（当时为歙州）已经“民习律令，性喜讼。家家自为

① 宋汉理：《中国地方史的变迁与延续：徽州地方的发展，800—1800 年》，第 23—25 页（Harriet T. Zurndorfer, *Change and Continuity in Chinese Local History*, pp. 23 - 25）。

② 青木敦：《健讼的地域印象——以 11—13 世纪江西社会的法文化与人口移动为中心》，《社会经济史学》65 卷 3 号，1999 年。

簿书，凡闻人之阴私毫发、坐起语言，日时皆记之，有讼则取以证”①，平日把他人的言行记入账簿，诉讼时成为证据，形成充满激烈竞争和纠纷的社会。然而，地方政府的行政、审判部门规模并没有随社会经济的扩大、复杂化以及竞争、纠纷的激化而扩大，可以掌握不断流动的土地和人口的土地、户口籍账也不完备，地方统治难以发挥直接处理乡村地区纠纷和维持秩序的作用。在宋元时期的徽州，“长者”“处士”等当地有势力、有名望人士，自发地调停和实施善举。但同时，与胥吏等相勾结的“豪民”阶层“武断乡里”“把持官府”现象，也与此密不可分。

朱元璋在建立明朝之前，便开始在徽州等地编造鱼鳞册，洪武十四年以赋役黄册为基础，在全国施行里甲制，牢固地掌握了土地和户口，委派乡村组织征税。洪武十年代后半期起，在对地方官吏和豪民进行苛烈的整肃与压制中，逐步完备“耆宿”和“老人”制，使“长者”和“处士”等传统“父老”阶层的作用制度化，同时，还赋予他们揭发地方官吏非法行为的权力。经过元末战乱，明初人口大幅减少，人口流动也被加强控制，监视里内外出入之人也成为老人的职责。可以说明朝以确切掌握土地和户口为基础，将不安定的、竞争性的乡村社会，重编成以里为中心的固定完备的秩序。洪武二十七年，户婚、田宅等诉讼处理事宜也委派给老人，通过三十一年的《教民榜文》，明初乡村秩序构想终于得以确立。

① 欧阳修《欧阳文忠公集·居士外集》卷一一《尚书职方郎中分司南京欧阳公墓志铭》。参照青木敦前述论文第6页。

第三章　明代前半期里甲制下的纠纷处理

引言

洪武三十一年(1398)颁行《教民榜文》,老人制确立后不久,15世纪前半期永乐至宣德年间的《明实录》中,有几次上奏记录了没有依照老人制规定进行纠纷处理的情况。在《教民榜文》颁行七年后的永乐三年(1405),针对人们常常不经老人而直接向官府起诉,根据《教民榜文》的规定,再次确认户婚、田地等诉讼首先应由老人、里长进行处断。① 接着在洪熙元年(1425)至宣德七年(1432),老人不得人心,滥用职权,中饱私囊,诉讼时颠倒是非,申明亭荒废,不经里长、老人直接向官府提起诉讼等弊端被上奏朝廷,政府每次均下令申明洪武年间旧制,下令选出合适的老人人选,禁止并约束老人的非法行为,遵守《教民榜文》,使老人、里长处断户婚、田地等诉讼案件。②

① 《太宗实录》永乐三年二月丁丑条。参照小畑龙雄《明代乡村的教化与审判——以申明亭为中心》第37、38页,三木聪《明代里老人制再探讨》(《海南史学》30号,1992年)第14页等等。

② 《宣宗实录》洪熙元年七月丙申、宣德三年九月乙亥、宣德四年十月乙亥、同年十月戊申、宣德七年正月乙酉诸条。参照松本善海《中国地方自治发达史·明朝》(初发表于1939年,后收入《中国村落制度史研究》,岩波书店,1977年)第132、133页,三木聪前述《明代里老人制再探讨》第24、25页等等。

松本善海以上述上奏为依据指出,认为老人制"不到半世纪便衰落"①,其后来的研究基本上也沿袭了这一观点。小畑龙雄根据《宪宗实录》成化九年(1473)五月辛卯条,指出此时"《教民榜文》所规定的老人审判权的独立性被否定"②。近年,三木聪也指出,老人制纠纷处理体系一开始便逐步空洞化,到明代中期之前,法律上也变得徒具形式。③

不过,上述《实录》中的记载,多着重强调制度的负面影响,尽管这些制度存在各种问题,但日常运用时的实际状态,《实录》等编纂史料中几乎没有涉及。16 世纪中期开始,反映老人制衰退和弊端的记载,在地方志等史料中不胜枚举,④此时老人制确实正走向衰亡。但以上述片面的记载为依据,就武断地认为老人制施行不久便变成一纸空文,这是不确切的。关于 15 世纪明代前、中期的老人制实态,有必要进一步加以实证性研究。但之前有关 15 世纪老人、里甲制下的纠纷处理实态的史料,学界几乎没有介绍,因此,只有根据仅有的《实录》记载对老人制实态进行论述。

然而,如上一节所介绍的,据徽州族谱和文集所收录的传记史料,可以确认在明代前半期的乡村社会中,实际上有不少老人进行纠纷处理的事例。在纠纷、诉讼方面资料丰富的徽州文书中,有大量史料具体地反映了明代徽州乡村社会中以老人、里甲制为中心进行纠纷处理的实际情况。本章将围绕明代前、中期⑤,建文至正德年间(1399—1521)里甲制下

---

① 松本善海前述《中国地方自治发达史·明朝》第 132、133 页。但有学者从里甲制研究的立场出发认为,老人以里甲组织地缘性、地主制的发展为基础,对于维持乡村的社会秩序、农业生产基础,发挥了一定作用。参照鹤见尚弘《明代的乡村统治》(岩波讲座世界历史 12,岩波书店,1971 年)、滨岛敦俊《明代江南农村社会研究》(东京大学出版会,1982 年)等等。

② 小畑龙雄前述《明代乡村的教化与审判》第 38、39 页。

③ 三木聪前述《明代里老人制再探讨》第三节《里老人制与审判——当为与实态》。

④ 栗林宣夫:《里甲制研究》,文理书院,1971 年。

⑤ 本章将洪武至正统年间(1368—1449)作为明代前期、景泰至正德年间(1450—1521)为明代中期,将明代前、中期总称为明代前半期。多数学者将正统年间以降视为明代中期,而本章作为主要史料的十西都谢氏文书中,留存有宣德至正统年间的一系列内容相关的文书,纠纷处理特征的变化,正统年间以前与成化年间以降的区别也比较明显,因此,出于方便的考虑,采用这种时期划分方法。

的纠纷处理实态，从其与宗族和村落等乡村社会关系相联系的角度进行探讨，并且考察自明代前期至中期纠纷处理形态的变化过程。在此探讨的徽州文书，主要以《契约文书》为中心，还有《会编考释》等资料集所收录文书、研究论文和族谱引用文书，以及笔者从中国各地收藏机关直接收集而来的原始文书。

第一节　明代前期老人制下的纠纷处理——宣德二年《祁门谢应祥等为重复卖山具结》

现存明代前半期徽州文书的大部分，是属于祁门、休宁两县的文书，①特别是祁门县十西都谢氏相关文书，除土地买卖文书外，还保留契税文凭、契本、户帖、垦荒帖文、鱼鳞图册等元末明初以来的大量文书。祁门县谢氏起源于南唐末自金陵迁移至祁门的谢诠，后分为多个分支，定居于祁门县各处。根据十西都王源谢氏的族谱《王源谢氏孟宗谱》②（以下略称《孟宗谱》），王源谢氏起源于谢诠长子六世孙谢芳，北宋末期定居于王源（旸源）村。南宋时期，有二人中进士，之后至明初，通过农业经营、商业活动致富，成为当地有实力的同族。

南宋以后，王源谢氏以王源村为中心，析为数个支派，在均分继承的过程中，各自分别继承祖产。另外，在同族先买权的影响下，同族间的土

① 《资料丛编》一、二集及《契约文书》所收明代前半期的文书，大部分为休宁、祁门两县，但在休宁县文书中，没有发现纠纷处理的相关文书。这可能涉及文书收集系统，其理由并不清楚。现在影印、出版的文书总数在20万件以上，推定为徽州文书的仅占一部分，在未公开刊行的文书中，休宁、祁门两县的文书较多。

② 该书收藏在中国国家图书馆、中国社会科学院历史研究所等处。以下关于王源谢氏的沿革、谱系关系等，主要参照栾成显《徽州祁门谢氏家族及其遗存文书》（1994年10—11月东洋文化研究所契约文书研究会上的口头报告）、《元末明初祁门谢氏家族及其遗存文书》（《'95国际徽学学术讨论会论文集》，安徽大学出版社，1997年），又据地方志的记载加以补充。此外，栾成显还通过许多文书史料，分析了谢能静的土地积累过程，有《明初地主积累兼并土地途径初探——以谢能静户为例》（《中国史研究》1990年3期）。

地（特别是山林）买卖非常活跃，《契约文书》等收录了许多元末以来谢氏同族内外的土地买卖文书。明代的十西都由单一的里构成，以沿祁门县城南方的阊江支流展开的河谷盆地为中心，包括王源村等五村，[①]特别是王源村，“祁门县治之东南二十里许，曰王源，庐居其中皆谢姓人”[②]，大体上均是由谢氏组成的同姓村。

在此主要介绍反映明代前期老人处理纠纷实态的文书，即宣德二年（1427）《祁门谢应祥等重复卖山具结》[③]（书影2）。这是十西都的谢应祥等，为防止山地的重复买卖，确认先买者的管理权而订立的文书，末尾除立契者谢应祥和见人（见证人）的署名外，还附有“理判老人”谢尹奋的署名，从而具有一种通过老人之手予以裁定的性质。文书虽长，但由于行文需要，特引用全文如下：

> 十西都谢应祥、永祥、胜员等，曾于永乐二十年及二十二年间月日不等二契，将承祖本都七保，土名吴坑口，系经理唐字壹仟九佰伍拾捌号，山地叁亩叁角，东至降、西北溪、南至堨头，立契出卖与本都谢则成名下，收价已毕。后有兄谢荣祥，覆将前项山地内取壹半，卖与本都谢希升名下。今有谢则成男谢振安得知，具词投告本都老人谢□□处。蒙拘出贰家文契参看，果系重复。蒙老人着令谢云祥等，出备原价，与后买人谢希升名下取赎前项山地。其希升除当将原买云祥等文契杜毁外，写还退契一帋，付与云祥，转付振安照证外，云祥曾将祖景云、景华原买，谢岩友、杰友、谢则成名目上手文契贰帋，缴与希升。今希升写还退契之日，当将前项岩友、则成名目

① 弘治《徽州府志》卷一《厢隅乡都·祁门县·国朝》。十西都是把元代十都分割为东、西而成。

② 栾成显前述《明初地主积累兼并土地途径初探》第111页所引、《孟宗谱》卷九《记》。

③《契约文书》卷一，第111页。本文书在张雪慧《明清徽州地区的土地买卖及相关问题》（中国社会科学院历史研究所经济史研究室编《中国古代社会经济史诸问题》，福建人民出版社，1990年）第181、182页也有引用。《契约文书》中有影印状态不佳而无法判读的文字，据张氏的录文补入。不过，笔者对张氏的录文也有若干处修订。

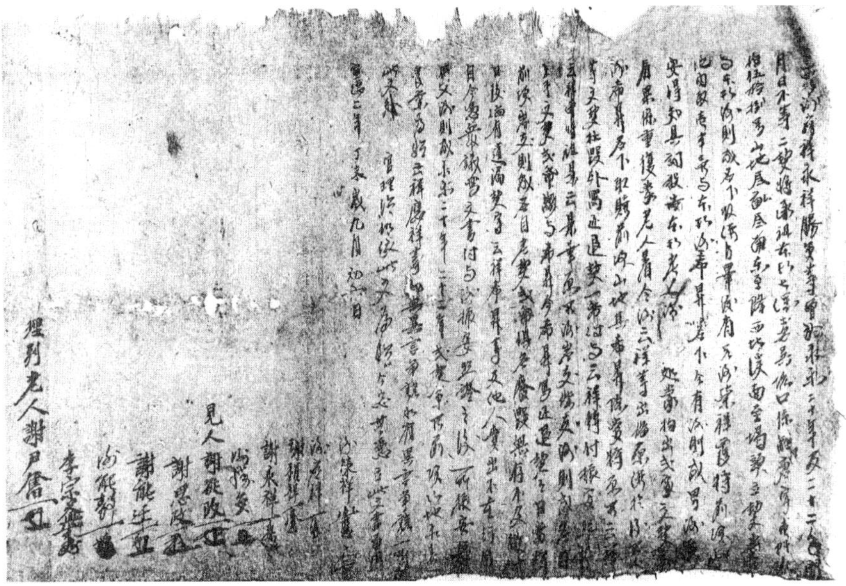

书影 2　宣德二年祁门谢应祥等为重复卖山具结

老契贰纸,俱各废毁无存,不及缴付。日后倘有违漏契字,云祥、希升等及他人赍出,不在行用。自今凭众议写文书,付与谢振安照证之后,一听振安照依伊父谢则成永乐二十年、二十二年贰契,原买前项山地永远管业为始。云祥、应祥等,即无异言争竞。如有异言争竞,一听赍此文,赴　官理治,仍依此文为始。今恐无凭,立此文书为用。

宣德二年丁未岁九月初六日　谢荣祥(押)　谢应祥(押)　谢祯祥(押)

谢永祥(押)　谢胜员(押)

见人　谢从政(押)　谢思政(押)　谢能迁(押)

谢能静(押)　李宗益(押)

理判老人　谢尹奋(押)

十西都的谢应祥等,于永乐年间将祖产吴坑口的山地三亩三角,分两次出卖给同都的谢则成。① 但后来谢应祥之兄谢荣祥,将山地的一半重复卖给同都的谢希升,因此,则成之子谢振安向同都老人谢尹奋"具词投告"。老人谢尹奋命振安与希升交出各自的文契,结果证实为重复买卖。最后,老人先命谢云祥②等将问题山地从后买者希升处以原价赎回,又命希升销毁自己的文契,通过云祥将退契交付于振安,之前云祥交付给希升的上手老契③,也在退契交付时作废。接受老人的裁定,荣祥、应祥等"凭众议",制成该文书,在确认振安的管理权同时,誓约日后若有

① 其中,永乐二十年二月二十五日的卖山契,在《契约文书》卷一第87页作为《永乐二十年祁门谢应祥卖山地赤契》被收录。

② 谢云祥可能是谢荣祥、应祥等人的兄弟或堂兄弟,但末尾署名并非云祥,其关系不甚清楚。据栾成显先生的教示,荣祥、应祥兄弟实际上分家单过,但户籍上为同户,云祥可能为其户名。

③ 土地买卖之际,若土地不是自父祖继承而来的祖产,而是自第三者收买的,卖方需要将反映管理权转移过去的土地卖契以"上手老契"为名,交付给买方(张雪慧前述《明清徽州地区的土地买卖及相关问题》第178页等)。

"异言争竞",遵从该文书,接受"赴官理治"。

据该文书可知,围绕明代前期十西都谢氏的案件,实际上是通过老人的裁定,在废弃文契的同时,消除了二重买卖。而且,谢振安将这次纠纷"具词""投告"于谢尹奋,由此可知,向老人提出诉讼是以文书形式进行的。老人命"拘出"振安与希升的卖山契,"着令"云祥消除二重买卖等,通过这些言辞可以看出,老人的裁定不仅仅是民间调停的一环,其与地方官审判具有类似性质,末尾的"理判老人"署名也印证了这一点。

然而,各里的老人并没有严格按照《教民榜文》的规定,与现任里长、甲首一起,在申明亭处断户婚、田地等诉讼。该文书不能确认里长、甲首的参与,除老人外,谢氏的同族等五人作为见人(见证人)见证纠纷的结果。虽然可以确认老人有使用"竹篦、荆条"的处罚权,但此处并没有对荣祥等进行处罚。文书又规定,荣祥等若日后有"异言争竞",服从官府的裁定,可见老人制对官司审判并没有完全的自律性,因此,是否严格按照《教民榜文》的规定禁止户婚、田地等诉讼直接向地方官提起,也存在疑问。

第二节　明代前期十西都谢氏纠纷处理诸相

在明代前期的祁门县十西都,土地纠纷等纠纷并非全部在老人制下进行处理,处理纠纷的方法更加多样。以下拟通过谢能静相关的各种文书,来探讨其诸相。谢能静讳淮安(能静为字),出生于洪武二十年(1387),景泰、天顺年间死去。他专门从事农业经营而致富,通过活跃的土地买卖和开垦,积聚了以山林为主的许多土地,是当地的经营地主。①他在上一节探讨的具结书中作为见证人署名。

首先,反映15世纪前半期民事诉讼处理实态的珍贵史料,有宣德八年(1433)李阿谢的"供状"和宣德十年(1435)谢能静的"供状"(均收藏于

① 参照栾成显前述《明初地主积累兼并土地途径初探》。

中国第一历史档案馆)。① 两件"供状"均是围绕十西都李舒的家产继承问题,在李舒一族与其姻亲谢能静之间发生的诉讼过程中,向地方官提交的文书。诉讼背景和过程相当复杂,在此简单叙述其梗概。

李舒是经营六十亩左右田地、山林的当地地主,娶谢能静姐姐荣娘(李阿谢)为妻,洪武三十一年(1398)病逝,留下四岁的儿子李务本。永乐十年(1412),李务本也病死,李舒族弟李胜舟让自己的儿子李景祥作为务本的继嗣,继承家产。但若据李阿谢、谢能静等人的主张,李景祥继嗣后,仍与其兄李景昌一起生活,并未与李阿谢同居并赡养之。

因此,到了宣德七年(1432),阿谢认为,景祥继嗣族兄务本因"昭穆不应"实为不当,"经投里老,及首告本县",即经过里长、老人,向祁门县控告。接受告状的知县,命里长、老人进行事实调查,因里长、老人也报告景祥继嗣是不合适的,知县遂命景祥返还自家,李阿谢重新选择继嗣人。对此,李景昌、景祥兄弟认为阿谢和能静占有李舒户的资产,向上司(可能是按察司)上诉,上司命徽州府审理案件。阿谢与之对抗,反诉于徽州府。接到徽州府指示后,祁门县再次命里长、老人和亲族进行调查。因此,在宣德八、十年,阿谢和能静(可能是向徽州府)提出本件"供状",陈述自己的主张,但之后这起诉讼的过程不明。

据此"供状"可知,沿袭《教民榜文》的规定,禁止户婚、田地等诉讼不经老人和里长而向地方官提起,李阿谢首先将纠纷"经投里老",再"首告

---

① 笔者在 1997 年 8 月于中国第一历史档案馆,发现了题为《民事诉讼供状(强占田土)》的宣德十年谢能静"供状"以及题为《李阿谢诉讼状纸》的宣德八年李阿谢"供状",其内容概要与史料全文,曾以《明前期徽州的民事诉讼个案研究》('98 国际徽学研讨会报告论文,1998 年 8 月)为题发表。此后,谢能静《供状》收录在《中国明朝档案总汇》(广西师范大学出版社,2001 年)第一册第 36—37 页。栾成显也在《明代黄册研究》(中国社会科学出版社,1998 年)第四章《明初黄册抄底》中,详细分析了李舒户的一系列户籍文书。周绍泉在《透过明初徽州一桩讼案窥探三个家庭的内部结构及其相互关系》(《中国明清地方档案研究》科研费成果报告书,研究代表者夫马进,2000 年)中,综括性探讨了李舒户的相关诉讼、户籍文书、土地契约等。此处所谓"供状",是指户婚、田地等诉讼当事人将自己的主张以书面形式向官府申报的文书。参照谷井阳子《从做招到叙供——明清时期审理记录形式》(前述《中国明清地方档案研究》)第 60—61 页。

本县”。接受起诉的知县，首先命里长和老人调查实情，以此为基础进行裁定。老人和里长不仅在向官府提起诉讼的前一阶段的纠纷处理中，而且在整个事实调查、实地取证的诉讼处理过程中，发挥了重要作用。如本章中详述的那样，明代前、中期的诉讼，大体上均经过类似途径得到解决。

在这一诉讼之前，谢能静、李阿谢与李景昌兄弟之间，围绕李舒遗留家产的分配问题已经屡屡发生纠纷。据宣德七年《李舒户田地山场清单》①，围绕家产纠纷，上一节所引“具结”中以“理判老人”身份出现的谢尹奋，曾试图解决他们之间的纠纷。该文书是宣德七年大造黄册之际，继嗣李舒户的李景祥书写其所管理田地、山场②的位置、面积、经营状况等的抄件。这份田地山场清单中有关山场的部分，在记录李舒所管理山场的数目、地名的同时，对其耕作、经营形态进行了如下记载([]内为夹注)：

今将伯李舒各处山场，是父召人剟作，栽种杉苗，逐号开写于后[原未起科山场]。

……(中略)……

一千参(叁)佰二十六、二十七号山壹片　土名梨木坞[于宣德五年，雇倩汪辛定、冯有民等，剟作种苗。此山与谢尹奋相共]。

一千参(叁)佰肆拾四号山二亩　土名鲍六家弯[原系谢尹奋召人剟作，后景祥承继李舒为子，亦是本家管业]。

……(中略)……

① 本文书作为《永乐元年、十年、二十年、宣德七年祁门李舒户黄册抄底及该户田土清单》的一部分，收入《契约文书》卷一第 56 页。此外，栾成显《明初地主经济之一考察——兼叙明初的户帖与黄册制度》(《东洋学报》68 卷 1、2 号，1987 年)第 63—65 页、前述《明代黄册研究》第四章《明初黄册抄底》介绍并分析了该文书，影印本的不清晰部分据栾成显录文补入。

② 所谓山场，是指开垦山地的土地或者有利用价值的山地。参照栾成显《朱元璋下令攒造的龙凤朝鱼鳞册》(《东洋学报》70 卷 1、2 号，1989 年)第 37 页。

> 玖佰肆拾捌号山三亩壹角卅步　土名古溪[原与谢尹奋同共管业,长养杉苗]。
>
> 鲍六家弯、古溪二处山场山木,能静陆续砍斫,贷卖入己[宣德六年,景祥状告老人谢尹奋,未完]。
>
> 宣德参(叁)年,卖梨木坞木价首饰银玖两,封付能静处,执匿不分。凭托谢志道、谢能迁凂取,未还。

据此可知,宣德三年(1428),谢能静将李景祥卖山木的钱扣住不放时,景祥找谢氏族人谢志道、谢能迁进行调停,而非老人。在三年后的宣德六年(1431),谢能静擅自砍伐、赊卖李景祥的山林时,景祥"状告"于老人尹奋。另外,根据清单,李舒户与谢尹奋共同管理两处山场,还经营原来由谢尹奋雇人开垦("召人㔉作")的一处山场。谢尹奋应该与谢能静、李舒一样,也是当地的经营地主。

这张清单中,以宣德三年纠纷调停者身份出现的谢志道(字从政)、谢能迁(讳居安),均是与谢能静同辈的族人,在上一节介绍的宣德二年"具结"中也作为见证人署名。关于谢志道,上述李阿谢"供状"中记述道,因李景祥拒绝与李阿谢同居、赡养,李阿谢"节托谢志道等凂讨衣食",可见,他之前便是两家纠纷的中介人。

后来,正统八年(1443)《祁门方寿原退还重复买山地契约》①也记述了有关谢志道的值得关注的事迹:

> 十西都方寿原,有父方添进存日,于永乐二十二年间,作祖方味名目,买到本都谢孟辉名下,七保土名方二公坞山一片,系经理唐字三百八十七号,计山壹拾亩。有本都谢能静,先于永乐十八年间,用价买受谢孟辉前项山地,已行雇人拨作,栽养杉苗在山。是父添进,将山地拨去一弯,致被能静状告老人谢志道。蒙索出二家文契参看,系干重复。今寿原凭亲眷李振祖等言说,自情愿将前项山地,悔

①《契约文书》卷一,第139页。

还先买人谢能静，照依先买文契，永远管业，本家再无言说。……（中略）……今恐无凭，立此退还文契为用。

正统八年十二月初八日　退　契　人　　　　　　方寿原（押）

见人　李振祖（押）　　方安得（押）

依口代书人　　　　　　邵志宗（押）

十西都方寿原之父方添进，于永乐二十二年（1424）收买同都谢孟辉位于方二公坞的山地二亩。但此问题山地，已于永乐十八年（1420）由谢能静从谢孟辉处收买，并开垦、栽种杉苗。因此，谢能静“状告”于老人谢志道。谢志道让两家交出文契，确认其为二重买卖。结果，方寿原接受姻亲李振祖等人的调停，承认先买者谢能静的管理权。谢志道原本为谢氏有势力族人，多次承担同族内外纠纷的调停，再加上年长，故被任为十西都的老人。

另一方面，谢能迁是谢尹奋堂兄之子，《孟宗谱》中关于其事迹，有如下有趣的记载①：

公性纯正，人常以善柔目之。年及耆，邑尹优其齿德，举为乡老。公以正风俗为理教化之大端，其余分争辩讼皆细务，非所急者。一日，里有叟恶其子弗顺，语于公。公即集父老于庭，呼其子跪前，数曰：“律条三千，罪莫大于不孝。汝负大逆，吾不能贳也。”或以初犯请原，公厉声曰：“子罪亲告乃坐，何可原也？”毅然笞挞四十，俟服罪谢过，然后遣。噫！若公者，是知治重以畏轻，用刚以济柔者也。

据此可知，谢能迁作为德高望重的长者，被知县任命为老人，致力于善诱风俗，进行教化。但一个老翁控诉自己儿子不孝时，他召集里内“父老”们汇集庭中，严厉地纠正其子的罪过，笞挞四十，使其服罪。这里所描述的老人，是以乡村“父老”阶层为中心、基于“长幼之序”、通过教化维

①《孟宗谱》卷七《孟宗事略·居安公》。本史料承蒙栾成显先生赐教，在此深表谢意。

持乡村社会秩序的德高望重的年长者。但是,老人处理纠纷时,并不仅仅停留在教化、劝农基础上的“排难解纷”层面。《教民榜文》中,确认了老人可以使用“竹篦、荆条”,“量情决打”,此处老人实际上也实施了“笞挞四十”的处罚。

围绕十西都谢氏发生的各种纠纷中,谢志道、谢能迁有时作为老人的裁定的见证人在场,有时作为同族有势力者进行调停,后来又成为老人,亲自参与裁定。明代的老人制通过同族和村落有势力、有名望人士,得以广泛地推行,它以自发的纠纷处理为基础,绝不是脱离乡村现实社会、缺乏实效性理念的产物。老人制以以同族为中心的乡村社会关系为基础,与同族、村落或“众议”等各种民间调解相互补充,形成乡村纠纷处理体系。同时,在明代前期,老人的裁定不仅仅是各种纠纷处理的主体之一。显而易见,《教民榜文》中国家赋予老人的审判、惩罚权本身,给予老人裁定远高于单纯的民间调停的权力。

老人、同族、纠纷当事人及亲戚、邻居等参与的“众议”,也是解决乡村纠纷的主要场景之一。例如,谢能静管理的吴坑口山地,与居住在县城的周克敏、谢振安共同经营的山地接界,正统元年(1436),周克敏、谢振安与谢能静之间发生边界纠纷。但结果双方“不欲紊繁”,“凭众议”,然后订立合同,以平分争议土地实现和解。① 接着,在正统二年(1437),在同一山地,谢振安与能静之间又发生边界纠纷,结果也是两方“凭众议”划定新边界,重新订立合同而和解。② 在此合同中,谢从政、谢用政二人作为“劝议人”合署名字,在同族间的纠纷中,“众议”中心依然是谢氏族人。

谢能静作为当事人的一方,在二重买卖、边界纠纷、山林盗伐等山林经营方面的各种纠纷中,其处理方法并不完全一样。根据各种纠纷性质

---

① 刘森《略论明代徽州的土地占有形态》(《中国社会经济史研究》1986 年 2 期)第 41 页所引,安徽省博物馆藏契(契号 2:16770)。

②《正统二年祁门谢振安、谢能静立界合同》,《契约文书》卷一,第 122 页。

和当事人的相互关系，除老人裁定外，还有通过同族、“众议”进行调停等，根据各种事例摸索出不同的解决手段，而且老人制、同族、“众议”等解决纠纷的负责人，事实上有重合的现象。

关于《孟宗谱》确认的谢尹奋祖先及其子孙，在徽州府下的地方志中也有几处记载。尹奋祖父谢俊民在元末隐居乡里，是一位留有诗文集的“处士”。[①] 其父谢景旦（字子周）在明初作为儒士被举荐，由祁门县学训导升迁为江西赣州府知府。[②]《孟宗谱》收录的尹奋“遗像赞”，称其“发廪括困，惠素及困穷，排难解纷，善闻于州里”[③]。可见，他是当地有声望的经营地主。尹奋之子谢杰于成化四年（1468）考中顺天府举人，任湖广武陵县知县，其子谢赞也于弘治五年（1492）通过顺天乡试，出任江西进贤县知县。[④] 尤其是谢杰侄子、尹奋之孙谢罃，他于成化十七年（1481）中进士，历任巡按御史、按察副使，官至山西按察使、广东左布政使。[⑤] 可见，老人制在元代以来以当地地主、处士等同族和村落中的有势力、有名望人士为主，到明代前、中期，有时成为孕育官僚阶层的母体。

第三节　明代中期里长、老人的纠纷处理

在明代中期，特别是成化至正德年间（1465—1521），除十西都谢氏相关文书外，还有许多反映“里老”即里长、老人进行纠纷、诉讼处理的文书。以下介绍歙县谭渡村黄氏《谭渡孝里黄氏族谱》所收弘治十一年（1498）的“服辨（办）文书”[⑥]：

---

① 弘治《徽州府志》卷九《人物三·隐逸·元》。
② 弘治《徽州府志》卷六《选举·荐辟·国朝》。
③《孟宗谱》卷一〇《显先遗像赞》。《孟宗谱》作“允奋”，这可能是在建文年间为避建文帝之讳“允炆”而改为“尹奋”，永乐年间以降沿用“尹”字，而在编纂族谱时恢复原来的“允”字。
④ 弘治《徽州府志》卷八《人物二·宦业·国朝》。
⑤ 道光《祁门县志》卷二五《人物志三·宦绩·补遗》。
⑥《谭渡孝里黄氏族谱》（雍正九年序刊本）卷五《祖墓·七里湾大塚火佃吴福祖等服辨文书》。

二十三都九图住人吴福祖、同侄隆兴并程志员等，是曾祖投到□东人□黄宅屋宇住歇，代守坟茔。其坟前后地段，具系福祖、隆兴、程志员等耕种，租米饶让（穰）甚多，以为标挂装香等用。今年隆兴等，自不合标挂之日逃躲，不先伺候房东。要行告理，隆兴等托浼里长洪永贵、老人黄堂愿还文书。本家并程志员共十五人，自弘治十二年始，祠内担挑标挂物件至坟所，周而复始，子子孙孙毋许推调。如有失误，甘罚白米五石入祠，买猪羊祭祖坟，愿自受责八十。仍依此文书为准。今恐无凭，立此文书为照。

弘治十一年四月十一日立文书　吴福祖（押）　男长生、希生（押）

侄隆兴（押）　隆付（押）　黑儿（押）　隆贵（押）

隆祖（押）　社关（押）　付关（押）　社孙（押）

歙县二十三都的吴福祖、隆兴、程志员等，自曾祖父一代开始，投奔谭渡黄氏门下为佃仆，在黄氏提供的住处看守黄氏坟墓，同时耕作坟墓周边田地，其租米充作祭祀费用。但弘治十一年"标挂"时，隆兴等不到黄氏处交出所用物品，黄氏打算"要行告理"。因此，隆兴等人"托浼"里长洪永贵、老人黄堂等进行调停（"托浼"），立下该文书，誓约之后每年如实地供出标挂的物件，若不履行，作为违约惩罚，上交白米和猪羊等，并且受责板八十。

对于佃仆与主家的纠纷，里长和老人出面调停，与上一节所探讨的明代前期祁门县十西都老人制下的纠纷处理不同，主家首先"要行告理"，即表示准备向地方官起诉，得知消息的佃仆遂拜托里长、老人"托浼"，即委托调停，而且誓约若将来违约，甘受主家责板，可以看作里长、老人作为调停者保证主家对佃仆的制裁。总体上看，明代中期纠纷处理的相关文书在字面意思中体现明代前期"乡村审判"特点的表述甚少。文书末尾所记里长、老人的署名，相比前述宣德二年具结书中"理判老人"的表述，更多地显示出"劝谕里老""谕解里老""勘谕里老"之类的调停特点。[1]

尽管如此,进入16世纪后,老人和里长仍在基层社会的纠纷处理中扮演着不可或缺的角色。例如,祁门县奇峰郑氏抄契簿所收录的正德七年(1512)文书中有如下记述[2]:

> 十五都郑良昭,今为兄良昊,曾将本都六保小塘坞口祖坟山地一段分籍,卖与良栢名下。违犯故祖禁戒遗文,不应变卖,父投里老。良昭念兄情分,愿将承父批受本都六保土名帐头山祖产山二号父该分籍,曾三分内取一分,抵赎兄良正卖与郑凤前项祖坟山地分籍已讫,仍有二分。今又内取一分,抵赎郑[良]栢所买兄良昊名下,前项小塘坞口祖坟山地分籍。其前项帐头山良昭仍有一分,一同共业。
>
> 正德七年三月初九日立契人郑良昭(押) 契 主盟父俊宏 号
>
> 见立契人郑良瑞 号

郑良昊、良昭兄弟从父亲处分割继承了有祖坟的山地,但良昊违反"故祖禁戒遗文",将自己继承的部分("分籍")卖给郑良栢(可能为同族旁系)。其父得知此事后,向里长、老人起诉,良昊之弟良昭将从父亲那里继承的("批受")其他山地的一部分转让给郑良栢,将良昊卖出的坟山分籍买回。这一事例是兄弟中的一人将分割继承后应共同保全的坟山

---

① 参照第四节附表"Ⅳ署名"项。但在明代中期,文书中依然可见老人、里长的裁定不同于一般民间调停的情况。如南京大学历史系资料室藏《明万历汪氏合同簿》(编号000027)所收成化十一年(1475)围绕休宁县十二都汪氏的合同文书中,关于汪寿馨等人与汪思和之间的山地管理权之争,有如下记述:"成化十一年,不期本都汪思和平空起意,状投里老强占本家山土。寿馨不忿,赴县告状。蒙批里老判理,凭众亲朋劝谕,面立作两半均业。"也就是说,汪思和将图谋强占山地的汪寿馨"状投"至里长、老人,而汪寿馨等人对此予以对抗,告状至休宁县,受知县指示裁定,经里长、老人"判理"和亲戚知友"劝谕",两家平分争地,最后和解。此处里长、老人的裁定称作"判理"、亲戚知友的调停称作"劝谕",表明当时人们通过里长、老人的纠纷处理,在性质上不同于普通的民间调停。

② 上海图书馆藏《山契留底册》,祁门县奇峰郑氏的抄契簿,藏号:563762。

擅自出卖,是一起典型的家族内部纠纷。[①] 明代后期以降,此类纠纷多通过宗族组织加以解决,但这一事例却是先向里长、老人起诉。可见,在同族内部纠纷的处理中,老人和里长的调停作用,明代中期以前比明末以降较高。

不过,明代中期有关纠纷的文书中,向地方官起诉的前一阶段由老人和里长解决的纠纷之外,有更多事例均是根据受理地方官的指示,老人和里长进行实地取证和事实调查,随之尝试各种和解调停,最终得到解决。以下介绍婺源县王氏《双杉王氏支谱》所收录的成化六年(1470)合同文书[②],该文书围绕王氏与张氏的坟山纠纷:

> 立掌管合同一都住人张思达,承祖有荒熟山一局,与在城王观音等祖坟山连界,于内并种松杉、杂木。历被地方及城各姓人等,早晚窃伐,两家互相疑忌,兴讼在官奉批。张居山畔,皂白难分。王姓人繁,虚实莫辨。若不议立合同,掌立严禁,则砍斫曷御,讼无终止。遵依德化,各体坟山为重。凭委老人李志贞会集两家,到山看(勘)明,将各在山木植点数明白,扶同掌管。今后仍有再入侵害,无论内外人等,许两家互相捕获,送官理治。在张不得恃近而暗砍以肆害,相安于无事之域,世庇祖坟,劝全和气,庶免紊繁。为此特立合同一样二张,各执一张,告息请印,久远通公(行?)为照。其界落自有日前古界,不在开述。再批。
>
> 成化六年三月初七日　立坟山庇木合同人　张思达
>
> 同立合同人　王观音(他十八名略)
>
> 老人　李志贞

① 在明代中期以前的徽州,祖先坟墓一般由墓主人的子孙来分割、继承,但子孙随意处置自己继承部分的做法,常常被同族规制所禁止。见铃木博之《明代徽州府的族产与户名》(《东洋学报》71卷1、2号,1989年)。

②《双杉王氏支谱》(咸丰十年刊本)卷一六《始祖山茔合同·成化六年与墓邻张思达共立合同》。

一都的张思达所管理的山地，与居住在县城的王观音等的坟山接界。张氏、王氏双方相继盗伐这些山林的杉、松，两家先后告官。地方官对这一诉讼下达批示，两家订立合同，划定边界，最后和解。老人李志贞接收地方官的指示后，召集两家进行实地取证，在清算争议山林数量后，严禁双方相互侵害，令双方署名，订立本合同，最后达成和解。

总之，明代中期的诉讼，大多数通过地方官与老人、里长的文书行政相互作用予以解决。本书第四章将通过分析诉讼当事人与里长、老人和地方官之间的各种诉讼文书，深入探讨其更详细的过程。

第四节　明代前中期徽州乡村社会纠纷处理诸相

以上三节选取徽州文书中的代表性事例，考察了明代前中期老人、里甲制下纠纷处理的实态。本节将系统地分析《契约文书》《会编考释》等文书资料集，以及族谱所收文书和笔者在中国收集的原始文书等，尝试探讨明代前中期，即建文三年至正德十三年(1401—1518)间徽州乡村社会纠纷处理的一般倾向。

本节的考察对象，是解决土地纠纷等具体纠纷时，在乡村社会中订立的文约、合同①等民间文书。这些文书大多具体地记载了纠纷或诉讼和解的过程，以及参与解决纠纷的人物，在某种程度上可以定量分析乡

① 徽州文书所包含的民间文书大致可分为：仅当事人一方署名、立契并交于第三者的“契/约”，当事人双方署名、立契并将相同内容的文书交付双方的“合同”。参照周绍泉《明清徽州契约与合同异同研究》(《中国史学》三卷，1993年)。本书中所采用文书，“文约”“契约”“具结”“分约”“甘罚约”“戒约”等属于前者，多数是在当事者一方有某种过错时立契。另一方面，各种“合同”一般在边界纠纷等时确立。

村社会纠纷、诉讼解决的整体情况。① 正如第五章所论的那样,明代中期除这些民间文书外,还残留有大量诉状、帖文等诉讼文书,但部分文书因其记述的纠纷过程并不十分明确,本表没有收录。

下表中包括前文已引用过的文书在内,共整理了 43 件文书,按年代顺序排列。文书出处有:《契约文书》所收中国社会科学院历史研究所文书 20 件②,《会编考释》所收北京大学图书馆、北京图书馆(今中国国家图书馆)文书 5 件,《资料丛编》所收安徽省博物馆文书 1 件,研究论文介绍的安徽省博物馆文书 2 件、族谱引用文书 3 件。此外,笔者直接调查、收集的原始文书有南京大学历史系资料室所藏文书 5 件、上海图书馆所藏文书 5 件、北京图书馆(今中国国家图书馆)所藏文书 2 件。

从地域来看,全部 42 例纠纷事例中,祁门县以 33 例占绝对多数,另外,歙县 3 例,休宁县、婺源县各 1 例,县籍不明的有 5 例③。④ 现存明代前期全部徽州文书中,祁门县文书最多,特别是祁门县是徽州府中山林经济最重要的地区,所以,山林方面的纠纷事例留存颇多。其中,十西都谢氏相关文书有 9 件,三四都凌氏、十五都郑氏相关文书也各有 5 件。

下表中,Ⅰ项为该文书订立年份和县籍,Ⅱ项记载了纠纷当事人姓名和纠纷的具体内容,Ⅲ项记录了纠纷的最终解决结果、该文书的订立过程。若文书末在立契者和代书人外,还附有里长、老人和中人、见证人的署名,Ⅳ项记录其姓名。

---

① 当然,文约、合同所记载的纠纷经过一般比较简略,未必将纠纷处理过程和相关人员全部记录下来。但对于解决纠纷的基本过程以及发挥主要作用的人物,基本上记载了下来,可以说提供了探讨当时乡村社会解决纠纷的整体倾向的基本数据。

② 全部 20 件中,从《契约文书》卷一所收散件文书中收集 15 件,同书卷五所收明代簿册文书中 1 件、《契约文书》二编卷一一所收清代簿册文书中 4 件为明代纠纷事例。

③ 关于事例 26、30,《契约文书》标题中没有注明县名,但文书中所出现的相关者,前者为《成化二年祁门叶材等互争财产帖文》(《契约文书》卷一,第 183 页),后者为《成化十七年祁门郑文通等卖山赤契》(同书第 209 页),可以确认为祁门县人物,因此视作祁门县的文书。

④ 此处所列数据与本书下表中的数据略有出入,但不影响结论,故暂维持原貌。——译者

明代前中期徽州乡村社会纠纷一览表

Ⅰ年份、县籍	Ⅱ纠纷、诉讼原因与进展	Ⅲ 纠纷、诉讼处理过程	Ⅳ 署名
1. 建文三年(1401)/祁门县	十西都谢阿汪与县城叶仕宏,将谢能静管理的山地,误卖给十西都汪祖寿。	谢能静投状于"在城里长"方子清。根据方子清的取证与裁定,叶仕宏等人另立合适的卖契。	谕判里长方子清
2. 永乐三年(1405)/歙县	溪南吴蕃祖擅自在与吴氏一族共同管理的坟地中埋葬其父母灵柩。	吴氏一族要求搬走灵柩。作为补偿,蕃祖卖出三亩田地,所得作为祖坟修建费。	无
3. 永乐十年(1412)/歙县	二十三都程佛保在程任师坟山中,擅自埋葬女儿的灵柩。	程任师向里老投状。房兄文师作为中介,任师将坟山的一部分与佛保的柴山交换,达成和解。	见人程文师、他一名(名原欠)
4. 宣德二年(1427)/祁门县	十西都谢应祥、荣祥等,向同都谢则成和谢希升重复卖山。	谢则成之子振安,具词投告于同都老人谢尹奋。老人取证卖契后,解除重复买卖。	见人谢从政、谢思政等五名,理判老人谢尹奋
5. 宣德七年(1432)/休宁县	三十三都谢得亨、吴彦端、李仲接,围绕共同经营的山地的管理权分配发生纠纷。	三家取证文契,通过"众议",将山地八分,谢家六份,吴、李两家各一份。	见人李凡昌、李思道、谢得超,代书人汪贵用
6. 正统元年(1436)/祁门县	城里的周克敏及十西都谢振安,与十西都谢能静,围绕相邻山地的边界发生纠纷。	双方不欲紊繁,经"众议"订立合同,平分争议土地,最后和解。	不明
7. 正统二年(1437)/祁门县	十西都谢振安与谢能静再次因相邻山地发生边界纠纷。	双方凭"众议"在争议地段重新确定边界,最后和解。	劝议人谢从政、谢用政,代书人周得文

续　表

Ⅰ年份、县籍	Ⅱ纠纷、诉讼原因与进展	Ⅲ 纠纷、诉讼处理过程	Ⅳ 署名
8. 正统五年（1440）/祁门县	十五都黄延寿等人，在汪富润等人管理的山林中盗伐树木。	汪富润向里老投状。延寿等将自家管理的其他地方的山林作为赔偿，转让给富润。	见人吕员受，代书人范明宗
9. 正统八年（1443）/祁门县	十西都谢孟辉将卖给同都谢能静的山地，重复卖给同都的方添进。	谢能静状告于老人谢志道。方添进之子寿原接受亲戚李振祖等人调停，承认先买人谢能静的管理权。	见人李振祖、方安得，代书人邵志宗
10. 景泰三年(1452)/县籍不详	十三都叶显宗与叶显增兄弟，围绕山地管理权发生纠纷。	以中见人汪以权为中介，双方均分争议山地，最后和解。	中见人汪以权，代书人薛启宗
11. 天顺二年(1458)/祁门县	三四都凌天春管理的山地中，凌佛保私自进行埋葬。	经中人胡宗得等人调停，凌佛保向天春支付银二钱，得山地一角作为坟地，进行埋葬。	中见人胡宗得、黄友文，谕亲胡春
12. 成化二年(1466)/祁门县	一都谢友政与五都洪渊，围绕相邻山地发生边界纠纷。	以亲眷谢以端为中介，重新确定山地边界，达成和解。	亲眷谢以端、谢文立，见人洪景富、洪深
13. 成化四年(1468)/祁门县	五都毕仕文管理的坟山，在鱼鳞册上显示为同都洪渊的祖业。	经中人饶永善调停，毕家将埋葬地之外的周围山地，交还洪家管理。	中见人饶永善、陈文胜、余仕亨，奉书毕廷
14. 成化四年(1468)/祁门县	十一都汪异常与汪异辉共同管理的山地，因边界不明确而发生纠纷。	耆老李仕忠等人实地取证后确定边界，双方均分争议山地，分别进行管理。	劝谕耆老李仕忠，老人李景昭，族长汪仕美，中人李景润、李永清
15. 成化六年(1470)/祁门县	五都洪景富将族侄洪渊管理的山地，卖给同都饶荣保。	洪渊控告至府。经亲眷程永亮等人调停，洪景富、洪渊确定了各自的管理权，达成和解。	亲眷程永亮、邱舍宏

续　表

Ⅰ年份、县籍	Ⅱ纠纷、诉讼原因与进展	Ⅲ 纠纷、诉讼处理过程	Ⅳ 署名
16. 成化六年(1470)/婺源县	一都张思达的山地与城里王观音等人的坟山相邻,双方相互盗伐山林、坟林。	两家均控告于祁门县。受知县指示,老人李志贞进行实地取证,两家誓约严禁盗伐,达成和解。	老人李志贞
17. 成化十年(1474)/祁门县	十四都王忠和与同都李仕庸在采伐山林时,围绕相邻山地的管理权发生纠纷。	两家投诉于府。老人江浩震等人进行实地取证,经排年里老汪仕俊等人调停,在"众议"后两家交换山地。	无
18. 成化十一年(1475)/休宁县	十二都汪寿馨等人共同管理的山地,同都汪思和企图强占,投状于里老。	汪寿馨等人控告于县。知县批示里老判理,经亲朋好友调停,均分争议土地,达成和解。	见人黄云生
19. 成化十一年(1475)/祁门县	十西都谢彦昌等人,与一都李祥就共同拥有田地的管理权发生纠纷。	谢彦昌等人诉于官府。两都里老谢以清等人进行实地取证,确定争议土地的管理权,达成和解。	代书人谢玉清
20 成化十三年(1477)/祁门县	对于三四都胡友宗买入的山林,同都的凌天春根据以前的文契,争夺管理权。	因双方文契前后相继,两家均分争议山林,进行管理。	中见人凌佛保、胡富宗,代书人胡聚
21. 成化十五年(1479)/祁门县	五都饶荣宗的土地,与同都洪景富的坟地、城里汪琴的土地相邻,三家发生边界纠纷。	三家均告于官。经中人陈文胜调停,与众人一起进行实地取证后,重新确定边界。	中见人陈文胜等五名,代书人邱思义
22. 成化十五年(1479)/祁门县	十西都谢云同开垦后卖给谢彦昌的土地,与谢永和的土地相邻,二者发生边界纠纷。	两家均告于官。经批示里老之后,亲族李弘等人进行调停,确定新边界,达成和解。	劝议亲族中人李弘、谢彦荣

续 表

Ⅰ年份、县籍	Ⅱ纠纷、诉讼原因与进展	Ⅲ 纠纷、诉讼处理过程	Ⅳ 署名
23. 成化十六年(1480)/祁门县	租佃十西都谢元坚山地的三四都谢彦良等人,不务栽养,使山林荒废。	谢元坚告于县。经里老实地取证,谢彦良等人委托里老进行调停,誓约赔偿并进行山林栽养。	中见人李仲仁、谢道贞,勘谕里老王芳、余九经
24. 成化十七年(1481)/祁门县	三四都汪祖等人的山林,与凌天春的山林相邻,双方在采伐时发生边界纠纷。	中人汪文琳在取证争议土地后,作为中介确定两家边界。	依口代书人汪文琳
25. 成化十七年(1481)/祁门县	三四都余九思、王克惠、谢彦良管理的山地,在采伐杉木时收益分配不明确而发生纠纷。	三家以中人汪景融等人作证,调阅文契,重新确定边界、管理权和收益分配。	中见人汪景融、汪仲晓、饶秉立
26. 成化十八年(1482)/祁门县	十八都江均相在已卖给同都叶文祯的山林中,采伐杉木。	叶文祯之子茂英进行抗议,与中见人许志清一起调查契簿,确定山林管理权。	中见人许志清,奉书男江思荣
27. 成化十八年(1482)/祁门县	五都洪景富不与其他族人协商,将管理的山林卖给异姓的汪芹。	洪景富族人告于县。经里长周正、中人谢友正等人调停,汪芹将山林退还洪氏。	不明
28. 成化二十年(1484)/祁门县	十一都汪曜等人采伐山林时,与一都谢忠之间发生边界纠纷。	谢忠等人告于县。里老、中人吴景槃等人进行实地取证、调停,确定山林边界,双方和解。	中人胡永护等五名,劝谕里老吴景槃等五名,代书人李时
29. 成化二一年(1484)/祁门县	十一都汪文暲等人,在卖给族伯祖汪仕同的坟山内,私自埋葬祖柩。	族兄汪廷振提出抗议,汪文暲等人凭"众议",订立合同,誓约之后不再侵葬。	代书人汪文朗
30. 成化二三年(1487)/祁门县	十六都汪春清等人,让男子荣乙盗伐十五都郑仕索坟林中的杉木。	郑仕索提起抗议,汪春清等人以中人郑永隆为中介进行谢罪,誓约不再毁伤坟林。	中人郑永隆

续　表

Ⅰ年份、县籍	Ⅱ纠纷、诉讼原因与进展	Ⅲ 纠纷、诉讼处理过程	Ⅳ 署名
31. 弘治元年(1488)/祁门县	三四都黄富、金缘保、胡胜宗三家,因山林、坟山相邻而发生边界纠纷。	三家均告于县。里老汪景余等人进行实地取证,依照原来合同文书划定边界。	谕解里老饶秉立等四名,中人余昊等二名
32. 弘治二年(1489)/祁门县	十二都胡琳在三四都凌胜宗等人管理的山林中盗伐树木。	经中人胡龙泉调停,凌氏收回胡琳采伐的树木,禁止以后侵害山林。	代书见证人胡龙泉
33. 弘治四年(1491)/祁门县	十五都郑三辛与郑仲纲,因对方采伐杉木,就山林管理权产生纠纷。	两家均告于官。经亲族康大韶等人调停,确定双方管理权,达成和解。	中见汪叔伦、康大韶等七名
34. 弘治十一年(1498)/歙县	二十三都佃仆吴福祖等人,清明节时不到主家谭渡黄氏处服役。	谭渡黄氏提出抗议,吴福祖等委托里长洪永贵、老人黄堂进行调停,誓约忠实服役。	无
35. 弘治十六年(1503)/县籍不详	十九都叶仲牙在已卖给十六都叶茂英的坟山中,采伐、开垦树木。	叶茂英之子叶璜提出抗议,叶仲牙以弟仲美为中介,誓约重新栽养采伐的坟林。	中见人叶仲美、代书人叶护
36. 弘治十六年(1503)/祁门县	十三都康邦财侄茂和,在与族人康武的山林边界处采伐杉木,引发纠纷。	二家均告于县。排年里老胡远等人进行实地取证,调阅文契,经亲戚胡仁调停,重新确定边界。	署名部分原欠
37. 正德二年(1507)/祁门县	十五都郑良珍与其叔郑仕玺购买山地,双方因管理分籍多寡而发生纠纷。	两家均告于官。地方官命两家交出契书,作出裁定,确定双方管理权。	无
38. 正德四年(1509)/祁门县	十五都郑狮的山地与族弟郑琼的山地相邻,双方因边界发生纠纷。	两家均告于官。排年里老康续韶、汪荣良等人进行实地取证,经调停,两家确定管理权。	排年康续韶,另外十七名

续 表

Ⅰ年份、县籍	Ⅱ纠纷、诉讼原因与进展	Ⅲ 纠纷、诉讼处理过程	Ⅳ 署名
39. 正德五年(1510)/祁门县	三四都汪值之父,将山地重复卖给同都汪子清和凌宗富、汪三。	汪子清告于县。老人谢悦与三四都里老取证争议山地和文契,汪值以堂叔汪暶为中介,清算重卖。	堂叔见人汪暶,谕解里老谢悦等三人,中人王宁等二人
40. 正德七年(1512)/祁门县	十五都郑良昊违犯故祖禁戒,将祖坟中自己的分籍卖给郑良栢。	郑良昊之父诉于里老,其弟良昭提供自己山地的一部分,赎回其兄卖出的祖坟。	无
41. 正德八年(1513)/县籍不详	十一都李文志、方文焕等人,盗伐某氏管理山林中的杉木和松苗,用来烧炭。	在山主抗议之下,李文志等人经"众议",誓约重新补种、栽养损伤的松苗。	无
42. 正德九年(1514)/祁门县	十西都谢以功、尚德等人的基地,与相邻的谢光等人的坟地发生边界纠纷。	谢光告于县。经老人王道、谢悦的实地取证,以亲族王佑云等人为中介,确定边界。	亲眷王佑云等三名,族人谢恂等三名
43. 正德十三年(1518)/祁门县	郑良曙的山地与郑孟高的山地相邻,双方发生边界纠纷。	族老郑昂新等人进行实地取证,重新确定边界,达成和解。	中见人郑良祉、郑昂新、郑浚、郑珍

【出处】

1.《建文三年祁门县谢阿汪卖山地红契》,《会编考释》通号564。

2.《歙西溪南吴氏先茔志》宋八世祖旦公、高湖墓。

3. 上海图书馆藏《卖买田地契约》,编号563762。

4.《宣德二年祁门谢应祥等为重复买山具结》,《契约文书》卷一,第111页。

5.《宣德七年休宁县谢得亨等分山合同》,《会编考释》通号889。

6. 安徽省博物馆藏契(契号2:16770)。

7.《正统二年祁门谢振安、谢能静立界合同》,《契约文书》卷一,第122页。

8、39. 南京大学历史系资料室藏《明洪武—崇祯契》,编号000065。(8)还可参照《正统五年祁门吕员受甘罚文约》,《契约文书》卷一,第129页。

9.《契约文书》卷一,第139页。

10.《景泰三年叶显宗等均分山地合同》,《契约文书》卷一,第153页。

11、20、24、32.《嘉庆祁门凌氏誊契簿》,《契约文书》二编卷一一,第483、489、488—489、488页。

12.《成化二年祁门县谢友政等划分山界合同》,《会编考释》通号893。

13.《成化四年祁门县毕仕文划分山界合同》,《会编考释》通号 894。
14、29. 北京图书馆(今中国国家图书馆)藏《汪氏历代契约抄》,编号 14400。
15.《成化六年祁门县洪景富等分山地合同文书》,《会编考释》通号 895。
16.《双杉王氏支谱》(咸丰十年刊本)卷一六,始祖山茔合同,《成化六年与墓邻张思达共立合同》。
17、37、40、43. 上海图书馆藏《山契留底册》,编号 563711。
18. 南京大学历史系资料室藏《明万历王氏合同簿》,编号 000027。
19.《成化十一年祁门谢彦昌分界合同》,《契约文书》卷一,第 194 页。
21.《成化十五年饶荣宗等立地界合同》,《契约文书》卷一,第 207 页。
22.《成化十五年祁门谢云同兄弟分地合同》,《契约文书》卷一,第208 页。
23.《成化十六年祁门县谢元坚断山文约》,《资料丛编》一集,第452—453 页。
25.《成化十七年祁门余九思等共管山地合同》,《契约文书》卷一,第 210 页。
26.《成化十八年江均相等分山合同》,《契约文书》卷一,第 214 页。
27. 叶显恩《明清徽州农村社会与佃仆制》(安徽人民出版社,1983 年)第 58、64 页有介绍,另见安徽省博物馆藏《洪氏誊契簿》。
28.《成化二十年谢忠等分山立界合同》,《契约文书》卷一,第 224 页。
30.《成化二十三年汪春清等为盗木事立甘罚文约》,《契约文书》卷一,第 234 页。
31.《弘治元年祁门黄富等三人重立山界合同》,《契约文书》卷一,第 240 页。
33. 南京大学历史系资料室藏《嘉靖郑氏置产簿》,编号 000022。
34.《谭渡孝里黄氏祖谱》(雍正九年序刊本)卷五《祖墓·七里湾大塚火佃吴福祖等服辨文书》。
35. 南京大学历史系资料室藏《明成化—天启断约》,编号 000072。
36.《嘉靖祁门康氏抄契簿》,《契约文书》卷五,第 267 页。
38.《正德四年祁门郑狮等分山地合同》,《契约文书》卷一,第 322 页。
41.《正德八年李文志等因盗伐事立甘罚约》,《契约文书》卷一,第343 页。
42.《正德九年祁门谢以功等立界合同》,《契约文书》卷一,第 348 页。

首先我们来探讨纠纷的内容。上述 43 例案件均是民事性质很强的“户婚田土案”,而且几乎都是围绕山林、坟墓、田地等的土地纠纷,特别是山林纠纷有 30 例。其中,有因山林边界不清而引发的盗伐、侵伐,因山林的二重买卖引发的管理权纠纷等,还有不少是多重起因引发的纠纷。以最主要起因为依据进行分类的话,首先山林边界和管理权为主要纠纷点的事例有 17 例(5、6、7、10、12、14、17、18、24、25、28、31、33、36、37、38、43),特别是采伐成材山林时,因边界和管理权不清晰而引发众多纠纷。另外,山林盗伐有 5 例(8、16、26、32、41),山地二重买卖和误卖有 6 例(1、4、9、15、20、39),围绕同族先买惯例(27)和山林租佃问题(23)的纠纷各 1 例,主要因山林买卖和经营而引发的纠纷有 13 例。毋庸赘言,在徽州这样的山间地域,山林经营非常重要,与新安江沿岸拥有广阔平地的歙县、休宁县等相比,位于鄱阳水系阊江最上游的祁门县，尤其缺乏平坦的可耕地，自唐宋时代起，便开始向江西方面输出木材、漆、茶等山林产品，以换取粮食，①山林在农业经营中所占比重极大。加之山地的均分继承和频繁的买卖，使山林管理权逐渐出现细分化、复杂化倾向，这也导致了山林纠纷的增多。

此外，在同族共有坟墓或他家坟山内盗葬（2、3、11、29）、坟林采伐（30、35）、坟山管理权之争（13）、家长擅自出卖祖坟（40）等围绕坟墓、坟山的纠纷共有 8 例，田地、宅基地边界与管理权纠纷有 4 例（19、21、22、42）。另一方面，由于与土地文书相比，"户婚"文书原来较少，在上表中也没有出现与继承权、婚姻直接相关的纠纷案例。但同族内的土地纠纷中，很可能包含不少发端于继承权问题的案例。明代前半期徽州府发生的诉讼，大多与土地、坟墓和继承权相关，这些诉讼均与同族组织维系密不可分，②徽州府下的族谱中，也记载有许多坟山、墓地方面的纠纷。整体上估计，坟墓和继承权方面的纠纷，实际上在整个纠纷中所占比重可能更高。另外，明代前半期佃仆制相关纠纷，仅在第三节中介绍了一例（34），与主仆纠纷持续增加并日益严重的明代后期形成鲜明对比，可见，宋元以来佃仆制相对稳定并维持下来。

接下来探讨处理纠纷的类型。明代前期，即 15 世纪前半期建文至正统年间（1399—1449）的事例共 9 例，全部没有向官府提起诉讼，而在

---

① 淳熙《新安志》卷一《风俗》。参照斯波义信《宋代江南经济史研究》（汲古书院，1988 年）第 28 页。关于明代徽州府下的山林经营，可参考张雪慧《徽州历史上的林木经营初探》（《中国史研究》1987 年 1 期）、杨国桢《明清土地契约文书研究》（人民出版社，1988 年）第三章第二节《皖南祁门县的营山与棚民》等等。

② 程敏政《篁墩文集》卷二七《序・赠推府李君之任徽州序》："夫徽州之讼，虽若繁，然争之大要有三，曰田、曰坟、曰继。其他嵬琐，固不足数也。……而其情则有足谅者焉。田者，世业之所守；坟者，先体之所藏；继者，宗法之所系。虽其间不能不出于有我之私，然亦有理势之所不可已者。"万历《祁门志》卷四《风俗》："民讼多山木、坟茔、嗣继。然尚气好胜，事起渺忿，讼乃蔓延。乃至单户下民，畏权法，不敢一望官府，亦自不少。"可见，与山林一样，坟墓、继嗣方面的诉讼也较多。关于明代徽州府下的同族坟墓、墓田经营，可参照郑振满《茔山、墓田与徽州商人宗族组织：〈歙西溪南吴氏先茔志〉管窥》（《安徽史学》1988 年 1 期）、铃木博之《明代徽州府的族产与户名》（《东洋学报》71 卷 1、2 号，1989 年）等。

乡村层面达成和解。其中5例是由里老(里长和老人,3、8)、老人(4、9)、在城里长(1)等人接到“状投”(具词投告、状告),通过老人和里长“理判”和“谕判”等途径得到解决。还有通过“众议”确定边界、达成和解的山林纠纷3例(5、6、7),另外一例是同族内部坟墓之争,也是通过族人谈判解决纠纷的(2)。从第二节所论十西都谢氏的典型事例可以看出,当时徽州乡村社会中以老人、里长为中心,使“众议”与同族的民间调停相互补充,多方位地实现纠纷的最后解决。当然,在这一时期,也有像第二节中所介绍的李舒户家产继承纠纷那样,产生非常复杂的诉讼的情况,此时在向县里起诉之前,应先“状投”给老人和里长,由此可见,《教民榜文》所规定的民事纠纷首先向老人和里长起诉,未必是一纸空文。

接下来讨论明代中期,即15世纪后半期至16世纪初景泰至正德年间(1450—1521)的34例的情况。首先,未向地方官起诉便在乡村层面解决的纠纷有17例,其中2例通过里老(34、40)、1例通过耆老(第四章后述)调停解决(14)。但总体上来说,通过老人和里长以外的民间调停解决的事例较多,其中经中间人调停的有9例(10、11、13、20、24、25、26、30、32),经亲眷、族老等亲族解决的有3例(12、35、43),“众议”和解的有2例(29、41)。总之,与明代前期相比,可以看到在乡村社会的纠纷处理中,村落、亲族等各种民间调停,尤其是中间人发挥的作用增大。

尽管如此,从纠纷、诉讼处理的整体框架来看,这一时期老人和里长发挥的作用依然相当重要。34例纠纷中,向地方官起诉后,结果在乡村层面达成和解的诉讼事例有17例,其中根据地方官“判令”解决的仅有1例(37)。与之相对,受理告诉状的地方官,命里老(18、19、22、23、28、31、39)、老人(16、17、42)、排年里老(排年里长、现年里长、老人,36、38)、里长(27)等进行实地取证和事实调查,据此进行各种调停,达成和解的诉讼有13例。其中,与老人和里长实地取证同时进行调停,引导其和解的事例有7例(16、19、23、27、28、31、38),也有接受老人和里长实地取证，通过亲族（18、22、36、39、42）和“众议”（17）的调停而达成和解的情况。其余 3 例，或向府起诉之后经姻亲调停达成和解（15），或通过受地方官指派中间人（21）、亲族（33）实地取证解决纠纷。

在上述 17 例明代中期的诉讼事例中，明确记载向地方官起诉之前“状投”给里长、老人的文书仅有 1 件（18）。但即使在第四章所论明代中期的告诉状中，也有经里长、老人的“状投”向县起诉的记载。因此，虽然不能表明明代中期《教民榜文》的规定完全为一纸空文，但现实中确实有许多民事纠纷向地方官起诉。即使在乡村层面上已解决的纠纷，其文书中，也常常会出现“要行告理”“要行状告”等企图起诉至官府的字眼。在文书末尾，常常出现若有违约者向官府告诉，或罚银若干（数两至五十两）“入官公用”的明文规定。

另一方面，明代中期 34 件纠纷事例中，老人和里长在起诉到官府前解决的纠纷（3 例），被地方官委派进行诉讼实地取证和调查，随之通过调停等形式参与纠纷、诉讼处理的事例（13 例），共 16 例，达近半数。如下章所详述，受理诉讼的地方官，有时会将案件交给“值亭老人”等，命他们再审后取回供述书，并报告其结果。通观明代前、中期，不待向官府起诉就通过老人和里长解决的纠纷有 8 例，若包括向官府起诉后又经老人和里长的取证、调停解决的 16 例，合计 43 例中有 24 例（55.8%）是老人和里长以某种形式参与解决纠纷。

明代前期，实际上有相当数量的纠纷是以老人和里长为中心，不需向官府提起诉讼，便在乡村层面得到处理。明代中期，受理户婚、田地等诉讼的地方官，一般先下批示，命里长、老人进行实地取证和事实调查，许多诉讼不待法庭判决，在接到取证和调查结果后便在乡村层面通过调停方式加以解决。本章所探讨的 15 至 16 世纪初，地方官通过衙役等直接参与民事诉讼处理的机会，与明代后期相比，数量极少。在明代中期的乡村社会中，尽管里长、老人没有按照《教民榜文》所规定的井然有序的形式进行纠纷处理，但与同族和村落、当地有势力者和有名望者等的

“排难解纷”并存，在包括地方官裁决在内的纠纷处理框架中，处于中心地位，发挥了不可或缺的作用。

小结

以前的研究往往认为，在传统中国的乡村社会中，户婚田地等纠纷，一向是经同族和村落等民间调停处理的，很少有向地方官起诉的。但正如本书第一章所论，近年来的清代法制史研究，通过具体的诉讼事例研究，逐步否定了这一见解。中村茂夫对所谓“民间处理说”进行了批判，他指出，清代一定存在许多向州县提起的诉讼。① 岸本美绪、滋贺秀三也指出，所谓“国家审判”“民间调停”，是应对个别事例可以作出的两种选择，经常出现“同时进行”“相互补充”的情况。② 这种状况，至少在本书所探讨的明代中期以降徽州乡村社会中大体上得到确认。

然而，与上述诸研究所反映的清代状况相比，在整个明代前、中期，不能轻视介于“国家审判”与“民间调停”之间的老人和里长所具有的意义。明代前期以老人为中心进行实质的“乡村审判”，到明代中期，地方官也多通过里甲组织参与乡村社会的纠纷处理。老人和里长，与同族、亲朋好友、当地有势力者和有名望者、同族和村落中的“众议”等民间调停，相互补充，同时，他们也通过对起诉至地方官的诉讼进行实地取证及相应的和解调停，在乡村社会纠纷处理的框架中发挥了连接点的作用。

与寺田浩明所描绘的，通过各种“约定俗成的力量”的动态对抗与整合，乡村社会秩序“被约束状态”逐渐成型的明末以降的状况相比，明代

---

① 中村茂夫《试论传统中国法即雏型说》(《法政理论(新潟大学)》12 卷 1 号，1979 年)第二节《民间处理说及其疑点》。

② 岸本美绪《〈历年记〉所见清初地方社会生活》(《史学杂志》95 编 6 号，1986 年)、《清初上海的审判与调解——以〈历年记〉为例》(“中央研究院”历史语言研究所编《近世家族与政治比较历史论文集》上册，1992 年)，滋贺秀三《关于清代州县衙门诉讼的若干感想——以淡新档案为史料》(《法制史研究》37 卷，1987 年)。

中期以前，由老人和里长组成的“约定俗成的力量”所具有的意义显然更大。里甲组织不仅仅是赋役征收部门，还发挥着调整乡村各种利害关系、与国家审判互补、以某种形式处理里内纠纷的作用。但明末以降，徽州乡村社会中这种相对缺乏流动性的乡村社会秩序发生了变化。伴随着里甲组织自身的动摇，纠纷处理方式也不得不发生变化。第五、六章将探讨这一时期纠纷处理形态诸相及其变化过程。

第四章　从诉讼文书看明代中期老人制与地方官审判

引言

如第三章所述，在明代前期（15世纪前半期）徽州乡村社会中，有时被称作“理判老人”的各里老人，接受当事人诉状后，承担民事纠纷的裁定。到明代中期（15世纪后半期至16世纪初），里长和老人侧重于“谕解”，其调停色彩日益浓厚，经常负责解决乡村纠纷。受理民事诉讼的地方官，一般也是先向老人、里长下达批文，命其实地取证，之后进行各种调停活动，许多诉讼等不到地方官判决，便在乡村层面得到解决。

上一章讨论了文约、合同等民间文书，本章将以明代中期诉讼文书为主要史料，尤其以15世纪后半期的成化、弘治年间（1465—1505）为中心，论述诉讼处理过程中老人制与地方官审判的相互作用。在这一时期，徽州各里的老人和里长，不仅负责诉讼的实地取证和调停，还设置“值亭老人”制度，承担复审地方官下发的诉讼案件的职责。本章将以《契约文书》所收录的诉讼文书为中心，也利用地方志、文集、法制史料等，探讨明代中期老人制与地方官审判之间的关系。

第一节 成化五年《祁门谢玉清控告程付云砍木状纸》

《契约文书》等主要保存了15世纪后半期的成化、弘治年间，祁门县与山林纠纷相关的多种诉讼文书。这为之前不用说原始文书史料，就连判语也极度缺乏的明代中期以前的法制史研究提供了珍贵素材。本节将介绍反映这一时期典型的诉讼处理程序的史料，即成化五年(1469)《祁门谢玉清控告程付云砍木状纸》①(书影3)。该文书为无格子线、纵长型纸，右侧以楷书记有原告谢玉清告状正文，左侧以行书记录知县的批文，中间空白部分则以红笔写有“行勘”二字，末尾有知县以下地方官、胥吏的署名。原告谢玉清是祁门县十西都谢氏族人，即第三章出现的谢能静之孙。②

> 告状人谢玉清，年四十九岁，系十西都民。状告本家有故祖于上年间买受到本都谢思敬分籍山地，系经理“伐”字九百九十四号、九百九十伍号，坐落本都拾保，土名庄背坞、上坐坞。其山向与谢思义、谢乞、谢辛善等共业。至今年正月间，有本都程付云等，因买一都汪仕容

---

① 《契约文书》卷一，第186页。诉状正本作为卷宗之一部分，通常应由地方衙门保管。本文书没有祁门县印，应有县印的地方，书写有祁门县的县押，末尾署名也有知县的花押，在告状正文与批文之间，有朱书“行勘”等字样，因此，这不是单纯的个人抄件。据滋贺秀三研究，清末淡新档案中，一般提供正状、副状二通告诉状，副状也记入正状以及同文的地方官批文，提出者可以索要，作为自己保存的记录(《淡新档案的基础知识——诉讼案件所见文书类型》，《岛田正郎博士颂寿纪念论集　东洋法史探究》，汲古书院，1987年，第261—262页)。本文书也可能是告状人谢玉清从县衙门获取的、附有知县批文的告诉状副状或抄本。伍跃在《明清时期的徭役制度与地方行政》(大阪经济法科大学出版部，2000年)第102—117页，也介绍了该文书以及其他明代徽州的诉讼文书，论述了诉讼处理时里长、老人的作用。

② 关于谢玉清，中国第一历史档案馆收藏有题为《抄白告争东山刷过文卷一宗》的簿册文书，这是抄录成化八至九年(1472—1473)十西都的谢玉清、玉澄与谢得延、道本之间出现的围绕山林管业权的诉讼案卷，其全文收录于《中国明朝档案总汇》(广西师范大学出版社，2001年)第一册第38—52页。地方官接受了两当事人的起诉，传唤当事者等，记录供述，经里长、老人实地检证，两当事人申请和解，最后官府认可，这一系列文书基本上完全收录下来，诉讼解决后又抄出诉讼案卷发给当事人，即《抄招给帖》，这可能也是抄录文书。根据历史研究所所藏的详细反映明代中期诉讼处理过程的重要史料《王源谢氏孟宗谱》，还可以恢复诉讼当事人的系谱关系，因此，如有机会，希望再行探讨。

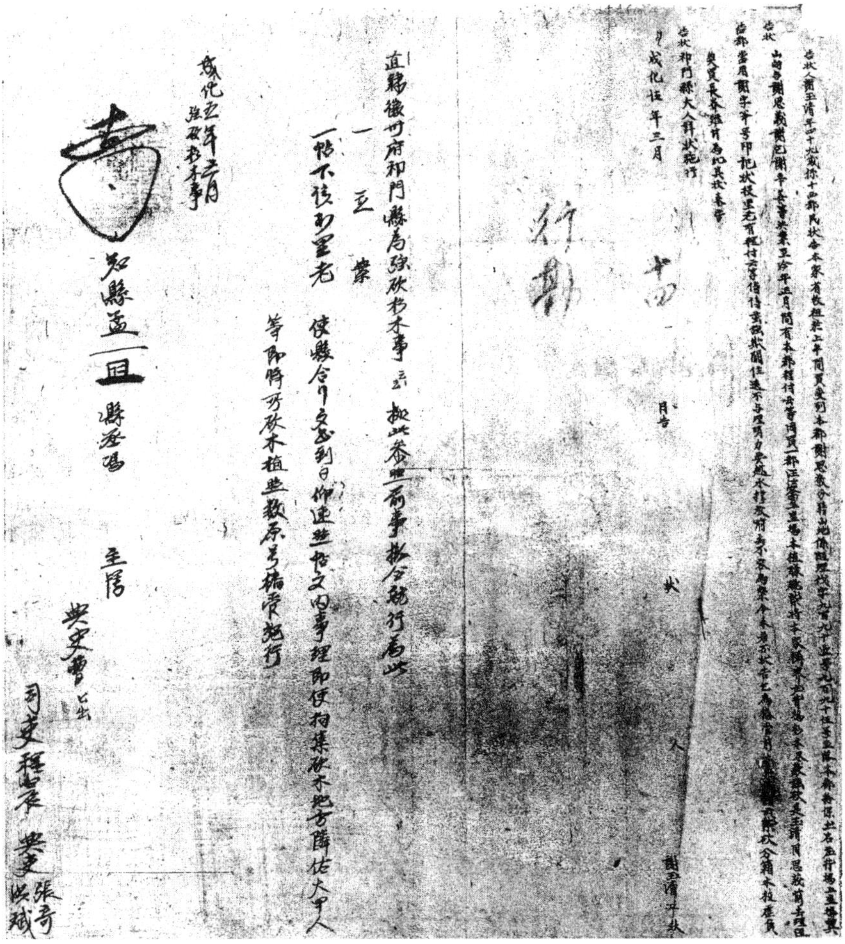

书影 3　成化五年祁门谢玉清控告程付云砍木状纸

男上坐坞木植,朦胧槩将本家邻界庄背坞杉木,尽数强砍。是玉清同思义前去理阻,当用谢字斧号印记,状投里老。有程付云等,倚侍[恃]蛮强,欺瞒住远,不与理明,力要趁水撑放前去,不容为禁。今来若不状告乞为桩管前木,实被付云槩砍分籍木植,虚负契买长养难甘。为此具状来告。

祁门县大人,详状施行。

成化伍年三月　十四　日告　　状　　人　谢玉清(押)　状

十西都谢玉清曾与谢思义等三人一起,共同管理祖父谢能静买下的庄背坞、上坐坞山地。但成化五年正月,十西都程付云(付荣?)[①]等收购一都汪仕容之子上坐坞的林木时,盗伐了相邻的谢玉清山地中的所有杉木。得知此事的谢玉清等人,将程付云采伐的杉木,标上谢家的斧号,同时向里长、老人"状投"。但程付云仗势不与里长、老人照面,强行将杉木沿河运走,谢玉清又向祁门知县起诉,要求保全付云采伐的杉木。

对于谢玉清的告状,祁门知县下达如下批文:

直隶徽州府祁门县为强砍杉木事。云云据此参照前事,拟合就行。为此

一　立　　案

一　帖下该都里老,使县合行文书到日,仰速照帖文内事理,即便拘集砍木地方邻佑火甲人等,即将所砍木植,照数原号桩管施行。

知县受理谢玉清诉状后,首先向十西都里长、老人下发"帖文"[②],命

① 在上述谢玉清"状纸"中,被告为"程付云",但下引十西都里长的"申文"却作"程付荣"。可能后者是正确的,此处暂将二人并列。

② 所谓帖文,是指地方官接到里长、老人、民众的报告、申请等而发出的下行文书。帖文在诉讼关系以外,也广泛地应用于地方行政一般文书,《契约文书》中也收录有《垦荒帖文》(开垦许可证)等等。此外,上级官衙发给下级官衙的下行文书,也用帖文。多数帖文首先引用上申者的呈文、申文,记载事情的经过,书写"为此"二字以记载指令、认可,最后以"须至帖者"结束全文,然后换行书写"右帖下某人准此",文书左上角印有大字"帖"字,其形式类似于淡新档案中针对差役的指令书的"票"(参照滋贺秀三前述《淡新档案的基础知识》第265—267页)。

召集引起纠纷山地的近邻和火甲，确认被伐杉木的数目和斧号，对其进行保全。胥吏可能依照这一批文，作成帖文原稿，经知县批准，将附有县印和知县花押的帖文，发给里长、老人。

除上述谢玉清告状以外，《契约文书》未收录与此诉讼相关的文书。但笔者在安徽省博物馆发现了接受祁门县帖文的十西都里长向知县报告实地取证结果的“申文”。此文书也是纵长型纸，右侧为里长的申文，左侧有知县针对此事的批文，末尾有祁门县印和知县以下官吏的署名。①

拾西都里长李纲承奉

本县帖文为强砍杉木事。依奉会同原帖老人谢文质等从实体勘得。本都民谢玉清状告，故祖谢能静于上年间买受本都谢思敬分籍山地，系经理“伐”字九百玖拾壹号、九百玖拾肆号，坐落本都拾保，土名庄背坞、上坐坞。其山向同谢思义、谢乞、谢辛善等共业。至今年正月间，有本都程付荣，因买壹都汪仕容男汪轁等上坐坞木植，朦胧槩将玉清故祖能静买受连界庄背坞、上坐坞木杉木，尽数强砍。玉清状告本县，蒙帖前去，会同里邻谢用和、谢道谋从实体勘得，所告庄背坞“伐”字九百玖拾壹号、又上坐坞“伐”字九百玖拾肆号山地，委系玉清故祖能静存日契买受是实。程付荣因买壹都汪轁等上坐坞木植，一槩混砍。今将玉清合得分法杉木价银，追还玉清收讫。所有前项字号山地，仍听玉清召人钹作栽苗，照依原买文契管业。凭众写立文约，纳付玉清

① 安徽省博物馆藏《明成化祁门县回呈》(藏号 2:16764)。“申文”是里长、老人等人向地方官或下级衙门向上级衙门报告、申请的上行文书。里长、老人给地方官的报告、申请也常常称作“呈文”，但二者的区别尚无法判断。里长书写的“申文”原件应该保存在县衙门，该文书可能是“申文”副本或抄本，写入知县批文，盖上县印，发给里长，然后将批文内容通知诉讼当事人、相关人员。1950 年代以来屯溪古籍书店所收集的文书，没有系统地分类，而是分批卖给各地机关，因此，类似这样属于同一诉讼的相关文书，却分别收藏于不同地方的情况，并不罕见。

收照。为此,今将取具程付荣等供词一帋,并里老不扶结状,随此合行申覆施行。须至申者。

右申

本县

成化五年四月拾　西　都　里　长　李纲　状

接到祁门县帖文的十西都里长李纲,与老人谢文质一起,召集当时在场的附近居民进行实地取证,据此确定发生争执的庄背坞、上坐坞的山地,确实为谢玉清祖父谢能静购买、谢思义等三人共同管理的土地。成化五年,程付荣(付云?)采伐上坐坞山林时,超越边界进行砍伐。结果,根据里长、老人的裁定,程付荣将采伐杉木的价钱交给谢玉清,根据谢玉清原来的文契,确认其管理、栽养山地的权利。然后,里长李纲取回程付荣等的供述书,向知县提交此申文,报告处理过程。收到李纲申文的祁门知县,下达如下批文:

直隶徽州府祁门县为强砍杉木事。据十西都里老李刚(纲)申前事云云。据申得此,参照前事,拟合就行。为此

一　立　案

一　帖下告人,使县合行文书至日,速照帖文内事理,即将土名庄背坞、上坐坞二处山,着令谢玉清照契管业,毋得违错不便。

据此可知,知县认可里长、老人的取证结果,向原告谢玉清下发帖文,保证其对争议山地的管理权,该诉讼得以解决。

在上述诉讼处理过程中,知县既没有传唤诉讼当事人、相关人员到县法庭,也没有派遣官吏和差役等到现场取证、调查。实地取证和调查,均是由接到知县帖文的里长、老人进行的,他们在取证基础上,确认谢玉清的管理权,甚至连程付荣(付云)采伐杉木的价款都清算完毕,之后将结果向知县报告。知县只不过下发批文,给里长、老人帖文,认可其

报告。

此外，成化十九年(1483)，祁门县十一都方浩与汪春的山林诉讼中，接到双方当事人状告的知县，虽“行拘各犯到官”，听取供述，但双方互不相让，于是知县向里长、老人下发帖文，命其实地取证。接到里长、老人取证结果报告的知县，“别无余情，姑免取问”，并没有再次审问，便发给汪春等人帖文，令其根据取证结果，确认对纠纷土地的管理权。此案件也是根据里长、老人的取证进行裁决的。①

从明代中期的诉讼文书和文约、合同等民间文书来看，受理民事诉讼的地方官，一般会发给老人和里长帖文，指示其进行取证和调查。接受指示的里长、老人，一般要提出申文，报告取证、调查结果。若地方官认可，便发给当事人、相关人员帖文，保证裁定的结果，命其遵守，可以说这是当时诉讼处理的基本程序。事实上，诉讼处理的类型更加多样化，既有在取证、调查过程中达成和解而中途取消诉讼的情况，也有当事人不服从取证结果和地方官的裁定，反复取证、审理、上诉的情况。

值得关注的事实是，在明代中期的徽州，与各里老人同时，设置了被称作“耆老”的役职。“耆老”一词一般多作为各里老人的别名使用，此时却成为有别于老人的役职。休宁县《茗洲吴氏家记》卷一〇《社会记》的景泰六年(1455)八月条中记载有“大府孙公于邑之每里设一耆老，以礼劝谕”，徽州知府孙遇，下令每里设一名“耆老”。接着在13年后的成化四年(1468)三月，据祁门十一都汪异常等人订立的合同文书，汪异常与其弟汪异辉因共同管理的山地发生边界纠纷时，

① 安徽省博物馆藏《明成化帖》(藏号2:29638)。《契约文书》中，收录有关于一成化年间山林诉讼的祁门知县发给诉讼当事人的两件帖文(《成化元年祁门黄文等查产帖文》《成化二十一年祁门县为告争山地杉木事帖文》，《契约文书》卷一，第181、229页)。二者均为里长、老人按照地方官的指示在取证后提交的“申”“呈”等报告的基础上，依据取证结果而确定纠纷地的管理权。

“耆老李仕忠等到山查踏,前项所争山地立界,对半均业”①。该文书末尾有“耆老”李仕忠、“老人”李景昭、“族长”汪仕美、中人李景润等人的署名,可见与各里老人区别设置的“耆老”,与老人和族长一起,承担取证和调停事务。

弘治十三年(1500)五月,在徽州府下发给祁门县的“牌”中,也出现了“耆老”一词。② 祁门县十东都李思俊等人,与同都胡希旺围绕山地边界纠纷的诉讼案件,被提交至徽州府。负责审理的徽州知府,向祁门县下发该“牌”,命“着落当该官吏,照依牌内事理,即委耆老张佩、老人张琰、里长许仲林亲临争所,揭查经理、保簿字号、亩步及李思俊原买契内四至、亩步、阔狭,逐一勘踏明白,钉拨、管业”。据此可知,知县命当地“耆老”以及老人和里长,调查“保簿”③和契约文书,并委托他们进行争议地段的实地取证以确定边界。由此可见,明代中期在祁门县等地设置的“耆老”,与各里老人一起,承担诉讼取证和调查职责。但是弘治《徽州府志》、弘治《休宁志》等同时期的地方志中,却没有有关“耆老”的记载,因此这一制度普及到何种程度、施行至何时为止,并不明确。

第二节　弘治九年《徽州府为霸占风水事出给印信合同》

弘治九年(1496)七月,休宁县李齐与其族侄祁门县李溥之间发生坟墓纠纷,双方当事人、相关人员共有 12 人,徽州府基于这些人的供息状

① 北京图书馆(今中国国家图书馆)藏《汪氏历代契约抄》(编号 14400)。

②《弘治十三年徽州府关于祁门县民争讼帖文》(《契约文书》卷一,第 288 页)。《契约文书》中,该文书题为“帖文”,但没有帖文所特有的文书左上方大字“帖”,文书正文末尾也没有“须至帖者”,而是“须至牌者”,因此,不是“帖文”,应该属于“牌”。“牌”也是上级官衙发给下级官衙的指令书等,与“帖文”的区别也难以判断。

③ 明代徽州府在各里(契约文书中一般称作“图”)之下设置保,每保保管保内的鱼鳞图册(保簿)。参照周绍泉《徽州文书的分类》(岸本美绪译注,《史潮》新 32 号,1993 年)第 77 页。

发出一件诉讼文书，①这是明代中期徽州各种诉讼文书中特别值得注意的史料。笔者选取文书中的几个关键词，姑且称之为《弘治九年徽州府为霸占风水事出给印信合同》（书影 4）。

该文书右侧约 2/3 的篇幅，记录了诉讼双方当事人及相关人员的供状，文书左侧是徽州知府下达的指令文。供状包括六份用同一笔迹书写的材料。首先是双方当事人的供息状：(1) 休宁县三十三都六图李齐；(2) 祁门县十一都李溥。其次为相关人员供状：(3) 祁门县十东都邻人、保长②李琼、李璁、李用明；(4) 李溥坟山的前所有者祁门县十东都一图吴朴、洪得忠、李銮；(5) 李齐支系族人休宁县三十三都六图李实、李大器；(6) 李美、李黑。在以上供息状基础上，还有(7) 下令应该遵守供息状内容的徽州知府指令，写于长方形蔓藤花样外框中。③ 末尾以墨书书写“合同”字样，仅残留一半，可以想象同一内容的文书，已发给各当事人。该文书是发给当事人之一李溥的。通过供息状(1)—(6)，大致可以了解该纠纷在向徽州府提起诉讼之前的过程。

休宁县三十三都李齐与李美、李黑等人，共同管理祁门县十东都孚溪源的坟山。李齐族侄、祁门县十一都李溥也于此前的弘治四年(1491)，从祁门县十东都吴氏等处，在李齐等人的祖墓东侧购买坟山，埋葬父母。但后来李美、李黑不经其他族人同意，将坟山中自己管理的部分（分籍）卖给李溥，李齐与李溥之间发生边界纠纷。可能李齐和李美、

① 《契约文书》卷一，第 274 页。标题为《弘治九年徽州府因李溥霸占风水帖文》，但从内容和格式来看，称之为“帖文”可能不太确切。

② 徽州府下的乡村区划，是指县—都—里（图）—保的系统，但在契约文书中，土地所在地多显示为县—都—保。本文书中的“保长”，其情况不详，但休宁县茗洲吴氏族谱《茗洲吴氏家记》卷一〇《社会记》成化十九年(1483)二月《时事》项有：“县定，每保立约长，十家为甲。我保李齐云为约长。”这一史料表明在成化年间的休宁县，十家为甲，每保立约长。弘治年间的祁门县可能也实施类似制度。但此处的“保”，是土地区划的“保”，还是户数构成单位，情况不明。

③ 该指令文的大部分，版木用工整的楷书，而“霸占风水”“祁门”“李溥”等词汇则用行书体墨书。此类官方文书可能在作成之际，用定型版木，而专有名词等则重新写入。此外，《契约文书》所收录的官方文书，蔓藤花样外框仅见于府级所发文书，未见于县级文书。

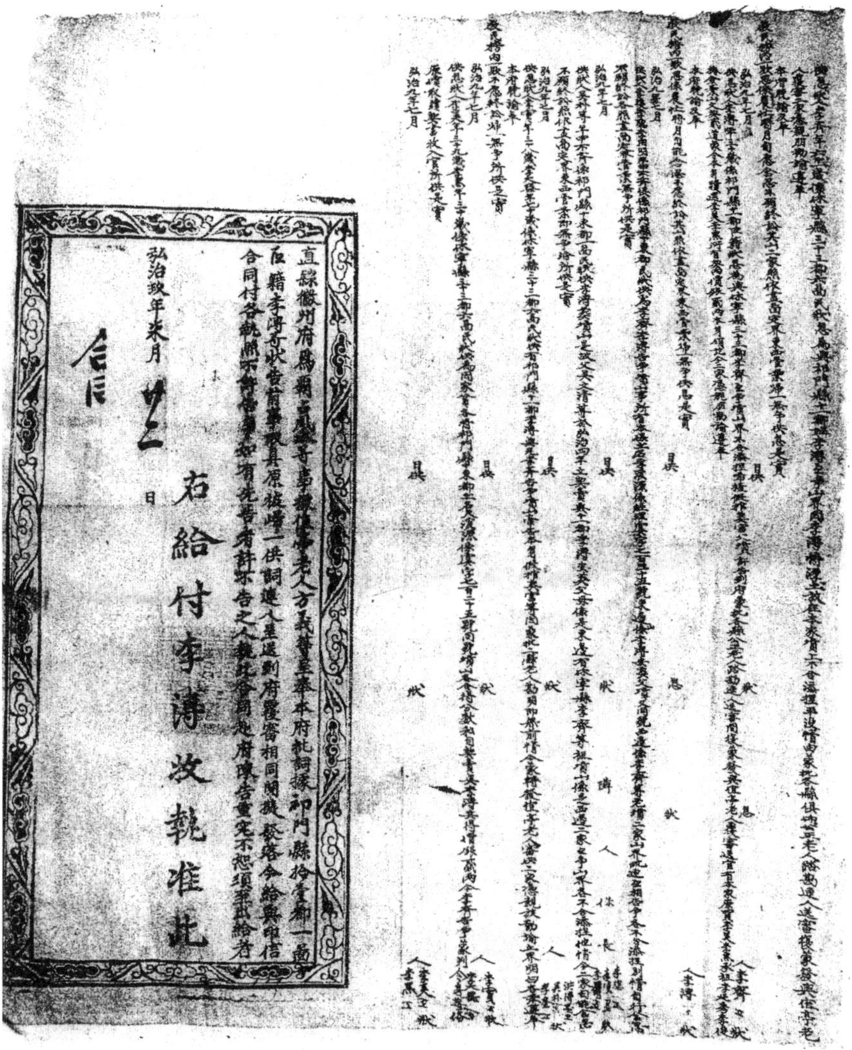

书影 4　弘治九年徽州府为霸占风水事出给印信合同

李黑均为争议坟山中埋葬的祖先的子孙，其中一部分由李美、李黑擅自卖给李溥而引发纠纷。边界纠纷协商不顺利，李齐、李溥均认为对方侵害了自家的坟墓和灵柩，分别向徽州府提起诉讼。

以下根据(1) 李齐供息状、(2) 李溥供息状以及(7) 徽州知府指令文，探讨该印信合同订立后直至达成和解的经过。

(1) 供息状人李齐，年六十一岁，系休宁县三十三都六图民。状息为与祁门县十一都侄李溥互争山界，因李溥将浮土放在本家坟上，不合添捏平没情由。蒙批各县，俱仰公正老人踏勘，连人送审。复蒙发与值亭老人覆审，二家凭亲朋劝谕，遵奉

本府晓谕。及奉

教民榜内一款，思系农忙时月，自愿舍忍，不愿终讼。其山二家照依画图，定界东西管业，归一无争。供息是实。

弘治九年七月　　日供　　状　　息　　人李齐〈押〉　　状

(2) 供息状人李溥，年三十岁，系祁门县十一都匠籍。状息为与休宁县三十三都李齐互争坟山界，不合添捏希抬假棺葬害父坟，讦告到府。蒙批各县公正老人踏勘，连人送审间，复蒙发与值亭老人，覆(复)审送官。有本家原买李美、李黑，承祖李廷秀、李俊椿佥业山文契二道，蒙令本身赎还。李美、李黑所有契内价银贰两，本身领讫。今二家凭亲朋劝谕，遵奉

本府晓谕，及奉

教民榜内一款，思系农忙时月，自能舍忍，不愿终讼。其山照依画图，定界东西管业，归一无争。供息是实。

弘治九年七月　　日供　　息　　状　　人李溥〈押〉　　状

(7) 直隶徽州府为霸占风水等事。据值亭老人方义等呈奉本府批词，据祁门县拾壹都一图匠籍李溥等状告前事，取具原被归一供词，连人呈送到府。覆审相同，问拟发落。今给与印信合同，付各执照，不许告争。如有先告者，许不告之人执此合同，赴府陈告，重究

不恕。须至出给者。

右　给　付　李　溥　收　执　准　此

弘治玖年柒月　廿二　　日

接到李齐、李溥起诉的徽州府,首先指示休宁、祁门两县,派各县"公正老人"到争议地实地取证并报告结果,同时传唤当事人、相关人员。之后,徽州知府又将这一案件重新交给"值亭老人"方义,命其"覆审"。亲族、朋友也介入调停,又正值农忙时期,李齐和李溥遵从知府的"晓谕",以及"教民榜内一款"[1],申请和解。随后,李溥将此前从李美、李黑处购买的坟山原价卖回,李齐、李溥两家作成图纸,确定坟山的边界,达成协议,各自进行管理。"值亭老人"方义记录诉讼当事人、相关人员的供述,制成"原被归一供词",送至徽州府。徽州府将这些供述书抄录在一张公文用纸上,在藤蔓花纹框内写入命遵守和解条件的通告,并将此"印信合同"发给双方当事人。[2]

在上述"印信合同"中,诉讼处理过程中有职掌不同的两种老人参与。一种是开始接受徽州府的指令,承担实地取证的休宁、祁门两县的"公正老人"。如前文所述,明代中期地方官命各里老人进行诉讼的实地调查是非常普遍的,此时两县接受府的指示,选出各里老人中的公正者并命其进行取证。另一方面,"值亭老人"方义在接到"公正老人"的实地取证结果后,根据府的指令,进行该诉讼的"覆审",记取达成和解的供息状,并送至府。《教民榜文》中规定,各里里长、老人在向地方官提起诉讼之前,应先在里内的申明亭进行户婚、田地等诉讼处理,却没有令"值亭老人"担任诉讼"覆审"的相应规定。"值亭老人"与各里老人是何种关系,如何设置,承担何种职掌,下文将结合相关资料予以考察。

---

① "教民榜内一款"究竟是指第几条,无法确认,笔者推测为第二十三条。该条规定:为了避免民众过度地出现户婚、田地等方面诉讼,老人应极力平息这类纠纷。

② 发给印信合同后,同年九月祁门县对李溥发下帖文,通知应该按照府的裁定,由双方管理坟墓(《弘治九年祁门县因李溥霸占风水帖文》,《契约文书》卷一,第 276 页)。

第三节　“值亭老人”与申明亭

如字面意思所示，“值亭老人”可理解为“在申明亭轮值的老人”，但据笔者现阶段的考证，徽州文书中出现“值亭老人”这一名称的史料，仅有上述“印信合同”，在《教民榜文》《皇明条法事类纂》等明代中期法典类文献中，管见所及，未见“值亭老人”这一称呼。但明末福建建阳出版的许多坊刻律例注释书之一的《鼎镌六科奏准御制新颁分类释注刑台法律》附卷《行移体式·县用行移各式》中，作为“手本式”收录了如下文书例。①

直亭老人某呈。奉

本县老爷　台前，发下犯人某等，仰皁役带出取供，遵依当亭限同审供，各执互异。今据二家执称口词，开报于后，连人呈报，伏乞施行。须至呈者。

计开

审得某等某事某件缘由

某年某月　　　　　　日具

这是“直亭老人”向知县提交上行文书“手本”的文例，内容是某“直亭老人”接受知县的指示，根据下发诉讼当事人的身份，在亭（申明亭）中进行审问，两当事人互不相让，两者供述记录在“审得”以下的部分，与身份一起再次交回府。“值”与“直”同音（zhí），就如守候在地方衙门正堂中的“直堂皂隶”也称“值堂皂隶”一样，两者通用，此处“直亭老人”无疑与上述“印信合同”中的“值亭老人”相同。“值亭（直亭）老人”可能是地方官为下发当事人和有关人员本人、令其复审诉讼（“覆审”）而设置的特殊

① 贡举编《镌大明龙头便读傍训律法全书》（万历中刊本）卷一一《县用行移各式》，以及苏茂相编《新刻大明律例临民宝镜》（崇祯五年序刊本）首卷中《行移体式、县用行移体式》中，收录了基本相同的“手本式”。但这种坊刻律例注释书的记载，多数沿袭以前的某种祖本，虽然同样的“手本式”被视作数种类书，但在明末，通过值亭（直亭）老人复审诉讼案件是否普遍实施，暂且存疑。

老人。①

值亭(直亭)老人,如其名称所示,可以认为是以申明亭为基础而设置的。"值(直)"有轮番负责事务之意,所以,可以推定值亭(直亭)老人是轮流集中到申明亭,接受地方官的委任,承担复审诉讼的老人。那么,值亭(直亭)老人与各里老人是何种关系呢?《教民榜文》规定,每里选出多名老人,在各里的申明亭中裁决户婚、田地等诉讼。在明代中期,各里聚集在申明亭的值亭老人和其他老人,可能有多名。然而,明代中期一般各里设一名老人②,徽州文书中,尚无反映每里设置多名老人的史料。

关于这一问题,可参考三木聪有关明代前半期申明亭设置状况的研究成果。③ 三木聪根据南直隶、福建等八种地方志,定量分析了 21 个县的申明亭数量与都、里(图)等乡村区划的关系,在此基础上指出,大多数县的申明亭数量,并不与里(图)而是与都的数目相一致或接近。三木聪所列数据中,包括弘治《徽州府志》中徽州府下六县的数据,但又例举同书卷五《公署・郡邑公署》中有关申明亭设置状况的记载。明代徽州的行政区划,一般采用府—县—乡—都—里(图)的形式,此外,县城内设坊,县城附近设隅(或关厢):

> [徽州府] 在府门十字街口,洪武三年置。……其六县自洪武八年共置一百六十所,立于县治并各都甲户之侧。
>
> [歙县] 三间,在县门外之左,国朝置。又设四十所,于坊都大户之傍。

---

① 此处的知县与直亭(值亭)老人的关系,类似于上级官厅将诉讼交给管内下级官厅审理并报告结果的"委审"。关于"委审",可参照滋贺秀三《清代的刑事审判》(初发表于 1960 年,后收入《清代中国的法与审判》,创文社,1984 年)第 34—36 页。

② 成化二十一年(1485)礼部等衙门题奏有:"各处每里该一老人,其役至微,其要至重。必推年高有德、平昔公直、人所敬服、举措得宜者。"(《皇明条法事类纂》卷一二《禁革主保里长・革退行止不端老人例》,古典研究会影印本,上卷,第 285 页)。在明代中期的地方志中,几乎毫无例外地各里有一名老人。

③ 三木聪《明代里老人制再探讨》(《海南史学》30 号,1992 年)第二节《申明亭与都、图》(第 5—10 页)。

［休宁县］　在县治公馆之西。……各都三十三所。

［婺源县］　国初始建。在县治南偏。……各都四十所。

［祁门县］　在县治东。并设在各都，共二十三所。

［黟县］　在县治东，国朝置。四乡各一所。

［绩溪县］　在县西。又一十五所，在都。

由此可知，徽州府下的申明亭，除在府、县衙门附近各设一处外，在休宁、婺源、祁门、绩溪四县乡村部分的各都，也分别设了一个。在作为附郭县的歙县，除都外，又在县城内的坊设置申明亭。在黟县，以都的上级区划乡为单位，设置申明亭。[①] 实际上，歙县以外各县的申明亭数量，与同书卷一《厢隅坊都》所记载的各县都数（黟县为乡数）是一致的。[②]

弘治《徽州府志》的记载，不仅仅是纸上具文，同时也是反映各都申明亭设置情况的史料，如有关祁门县六都善和里程氏的万历《布政公誊契簿》[③]收录了如下成化十年(1474)徽州府下发的帖文：

直隶徽州府祁门县为民情事。据六都一图排年里老程芳等申。奉本县帖文，依奉前去，会同各役，从实体勘得，本都旌善、申明二亭地基，坐落大溪边。委的积年被洪水冲塌，随修随坏，已往枉费工程甚多。见成荒芜，深坑可验，委实难以起造。及勘得，与本亭相近，土名胡家园，的有程昂业地，约有四分令(零)。高敞稳便桥梁去处，

① 顺便说一下，各县每都的平均里数，歙县为五里多，休宁县近五里，婺源县三里，祁门县二里多，黟县二里多，绩溪县近二里（弘治《徽州府志》卷一《地理一・厢隅乡都》）。为何仅有黟县不是在都而是在每乡设置申明亭，情况不明。从旌善亭的设置来看，除府治外，与申明亭一样，休宁、祁门、黟、绩溪四县在县治以及各都（黟县为各乡）设置旌善亭，但歙县在县治之外的乡村部总共设置不过 20 处，婺源县原在县治及各都均有设置，但到弘治年间，全部废弃。

② 弘治《徽州府志》卷一《地理一・厢隅乡都》。三木聪前述《明代里老人制再探讨》第 7 页表 1"各地的申明亭数"第 3 条"徽州府"中，休宁县都数为 37。这可能是在同县都数 33 的基础上，加上邻近县城的四隅后的数字，但县隅不置申明亭，因此应该不计在内。此外，婺源县都数为 50，婺源在明初有 50 都，但到弘治年间，整合为 40 都，因此，申明亭数也应该相应地减少。

③《契约文书》卷七，第 200—201 页。

堪以起造。已与程昂议允,收本亭原旧地基,议还程昂管业,于程昂地内做造二亭,实为两便。……为此,本县合帖文书到日,仰速照帖文内事理,仰程昂原旧申明亭基地,依文永远管业。仍收土名胡家园业地四分,听从做造旌善、申明二亭,毋得违错。须至帖者。

右 帖 下 程 昂。准 此。

成化十年十一月 廿二 日帖

该文书是祁门知县接到祁门县六都一图的排年里长老人程芳等人的上报后,下发给同都程昂的帖文。祁门县六都原在"大溪边"河畔地建有申明、旌善二亭,却因连年洪水而倒塌,修理费用逐年增多,最终荒废。因此,程芳等向知县请愿,将程昂管理的胡家园的高地与原来申明、旌善亭建筑用地相交换,重新建造两亭。祁门知县认可申请,向程昂下发帖文,指示其进行用地交换。

明代中期的徽州府,正如府志所记,以都为单位设置申明亭,而且确实也在维持、运营。明代徽州等华中山区,一般以南宋以来的都保制为基础,沿袭元代之前的都(也有若干分割、合并)进行设置,里(图)是都分割为几个部分构成的。① 宋元时代的都,多依据水系形成,是根据地缘关系将自然村落重组而成的乡村区划。② 所以,在明代徽州,自然村落的地缘结合,多以都为中心的区域为基础。申明亭实际上也是以都为单位来设置、运营的。

以下介绍反映明代中期诉讼处理中申明亭功能的代表性史料,即歙

---

① 弘治《徽州府志》卷一《地理一·厢隅乡都》。关于明初里甲构成与都的关系,可参照鹤见尚弘《明代的乡村统治》(岩波讲座世界历史 12,岩波书店,1971 年)第 68—72 页、《旧中国共同体诸问题——以明清长江三角洲地带为中心》(《史潮》新 4 号,1979 年)第 69—72 页。

② 柳田节子《乡村制的展开》(初发表于 1970 年,后收入《宋元乡村制的展开》,创文社,1986 年)第395—404 页、斯波义信《宋代湖州的聚落复原》(《刘子健博士颂寿纪念 宋史研究论集》,同朋舍,1989 年)。斯波义信指出,基于严格的户数构成的唐代乡里制,随着人口增加与迁移,经过宋代的过渡,到明代时,演变成以都为中心而构成的区—都—里(村)这种行政村制度。宋元时期的徽州,其自然聚落也以都为范围构成,在明代被区分为多个里。

县二十三都程氏相关抄契簿所收录的、成化二十三年(1487)坟山纠纷中程福缘“供状”抄件①:

> 供状人程福缘,年四十岁,系本府歙县二十三都十图民。状供:承伯祖永乐年间买到程兴师声字廾一号下截山壹十伍步,管业葬坟。上截系程兴祖山乙十伍步管业。本家未买之先,前人陶坑为界,已经六七十年无争。今被程兴祖告要肥瘦均分,缘伊家祖山在上,本家买山在下,各照旧额管业,法无重分之条。将情具告本府,蒙批里长勘报,连日拘唤,兴祖等恃强不服。如蒙准供,乞拘同业人程志寿、山邻人程本茂、到[ ]亭审问。便见明白照契照业判断,免被兴祖故违远年产土事例,非理诬告缠害。今蒙拘问,所供是实。
>
> 成化二十三年 月 日 供状人程福缘

程福缘于永乐年间从其伯祖程兴师处购买山之下半部分管理,计十五步,并设置坟墓。另一方面,上半部分的十五步,由程兴祖(可能为兴师的同族)管理,之前就订立了边界,六七十年间并无任何纠纷。但最近程兴祖提出,应均分山地肥沃部分和贫瘠部分,并起诉(至县?)。程福缘与之对抗,也向徽州府起诉,知府命里长对争议山地进行取证并提交报告。里长连日将兴祖等人传唤审问,但兴祖等人拒不妥协。于是,程福缘提出该供状,要求传唤相关人员和近邻,“到亭审问”,即在申明亭进行审问,请求核对契约文书与争议山地,进行判定。

该文书末尾有“今蒙拘问,所供是实”,即程福缘“被拘留受审,供述了事实”。徽州知府传唤程福缘审问时,记录其供述的应该就是此“供状”。接着程福缘又申请传唤相关人员到申明亭,(值亭老人?)要求“明白照契照业判断”。

另外,值得关注的记载是,针对程兴祖要求重新分割有明确卖契的

① 上海图书馆所藏歙县程氏的抄契簿(所藏编号 563762)。卡片目录中,作为“买卖山地契约”整理的抄契簿之一。

山地,程福缘反驳"法无重分之条","故违远年产土事例,非理诬告缠害"。"远年产土事例",是指家产分割和买卖之后,禁止要求重新分割或买回土地,可能是指成化五年(1469)事例。① 此事例后被整理、归纳在弘治《问刑条例》中:"告争家财、田产,但系五年之上,并虽未及五年,验有亲族写立分书已定,出卖文契是实者,断令照旧管业,不许重分、再赎。"② 朝廷制定的事例,民间也有人知道,在诉讼当事人的供状中,被作为法源引用。由此可知,在明代中期的地方审判过程中,不仅是非实定的"情理",这种朝廷制定的事例有时也被当事人视为国法条文而加以引用。

徽州以外的地方志中,也有记载表明"直亭老人"轮流守候在申明亭,处理户婚、田地等纠纷。例如,浙江永康县有:"洪武中,令天下州县、里设老人一名,以耆年有德者充之。置申明亭,颁教民榜,凡民间细事,俱听直亭老人会众剖断。"③此处称轮值在乡村地区申明亭的老人为"直亭老人"。在北直隶的南宫县,各"社"设置的"直亭老人",与城市的总甲和乡村的保长、甲首一样,"皆一年代换"。④

成化十年(1474)礼部等衙门题奏所引的苏州府长洲县民葛复上言中有如下记载⑤:

> 申明亭老人,专为率乡党、部(剖)民词而设。切见本县六直甫地方,周围人民约有五十余家,人烟辏集去处。原设申明亭一所,往来(年?)老人在亭理事管辖。后因塌毁,不行修理,民有词讼,辄赴上司诉告。……乞勅该部,转行本府县,照旧修造前亭,仍选年高有

---

①《皇明条法事类纂》卷一二《别籍异财·已分家产不许告争卖绝田地不许告赎有辱骂捏告勘问官者照刁徒处置例》(古典研究会影印本,上卷第300—301页)。另参照同卷《分定家产重名(分)者立案不行例》(成化十九年十二月,第302—303页)。

② 关于该条例的确立过程,详见岸本美绪《明清时期的"找价回赎"问题》(《中国——社会与文化》12号,1997年)第270—272页。

③ 顾炎武《天下郡国利病书》原编第22册,《浙江下·永康县志》。

④ 嘉靖《南宫县志》卷二《建置志·役法》。参照王兴亚《明代实施老人制度的利与弊》(《郑州大学学报》,1993年2期)第25页。

⑤《皇明条法事类纂》卷四四《拆毁申明亭·建言民情》,古典研究会影印本,下卷第281页。

德，众所推服老人，轮流在亭，照依教民榜事理，部（剖）断民间一切不应小事。

长洲县的六直甫为乡村地区的市镇，原来设有申明亭，由老人在此处理诉讼，但近年来申明亭荒废，民众有小事诉讼，直接告诉于官。因此，葛复向朝廷建议，复兴申明亭，让老人轮流值班于此，按照《教民榜文》，裁决小事诉讼，结果得到朝廷批准。长洲县的申明亭以都为单位设置①，可能在各都中心市镇设立申明亭，老人“轮流在亭”，承担以市场圈为中心的区域的诉讼处理。同样地，在苏州府吴县，亦可见“薛铸，木渎镇老人，坐申明亭，听断一离婚事”等记载。②

弘治年间，苏州府常熟县有“申明亭，在县治南街、井亭西侧。……民间户婚、田土一切争论，九乡老人轮直，会决于此”③，即在县衙门旁边设置申明亭，由县以下乡村地区的老人轮流当值，裁决户婚、田地等诉讼。北直隶的隆庆州有“申明亭，在州治之左，置红牌事例于中。各隅、屯老人轮流直日理讼”④。隆庆州的隅、屯，大致相当于华中南的坊、都，州城内有四隅，乡村部分设十个屯，⑤14 个隅、都的老人轮流在州衙门的申明亭值班，处理诉讼。同样，在北直隶的保定府，“于府州县前设置申明亭，以中直老人主之，凡民有冤抑者，于此明之”⑥。此外，在福建宁津县，各里设一名老人，同时设一名“申明亭老人”。⑦ 此类“申明亭老人”，可能也轮流在县衙门附设的申明亭内当值。

明代前期，浙江温州府瑞安县的石安民，被知县任为“申明亭长”，

---

① 隆庆《长洲县志》卷五《官署》作“申明亭，所属乡都各置”。

② 崇祯《吴县志》卷四七《人物・卓行・国朝》。参照栗林宣夫《里甲制研究》（文理书院，1971 年）第 75 页注 73。

③ 弘治《常熟县志》卷二《叙宫室・县治》。

④ 嘉靖《隆庆志》卷二《官署・诸司廨舍》。参照王兴亚前述《明代实施老人制度的利与弊》第 25 页。

⑤ 嘉靖《隆庆志》卷一《地理・隅屯》。

⑥ 弘治《保定郡志》卷五《诸司廨舍》。参照王兴亚前述论文第 26 页。

⑦ 万历《宁津县志》卷五《官师志・官制・国朝》。参照王兴亚前述论文第 23 页。

"有大政,悉为处决",温州知府也"凡有兴革,必就计议"。温州府永嘉县的周绸,也是在明代中期由知县选为"申明亭长",民间流传有如下轶闻:某寡妇因无子而收一养子,亡夫之弟窥伺财产,诉于县,欲将养子赶走。周绸极力向知县禀明此诉状的不合理性,知县充耳不闻。于是,周绸让她在城隍庙祈祷五日,城隍神降临,告之"好耆老,三日后听分剖"。三天后,亡夫之弟等人在楼上举行宴会,突然雷电直击他们,寡妇得以守住家产。① 由此看来,"申明亭长"也是轮流在县衙门附设的申明亭值班,并参与县内诉讼处理。

总之,在明代,在乡村地区的都等范围内所设置的申明亭中,老人们轮流守候,处理纠纷,被称作"直亭老人"。另一方面,县衙门旁边设置的申明亭中,也有老人轮流当值,进行诉讼处理等。但是,本章首先提到的徽州府"印信合同"中出现的"值亭老人",以及明末律例注释书"手本式"中的"直亭老人",是在都等申明亭中轮值,还是守候于县衙门附设的申明亭中轮值,目前很难断定。但无论如何,与值亭(直亭)老人相类似的制度,徽州府以外的地方也在施行,他们受地方官委任,重新审理诉讼,并担负审问后提取供述书进行汇报的职责。

第四节　老人制与地方官审判的互补关系

如上所述,明代中期,包括徽州在内的各地区,都有"值亭老人"等人负责复审诉讼。出现"值亭老人"这一名称的徽州文书,依笔者管见,仅见于上述"印信合同",但事实上,当时徽州的地方官经常委任特定的老人复审民事诉讼。典型的事例为成化二年(1466)发给祁门县十八都叶材的帖文。② 该诉讼的经过相当复杂多变,此处略述其概要。祁门县十

① 石安民、周绸的传记,俱见万历《温州府志》卷一二《人物志二·义行》。
② 《成化二年祁门叶材等互争财产帖文》,《契约文书》卷一,第183页。

八都的叶济宁，与妻生三子，与妾生一子，共计有四个儿子，临终时留下遗言，托族长等人，为四子分割家产。但后来遗嘱和契约文书都被烧毁，围绕家产的分割和继承问题，叶济宁子孙之间发生了极其复杂的纠纷，叶材、叶荣等互告于祁门县。

该帖文开头引用了十八都老人叶文辉向知县提交的呈文，内容如下①：

> ……县为互告财产等事。据十八都老人叶文辉等呈，"奉本县批词，据本都叶材、叶荣互争前事，依奉前去，会同原批老人并亲族陈邦道等，拘集□(原?)被告人审理，各称情词不一，不服审理，难以问断。呈乞行拘亲族叶敬诚等，到官审问，追理便益"等因呈缴，得此行[拘?]问。又据叶大亦告前因。行拘间，又据族人叶敬诚等连名告保，"叶材、叶荣等回家和释，完日送官"。据此，参照各告情词互告田产家财等项，姑准保回和议，分办明白，送官完结。

前半部分的引号内部分，可能为老人叶文辉的呈文，大意如下："我接到祁门县批文，就叶材、叶荣等人的诉讼，会同当地原批老人和亲族，拘传诉讼当事人并进行审理。但双方互不妥协，不服从审理。因此，想再次传唤亲族叶敬诚等人至官府，进行审问。"接到叶文辉的报告后，知县传唤亲族等人。但后来，叶敬诚等叶氏族人申请"保释叶材、叶荣等，想在族内进行调停"，知县同意了这一申请，两当事人获得保释，继续和谈。最后，对于该诉讼，叶氏族人的调停奏效，重新分割家产，达成和解。接到报告的知县，向叶材等当事人下发帖文，命其遵守和解条件。

在这一诉讼的处理过程中，接到知县指示的十八都老人叶文辉，会

---

① 文首七字左右脱落，据其他文书格式，可补入"直隶徽州府祁门县"。

同当地"原批老人"进行审理。所谓"原批老人",可能是受理诉讼的知县最初下发批文、命其进行取证和调查的老人。先由"原批老人"进行取证、调查,但没有解决,知县又命其他老人(叶文辉)会同"原批老人"重新审理。叶文辉在这一案件中,与第二节探讨的"值亭老人",起到了基本相同的作用。

地方官受理的民事诉讼中,也有许多不服当地老人和里长裁定而上诉的纠纷,纠纷当事人有时也是老人和里长的亲族、友人。在这种情况下,地方官会派遣其他老人到现场,或将案件下发给"值亭老人"等人,委派其进行诉讼的取证和审理。① 清代受理诉讼的地方官,一般发给差役令状,派遣他们到现场进行调查、取证、调停、传唤、逮捕等,②根据情况由正官和佐贰官本人对争议地进行取证。然而,明代中期之前的徽州文书中,依笔者管见,没有资料显示官吏和差役在诉讼处理过程中亲自赴乡村的情况。里长、老人传唤诉讼当事人至法庭,原则上也是其"勾摄公事"之一环节。③ 可以说在明代前、中期的徽州,太祖以来的祖法"官吏下乡之禁"④大体上得到贯彻执行。

在明代前、中期的徽州,有很多传记史料反映了地方官委托值得信任的老人进行诉讼处理的情况。例如,婺源县人张操:

> 邑令吴公春、二尹张公子才,见其谨愿公平,年甫五旬,举为耆

---

① 在明代中期徽州文书中,也保存有接受地方官之命的老人与当地老人、里长一起来取证、审理的史料。例如,成化十年(1474)祁门县十四都的王忠和与李仕庸的山林纠纷中,双方"互告到府,蒙批差老人江浩震及两图排年、里老踏勘",确定边界(上海图书馆所藏《山契留底册》,所藏编号563762)。同样,正德五年(1510)祁门县三四都的汪值兄弟重复买卖山地而被告发之际,"老人谢悦会同该都里老,到所体勘",最后,汪值承认错误,并最终和解(南京大学历史系资料室藏《明洪武一崇祯契》,所藏编号000065)。以上二例均是接受知县指示的老人,与当地里长、老人一起,进行实地取证,最后和解。

② 滋贺秀三《关于清代州县衙门诉讼的若干感想——以淡新档案为史料》(《法制史研究》37卷,1987年)第44—50页。

③ 岩井茂树《徭役与财政之间——为了中国税、役制度的历史性理解》(三)(《经营经济论丛(京都产业大学)》29卷2号,1994年)。

④ 清水泰次:《明初的民政——抑官扬民》,《东洋史研究》13卷3号,1954年,第28—32页。

> 老。凡邑内有疑讼，委公详决。公则举善而劝，人服其化，从判如流。①

永乐至宣德年间，张操被婺源知县吴春、县丞张子才推举为老人（耆老），屡屡被委任负责裁定诉讼，人们逐渐服从其“判”。还有休宁县人金希杰：

> 金君世居邑南，为巨室，好义秉礼，乡人亟称之。至君，而产益拓，族益华，岿然一邑老成人。……乡饮行，有议及宾位者，人必曰金君。有司尝署耆民听一邑之讼，议可当者，人又曰金君。君每固巽谢不能，人必群起言部使者，部使雅君行义，亦每固强之。君终辞耆民，退处于家。②

他是县内屈指可数的有名望的富民，当时正值地方官“署耆民听一邑之讼”，乡人皆推举他，他多次推辞后，仍被推举为御使，但他坚决推辞，回到乡里。关于休宁县的王希远，也有如下记载：

> 务济人缓急，弘治初高邑令举为耆老。会苏、余二家久讼狱，令委老人，片言立解，二家赍金谢麾之，一时诉郡县者咸愿下老人。后邑令更委重。③

王希远被知县高忠［弘治四年（1491）在任］推举为老人，当即解决了积压多年的诉讼案件，诉至府、县的起诉者，纷纷请求将诉讼交给他处理。王希远任老人期间，与前述“印信合同”订立时间相同，也是在弘治九年，因此，他也可能是“值亭老人”之一。在明代前、中期的徽州府，各里除由老人、里长进行实地取证、调查，还屡屡由老人接受地方

① 《张氏宗谱》卷一四《内纪文翰・处士张公孟海传》。

② 程敏政《篁墩文集》卷一八《记・保翠堂记》。

③ 万历《休宁县志》卷六《人物志・乡善》。

官的委任，对诉讼进行复审，①可以说弘治年间的“值亭老人”是其最完备的形式。

小结

本章就弘治九年“印信合同”中出现的“值亭老人”，对相关史料进行了探讨和考察。地方官将向其起诉的诉讼当事人的身份和关联文书，下发给值亭（直亭）老人，值亭（直亭）老人负责复审，并将结果报告给官府。明代中期，申明亭不是以里，而是以都为单位进行设置，值亭（直亭）老人在每都或县治、府治中设置的申明亭中轮流当值。可能从各里老人中选出合适人选，负责府、县诉讼的复审任务。与值亭（直亭）老人相类似的制度，应该是作为里甲制下不能完全解决而向地方官提起的诉讼的处理方法之一，在包括徽州府在内的各地广泛施行。

另一方面，根据明代中期法制史料《皇明条法事类纂》，成化年间由老人、里长进行诉讼的取证、调查、复审等所带来的许多弊端屡屡被人们所批评，于是，此事在朝廷中引起众议。② 根据成化九年（1473）三月陕西凤翔府同知毛琼的上奏，各地府州县长官一旦受理诉讼，不问事之轻重，一律差遣里长、老人进行处断，放任他们在乡村中召集众人，索要酒食，颠倒是非，索取财物。毛琼建议，为防止此类弊端发生，不服里长、老人

① 此外，程敏政《篁墩文集》卷二七《序・寿蒋翁八十序》中，关于休宁县蒋廷槐有：“郡守孙公，俾听一里之讼，一里之人帖然。则间以一邑之讼委之，其操久而不渝也。又间以一郡之讼委之，讼益理，人益孚。更龙公、周公、二王公凡四守，其委益不替。”蒋廷槐受徽州知府孙遇［正统九年（1444）在任］任命，处理里内的诉讼，后又被委派处理休宁县下、徽州府下的诉讼，其后，天顺八年至成化二十三年（1464—1487）的四任知府也都信任他。地方官任命老人以外的人处理里内纠纷，令人费解，所以蒋廷槐首先被选为里的老人，然后负责县、府的诉讼。徽州以外的例子，如宣德、正统年间松江知府赵豫也特意委托公正的老人来处理有关诉讼，仅有老人无法解决的案例，他本人才亲自参与和解（《英宗实录》卷九九，正统七年十二月丙申条）。

② 与此相关的一系列议述，可参照中岛乐章《明代中期的老人制与乡村审判》（《史滴》15 号，1994 年）。

的处断而上诉的诉讼，不应再轻率委托给里长、老人，而应由长官和佐贰官共同审理，但刑部以诉讼审理不是佐贰官的职掌为由表示反对，故其建议未被采纳。①

但在此前后，刑部给事中赵银上奏建言，各地的地方官随便委托里长、老人进行小事诉讼的实地取证和调查（保勘），根据其报告下达不公正的裁决。成化九年四月，刑部接受此建言，提议户婚、田地等诉讼中，可以根据文件、证言进行判断的案件，不再委托里甲、老人进行调查取证，应由地方官亲自传唤相关人员、调查资料后进行审理。这一建议被批准。② 成化十一年（1475），南直隶贵池县训导陈离在其上奏中指出，江西地方小民被土豪侵害田地财产，向里长、老人"状投"，里长、老人畏惧豪民的势力，做出偏袒一方的裁定，地方官也依照里长、老人的报告，下达不公正的判决。陈离建议，难以遵从里长、老人的处置进行裁定的案件，应由知县传唤当事人进行审问，之后再行判决。此建议也被采纳。③

由此可见，在成化年间前半期，里长、老人进行诉讼的调查取证和纠纷处理的弊端，屡屡被人们所指摘，经朝廷讨论，禁止地方官轻率委派里长、老人进行调查取证，命地方官直接审理诉讼。在这一时期，通过刑部和都察院对地方问刑衙门的监督和对审判监察的强化，中央政府开始逐渐探寻地方审判管理体制的调整方式。对里长和老人参与诉讼处理的限制，也可看作中央政府试图掌握地方基层审判的政策之一。④ 但正如

① 《皇明条法事类纂》卷三八《告状不受理 · 在外问刑衙门官员务要亲理词讼不许辄委里老等保勘例》，古典研究会影印本，下卷第 143—144 页。

② 同上。

③ 《皇明条法事类纂》卷四八《断罪不当（标题缺）》，古典研究会影印本，下卷第 379 页。

④ 谷井阳子：《明代审判机构的内部构成》，梅原郁编《前近代中国的刑罚》，京都大学人文科学研究所，1996 年。

本章所论,实际上在成化年间,在徽州等地,由老人和里长进行实地取证和调查,进而通过“值亭老人”等进行诉讼复审是极其普遍的现象,中央政府的这一政策并不具有实效性。

成化二十三年(1487),一些官员建言,因近年来府县中不论诉讼大小,一概拘留、监禁相关人员,以致狱囚增加,监房满员,故户婚、田地等诉讼应同时下发给里长、老人,委派其调查取证,禁止地方官不必要地拘留、监禁相关人员。经都察院等衙门审议,这一建议被采纳。[1] 据此可知,成化九年以来的讨论,几乎又回到原点。

明代中期,老人和里长确实逐渐难以完善处理乡村中发生的户婚、田地等纠纷。但地方官的诉讼处理能力并不充分,大部分民事诉讼若不进行实地取证和调查,便难以解决,地方官通过资料和审问可以处断的案件相对有限。朝廷中欲限制里长、老人进行诉讼的调查取证的讨论,大多是脱离地方审判实情的纸上谈兵。尽管如此,里长和老人在熟知当地状况的同时,又与诉讼当事人、相关人员之间存在地缘、血缘等诸种关系,有时很难进行第三者判断。因此,地方官在指示当地里长、老人进行诉讼的调查取证和调停的同时,委派“值亭老人”等特定老人进行诉讼的复审和取证,并报告供述和取证结果。清代这种调查取证和调停,是以差役为中介,通过地方官与民间社会的相互作用共同推进的。明代前、中期,包括“值亭老人”在内的广义上的老人、里甲制,发挥了官府审判与乡村社会之间连接点的作用。

---

① 《皇明条法事类纂》卷四六《淹禁·禁约淹禁致死》,古典研究会影印本,下卷第 319—320 页。还有灾害时事例:正德十一年(1516)湖广地方发生饥馑之际,进行赈济的副都御史吴廷举,在谕戒里长、老人负责户婚、田地等的纠纷并使之平息的同时,将上诉至地方官的事案,也反馈退回至里长、老人,由他们决断,命令他们不得擅自拘引、监禁相关人员(嘉靖《湖广图经志书》卷一《本司志·惠政·救荒》,“总理赈济副都御史吴廷举参酌事宜”)。

第五章　纠纷与宗族结合的展开——以休宁县茗洲吴氏为中心

引言

在第二、三章，笔者主要通过文书史料，探讨了明代前半期徽州乡村社会中的纠纷处理，揭示了老人、里长参与同族、村落等的调解，辅助地方官审判，二者互为补充，发挥了纠纷处理框架中连接点的作用。本章将通过探讨休宁县茗洲村吴氏的族谱《茗洲吴氏家记》（万历年间抄本。以下略称《家记》）①，考察明代徽州一个宗族处理纠纷的实态。

《家记》卷一〇的《社会记》，以年表形式记载了明代中后期一百多年间吴氏家族发生的各种大事，其中许多记载反映了吴氏与其他宗族之间的纠纷。此外，卷一二《杂记》也收录了一件有关大规模诉讼案件的文书，真实地反映了明代宗族纠纷的处理实态。牧野巽早

① 万历年间吴子玉撰，东京大学东洋文化研究所藏。此外，中国国家图书馆也收藏有其他抄本的《休宁茗洲吴氏家记》（不分卷），东洋文库收藏有影印本。卷首部分收录有与东洋文化研究所本相同的目录，但事实上，其内容差别甚大。其中，《茗洲吴氏登名策记》记录有乾隆初年之前族人的生卒年，可能是对乾隆年间吴子玉原撰本增损而成的抄本。此外，茗洲吴氏也有宗祠内的祭仪典礼集成之作《茗洲吴氏家典》（康熙年间吴翟撰，东洋文化研究所藏）。

已介绍过《社会记》的史料价值①,田仲一成也以宗族演剧为中心对其内容进行了广泛探讨。② 本章将在参考这些研究成果的基础上,围绕明代中、后期一宗族的纠纷处理诸相,以及以纠纷为契机的同族结合的展开加以论述。

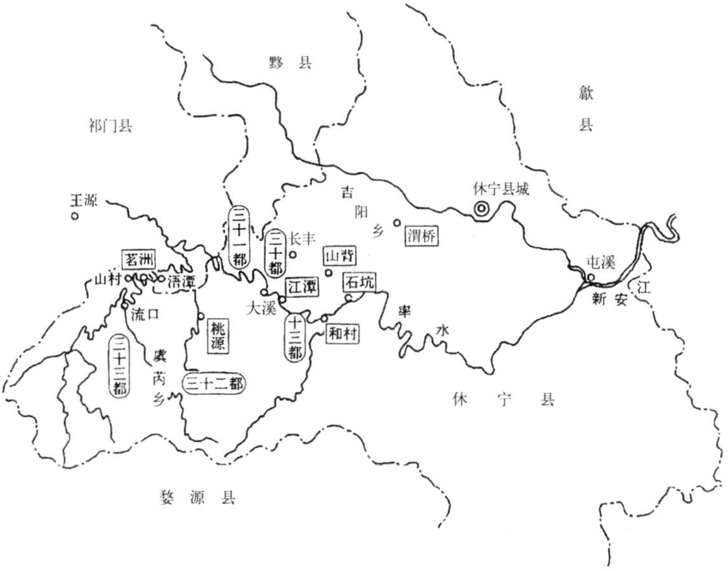

休宁县略图

注:□内的地名为龙江系吴氏分支,本图以《休宁县志》(安徽教育出版社,1990 年)所附《休宁县行政区划图》为底图。河流、村落依据现在的位置。

---

① 牧野巽《明代同族社祭记录一例——〈休宁茗洲吴氏家记·社会记〉》(初发表于 1941 年,后收入《近世中国宗族研究》,日光书院,1949 年;复收入《牧野巽著作集》第三卷,御茶之水书房,1980 年)。

② 田仲一成《以十五、十六世纪为中心的江南地方剧的变质》(一)、(二)(《东洋文化研究所纪要》60、63 册,1973、1974 年),《中国祭祀演剧研究》(东京大学出版会,1981 年),《明代江南宗族的演剧统制——新安商人与目连戏》(《山根幸夫教授退休纪念　明代史论丛》下卷,汲古书院,1990 年)。此外,与茗洲村佃仆制相关的实地调查记录,有叶显恩《明清徽州农村社会与佃仆制》(安徽人民出版社,1983 年)附录一《关于徽州的佃仆制的调查报告》、章有义《清代徽州庄仆制度管窥——休宁吴氏葆和堂庄仆条规剖析》(初发表于 1977 年,后收入《明清徽州土地关系研究》,中国社会科学出版社,1984 年),也论及清代茗洲吴氏的庄仆(佃仆)制。铃木博之《明代徽州府的族产与户名》(《东洋学报》71 卷 1、2 号,1989 年)、《明代宗祠的形成》(《集刊东洋学》71 号,1994 年)亦分别论及茗洲吴氏的坟墓经营与宗祠。

第一节　茗洲吴氏沿革与《社会记》

休宁县位于徽州盆地中西部。县西北的吉阳水与西南的率水东流至屯溪合流，汇成新安江，贯穿徽州盆地，再经浙东盆地注入杭州湾。县的中、东部以县城和屯溪为中心，拥有广阔的平地和丘陵，其西部、北部是群山环绕、混杂众多河谷地的山间地带。开始于中东部盆地的地域开发，逐渐发展至西北部山间地带，宋代以前因耕地不足而依靠集约农耕和山林产品商品化来补充，山地型农业开发得以发展。田地中栽培早熟的桃花种水稻，周边丘陵和山地一带则种植茶叶，山脚下种竹，山腰种杉和松，山顶种桐等树木。这些山林产品或被运至江南、江西等地的市场，或成为纸、墨、漆等手工业品的原料。①

这些地域开发的核心是较早迁徙至此的汪氏、程氏、吴氏等大姓。其中，吴氏以唐代前期的监察御史吴少微为始祖，主要自县城向县中东部扩展，其势力最大。② 据《家记》可知，茗洲吴氏以一位被称作“小婆”的女性为始迁祖。其为逃避 9 世纪末的黄巢之乱，将夫留在江西饶州而带一子至率江中游的龙江（江潭）。③ 宋元时期，龙江系吴氏随着族人的增加，逐渐形成数支，开始向以江潭为据点的率水中游流域迁徙。最后，到元代，除江潭外，还形成了和村、渭桥、山背、石川等分支，特别是江潭、和

---

① 关于休宁县的地理环境与地域开发，参照宋汉理《中国地方史的变迁与延续：徽州地方的发展，800—1800 年》第 68—72 页（Harriet T. Zurndorfer, *Change and Continuity in Chinese Local History: The Development of Hui-chou Prefecture, 800 to 1800*, E. J. Brill, 1989, pp. 68 - 72）。

② 曹嗣轩编《新安休宁名族志》（天启六年序刊本）卷三，吴氏项。关于吴少微系休宁县城吴氏的专论，可见贺杰《父系和地方宗族的发展：1528 年前的徽州休宁吴氏》，伊佩霞、华琛等编《中国近世的宗族组织，1000—1940 年》（Keith Hazelton, “Patrilines and the Development of Localized Lineages: The Wu of Hiu-ning City, Hui-chou, to 1528”, in Patricia Buckley Ebrey and James L. Watson eds., *Kinship Organization in Late Imperial China, 1000 - 1940*, University of California Press, 1986）。同时，该文也论及与其他系统吴氏的关系（第 160—165 页）。

③《家记》卷六《家传记》，吴妪程氏条。

村、渭桥各支在宋代士人和官僚辈出,成为当地屈指可数的名族,繁盛一时。[①]

茗洲吴氏的祖先,是北宋庆历年间自江潭移居至大溪的小婺十世孙六公。[②] 他率奴仆数十人进行开垦,修葺坟墓,供奉祠宇,推进以同族为中心的迁徙地开发。其三世孙小伍公在南宋初作为土豪横行乡里,遭里人排斥,遂移居至渔梁,[③]其子小二公又移至石门。宋元时期,茗洲吴氏祖先中几乎没有出过士人和官僚,[④]仅仅停留于山间开发地主的水平。元代时,十九世吴祥自石门移居至率水上游的茗洲,从此其子孙一直定居于此。茗洲村属于县西南端的三十三都,自源流北流的率水在流入祁门县之前,向东改变流向,附近形成弯曲的半月形河岸,茗洲村便位于此地。[⑤] 周围险峻山脉相连,缺乏可耕地,而且耕地中大部分是中田、下田以下等级田地,产量极少。[⑥] 因此,六成左右的主粮依靠从江西上饶运入,另外,要把蕨和葛等的根部磨成粉来吃。[⑦] 经率水水路可通向县中心地带,但陆路则要沿山道出祁门县,再经黟县至县城,有上百里的路程。[⑧]

茗洲吴氏想通过山林产品的商业化和商业活动的发展,来克服这种不利环境和资源匮乏造成的困境。他们在茗洲村周边栽培优质茶树,在山地中种植杉、银杏、竹等多种树木,并将这些产品沿河运至江南、江西等地。此外,织布用的白苎、制纸用的楮皮等也实现了商品化。[⑨] 吴氏运用商品生产所积累的资本,开始亲自从事商业经营。以 15 世纪中期二

---

①《新安休宁名族志》卷三,吴氏各派项。

②《家记》卷六《家传记》,六公某条。

③ 同上书,小伍公、小二公条。

④ 同上书,进士公条,南宋末十七世吴元龙中进士。但弘治《徽州府志》、万历《休宁县志》的选举志和《新安休宁名族志》茗洲吴氏项,均没有元龙中进士的记载。《家传记》的内容也缺乏具体性,因此,对元龙中进士存疑。

⑤ 叶显恩前述《明清徽州农村社会与佃仆制》第 318 页。

⑥《家记》卷八《里区记》。

⑦ 同上书,《物产记》。

⑧ 同上书,《里区记》。

⑨ 同上书,《物产记》。

十四世吴德皓从事商业致富为开端，明代中期以后，许多族人在江南等地区开展商业活动，尤其是二十六世吴睿作为客商在常州取得极大成功，之后，常州便成为吴氏在外地的商业活动中心。[①]

吴氏利用商业获利，在休宁之外的祁门和黟县等地购买了大量土地，并且资助做学问的族人。洪武年间，茗洲吴氏二十二世吴永昌以贤良开敏之士而被举荐，任句容知县，但此后百年未出士人和官僚。不过，15世纪末以后，以从岁贡生出任嘉兴县丞的二十六世吴聪为开端，生员、贡监生等士人逐渐增加，其中有几人就任佐贰官、教职等。[②] 吴氏在整个明代一直担任里长户，特别是二十六世吴岳，16世纪前半期曾三次担当攒造黄册的重任[③]，还曾任粮长。由此可见，当时的茗洲吴氏已成为当地有名的有势力宗族。

明代中期以后，茗洲吴氏逐渐被认可为“名族”，随之开始了宗族组织的调整。在宋末，十八世吴山编制茗洲宗支（当时居住于石门）的家谱；正德七年（1521），二十六世吴槐重新编纂族谱。[④] 茗洲吴氏祠堂有敦化堂（后改称振英堂，又改为葆和堂），供奉茗洲始迁祖吴祥以下诸祖先。之后，随着族人的增加，明代后期吴氏分为五“房”，敦化堂以下分别形成联辉堂（春房）、时阜堂（夏房）、遂成堂（秋房）、钟庆堂（冬房）、振休堂（烈房）五堂。[⑤] 弘治三年（1490），为了支付宗族活动的费用，在敦化堂设“常

① 关于《家记》所见茗洲吴氏的商业活动，详见田仲一成前述《明代江南宗族的演剧统制》第1406—1421页。

② 据《家记》卷四《世系记》、卷五《登名策记》、卷六《家传记》及《新安休宁名族志》茗洲吴氏项可知，茗洲吴氏自明代中期到明末天启年间，共出了16名生员、贡监生，其中2人为佐贰官、2人为教职。

③《家记》卷一〇《社会记》的里甲制、黄册攒造相关记载，在田仲一成前述《以十五、十六世纪为中心的江南地方剧的变质》（二）第21—25页、前述《中国祭祀演剧研究》第283—287页有缜密考证。但田仲氏将大造黄册的年份设定得比实际早一年，记述上存在混乱。关于吴岳，可参照《家记》卷六《家传记》守庵公条。

④《家记》卷一《谱序汇记》。

⑤《家记》卷八《里区记》、卷一一《翰札记·文·敦化堂常储序》。

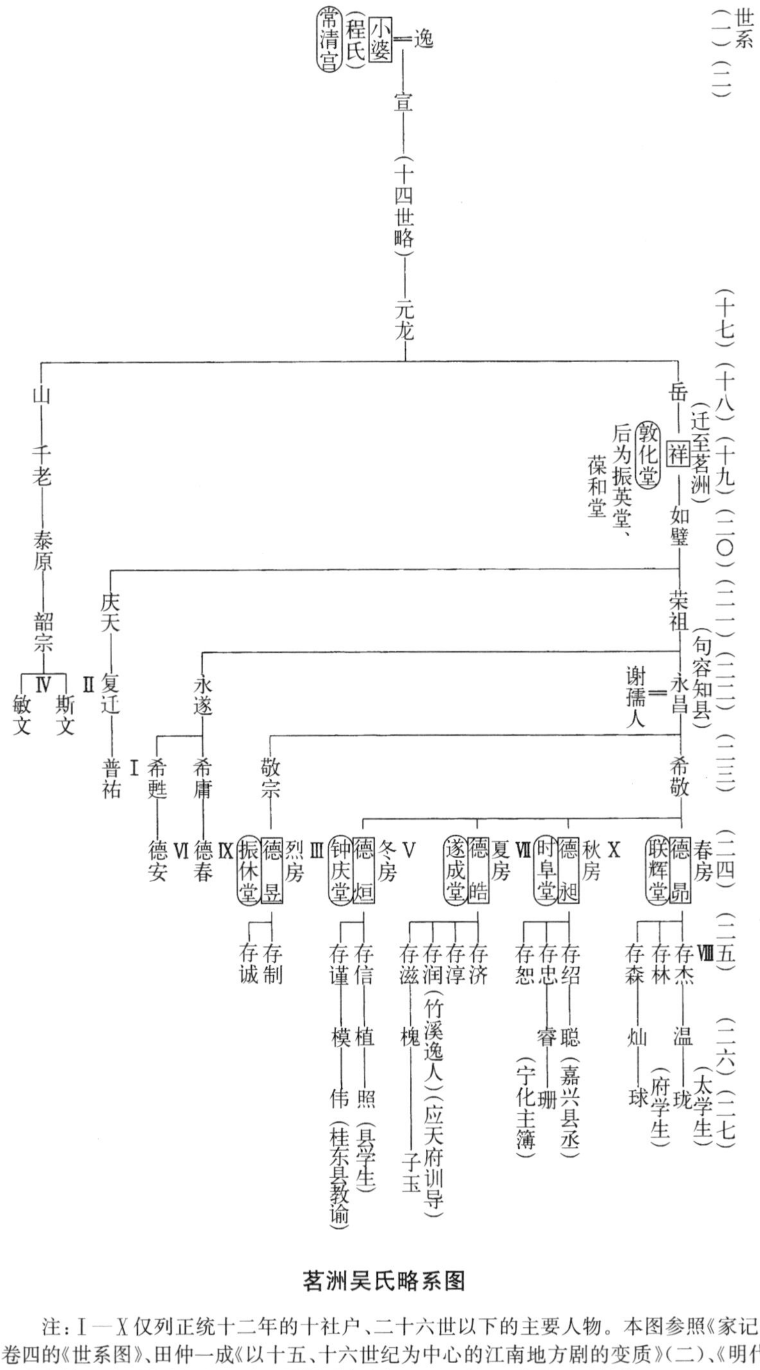

茗洲吴氏略系图

注:Ⅰ—Ⅹ仅列正统十二年的十社户、二十六世以下的主要人物。本图参照《家记》卷四的《世系图》、田仲一成《以十五、十六世纪为中心的江南地方剧的变质》(二)、《明代江南宗族的演剧统制》、牧野巽《明代同族社祭记录一例》所收家系图制作。

储"。① 于是,至 16 世纪初,茗洲吴氏拥有族谱、祠堂和族产,所谓"地域宗族"(local lineage)形态逐步完备。②

茗洲村原有称作"祈宁社"的村社,春秋时节用于祭祀。但到了正统十二年(1447),同系吴氏放逐了他族的四户社户,独占十户社户,祈宁社成为其"族社"。此后,吴氏每年春秋两次由社户轮流主办社祭,每逢社祭均设簿牒,记录半年间的天气和灾祥、地方官任命以及与吴氏相关的各类大事。③

在此后的万历十二年(1584),吴槐之子、贡生吴子玉④编纂《茗洲吴氏家记》时,整理了这些簿牒的记录,归纳为长达 138 年的年表形式,收录于卷一〇,名曰《社会记》。《社会记》的"时事"栏中,除有关于社祭的记载外,还包括中央、地方的大事、各种宗族活动、族人仕进和任官、里甲役和税役负担、米价动向等丰富内容,其中还记录了许多吴氏与周边村落的其他宗族发生纠纷和诉讼的情况。这种形式的记载,未见于其他族谱。此外,特别值得注意的是,《社会记》还记述了明代中后期文书史料中难以发现的宗族间大规模抗争。下节意欲探讨这些记载,考察与茗洲吴氏相关的纠纷处理特点以及与此相关的社会关系。

---

① 《家记》卷一一《翰札记・文》之《敦化堂常储序》《敦化堂续立议例序》。

② 关于"local lineage"这一概念,可参照弗里德曼《中国的宗族与社会》(田村克己、濑川昌久译,弘文堂,1987 年)第一章《村落、宗族与氏族》,伊沛霞、华琛等编《中国近世的宗族组织,1000—1940 年》序言(P. Ebrey and J. Watson eds., *Kinship Organization in Late Imperial China, 1000 - 1940*, "Introduction")。二者均将族谱、祠堂等宗族活动基础的族产的存在,视为"lineage"确立的决定性条件。但后来濑川昌久又指出,这种从功能层面理解的"lineage"概念界定存在一些问题,应该使用更能适应多样情况的"宗族"(《中国人的村落与宗族——香港新界农村的社会人类学的研究》,弘文堂,1991 年,第一章《社会人类的宗族研究诸问题》)。本书一般使用"宗族"一词,必要时也参照"lineage"这一概念。

③ 《家记》卷一〇《社会记・序文》及正统十二年二月条。参照牧野巽前述《明代同族社祭记录一例》。

④ 吴子玉由县学生为贡生,后任应天府学教授(《新安休宁名族志》卷三《茗洲吴氏》、康熙《休宁县志》卷六《人物・文苑・明》)。文集方面有《吴瑞谷集》16 卷(隆庆年间刻本)、《大鄣山人集》53 卷(万历年间刻本),均为[日本]国会图书馆收藏的北京图书馆(今中国国家图书馆)藏本微缩版。

第二节 茗洲吴氏纠纷处理诸相

一、纠纷内容与特点

《社会记》收录了成化二十三年(1487)至万历七年(1579)约 90 年间茗洲吴氏为当事人的 32 例纠纷记录。这一时期正值吴氏通过商业活动和仕进成长为有势力宗族的过程中,同时,吴氏与周边村落的其他宗族之间经常发生大规模纠纷。但同族内纠纷完全没有记载,也缺少村落内、里内的纠纷记载,而且纯粹的土地纠纷等日常纠纷也没有记载。这些记载毕竟仅是吴氏单方面的记述,难免有许多主观性成分,且内容大多比较简略,因此很难详细了解纠纷处理和审判的过程。但《社会记》具体地记载了明代中后期一个山村发生的纠纷,仍不失为一份珍贵史料。下表简略地整理了 32 例记载的概要。

茗洲吴氏相关纠纷一览表

序号	社日	纠纷对象	纠纷内容	纠纷处理过程
1.	成化二十三年二月	浯潭江氏	强伐后山山林	告诉于府→订立合同、划界
2.	弘治元年二月	借坑口吴氏	盗伐墓林等	告诉于县→里老取证→订立合同
3.	弘治十年八月	三十二都汪氏	损伤墓林	谈判后订立文约
4.	弘治十四年二月	三十二都汪氏	盗伐墓林	诉于里长→告诉于县→订立文约
5.	弘治十五年八月	三十二都汪氏	损伤墓林	谈判后订立文约
6.	正德六年二月	泉源谢氏	婚姻问题、强伐朝山等	诉于里长→告诉于府县→生员等调停
7.	正德十年二月	山村李氏	强伐前山山林	诉于里佐→和解、赔偿

续　表

序号	社日	纠纷对象	纠纷内容	纠纷处理过程
8.	正德十年二月	祁门土坑胡氏	强刈田稻	告诉于府→?
9.	正德十一年八月	祁门土坑胡氏	盗卖庄田	告诉于府→再诉→返还田地
10.	正德十二年八月	流口吴氏	坟墓问题、强伐山林	双方告诉于县→和解
11.	正德十三年二月	祁门水村佃户邵氏	不交纳田租	告诉于祁门县→赔偿租银后更佃
12.	正德十四年二月	祁门土坑胡氏	强刈田稻	告诉于府→下手人逃亡
13.	正德十四年二月	山村李氏、碜坑口盛氏	盗卖、侵占坟墓	告诉于县→盗卖者入狱
14.	嘉靖二年二月	山村李氏	侵占、损伤坟墓	告诉于县→老人取证→李氏谢罪
15.	嘉靖二年二月	碜坑口盛氏	妨害扫墓	告诉于府→给县以批示→里长调停
16.	嘉靖二年八月	某所胡氏	毁损祈雨神舆	告诉于县→赔偿神舆费
17.	嘉靖三年八月	长丰朱氏	侵占坟墓	参见第三节
18.	嘉靖五年八月	碜坑口盛氏	侵占坟墓	告诉于县→恢复原状
19.	嘉靖六年二月	兴福社	祈雨祭祀矛盾	告诉于县→分开联合祭祀
20.	嘉靖七年二月	三十二都王氏	不明	告诉于县→和解
21.	嘉靖八年八月	浯潭江氏	强行在后山侵葬	生员等调停
22.	嘉靖八年八月	浯潭江氏	企图强夺林木	诉于里佐→生员等调停
23.	嘉靖十八年二月	山村李氏	祈雨祭祀问题	告诉于县→?

续　表

序号	社日	纠纷对象	纠纷内容	纠纷处理过程
24.	嘉靖十八年八月	浯潭江氏	强伐后山树木	告诉于府→上诉于御史→和解、赔偿
25.	嘉靖二十一年八月	上坦李氏	不履行债务	对质于县法庭→履行债务
26.	嘉靖二十六年二月	山村李氏	祭祀演剧后的狼藉	诉于里佐→和解、赔偿
27.	嘉靖二十九年七月	山村李氏	债务、人命事件	被诬告者之母投水→调停后和解
28.	嘉靖二十九年七月	土坑洪氏、李坑口某氏	争夺族人之女	洪氏掠夺女子→告诉于府→?
29.	嘉靖二十九年七月	浯潭江氏	盗走渡筏	派人搜回
30.	嘉靖三十一年二月	山村李氏	毁损祭器、伤害致死	告诉于县→流放下手人至辽东
31.	嘉靖三十六年二月	柘坑吴氏	侵占坟墓	告诉于官→恢复原状
32.	万历七年	上坦李氏	争夺坟路	告诉于官→典史取证→修正边界

首先是关于纠纷发生的时间。正统十二年(1447)至成化二十二年(1486)的40年间，没有茗洲吴氏为当事人的纠纷记载。成化末年至弘治年间，纠纷件数逐渐增加，16世纪初至中叶则急速增长。特别是正德十年(1515)至嘉靖八年(1529)，14年间有16件，每年都有1件以上的纠纷发生，嘉靖二年(1523)、二十九年(1550)各记有3件纠纷。之后，件数骤减，嘉靖三十七年(1558)以后的26年间仅记有1件。即使考虑到《社会记》中没有记录的纠纷，也可以确认，吴氏作为一个整体与周边他族之间发生的纠纷，自15世纪末起开始增加，嘉靖初年达到顶点，16世纪前半期激化。

其次是纠纷内容。坟地侵占和侵葬、墓林盗伐和损伤等与坟墓相关的纠纷有13例(2—5、10、13—15、17、18、21、31、32)。清明节族人集合祭祀祖墓等风习，成为宋代以降宗族组织发达的重要契机，[①]徽州地区这一习俗很早便开始流行起来。除茗洲村附近外，吴氏还拥有三十二都的渔梁坑等祖墓，旁边有负责看守坟地的佃仆的住地。[②] 这样的坟墓容易与相邻的其他宗族发生纠纷，尤其是采伐墓林明显地破坏风水，所以屡屡引发纠纷。[③] 此外，围绕后山、前山、朝山等村落周边的山林强伐和盗伐的纠纷也有 7 例（1、6、7、10、21、22、24）。如前所述，徽州山区用于商品生产的山林资源价值极高，但类似山地中却有坟墓，有时树木的采伐会损害村落整体的地气，从而破坏风水。

强刈稻田等田地纠纷有 4 例（8、9、11、12）。这些纠纷均是与其接壤的隶属祁门县的田地之间发生的，特别值得关注的是正德十三年（1518）的事例（11）：

> 佃水村后塘田者邵丐乞，逋负田租不输，族兄珊白之祁尹刘，逮丐乞，偿租银一两七钱，仍笞之，锾银一两，别召佃种。

吴氏向知县起诉佃户抗租，佃户受笞刑后支付租银和赔偿金，并被剥夺租佃权。三木聪认为，明末以降，各地地方官针对佃户的抗租行为，适用“不应为”律，加以笞杖刑[④]，但事实上，明代中期徽州也有同样状况。此外，围绕祈宁社单独或与周边之社共同祈雨、胡戏祭神等的祭祀相关纠

---

① 伊佩霞：《氏族组织发展的早期阶段》，《中国近世的宗族组织，1000—1940 年》第 20—29 页（Patricia Buckley Ebrey, “The Early Stages in the Development of Descent Group Organization,” in *Kinship Organization in Late Imperial China*：*1000 -1940*，pp. 20 - 29）。

② 《家记》卷九《墓域记》、卷一二《杂记》之《纬册归户》《二门合约》等。参照铃木博之前述《明代徽州府的族产与户名》第 6—7、21—22 页。

③ 关于徽州的墓地风水，可参照叶显恩前述《明清徽州农村社会与佃仆制》第 216—221 页。关于村落风水，何晓昕《风水深源——中国风水历史与实际》（三浦国雄监译、宫崎顺子译，人文书院，1995 年）也介绍了许多徽州事例，颇具参考价值。

④ 三木聪：《抗租与法、审判——围绕雍正五年（1727）〈抗租禁止条例〉》（《北海道大学文学部纪要》37 卷 1 号，1988 年）第 227—249 页。此时，也许据《大明律》之《刑律・杂犯》，作为“不应为”条事理较轻者，适用笞四十的处罚。

纷也有 5 例(16、19、23、26、30)。吴氏与他族通婚(6、28)、催收债务(25、27)的相关纠纷也各有 2 例。总之,《社会记》所记载的纠纷,可以说与山间经营型地主吴氏的坟墓、山林、田地的经营以及祭祀活动、婚姻、钱债等全部活动相关联。①

以上纠纷大多属于户婚田地等“琐事”,其中也有火耕时误烧墓林(3)或追赶山猿时损坏林木(5)等过失行为。但大部分肇始于民事利害对立,同时也经常伴随武力、暴力。

最多的案件是强伐墓林、山林和强刈田稻、侵占坟地等,也有许多像“浯潭江宗岳等,率无赖多人,于后山侵砍树木搬去”(1)那样,采取带领众人涌到现场的方式。也有率众人妨害吴氏的扫墓活动(15),在祈雨祭祀时发生矛盾、损毁来到门前的神舆(16、30)的事例。此外,还有为了与守寡的吴氏之女结婚,在其归里途中埋伏,掳走其女儿的事件。滋贺秀三根据清末台湾的淡新档案指出,尽管是民事纠纷,却常伴有结党、使用暴力和武力行为,于是,刑事、民事案件的区分就相当困难,②《社会记》中的状况也如出一辙。

当然,对于这种行为,《大明律》规定有笞杖等刑罚,③但即使在向地方官提起诉讼的纠纷中,除人命案件外,明确记载执行何种刑罚的,也仅有一件上述佃户抗租相关诉讼,其他诉讼大都通过恢复原状和确定边界、赔偿损害等予以解决。滋贺秀三指出清代州县官审判中对笞杖以下

① 据卞利《明中叶以来徽州争讼和民俗健讼问题探论》(《明史研究》三辑,1993 年),明代后期以降的徽州,尤其是土地、山林、风水、坟地、水利问题、婚姻、继承、佃仆与主家之争等方面的诉讼较多(第 77—82 页)。《社会记》中未见水利方面的纠纷,可能是因为茗洲村附近为山地,没有横亘数村的大规模水利施设。此外,佃仆纠纷中,有佃仆盗卖田地(9)或佃仆不履行债务及意外死亡(27)等。

② 滋贺秀三:《关于清代州县衙门诉讼的若干感想——以淡新档案为史料》,《法制史研究》37 卷,1987 年,第 37—43 页。

③ 例如,采伐他人的树木或损坏他人的器物时,依据《户律·田宅·弃毁器物稼穑等》条,盗取、强夺田野谷物或采伐后的树木等,依据《刑律·贼盗·盗田野谷麦》条,二者均根据赃额以盗窃罪处罚。此外,破坏他人的坟墓石碑等时,据《弃毁器物稼穑等》条,应该杖八十;将坟墓削为平地时,则据《刑律·贼盗·发塚》条,应杖一百;在他人坟墓内盗葬,据《发塚》条,亦杖八十。强夺良家妻女为妻妾时,据《户律·婚姻·强占良家妻女》条,应处绞罪,但事例(28)的结果不明。

的“州县自理案”缺乏严密的拟律，州县官一般根据判断酌情处以体罚。①在《社会记》的审判事例中，这种酌情处理的特点也可窥其一斑。

二、宗族对立与械斗

《社会记》中所记载的纠纷，多发生于吴氏与周边村落其他宗族之间。据嘉靖《徽州府志》卷一《舆地志·厢隅坊都》等所记载的县内各都村落名称，可将这些宗族的地域分布整理成下表。地域确定的 26 例纠纷中，16 例发生于休宁县虞芮乡的三十、三十二、三十三都（其中 11 例发生于茗洲村所属的三十三都），10 例发生在祁门县。因此，可以说大部分纠纷发生在以茗洲村为中心的有限范围内。

吴氏纠纷对象一览表

三十都	长丰朱氏 17	1 例
三十二都	汪氏 3、4、5　其他 20	4 例
三十三都	山村李氏 7、13、14、23、26、27、30 磅坑口盛氏 15、18　其他 2、10	11 例
祁门县	浯潭江氏 1、21、22、24、29 土坑胡氏 8、9、12　其他 11、28	10 例
不明	上坦李氏 25、32　其他 6、16、19、31	6 例

吴氏与他族之间的纠纷，总是围绕某一特定问题反复多次。弘治年间因渔梁坑墓林，吴氏与三十二都江氏产生纠纷。正德年间至嘉靖初

① 滋贺秀三《清代中国的法与审判》（创文社，1984 年。尤其是第四章《民事法源的概括性探讨——情、法、理》）、《中国法文化的考察——通过诉讼的形态》（《东西法文化》，法哲学年报 1986 年度》）等。滋贺秀三重视清代州县官在民事纠纷的“听讼”中，并非十分具备判决的确定力量，而带有类似于调解的性质。相反，黄宗智《清代的法律、社会与文化：民法的表达与实践》（Philip C. C. Huang, *Civil Justice in China: Representation and Practice in the Qing*, Stanford University Press, 1996）则认为，清代的州县官审判，是基于成文法或以此为根据的积极原理的“审判”，没有调停性要素。寺田浩明《清代民事司法论中的“审判”与“调停”——兼评黄宗智近作》（《中国史学》五卷，1995 年）一文，通过比较分析这两种观点，探讨了清代民事司法研究的课题。利用《社会记》中片言只语的记载来探讨这一问题，是比较困难的。比较模糊的印象是，即使与清代相比，针对民事纠纷的法源相当缺乏的明代，地方官的诉讼处理的酌理处理性质，比清代更加明显。

年,吴氏又与土坑胡氏围绕强刈祁门县田地,与碜坑口盛氏围绕侵占同一处坟墓等,纠纷持续不断。件数众多、不断展开激烈争执的,是吴氏与茗洲邻村三十三都山村李氏、祁门县十东都浯潭江氏之间的纠纷。

吴氏与山村李氏的纠纷,主要纠缠在正德年间以后强行采伐前山松木(7)、盗买碜坑口祖墓(13)、损伤和侵占吴氏坟墓(14)、祈雨祭祀矛盾(23)等,但矛盾急剧激化开始于16世纪中期。

嘉靖二十六年(1547),吴氏在河原搭建戏台,举行祭祀戏剧(胡戏祭神)。但前来观赏的山村李氏族人30人,对于因下雨而中止演戏的行为感到愤怒,抢夺戏台上的物品,并在逃走时截断河桥。吴氏将此事投诉于四、六、八图的"里佐"①,最后李氏谢罪赔偿(26)。接着在嘉靖二十九年(1550),被吴氏族人追还债务的仆人因事身死,李氏教唆其女婿以人命事件为由诬告。被诬告的吴氏族人之母愤懑至极,乃与两个孙女一起投水自杀(27)。到三十一年(1552),吴氏族人因祈雨祭祀路过山村时,李氏族人毁坏祭器,双方发生混战,一名吴氏族人死亡。吴氏将此事诉于县,但其间李氏族人在拘留中患病死亡,族众"为文设奠",以彰其义。之后,李氏经中间人要求减刑,最后杀人犯被发配至辽东,纠纷得以解决(30)。

吴氏与浯潭江氏的争夺对象是茗洲村的后山。早在成化二十三年(1487),江氏率众多流氓盗伐林木。吴氏诉之于府,最后划定边界,双方达成和解(1),其后一段时间曾平安无事,但在嘉靖八年(1529),"浯潭江氏,于清明之日,至我后山葬柩,集百人剑挺至门上。族子弟亦都肆以

① "里佐"可能是指里甲制下的某种职役,管见所及,《家记》以外未见用例,其语义不明。例如,《社会记》嘉靖二十四年八月条:"吴汝立当里役。会县派给官银百两、买谷使输半流仓。助费四十二两、里佐重困。"充当当年里役的族人,被勒令从县收买谷物,然后转嫁费用不足部分,"里佐"苦于这种负担。从此可以认为,"里佐"乃是指当年甲首(或当年里长与甲首)。但成书于成化年间的丘濬《大学衍义补》卷三一《制国用·傅算之籍》中有:"凡一里之中,惟清理军匠,质证争讼,根补逃亡,挨究事由,则通用排年里长焉。"可见诉讼处理之际,排年里长也通用,所以,《社会记》所记载的"里佐",也可能指排年里长(或现年里长与排年里长)。

待。会孚溪李质先、王源谢文学镇为讲解”。江氏企图强行埋葬，集结数百名带剑族人，吴氏也集合族人，双方械斗一触即发(21)。此时，祁门王源村生员谢镇等从中调停，事态得以平息。六月，江氏又集合众人拥至后山，抢走采伐中的林木，与迎击的吴氏发生混战。江氏有一族人横死，最后经谢镇等人调停，达成和解(22)。此外，在嘉靖十八年(1539)，江氏又率多人，强行采伐后山两株银杏。吴氏诉之于府，由黟县主簿负责调查，吴氏没有胜诉，进而又上诉于御史。经反复取证，最后江氏屈服，通过亲朋调停，谢罪赔偿(24)。

诸如此类，吴氏与江氏、李氏之间的纠纷，往往伴随着族众参与的混战和械斗、伤害致死、投水等大规模粗暴行为，尤其是吴氏与江氏之间的纠纷，具有相当明显的械斗特征。这种纠纷在16世纪以后逐步增多，特别在嘉靖年间尤为显著。可见，在明代后期整体乡村秩序的混乱中，宗族对立也日益严重。

明末天启年间，休宁县士人和官僚辈出，于是编纂《新安休宁名族志》，其中收录了本县在地方上有名望的“名族”系谱，茗洲吴氏也被收录其中。不过，《社会记》中出现的其他宗族，大部分未被收录。他们大都与官位和士人身份无缘，是当地土豪性质的同族。在16世纪的乡村社会中，在“名族”背后，这种无名同族之间的争执不断。

茗洲吴氏在与江氏的纠纷中，也因混战造成过人员死亡，但经生员等人调停得以解决，反而强行采伐二株银杏的事被上诉至御史。总之，《社会记》中并非表现为，若是户婚田地等纠纷，则委托里甲组织和民间调停处理，若有伤害和人命事件则诉之于官，也就是说，二者之间并无明显的区分。明初《教民榜文》禁止户婚田地等纠纷不经老人和里长而直接诉之于官的规定，在这里几乎成为一纸空文。

三、围绕纠纷处理的社会关系

《社会记》所收录的32例纠纷中，25例是起诉至县、府后得到裁决的,7例是纠纷规模大且不待向官府起诉便在乡村层面得到解决的,此类数量并不多。其中,2例(3、5)是当事双方通过谈判订立文约解决的,1例(21)由仲裁者介入而达成和解。此外,吴氏首先诉之于"里佐",接着经调停达成和解的有2例(7、22),1例(26)为三个里的"里佐"会同解决。首先诉之于里长,接着向官方起诉的纠纷也有2例(4、6)。

在向官方提起的诉讼中,也有经地方官审判而得到解决的事例(1、11、17等),更多是在诉讼期间经里长、亲戚朋友调停达成和解,也有里长、老人实地取证后进行调停的事例(2、14)。和解时,除订立合同和文约等文书、确定边界、禁止侵害(1、2、5)外,还在墓前供奉礼物进行谢罪(备礼醮谢)(14),也有屠宰猪、羊供奉(椎豕羊谢)(24、25)的情况。此类诉讼处理的具体事例,如正德六年(1511)事例(6):

> 正月十四日,泉源谢春求聘族兄瑢女,不允。率无赖廿四人,伐我朝山松木十余株。立夜,复偷族父玄赐借坑池鱼。族人以牒白于里之长……族以吴廷宪名告县,复赴府告,谢亦告府。送郡理张鞠,谢急私恳土坑胡庠生旻、旸源谢庠生滋为居间,偿我鱼价银一两,赎锾银一两四钱纸张银八钱。

泉源谢春向吴氏求婚遭到拒绝,遂率流氓采伐山林、盗捕池鱼。吴氏先诉之于里长,之后自县向府上诉,府派遣推官后,谢春尽快通过二名生员为中介请求和解,支付赔偿金和诉讼费用。正如上一章所述,在《社会记》中,围绕茗洲吴氏,地方官审判与民间调停以里甲组织为关键,作为一个整体形成了纠纷处理框架。"以牒白于里之长",说明向里长起诉,应该也是通过提交诉状进行的。

人们一般认为,在里甲制发生动摇的16世纪,在解决纠纷方面,里长们的作用依然较大。茗洲吴氏也曾作为里长户,多次负责处理纠纷。①明初句容知县吴永昌之妻谢孺人(1352—1437)有如下逸闻,显示了15

① 《社会记》天顺六年二月、弘治四年八月、弘治六年八月条。

世纪前半期里长户的地位：

> （永昌死后）门庭多艰，皆自综理擘画。子希敬甫成童，教之有常业，中外截然，甚设给事。里役十户连于一甲，甲之下有倔强者，孺人召之庭下，理谕之，无不柔服。①

当时，谢孺人家为里长户，一里有十个甲首户，可能也包括其他宗族。据说甲首户中若有倨傲者，孺人就唤之于庭下，以理教诲，使之服膺。明代前期的里长户，与甲首户相比，具有优越的社会地位。② 明代后期以降，在广东、福建等地，里甲制通过加深与宗族组织的结合，在乡村社会中继续发挥着重要作用。③ 徽州的情况可能与此相同。

与此不同的是，《社会记》中各里老人不受重视，仅仅在两个事例（2、14）中担任实地取证和调查的角色而已。也有如后述事例（17）那样，老人实际上是在参与此事的，但总体上 16 世纪以后，可以说里长在纠纷处理中，比老人发挥了更加重要的作用。此外，在明代前半期的长江三角洲，粮长经常负责乡村中的“排难解纷”工作，④但《社会记》中没有粮长处理纠纷的事例。这可能是因为，在生产力水平低于长江三角洲的徽州，秋粮每一万石设置一区，作为粮长设置单位的区的数量很少，地缘条件不足。

关于亲朋等民间调停，王源（旸源）的谢滋（6）、谢镇（21、22）和土坑的胡旻（6）等生员阶层的作用值得关注。尤其是祁门县十西都王源村的谢氏，如第三章所述，是出了许多士人和官僚的当地名族，自永昌谢孺人

---

① 《家记》卷六《家传记》，谢孺人项。

② 安野省三《明末清初长江中游大土地所有相关问题的考察——以湖北汉川县萧尧寀为中心》（《东洋学报》44 卷 3 号，1961 年）、小山正明《明代的粮长——尤以前半期长江三角洲地带为中心》（初发表于 1969 年，后收入《明清社会经济史研究》，东京大学出版会，1992 年）。

③ 片山刚《清代广东省三角洲的图甲制——税粮、户籍、同族》（《东洋学报》63 卷 3、4 号，1982 年）、刘志伟《明清珠江三角洲地区里甲制中“户”的衍变》（《中山大学学报（哲学社会科学版）》1988 年 3 期）、郑振满《明清福建的里甲户籍与家族组织》（《中国社会经济史研究》1989 年 2 期）。

④ 小山正明前述《明代的粮长》第 216—218 页。

以来,与茗洲吴氏有着密切的姻戚关系。[1] 特别是茗洲附近这样的山区,生员数量少,与江南等地相比,生员在乡村社会中的威望相当高,成化六年(1470)成为生员的吴聪的传记中有如下记述:

> 入郡庠为员,明年都试食廪饩。是时补为员者少,里之见为员者如大官。而公魁梧为豪举,出则驾大舆,家人又以骑随,递舆递马。里之事辄先白文学公,献馈而后为剖之。一时倨侈若此。[2]

吴聪被里中诸人视为高官,出行坐大轿,家人骑马随从。里内若有大事,人们首先向他请示,准备礼物,委托其裁断。从吴聪的这些行为中可以看出,他也是以同族为背景的土豪性质的当地有势力者。生员阶层的"排难解纷",是在作为士人的名望基础上,以当地实力为背景进行的。

第三节 纠纷与同族统合的展开

一、嘉靖初年茗洲吴氏与长丰朱氏的坟地争讼案

与茗洲吴氏相关的最大规模纠纷之一,便是嘉靖二至三年(1523—1524)与长丰朱氏之间围绕江潭坟地的诉讼。《社会记》仅有嘉靖三年八月"龙江监察御史辅公墓,被长丰朱氏侵没,龙江合我族及诸族告复之"一段文字记载。但《家记》卷一二《杂记》中,收录了有关这一诉讼的记载和系列文书:

A. "龙江诸族合剂约"(嘉靖三年五月二十日):在吴氏与朱氏诉讼过程中,龙江吴氏各派共立的义约。

B. "竹溪逸人记"(嘉靖三年八月):记录茗洲派族人吴槐与朱氏之间诉讼始末。

---

① 《家记》卷五《登名策记》。

② 《家记》卷六《家传记》,嘉兴公项。此外,关于清代徽州生员参与的纠纷处理,可参照涩谷裕子《清代徽州农村社会中的生员共同体》(《史学》64 卷 3、4 号,1995 年)第 107—109 页。

C. “又记”(嘉靖四年二月):记录坟地收复后,复兴始迁祖宗祠的经过。

D. “辅公荆山墓域记事”:收录与吴氏、朱氏诉讼相关的以下系列文书:

(1) 吴氏向休宁县提交告状“地豪发掘御葬官坟打毁翁仲石兽碑记欺法冤民事”。

(2) 朱氏向休宁县提交诉状“被惯骗豪恶结拘驾捏虚词诬害良善事”。

(3) 吴氏向休宁县提交催告“地豪发掘御葬官坟打毁石人石兽缠害民究(冤)事”。

(4) 吴氏向徽州府提出告状“地豪违法毁殁御葬官坟谋夺风水生死含冤事”“地豪违法毁没官坟谋夺风水枉断屈情[事]”。

(5) 徽州知府帖文“地豪违法毁殁御葬官坟谋夺风水枉断屈情事”。

(6) 休宁县三十都民吴付仪供状、同图排年陈义、江克逊等人执结、同地知识罗师祥等人供状。

(7) 休宁县告示“崇明德以治教事”。

根据以上记载,龙江系吴氏与长丰朱氏之间坟地争讼案始末可归纳如下:龙江系吴氏出身的吴辅于南宋嘉定十三年(1220)中进士,官至监察御史,①死后被朝廷赐予石人、碑记等,葬于三十都江潭的荆山。之后随着吴氏各支分散居住,该坟逐渐疏于看护和祭祀。在明初丈量土地时,以吴德辉名义登记在鱼鳞册,实际上已完全荒废,近邻长丰朱氏②见此,欲谋侵占。

根据吴氏向休宁县提出的告状(1)可知,嘉靖二年十一月,“地恶”柯岩保、“富豪”朱俊等人“统集开化县石匠百余人,强将本家官坟发掘”,企图重葬。知悉此事的吴氏,首先投诉于三十都一、三图的里长,里长召集

① 弘治《徽州府志》卷八《人物二・宦业・宋》。《家记》卷三《吴氏先贤记》,监察公条。
② 长丰朱氏是明末以前产生过十几名士人和数名官僚的当地有势力宗族(《新安休宁名族志》卷三,长丰朱氏项)。

邻人，当场取证，保存被毁坏的石人和碑记等。江潭与桃源的吴氏号召其他分支收复坟墓，茗洲之外还召集和村、石坑、泥湖、渭桥的各支，汇总各自家谱，确认系谱。此时，大溪和流口的吴氏也集合而来，但因不是小婆的后裔，没有允许其参与。① 然后，吴氏各支向休宁县提起诉讼，要求知县拘捕审问朱氏等人，并派遣人员到现场进行调查取证。

吴氏诉讼被受理后，当事人被拘捕，但朱氏对此予以对抗，向县提出诉状(2)。据此诉状可知，朱氏之前从柯岩保处购买坟地，埋葬父兄，当年十一月，雇佣开化县石匠施工。但"惯骗豪恶"吴氏等"构集一帮光棍，不识姓名、一百余人，赶来坟所，逐散匠夫，强掘坟臂"。朱氏将此投诉于乡役，吴氏反而捏造告状，诬告朱氏。

如此一来，吴氏又提出催告，再次要求知县派遣人员进行审问、取证(3)。然而，知县终究没有派遣人员，而是命当地老人汪得亨调查当事者后提供供述。而且在没有拘捕乡役等人进行审问的情况下，知县认同朱氏的观点，拷问吴氏一方，强迫其服从。于是，吴氏又纠合歙县石岭支系，上诉至徽州府(4)。②

针对这一情况，朱氏也向知府递交诉状，在府中开庭审问，但双方互不妥协。于是，知府命绩溪县丞召集排年、里长、老人和邻人赴现场，调查取证坟地来历以及是否侵占等问题(5)。江潭、茗洲、桃源的吴氏又重新订立合同义约，以"词首"二人与"行事"四人为责任人，誓约各支分担诉讼费用，齐心协力收复坟地(A)。

县丞实地取证的结果，邻人、乡役等人呈上的供状和执结，均确认问

---

① 大溪吴氏是为躲避黄巢起义而移居苏州的吴氏分支，流口吴氏是以吴少微为始祖的县东南部的吴氏分支(《新安休宁名族志》卷三，各吴氏项)。另参照赫兹尔顿《父系和地方宗族的发展》第160—165页(Keith Hazelton, "Patrilines and the Development of Localized Lineages", pp. 160 - 165)。

② 徽州府治署置于歙县，此时茗洲等吴氏与歙县石岭吴氏的纠合，可能是为了应对被上诉至府的诉讼。关于这一点，上田信在针对拙作《围绕明代徽州一宗族的纠纷与同族统合》(《社会经济史学》62卷4号，1996年)的书评中有论及(《法制史研究》47卷，1998年，第307页)。感谢上田先生的赐教。

题坟地在“保簿”[①]上确实为吴氏官坟，而朱氏购买此地的说法没有事实根据(6)。此取证结果报告于知府，但《杂记》中没有收录知府判决书，可能是因为朱氏屈服，撤销控诉，而吴氏最终收回坟地。

发生这一诉讼的嘉靖二年，正值吴氏与周边诸族纠纷最集中的时期，除此之外，茗洲吴氏还有三起纠纷。茗洲吴氏自明代中期开始，通过商业活动、士人应试和任官，逐渐扩展其生活空间，但同时，特别是16世纪以降，吴氏与周边诸族之间的对立日益激化。[②] 与他族之间不间断的纠纷，反而促进了此前久已疏远的吴氏各支的重新统合。[③] 此外，“以家谱通会”的吴氏各支中，江潭、桃源、茗洲、和村、石坑诸支，均位于虞芮乡各都，渭桥、泥湖支则位于其东北部的吉阳乡。《社会记》中所记吴氏与他族之间的纠纷，多发生在虞芮乡及其周边地区。吴氏与他族的对立及同族的统合，均在以所属乡为中心的范围内展开。

在清代，受理诉状时，一般先由差役带令状(票)赴乡村，在当地乡约、地保等人的协助下进行实地取证，拘捕当事人、相关人员至官府。[④] 但在该诉讼中，知县没有派遣人员到现场，而是命当地的老人进行调查

① 在明代徽州，各里(图)之下设保，每保保管该保鱼鳞册“保簿”，是土地买卖、纠纷之际的证据材料。参照周绍泉《徽州文书的分类》(岸本美绪译注，《史潮》新32号，1993年)第77页。

② 铃木博之也在前述《明代徽州府的族产与户名》第9页中，论及吴氏与长丰朱氏的诉讼，指出：“同族相互角逐促成了同族统合，在强化管理祭田(墓田)的同时，也使祭祀组织化。”

③ 但正如上田信在前述书评中指出的那样，茗洲吴氏与吴辅的谱系关系未必明确，与长丰朱氏诉讼之际结集起来的吴姓各支，未必事实上一定是同族关系。可能是因为吴氏各支的族谱中，均以小婺为迁往徽州的始迁祖，所以他们互认为同族。明末同姓宗族诸人，并不在乎事实上的谱系关系，联结族谱上的谱系而互认为同族的“通谱”十分流行，吴氏各支的统合，事实上也可能赖于这种“通谱”。

④ 滋贺秀三前述《关于清代州县衙门诉讼的若干感想》、黄宗智《清代的法律、社会与文化：民法的表达与实践》第5章《介于民间调解与官方审判之间：清代纠纷处理的第三领域》(Philip C. C. Huang, *Civil Justice in China*, Chapter 5, “Between Informal Mediation and Formal Adjudication: The Third Realm of Qing Justice”)等。

取证、提取供述[1],最终吴氏向知府上诉,才派其他县的县丞来查证和审讯。如第四章所详述,明代前、中期多由里长和老人进行诉讼的实地取证,而且拘捕诉讼当事人、相关人员至法庭等,一般也作为"勾摄公事"被视为里长和老人的职务。[2] 但到了16世纪,地方官派差役和官员下乡村的必要性逐渐增加。吴氏与朱氏之间的诉讼经过,也反映了这一过渡时期状况的一个侧面。

二、同族统合与族约的制定

龙江系吴氏经宋元时代逐渐分支开来,以率水中游流域为中心,形成几个分支。但到了明代,各分支逐渐疏远,"宗里处同秦越,亲族视若途人"[3]。明代前半期各支的生活空间局限在自己村落为中心的狭小范围内,因此,即使是同住在虞芮乡的分支之间,也没有联络和统合的必要性。但与长丰朱氏的坟地争讼一事,促进了同族之间的重新统合。

吴氏在宋末已汇总各支,编成《统宗世谱》,但到明代时,休宁县内诸支原来保有的《统宗世谱》已散佚无存。因此,嘉靖二年吴氏与长丰朱氏之间发生诉讼时,各支便汇集各自家谱,确认系谱关系。茗洲分支族人、著名"处士"吴槐,于翌年踏访婺源县诸支系,调查世谱,因遗漏、错误较多,他重新加以校订,编成《吴氏统宗家系谱》。[4]

传说吴氏始迁祖小婆,在龙江被黄巢起义军杀而不倒,吓退了盗贼,众人皆以为其灵验显现,因此,村人在其死后,于当地龙山修建祠堂,进行祭奠。南宋淳祐年间,吴梦龙向朝廷乞赐"常清宫"匾额,以此作为宗

---

① 如第四章所论,在明代中期前后的徽州,以"值亭老人"等形式让老人代为审理诉讼并取得供述的做法,广泛存在。

② 岩井茂树:《徭役与财政之间——为了中国税、役制度的历史性理解》(三),《经济经营论丛(京都产业大学)》29卷2号,1994年,第12—33页。

③《家记》卷七《祠述记·告族立祠书》。

④《家记》卷一《谱序汇记·(廿六世孙槐)又序吴氏统宗家系谱》。该文系年为正德壬申(七年)秋季月,但从其内容来看,书写于嘉靖三年吴氏与长丰朱氏的诉讼之后,疑误。

祠，建成百余栋祠宇，招募道士，置祀田百余亩。① 当时龙江系吴氏中，江潭、渭桥、和村等分支出过多名进士和官僚，是当地屈指可数的名族，因此能够设立如此大规模的宗祠和族产。但进入明代后，各分支逐渐疏远，也基本上没有出过士人和官僚，龙山宗祠也“祀业不常，以致祀屋及神主、碑位损废”。

在吴氏与朱氏的坟地争讼案得到解决的翌年，即嘉靖四年（1525）三月，吴槐致信吴氏诸支，呼吁复兴之前荒废的小婆以下坟墓和龙山宗祠。② 各分支积极响应，以茗洲支系为中心，江潭、桃源、渭桥、和镇（和村）以及歙县的石岭诸支订立“合同宗约”，誓约振兴宗祠，收回被侵占的祭田。③ 七月，诸支再次会同，为修建宗祠募集银两，订立《宗祠规约》，并决定每年正月、清明节，诸支分别派出数人，到宗祠与祖墓祭祀。④ 十二月，茗洲支系祠堂中供奉的小婆等神主，被移至常清宫旁边。翌年春，向府、县申请领受宗祠与各处祖墓的执照（证书），三月，重新落成龙山的宗祠和小婆的坟墓。⑤

可见，龙江系吴氏在嘉靖初数年间，与诸支系共同收回祖墓，同时统合各支，编纂族谱，祭祀共同的始祖，复兴宗祠与祭田。如前所述，至明代中期，茗洲吴氏作为具备族谱与祠堂、族产的“地域宗族”（local lineage）的形态已基本完备，到了16世纪前半期又统合周边诸支系，形成所谓“高位宗族”（higher－ordered lineage）。

16世纪以降，尤其在华中、华南各地，以士人和官僚阶层为主导，通过编纂族谱、修建祠堂、设置族产，宗族组织逐渐形成。同时，通过编纂

---

①《家记》卷七《祠述记》之《上状草誊》《合同草誊》、卷一二《杂记·（竹溪逸人）又记》。

② 同上书，《祠述记·告族立祠书》。

③ 同上书，《祠述记·合同草誊》。

④ 同上书，《祠述记·宗祠规约》。关于祭祀规定，参照铃木博之前述《明代宗祠的形成》第28、29页。

⑤《家记》卷一二《杂记·（竹溪逸人）又记》。

统宗谱和修建大宗祠,出现了同族集团统合的"高位宗族"。① 据臼井佐知子研究,徽州宗族族谱和宗祠的确立,在商业活动活跃化和地理、社会的流动性增加的情况下,具有扩展族人网络、形成信息收集据点的意义。② 茗洲吴氏商业活动的展开和士人阶层的增加,对于扩展族人的生活世界、加强与周边同族的联络和协作,无疑起到了促进作用。当然,毋庸讳言,在吴氏与周边宗族的对立和纠纷激化的情况下,各地的同族支派有合力对抗的必要。

作为龙江系吴氏统合核心而非常活跃的吴槐,同时开始调整茗洲吴氏的宗族组织。正德年间以他为中心编成《茗洲吴氏族谱》,他又与吴聪一起,整饬祠堂敦化堂的族产。此外,在复兴龙山小婆的宗祠时,吴槐还编成汇集茗洲支系祭祀规定和族规的《家典》。该《家典》的编纂,因翌年吴槐去世而中止,万历初年,其子吴子玉等人试图重新编纂,将其以《家典记》为名收录于《茗洲吴氏家记》卷七。

这部《家典》首先收录敦化堂各种各样的祭祀规定,其次是宗族规约"条约",最后记录了敦化堂基金的运营和厅宇什器的管理等。关于祭祀,对元日、三元、年末等岁时祭祀和清明节扫墓、冠婚葬祭等仪式予以规定③,其中元旦祭祀礼仪如下:

> 是日,族男子吉服登堂上,礼拜天地,次登祠楼,谒祖考,毕,复至堂上。……以次行拜礼,毕,则序坐,推族彦,奉圣谕、族约,宣示族属,以与之更始。中有不遵条约、纵恶不改者,是日父老面叱戒,

---

① 上田信《地域与宗族——浙江省山间部》(《东洋文化研究所纪要》94 册,1984 年)、井上彻《中国的宗族与国家礼制》(研文出版,1999 年)等。关于明代后期的宗祠形成,参照铃木博之前述《明代宗祠的形成》;关于宗祠形成在明朝礼制上的地位,参照井上彻《夏言的提案——明代嘉靖年间家庙制度改革》(初发表于 1997 年,收入井上前述书)。

② 臼井佐知子:《徽州商人及其网络》,《中国——社会与文化》6 号,1991 年,第 45—49 页。田仲一成也论及龙江系吴氏的宗祠建设等问题,指出:商业活动的展开"为获得更广泛的地域基础和商业交易网络,即使作为促使相邻同系分支的联合也发挥了作用"(前述《明代江南宗族的演剧统制》第 1411—1412 页)。

③ 详情参照铃木博之前述《明代宗祠的形成》第 26—28 页。

如三犯者,竟斥之,不许堂登,不得与会。如遇族中有大议,间有故意拗众绞群、无状不逊、恃强梗败坏例约者,罚[罚银二两入众箧]。族众于堂上,仍鸣鼓,群叱之。

其中规定,待礼仪结束后,应由宗族长老在族人面前讲解太祖的六谕与族约,“父老”训斥放纵不逊的族人。三次违犯的族人将被逐出宗祠,不允许参加祭祀,扰乱族内议事者课以罚银。

此处所谓“条约”(族约),首先为六谕,接着是“明尊卑”“别内外”以下的16条规约。族约整体上是以日常风俗习惯和礼仪规矩等相关规定为中心。例如族人和佃仆不能直接进入妇人的房间,而是立于门槛外对话(别内外)。族人集合时,禁止父立子坐、弟先于兄落座、小孩不穿内衣而出现于宾客面前(严坐立)。禁止妇人衣衫不整地坐在门前路上闲聊、男子或尊长来了却不让道、夸夸其谈诓骗尊长(敕妇德)。生日等时候,不得随意组织演戏、浪费钱财(戒靡费)等。

茗洲吴氏以往的风俗,体现出深山小村地主的朴素土气的作风。但16世纪初期开始,随着商业活动和士人仕途之路的展开和宗族组织的完备,出现与“衣冠之族”相符合的风俗习惯。另一方面,明初句容知县吴永昌与谢孺人的子孙,到吴槐一代,五房门下仅男子就增加到近30人,伴随着均分继承的田地细分化、商业活动的浮沉等,宗族内的阶层分化也难以避免。于是,16世纪时,有识之士均指出,长幼、尊卑等社会关系的秩序变动①,也波及徽州山区的宗族。“明尊卑”条有如下记载:

吾族一门,生聚颇蕃,然服属则戚。比来以幼犯长、以卑抗尊,甚至有反唇相稽、拳殴相加者。此与蛮夷鹿兽何异?今后有此者,众之罚,酌其情轻重以示罚。……倘有户婚田土事不得已,尊长不恤以至抱屈,亦当请禀族长以分曲直,亦得愤激,轻自犯逆。如族长

① 森正夫《明末社会关系中秩序的变动》(《名古屋大学文学部三十周年纪念论文集》,1979年)、《明末秩序变动再考》(《中国——社会与文化》10号,1995年)。

不能平决，然后听闻之官司可也。

其中规定，族人之间若有户婚、田地等纠纷，应先后由尊长、族长予以断处，之后才允许进行官司诉讼。吴槐针对族内尊卑、长幼等名分的混乱，一方面引入“礼”之伦理和礼仪，另一方面又尽可能地在族内解决族人间的纠纷和对立，以重建宗族秩序。尽管这种规约在何种程度上奏效还存在疑问，但这一族约已明确反映出通过“礼教”规范调整宗族组织，以求维持当地社会秩序的时代趋势。①

关于16世纪以降推动宗族结合发展的主要因素，上田信认为来源于与邻近宗族的竞争、当地水利问题等方面的对立。② 而井上彻则指出，家产的均分继承引发的田地分化、科举制度导致的维持官僚身份的困难是其主要原因。③ 就茗洲吴氏来说，可以认为随着地域开发的局限、生活世界的扩大、社会关系的多样化等的发展，上述两方面因素共同发挥了作用。明代中期以降，面对与周边宗族的激烈对立、土地的细分化以及族人的阶层分化，茗洲吴氏一方面通过调整宗族组织，一方面通过促进与其他分支的统合，力图克服这些困难。前者通过族人的合作，维持了宗族秩序，同时还具有防止族内对立、在与他族竞争时取得胜利的意义；后者通过与附近同族的集结来与周围的其他宗族对抗，同时扩展了商业活动等网络组织。“高位宗族”的形成与“地域宗族”的调整强化，以互补形态不断进步。

① 沟口雄三以“儒教民众化”来把握朱子学到阳明学的发展脉络，认为这是通过“礼”的宗族、乡党等网络的结合伦理而发挥作用(《中国近世的思想世界》，沟口雄三、伊东贵之、村田雄三郎《中国视座》，平凡社，1995年)。据他的研究，嘉靖年间阳明学的发展，可以从以往士大夫阶层承担的道学大众化向民间礼教的渗透这一脉络来把握(同书第89—97页)。徽州是传统上朱子学影响强烈的地域，但小岛毅认为，当时的朱子学者也具有基于礼教的宗族组织完善、当地秩序安定的理念(《张岳对阳明学的批判》，《东洋史研究》53卷1号，1994年，第89—93页)。吴槐的族约，在“礼教渗透”这一时代趋势中可以说占有重要地位。

② 上田信前述《地域与宗族》、《中国的地域社会与宗族——14—19世纪中国东南部事例》(世界史发问丛书4《社会结合》，岩波书店，1989年)、《传统中国——“盆地”“宗族”所见明清时代》(讲谈社，1995年)等。

③ 井上彻前述《中国的宗族与国家礼制》。另参照井上彻《1989年的历史学界——回顾与展望(明、清)》(《史学杂志》99编5号，1990年)第240—241页。

小结

明代中期以降，居住在徽州山区一个小村的茗洲吴氏，通过商品生产和商业活动，逐渐积聚财富，拓展其生活世界，成为当地名族。同时，茗洲吴氏与周围村落的宗族之间的对立和纠纷接连不断，在16世纪前半期达到高峰期。这些与其他宗族之间的纠纷，往往伴有使用武力和暴力行为，有时甚至引发械斗，致人死亡。

这种与他族之间连续不断的纠纷，成为扩大同族结合、强化宗族组织的重要契机。茗洲吴氏以嘉靖初年与长丰朱氏的坟地争讼为契机，重新统合了此前早已疏远的周边同姓集团，形成拥有族谱和宗祠、族产的"高位宗族"。而且在此前后，茗洲吴氏内部也通过宗祠和族谱的调整、祭祀活动的体系化以及族规的制定，使"地域宗族"秩序得以完备。16世纪以降，在华中、华南各地，宗族结合都在不断发展和扩大，茗洲吴氏事例较早且典型地反映了这一动态。

这种宗族间激烈对立和纠纷的背景究竟为何？弗里德曼等学者认为，促进福建、广东等地大规模"宗族"发展的主要原因，表现为当地边界地域的后发性、边境性。[①] 况且，防御山贼等外敌的必要性，促使宗族自备武力，这也与宗族之间的暴力冲突、械斗等相关联。国家控制力的衰弱，也促进了以相互扶助和自卫为目的的宗族结合，尤其在王朝混乱期，助长了这种倾向。与此不同的是，濑川昌久则认为，宗族间对立和纠纷的起因，是在一定程度上已开发的地域围绕有限资源的社会竞争的进一步激化。宗族组织通过科举和征税机构，与国家统治构成相互补充关系，对于大宗族来说，与国家的合作极其重要。[②]

---

① 弗里德曼前述《中国的宗族与社会》第143—147、212—214页等。参照濑川昌久前述《中国人的村落与宗族》213—219页。

② 濑川昌久前述《中国人的村落与宗族》第213—222页。

那么，《家记》所记载的明代中后期徽州情况又如何呢？徽州地域开发与人口增长，到南宋时期告一段落，在元末战乱中虽一度荒废，但明初再次恢复。15 世纪是人口与耕地呈大致平衡趋势的稳定时期，但到了 16 世纪，其开发达到顶点，人口压力增加。在开发相对较晚的周边山区，人口增加与土地不足问题也日益严重。① 茗洲吴氏与周围宗族的对立与纠纷，未必起源于边界环境。集约山地型地域开发已达到极限，围绕有限的资源展开的激烈竞争，是其发生的背景所在。

但另一方面，官府对乡村社会秩序的维持不充分，也是不可忽视的问题。明朝依赖里甲、老人制，来负责征税、处理纠纷和维持治安，官方权力多通过里甲组织在乡村中发挥作用。明代中后期以降，在整个社会流动与秩序变迁中，维持这种形式的乡村秩序，已非常困难。尤其在茗洲村之类远离县城的山区，更难以实现官府统治，因利害对立，容易发生各种武力冲突和暴力行为，这也与宗族间的冲突和械斗相关联。正因为官府的控制力不足，才需要宗族来补充官治，负责维持乡村秩序。

但考虑到明末社会变动因素，仅仅强调宗族组织的发达是片面的。在《社会记》所反映的时代，以明代前半期里甲组织为中心的乡村纠纷处理和秩序维持的框架，可以说正处于更加多样化、流动性的转变期。从这一时期开始，一方面地方官治更加直接地涉及乡村，但另一方面，各种社、会等民间组织也不断发展起来。此外，生员等士人和乡绅的影响力也逐步增强，里甲制与宗族组织的联系也逐渐加强，发挥了更大作用，与之互补的乡约、保甲制也逐渐实施。在这种多样性社会关系、社会集团的混沌角逐中，宗族结合也又开始展开和强化。

---

① 关于徽州人口与耕地面积的变动状况，可参照叶显恩前述《明清徽州农村社会与佃仆制》第 20—41页，宋汉理《中国地方史的变迁与延续》第 21、170—171 页（Harriet T. Zurndorfer, *Change and Continuity in Chinese Local History*, pp. 21,170 - 171）。

第六章　明代后期徽州乡村社会的纠纷处理

引言

本章以明代后半期的徽州文书为主要史料，探讨当时乡村社会中纠纷处理的实际情况。如本书序章所述，在清代法制史研究中，很早便开始通过律例、会典等基本法典和丰富的官箴、公牍，对州县的审判制度进行研究。[①] 尤其是日本的滋贺秀三等学者，充分利用大量判语史料，探究地方官处理民事诉讼的特点。[②] 最近，滋贺秀三、艾马克（Mark A. Allee）、黄宗智等学者，推进了淡新、巴县、宝坻等州县的原始文书诉讼档案研究，关于清代后期地方官的诉讼处理，包括法庭外差役、乡保等的作用，均有详细研究。[③]

---

① 代表性研究成果有：瞿同祖《清代中国地方政府》（Ch'u T ung—tsu，*Local Goverment in China under the Ch'ing*，Harverd University Press，1962）、那思陆《清代州县衙门审判制度》（文史哲出版社，1982 年）、郑秦《清代地方审判制度研究》（湖南教育出版社，1988 年）等。

② 滋贺秀三：《清代中国的法与审判》，创文社，1984 年。

③ 滋贺秀三《淡新档案的基础知识——诉讼案件所见文书类型》（《岛田正郎博士颂寿纪念论集　东洋法史探究》，汲古书院，1987 年）、《关于清代州县衙门诉讼的若干（转下页）

欲了解明清时期纠纷处理的整体情况，不仅要了解地方官审判，还应将民间进行的各种调停活动也纳入观察视野。即使向地方官起诉后，民间的调停活动也在活跃地进行，这种情况屡屡出现于上述地方档案研究。然而，未被起诉至地方官，而是通过民间调停或仲裁解决的纠纷，在地方官衙档案中当然不会有记载。黄宗智在有关清代民事纠纷处理的专著中，也认为"大部分清、民国时代的民事诉讼，始于乡村纠纷，在当地人或亲戚的调停不能奏效时，才会发展成诉讼案件，必须关注这种诉讼的开端。不巧的是，据我所知，由于缺少关于清代乡村纠纷的有用史料，必须根据民国时期的知识来填补这一空白"①，即根据 1920 年代以降日本的中国农村习惯调查资料来探讨这一问题。

但是，近年来正在整理和公开出版的明清时期徽州文书中②，除了各种诉讼文书，还包括了乡村纠纷处理方面的文约、合同等文书，可以描绘出包含众多民间调停在内的纠纷处理的整体面貌。③ 正如本书第三、四章通过文书史料探讨的那样，在明代前、中期的徽州乡村社会中，老人、里长与同族、"众议"及地方官审判互为补充，发挥了纠纷处理框架连接点的作用。明代后期留存有更多的文书史料，本章将对此进行深入研

（接上页）感想——以淡新档案为史料》（《法制史研究》37 卷，1987 年），艾马克《晚清中国的法律与社会：19 世纪的台湾北部》（Mark A. Allee, *Law and Local Society in Late Imperial China: Northern Taiwan in the Nineteenth Century*, Stanford University Press, 1994），黄宗智《清代的法律、社会与文化：民法的表达与实践》（Philip C. C. Huang, *Civil Justice in China: Representation and Practice in the Qing*, Stanford University Press, 1996）。

① 黄宗智：《清代的法律、社会与文化：民法的表达与实践》，第 4—5 页（Huang, *Civil Justice in China*, pp. 4 - 5）。

② 关于徽州文书研究沿革、现状，已在序章中详论，此外，臼井佐知子《徽州文书与徽州研究》（《明清时代史的基本问题》，中国史学基本问题 4，汲古书院，1997 年）也是总括性论文。

③ 关于明清徽州诉讼文书概要，可参照周绍泉《明清徽州诉讼案卷与明代地方审判》（第七届明史国际学术讨论会论文，1997 年）。卞利《明代徽州的民事纠纷与民事诉讼》（《历史研究》2000 年 1 期），也通过徽州文书论及明代的诉讼制度。此外，周绍泉《徽州文书所见明末清初的粮长、里长和老人》（《中国史研究》1998 年 1 期）也论及里长、老人等参与的纠纷处理，卞利《明清徽州民俗健讼初探》（《江淮论坛》1993 年 5 期》）也通过文献资料论述了明代后期以降的"健讼"风潮。

究，结合诸多具体事例，论述当时乡村社会纠纷处理类型及其与地方官审判二者之间的关系。

第一节　史料介绍

本章以嘉靖元年(1522)至南明弘光元年(1645)约120年间的徽州文书为主要史料。纠纷处理方面的文书，大致可分为官府发出(或向官方提出)的诉讼文书，和当事人书写的民间文书。前者包括向官府提出的告诉状和申请，官府所发帖文、牌、票等指令书，诉讼终结后由官府交付的证书(执照)和系列文书的抄件(抄招给帖)等，其中既有盖有官印的文书原件，也有手写的抄件(抄白)。

当事人书写的民间文书，不管是否向官府提起诉讼，都在纠纷终结时在当事人之间交换，其中许多向官府申请加印官印，但其本质是当事人之间书写的私人文书。这种文书多以一张一张的散件文书形式留存下来，地主抄录所有地的契约文书等汇总而成的誊契簿、置产簿等簿册文书中，也常常包含有此类文书。

民间文书又可大致分为当事人单方署名订立后交付对方的"契/约"类文书，和多名当事人联名订立、各自持有相同内容的"合同"类文书。①在纠纷处理方面的文书中，"契/约"类文书多为文约、戒约、还文约、甘罚约、限约等"约"(以下总称"文约")，常常是在立约人出现某种过错时订立的。与此不同的是，"合同"类文书有确定土地边界的清业合同、关于诉讼和解的和息合同等，"合同文约""合同约"在文书形式上也属于此类范畴。

为了全面地研究纠纷、诉讼处理制度，必须探讨上述诉讼文书、民间文书。但明代后期诉讼、民间文书数量庞大，很难在有限篇幅内网罗全

---

① 周绍泉:《明清徽州契约与合同异同研究》,《中国史学》三卷,1993年。

部资料。因此,本章选取文约、合同等民间文书为主要史料。这种文书研究有助于了解以往法制史研究中尚未十分明确的民间纠纷解决实际情况,对于诉于官府并成为诉讼事件的纠纷的调停活动,也提供了许多具体事例,还可以探明乡村社会中纠纷处理整体状况及其与地方官审判之间的关系。

本章探讨的文书收藏于以下四个部门,一般作为资料集影印或刊印文书,其余为笔者根据原始文书直接抄写、收集而来的。

(一)中国社会科学院历史研究所所藏文书

周绍泉、王钰欣主编《徽州千年契约文书》第一编"宋·元·明编"全20卷、第二编"清·民国编"全20卷(花山文艺出版社,1991年。以下分别略称《契约文书》、《契约文书》二编)所收文书。该书影印、出版了南宋至民国时期的徽州文书。本章除从第一编所收明代散件文书中收集了纠纷处理方面的文约、合同外,还从第一编所收明代簿册文书、第二编所收清代簿册文书中收集了同样的史料。引用时标注了编者所附标题和卷数、页数。

(二)北京大学图书馆所藏文书

张传玺主编《中国历代契约会编考释》下卷(北京大学出版社,1995年。以下略称《会编考释》)所收文书。该书将先秦至民国时期各种契约史料,以竖排简体字印刷并附有注释,下卷所收明代契约文书的大部分,属于北京大学图书馆所藏徽州文书。引用时标注了编者所附标题和连续编号。

(三)黄山市博物馆(原徽州地区博物馆)所藏文书

安徽省博物馆编《明清徽州社会经济资料丛编》第一集(中国社会科学出版社,1988年。以下略称《资料丛编》一集),以横排简体字收录文书。引用时标注了标题与页数。

(四)南京大学历史系资料室所藏文书

南京大学历史系将1960年代初从屯溪古籍书店购入的一系列徽州

文书作为“屯溪资料”收藏。笔者有幸于1996年6月、1997年9月两次调查、抄录了该资料室的文书。该资料室收藏的散件文书的大部分，根据内容进行大致分类，归纳为数十件，附注一个标题和整理序号；簿册文书与部分散件文书，每件均附一个标题和序号。引用时标注了这些标题和序号。

除上述史料外，中国各地的大学、图书馆、博物馆、档案馆等，收藏有相当数量未公开刊行的徽州文书。通过调查这些原始文书，可能会搜集到更多纠纷事例。此外，这些影印文书和原始文书中，除正体字外，还有略字、异体字、误字、假借字等混用现象。除多次出现的异体字外，笔者在原则上依据简体字予以录字。但明显的误字、借字在（　）内订正，脱字在[　]内补充，缺字及无法判读的字用□表示。文书标点基本上依据笔者的理解确定。

本章第二节将选取解决纠纷时所订立文约、合同中的代表性事例，将纠纷的调停、仲裁者分为(1)里长、老人；(2)乡约、保甲；(3)亲属、见证人三种类型，从而探讨解决纠纷的过程。第三节将论述纠纷发展为诉诸官的诉讼事件时，民间调停与地方官审判是如何互动的。第四节将在第二、三节的类型论述基础上，将文约、合同中出现的全部75例纠纷事例的概要制作成一览表，通过一定程度的定量分析，描摹出明代后期徽州乡村社会纠纷处理的整体面貌。

第二节　明代后期乡村社会纠纷处理类型

一、里长、坊长参与的纠纷处理

正如第三、四章所论述的那样，在明代前、中期的徽州乡村社会中，里长与老人一起，通过里内的纠纷解决、诉讼的实地取证和调停等，在纠纷、诉讼处理中发挥了重要作用。在里甲制日益动摇的明代后期的徽州文书中，里长参与纠纷处理的事例也并不少见，其中的代表性案例是嘉靖三十六年(1557)《祁门冯初保立还文约》①：

西都冯初保，原将次男冯德儿过房与房东谢彩，以为家仆，抚养成人。于上年背主逃出，于今年正月内，带妻子回家。是房东社右，状投本都六甲里长谢香处，取讨原礼银物。德[儿]无措处，凭父初保，托叔贞保，自倩(情)愿浼求敦本堂房东谢纷、谢纹、谢钟三大房，出备礼艮(银)，付还社右。其次男德儿妻子及日后子孙，永远应主无违，敦本堂三大房子孙使唤，不敢抵拒。今恐无凭，立此文约为照。

嘉靖卅六年十一月廿日立还　文约仆人冯初保十　同男冯德儿○

依口代书中见堂叔冯贞保○

十西都的冯初保，是租种当地有势力宗族谢氏田地并服各种劳役的"佃仆"。他此前将次子德儿卖给主家(房东)谢彩做家仆，但后来德儿带妻儿逃回父母家，主家"状投"于里长谢香，要求返还德儿卖身时向初保支付的财物。初保无奈，只好拜托敦本堂(谢氏祠堂)属下的三大房(谢氏三分支)筹措银两，作为补偿，誓约德儿将作为奴仆听从敦本堂下三大房的役使。

隆庆二年(1568)，徽州某县佃仆鲍佛祐盗伐了主家吴氏宗祠坟山的松木，吴氏"获赃投里(长)"，最后，鲍佛祐谢罪，服从处罚。② 此外，天启元年(1621)，某县毕大舜采伐邻居王国朗等人山林时，王国朗等"闻知状投"，毕大舜"托凭里邻(里长与邻人)处明，写立文约"，赔礼道歉。③ 可见，到明代后期，向里长申诉并非以口头形式，而是以"状投"即状纸形式。

当然，也有向地方官提出诉状后，仍经过里长继续调停的事例。例

① 《契约文书》卷二，第260页。《嘉靖三十六年祁门谢镗卖仆文约》(《契约文书》卷二，第261页)也是有关这一纠纷的文书。

② 《隆庆二年鲍佛祐因盗伐甘罚文约》，《契约文书》卷二，第410页。

③ 南京大学历史系资料室藏《明嘉靖—清宣统民间佃约》，藏号0000080。

如，万历三十七年(1609)徽州某县的承约文书中①有如下记载：

> 廿二都叶兴，今因语(误?)听洪贵砍斫山主王惟寿、惟□、惟慈、大勋等名下小鲲鱼坑松杉苗木数十余根。山主寻获验实，投托一二图里长，封木告县。自之(知?)理亏，自情愿托凭里中还立承约，前去长管。自今已后如有外人盗砍，即行报知。如不报之(知?)，山主寻出根桩，叶兴情愿见一赔十，并前罪认究。今恐无凭，立此为照。
>
> 万历卅七年八月十八日立承约人　　叶兴(押)　洪贵(押)
>
> 里长　陈本祯(押)　王之宋　中见人　王惟交

廿二都的叶兴负责看护王惟寿等人拥有的山林，却与洪贵一起盗伐了山内苗木。因此，王惟寿等人先申诉于一、二图的里长，之后又诉讼于县。于是，叶兴等人委托里长等进行调停，立此承约，誓约将盗伐的山林进行栽养，同时忠实地看守山林。

另外，万历九年(1581)，张居正进行全国范围的丈量工作，在徽州各都、各里设置公正(都正、图正)，监督都、图内的丈量工作，②这些都正、图正也曾涉及诉讼取证、调停诸事。休宁县一都的毕九礼与金晋，围绕宅基地和山地所有权问题，有长达数年的诉讼。于是，利用万历九年丈量土地的机会，奉地方官的命令，都、图正和里长、排年进行实地取证，两家确定了边界，最终达成和解。③

里长不仅仅解决纠纷，还参与乡村禁约的确定以及里内日常发生的纠纷的处理。例如，万历十四年(1586)，祁门县廿二都的王诠卿等人的山林，屡屡被村内外的人盗伐，因此诠卿等“请里邻为盟”，得到里长户等人署名

---

① 南京大学历史系资料室藏《万历四十六张》，藏号000079。

② 万历《休宁县志》卷七《艺文志·纪述·汪道昆〈经野记〉》。

③《万历十年休宁毕九礼等合同文书》，《契约文书》卷三，第87页。此外，《歙北江村济阳江氏族谱》(黄山市博物馆藏)卷三《世系·明处士自明公传》中有江自明[嘉靖十八年至万历三十八年(1539—1610)]的事迹：“自明公……天性孝友，才识超群。郡邑闻其名，檄为都保正，九都十五图皆属焉。给笞具，许便宜行事，乡里是非曲直，以公一言而定。”可见，都正从地方官处得到刑具，负责丈量土地和处理都内纠纷等。

订立的文约,议定禁止盗伐。[1] 此外,从崇祯八年(1635)《闵良海领回丢失牛字据》[2](书影5),也可以看出里长在乡村社会中所发挥的作用:

> 十七都一图立领人闵良海,今于本月十三夜走失耕牛壹条,不知去向。后牛为十八都一图地方所获,蒙本图
>
> 里保、族长见召,知系身牛。念身贫老,着人呼身,至本图祠屋,仝众给与前牛,感激无量,所领是实。
>
> 崇祯八年四月二十　　　　日立领人闵良海(押)
>
> 令男闵　化(押)
>
> 代笔吴　达(押)
>
> 中见吴　玺(押)
>
> 经里长胡学周(押)
>
> 甲长胡可立

十七都一图闵良海的耕牛不知去向,后来在十八都一图被发现。于是,里长、保甲、族长等在确认后将牛带回,在里之祠屋中交还给良海。处理这种日常事件时也要在里内交换文书,尤具深意的是,文书写到"里保、族长"时,也像向官府提出的诉状一样,另起一行抬头。

另一方面,万历初年绩溪知县陈嘉策,详述了里长擅自滥用职权、造成弊端的情况。[3] 据此可知,绩溪的里长"倚催办而额外多加,因勾摄而受词吓骗"等弊端丛生,他们往往雇用市井的地痞流氓,使之代役,身在乡村,却侵吞公款,私自受理诉状,中饱私囊。因此,陈嘉策禁止里长承包税粮征收(包揽)和收取定额外科派,在诉讼方面,里长"不过承批票勾摄而已",将其作用限定在接受地方官指示执行拘捕等范围内。他又认

---

① 《万历十四年祁门王诠卿等立禁伐文约》,《契约文书》卷三,第162页。

② 《契约文书》卷四,第387页。

③ 万历《绩溪县志》卷三《食货志·岁役·里甲之役·知县陈嘉策为申明里甲禁约以甦小民事》。

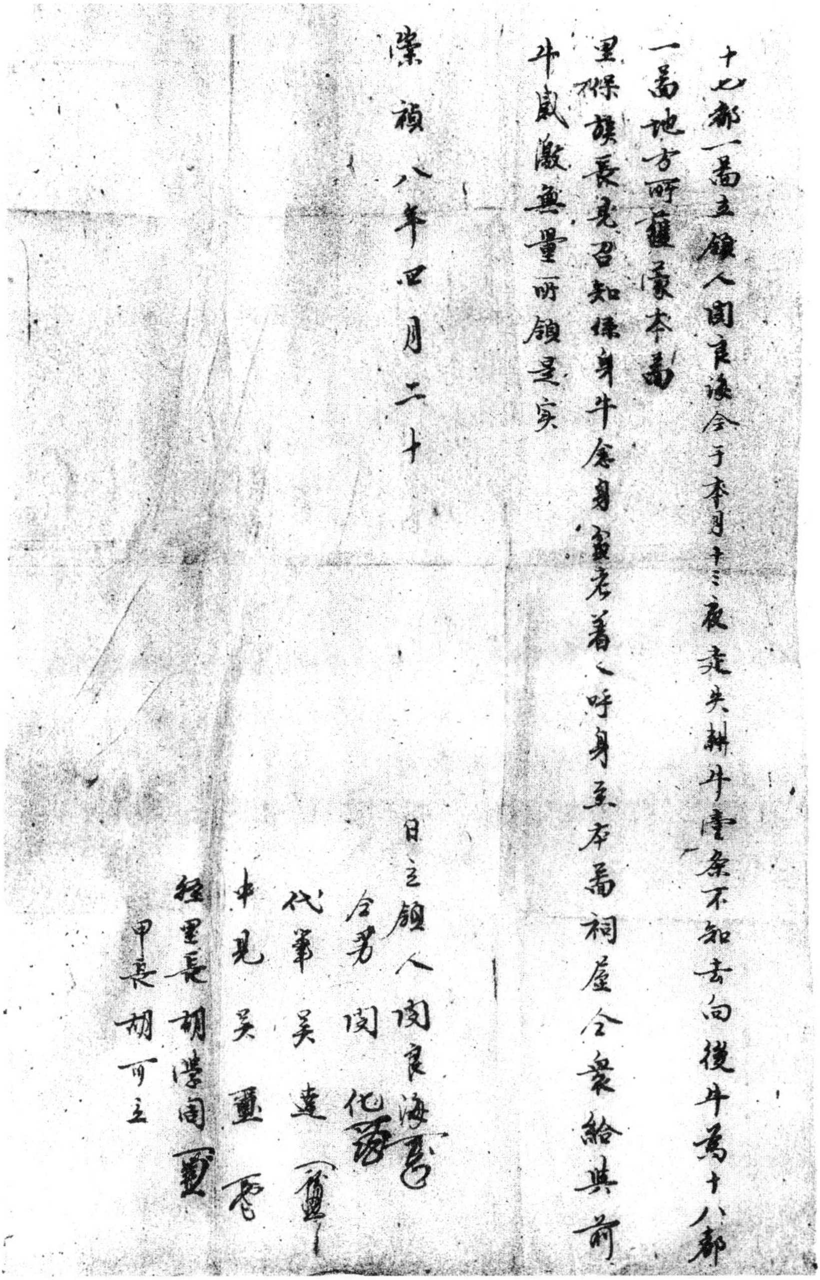
十七都一啚立領人閔良海今于本月十三夜走失耕牛壹条不知去向後牛爲十八都
一啚地方所獲蒙本啚
里保族長見召知係身牛念身窮苦着人呼身至本啚祠屋合衆給與前
牛感激無量所領是实
崇禎八年四月二十日立領人閔良海（押）
今男閔化（押）
代筆吳達（押）
中見吳（押）
經里長胡學閏（押）
甲長胡可立

书影 5　崇祯八年闵良海领回丢失牛字据

为“词讼不论事情大小,各不许接受投诉,武断转呈,以受贿私和等弊”,禁止里长接受诉状,或强行“转呈”给官府,贿赂后私下解决诉讼。但在实际生活中,相对于不断增加的诉讼,地方衙门的诉讼处理能力不足,里长介于其间受理诉讼、转呈诉状也在所难免。

在徽州,“徽郡山乡,里(长)户俱是承祖遗下”①,里内有势力宗族多相继继承里长户的地位,里甲组织本身往往也是以有势力宗族为基础构成的。例如,歙县江村大体上是由江氏组成的同姓村,“惟兹一祖三宗,居则不远。……由来同籍,世代仍沿故事,择一里长者,十年轮转,出应有司征赋。如汉时有分讼亭墠,为民解纷,不能而后,听邑长绳之以法”,在宗族组织基础上产生里长户,并在宗族组织下从事纠纷处理。在江村,因明末同族、村落内的诉讼和纠纷增加,里民在“仁里社”名义下誓约“以奉公好义为心,以解纷和光为事”。②

第四节所附一览表的 75 例纠纷事例中,里长参与 19 例(占总数的 25.3%)的纠纷解决。尤其是嘉靖年间 18 例中,里长参与 7 例的纠纷处理,约占四成,尽管此后比例逐渐下降,天启年间以后里长仍在近两成事例中进行调停和取证。总而言之,在明代后期的徽州,里甲制与保甲、乡约并存,仍是与宗族、村落相联结的基本乡村组织。

另外,在县城等城市地区,也常常由“坊长”等人处理纠纷。例如,休宁县人吴子玉曾评述万历年间知县王谣的政绩:“(王谣就任以前)市民有竞,多质之坊里,不诉于庭。……大夫君听狱如流,锥刀不入,不货不淹。而坊佐之所,无词牒之至”③,当时王谣广泛接受坊、里诉状,然后处理纠纷。关于这一点,有文书史料可以佐证,即《万历休宁苏氏抄契簿》

① 叶茂桂集刊《休宁县赋役官解条议全书》(天启五年序刊本,黄山市博物馆藏),抚院原呈《一定里甲帮贴之规》。

② 乾隆《橙阳散志》卷一四《艺文·序文·仁里社序(天启元年)》。关于江村江氏,可参照铃木博之《清代徽州府的宗族与村落——歙县江村》(《史学杂志》101 编 4 号,1992 年)。

③ 吴子玉《吴瑞谷集》卷四《叙坊老贺邑大夫三奖》。

所收嘉靖三十八年(1559)合同文书①,休宁县城的苏天贤等兄弟将城外所有田地的一部分卖与程氏,但天贤庶母李氏以田地应用作支付她的生活费为由,向坊长状投",坊长又"转呈"给知县,知县再命坊长进行调查。结果在姻亲、邻人的调停下,苏氏与程氏之间的山地买卖纠纷一并达成和解,订立该合同。与乡村的里长一样,在城市的坊长接受诉状,根据情况向地方官"转呈",担负诉讼的调查取证工作。

二、老人参与的纠纷处理

在明代里甲制下,被定位为纠纷处理及教化、治安维持的核心的是各里的"老人"。多数学者认为,明代后期老人制已完全徒具形式。但在嘉靖年间以后的徽州文书中,仍有不少老人解决纠纷的事例。其中的代表性事例,如嘉靖元年(1522)《祁门谢思志等误认坟茔戒约》②有如下记述:

> 十西都谢思志、同侄谢汪隆,有故祖谢欠安、同叔祖谢祈安于上年间,将本都七保土名马栏坞口山地二备(亩?)尽数立契,卖与同都谢能静名下,本家即无存留。今年三月间,身自不合到山,将随山古圹挂纸,致令谢纷等状投里老。审实理亏,情愿立还文书。其山内本家即无新旧坟茔,今后再不敢入山,冒认挂纸,暗地侵害。如违,听自理治无词。今恐无凭,立此文书为用。
>
> 嘉靖元年四月十三日　立还文书人谢思志(押)　同侄谢汪隆(押)
>
> 劝论老人李克绍(押)　见人谢　纮(押)　坟邻汪天贵(押)

十西都的谢欠安、谢祈安曾将同都马栏坞口的二亩山地卖给谢能静,但嘉靖元年的清明节,谢欠安之孙谢思志、谢汪隆在山地古墓上挂

---

①《契约文书》卷六,第132—135页。

②《契约文书》卷二,第5页。

纸(标挂)①,于是,谢能静的子孙谢纷等人"状投"于里长、老人。结果,根据"劝谕老人"李克绍的裁定,谢思志等人订立戒约,誓约以后不再侵害山地。在本书第三章第一节介绍过的宣德二年具结中,裁定纠纷的老人署名为"理判老人",而在此文书中却署名为"劝谕老人"。可见,在徽州,里长、老人参与的纠纷处理,逐渐丧失明代前期"乡村审判"色彩,其调停特性日益明显。

另外,嘉靖二十一年(1542),在休宁县十二都的朱永志与汪安围绕山地买价支付和税粮负担发生纠纷时,接受汪安状投的里长、老人调查了实情,加上中间人的调停,最后达成和解。② 万历四年(1576),祁门县十五都的康尚教采伐胡、汪二家坟林引起诉讼时,也是由老人和里长"到所勘明,劝谕三家至亲,使其和处明白",三家"凭里老写立合同",确定边界。③ 而且在族谱史料中也留存一些逸话,反映出嘉靖年间前后老人仍有时干预处理纠纷。④

第四节所举75例纠纷事例中,嘉靖年间有3例,占总数的1/6,这些案例一般由老人负责调停和取证。但在此之后,万历年间只有上述万历四年一例。整体而言,老人参与了全部75例中4例(5.3%)的纠纷处理。在徽州,万历年间以后,以老人制为中心的纠纷处理制度,与乡约、

① 所谓标挂(挂纸、标祀),是指每年三月清明节族人到祖墓参拜即"扫墓"时,在祖墓悬挂纸钱祭祀的活动(道光《祁门县志》卷五《舆地志五·风俗》、《丰南志·舆地志·风土》、乾隆《沙溪集略》卷二《岁时》)。

② 南京大学历史系资料室藏《明万历汪氏合同簿》,藏号0000027。

③《万历四年汪必祯等合同文约》,《契约文书》卷三,第25页。

④ 例如,《休宁范氏族谱》[据东洋文库所收北京图书馆(今中国国家图书馆)藏本图片版]卷八《谱传·中支林塘族》,范岩周[景泰三年至嘉靖十五年(1452—1536)]:"里有假死命诬人者,被诬人惶惧,夜怀二十金求救于王父(岩周)。以王父三老,言出而人信之。王父叱其人于外,遥谓曰,用贿则实谁为若解者,归听公论,勿复尔。其人惭而退,诬者闻之亦惧,事遂得解。"据传岩周作为老人(三老),拒绝了诬告事关人命的人的贿赂,最终解决了该事件。同书卷八《谱传·中支闵口族》也记载有范添志[正德九年至万历五年(1514—1577)]的事迹:"曾以贺节赴油潭宗家。值有競者,欲诉于三老拘讼。公力为居间,其人不降心,公乃长跽以请事,遂解。"他在赴宗家途中,与欲诉于老人的族人屈膝谈心,最终和解。诉于老人称作"拘讼",被视为类似于向地方官的诉讼,这一点值得关注。

保甲制的确立几乎同时，已逐步趋于形式化。

但根据万历年间以后的数个审判记录，可以确认老人接受知县的指示担负取证和调查任务，并报告结果。典型事例如万历十年(1582)祁门十西都的谢荣生、世济等人与同族谢大义等之间的诉讼。谢大义在前一年的土地丈量时作为“公副”监督丈量工作，但之后谢荣生等人，以大义乘丈量之际侵占佃仆宅基地为由诉之于县。大义一方也予以反诉，知县将双方传唤至县法庭进行审问，同时命“在城老人”王应第、叶兴衍“逐一照契查明回报”。两位“在城老人”调查原、被告交易时的契约文书后报告说，并不存在大义等人侵占荣生土地的事实，荣生、世济等人不得已求告于老人求和。知县接到老人报告后，依据调查结果下达判决，对谢荣生等人适用“不应为”条例加以杖刑，此诉讼得以解决。①

在这一诉讼中，接受知县的指示、调查证据文书并向知县报告，是“在城老人”的职责，这几乎与第四章探讨的“值亭老人”相同。16 世纪后半期以降，各里老人处理纠纷职责走向衰落后，地方官有时也会委任设在县城内的老人处理诉讼案件。明代后期，向官府提起的诉讼案件不断增加，但地方衙门的诉讼处理功能并不十分能应付这些诉讼，因此，老人进行调查和取证依然必要。

三、乡约、保甲参与的纠纷处理

明代后期以后，老人制难以维持乡村秩序，随之在全国广泛施行以宣讲六谕为中心、以教化和纠纷调停等为目的的“乡约”，以及为治安维

① 有关这一诉讼的文书，有中国社会科学院历史研究所藏《状稿供招》以及《万历十年祁门谢荣生状文》《万历十年祁门县对谢世济等审议文书》《万历十年祁门县给谢敦、谢大义等帖》(《契约文书》卷三，第 82、83、118 页)。《状稿供招》的复印件，承蒙周绍泉先生提供。此外，权仁溶《从祁门县“谢氏纠纷”看明末徽州的土地丈量与里甲制》(《历史研究》2000 年 1 期)，详细探讨了这一诉讼的经过和背景。据围绕万历十四年祁门县十四都郑凤祥与郑安胜的山林纠纷的系列诉讼文书(《万历十四年祁门郑凤等状文》,《契约文书》卷三，第 164—173 页)可知，接到起诉的知县，依然命令“在城老人”实地取证纠纷地，但取证结果不充分，又令典史去取证。

持及乡村防卫而组织的“保甲”。① 徽州的乡约,最早起源于明代中期成化年间休宁知县实施的乡约②,尤其是嘉靖末年徽州知府何东序致力于普及乡约、保甲制,以以往的保甲构成为基础,以坊、里或宗族为单位设置约正、约副,在负责教化同时,也负责武备训练和治安维持。③ 加上之后历任地方官的具体实施,明末徽州,以村落和宗族为基础的乡约、保甲制得到广泛普及。隆庆年间的歙县号称“户有宗祠,家有家谱,村有乡约所”④,万历年间的休宁县,也设置了 275 个乡约所,大大超出全县里总数。⑤

据笔者查证,依照乡约进行调停的最早文书是隆庆六年(1572)《祁门县饶有寿赔偿文书》⑥:

> 五都饶有寿今于旧年十二月间,擅入洪家段坞山上窃砍杉木四根。是洪获遇,要行呈治。有寿知亏,托中凭约正劝谕免词,自情愿将本身代洪家茶园坞头栽松木,计七十根,本身力坌叁拾五根,尽数拨与洪名下,准偿木命(价?)。其前分坌树木,日后成材,听洪砍斫,本身即无异言。日后即不敢仍前入山砍斫,如遇违德,听自呈治毋

---

① 关于明代徽州的乡约、保甲制,可参照铃木博之《明代徽州府的乡约》(《山根幸夫教授退休纪念　明代史论丛》下卷,汲古书院,1990 年)、陈柯云《略论明清徽州的乡约》(《中国史研究》1990 年 4 期)。

② 休宁县《茗洲吴氏家记》卷一〇《社会记》成化十九年(1483)五月条作“县定,每保立约长,十家为甲,我保李齐云约长”。另可参照田仲一成《以十五、十六世纪为中心的江南地方剧的变质》(一)(《东洋文化研究所纪要》60 册,1972 年)第 147—148 页。铃木博之根据这一记载认为,“说乡约在成化年间已实施,有为时尚早之感”(前述《明代徽州府的乡约》第 1058 页),但是,程敏政《篁墩文集》卷一五《记·遗爱亭记》中关于当时的休宁知县欧阳旦,记载有“其他若行乡约之礼,防回禄之变,禁息女之溺,规条戒饬,皆可为法”,由此可见早期乡约的例子。

③ 嘉靖《徽州府志》卷二《风俗志·新安乡约》、卷一一《兵防志·知府何东序兵防议》。

④《歙西稠野许氏宗谱》(黄山市博物馆藏)卷一《圣谕家规》所收歙县知县告示(隆庆元年八月)。

⑤ 万历《休宁县志》卷二《建置志·乡约保甲》。参照田仲一成《以十五、十六世纪为中心的江南地方剧的变质》(一)第 142—145 页。

⑥《会编考释》通号 904。

词。今恐无凭，立此为照。

隆庆六年正月初六日立　还文书人　饶有寿

代笔　饶　松　　约正　洪　茔

五都的饶有寿于前一年十二月，侵入洪家的山林，盗伐四株杉木。洪氏欲将此诉于官，于是，有寿委托约正洪茔进行调停，誓约自己负责栽养洪家山林中的松木，在成材后将自己应得份额（力坌）35 株，作为杉木的赔偿交还洪家。

万历年间开始出现保甲处理纠纷的事例。万历四十八年（1620），祁门县一都的凌应光与三四都的凌寄祥，因山地边界发生纠纷，里长与保甲“验契到山看明”，确定了边界。[1] 另外，天启六年（1626），祁门县仆人陈社魁等人图谋对主家坟墓进行侵葬，仆人等赔礼道歉后，在保长、甲长等人调停下，誓约将棺柩移至适当地点。[2]

关于乡约与保甲共同承担调停的事例，还有南明弘光元年（1645）《汪礼兴等立还文约》[3]：

立还文书人汪礼兴等，今因搭桥，自不合私砍

倪宗椿、樗官人山上桥脚数根，以致状投约保。再四求合（和），立还文约，以后再毋得盗砍。如违，听凭呈治。立此存照。

弘光元年五月十九日立还文约人　汪礼兴

〇陈朋（押）　麻三〇　光寿〇　廖有寿〇

乡约 倪思爱（押）　思谅（押）　宗樉（押）

汪礼兴等人企图架桥，盗伐了倪宗椿等人山地内的桥脚。宗椿等人知道后，便向乡约、保甲“状投”，礼兴等人请求和解，立此还文约道歉。此外，与里长情况相同，有时乡约、保甲也会接受地方官的指示，负责诉

---

① 《嘉庆祁门凌氏誊契簿》所收合同约，《契约文书》二编卷一一，第 486 页。

② 《祁门县仆人陈社魁等立还约》，《资料丛编》一集，第 460 页。

③ 《契约文书》二编卷一，第 9 页。

讼调查和调停。①

上述文书中出现了“状投”一词,可见向乡约、保甲提出申诉,与里长、老人的情况相同,也常常使用诉状。夫马进介绍的明末“讼师秘本”中,用事实阐明向乡里提出的“乡里之状”,与诉至府县、上司的诉状一样,具有同样的重要性。② 明末徽州文书中,事实上留存有这种诉状,天启四年(1624)《吴留诉状》③(书影6)便是其中之一:

投状人吴留,投为杀尊灭伦乞呈辜命事。孙欧(殴)叔祖,伦法大乖。逆恶吴寿,素行不□□□一乡。前月念九,乘男佣外,逆截田水,论触凶欧(殴)遍体,重伤懵地。幸李五等救证,急具手模,投鸣解送,反逞强□□党拥家捉杀。媳出阻劝,不分男妇,将媳毒打,碎衣命危。族长吴八、叔娘凌氏、凌能等救证。孙杀祖,侄欧(殴)婶,霸水利,律法大变。投乞转呈,究逆辜命,敦伦正法。感激上投

约　里　排　年　详　行

天启四年四月　　　　　　　日投状人吴留　×

吴寿平素品行恶劣,烦扰乡里,最终因水利纠纷,殴打叔祖吴留致其重伤。李五等跑来救出吴留,抓住吴寿本人,欲起诉之,吴寿反而殴打已停手的吴留儿媳,最终族长等将其救出。因此,吴留向乡约、里长、排年提出诉状,请求惩治吴寿。殴打叔祖,依律是当杖六十、处一年徒刑的重罪④,吴留要求里长、乡约等接收该“状投”后,向地方官“转呈”。

---

①《崇祯四年黄记秋、谢孟义息讼清业合同》,《契约文书》卷四,第306页。

② 夫马进:《讼师秘本的世界》,小野和子编《明末清初的社会与文化》,京都大学人文科学研究所,1996年,第204—210页。

③《契约文书》卷四,第137页。该文书与提交给地方官的诉状具有同样的形式和内容,却没有相当于地方官的批文或官印的部分。吴留花押仅有“×”,可能是投诉给乡约等原诉状的抄件,具体不详。

④《大明律·刑律·斗殴·殴大功以下尊长》。

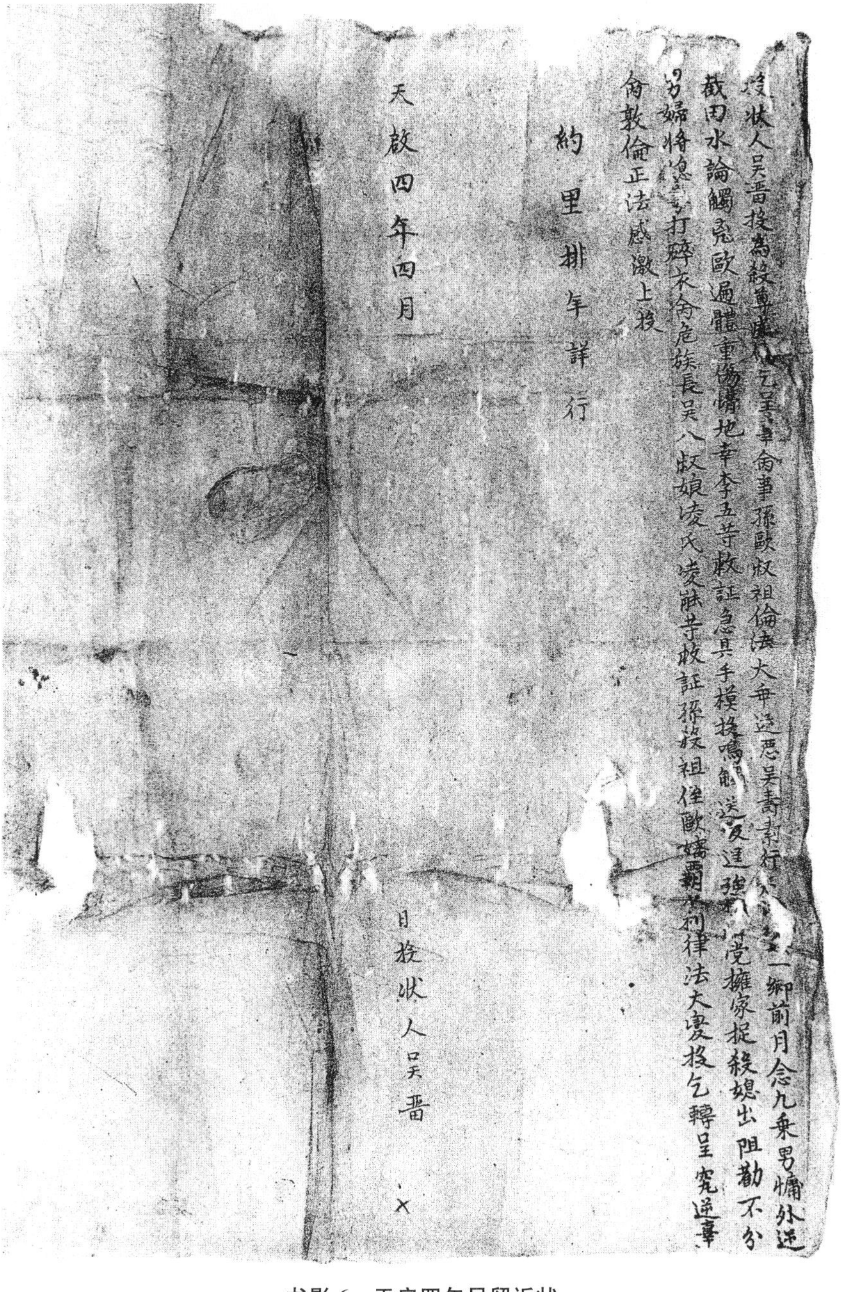
投狀人吳晋投為殺尊[illegible]乞呈[illegible]事孫毆叔祖倫法大逆惡吳壽素行[illegible]一鄉前月念九乘男傭外出
截田水論觸兇毆遍體重傷情地鄰李五等救証急具手模投鳴[illegible]送[illegible]逆強[illegible]覺擁家捉殺媳出阻勸不分
男婦將媳[illegible]打辟衣衿危族長吳八叔娘淩氏凌𪎊等救証孫殺祖侄毆嬸[illegible]律法大憂投乞轉呈究逆章
倫敦倫正法感激上投
約里排年詳行
天啟四年四月　日投狀人吳晋
×

书影 6　天启四年吴留诉状

大体上以隆庆至万历初年为界,徽州的乡约和保甲,逐渐取代以往的老人制,负责纠纷处理。尽管如此,在第四节一览表所示纠纷事例中,乡约解决纠纷的相关事例仅有5例(占总数的6.7%)、保甲6例(8%)。里甲制系统的里长和老人共参与23例(30.7%)的纠纷处理,而乡约、保甲合计还不到半数,仅11例(14.7%)。但天启年间以后的全部21例中,里长有4例、乡约有3例、保甲有4例参与纠纷处理,可见,在纠纷处理中发挥主要作用的,逐渐由里甲制转向乡约、保甲制。明末徽州乡村社会在维持秩序方面,也处于里甲制与乡约、保甲制共存的过渡阶段。

四、亲族、中见人参与的纠纷处理

与负责纠纷处理、维持秩序的里长、老人和乡约、保甲(以下统称里老、约保)一样,纠纷当事人"亲族"和"中见人"等民间调停者,在解决乡村纠纷中也发挥过重大作用。明代后期的徽州文书中,通过这种民间调停途径解决的纠纷事例最多。

首先来讨论亲族参与的纠纷处理。徽州文书中"亲"与"族"有明显区别,文书末的署名等有亲、亲人、亲眷等字样时,其姓经常与立文书的人不相同;有族、族人、族众等字样时,姓常相同。另外,有亲族字样时,则包含同姓者与异姓者双方。即"亲"是指当事人的母方、妻方的姻亲,"族"指同族,"亲族"包含这双方(本书亦取"亲族"的这一含义)。

同族之间发生纠纷时,不难想象,一般首先由亲族进行调停。如根据歙县《玘祥公会田地文契抄白》①所收文约,崇祯十三年(1640),同族为祭祀等目的而举办的"社"组织,与其族内一成员发生了纠纷:

> 立约人汪云性,今身不合,同庄明善、汪云埙、魃将汪、庄社田、土名里汪村等处共田五亩,卖与卅五都汪玄相名下。及汪、庄二社周知,意急控府。身揣理亏,浼恳亲族,愿将前田赎还社内。身后悔过,不致

① 《契约文书》卷一〇,第253页。

仍前。如有此情，听凭执此赍公理论，甘罚无辞。立此存照。

崇祯十三年九月十七日 立约人汪云性　亲书　庄明善　汪云埧

汪云性、庄明善等人，将汪、庄两姓族社资产田地（社田）擅自卖给汪玄相。得知此事的汪、庄二社，欲起诉于官府，云性等委托亲族进行调停，赔礼道歉后立此文约，誓约买回田地。

族人之间纠纷由其他族人相互调停的代表性事例，是嘉靖年间祁门县康氏的系列山地纠纷案例。嘉靖二十年（1541），康泰、康英兄弟对同一山地进行重复购买，因争夺所有权而引起诉讼，在姻亲与族人康大、康社等人调停下，双方达成和解。① 翌年五月，康萱与康大因争夺山林所有权而引起诉讼，叔兄康介、康英、康恪等人对相关争议地进行取证，两家"共祖一脉情义为重"，确定边界。② 同年七月，康恪将此前卖给康介、康泰、康英、康大的山地，重复卖给他姓时，也是通过康社等人的调停，康恪解除了重复买卖。③ 可见，各位族人有时为纠纷当事人，有时则担任调停人，解决族内纠纷。

第四节介绍的 75 例纠纷中，同族参与解决的事例有 20 例（26.7%），姻亲参与解决的事例有 18 例（24%），其中 11 例（14.7%）则由"亲族"双方共同负责调停。里老、约保、中见人中，也经常有纠纷当事人的同族和姻亲，所以这一比例事实上会更高。特别值得注意的是，不仅仅是同族，妻方、母方的姻亲在纠纷调停中也发挥了重要作用。

亲族参与纠纷解决，不同于里老、约保，一般不用"状投"一词，主要通过口头进行调停，解决后，订立文约或合同作为证据。但除通过个别族人进行调停外，族长和族众在祠堂等处处理族内纠纷时，有时也使用诉状。

---

①《嘉靖祁门康氏抄契簿》所收合同，《契约文书》卷五，第 270 页。

② 同上书，第 264 页。

③ 同上书，第 268 页。

这种诉状，留存至今的有崇祯十六年（1643）《胡廷柯状纸》[①]（书影7）：

投状人胡廷柯，年八十，投为藐法灭伦事。身男外趁二载，有媳李氏，遭侄胡元佑煽惑妇心，诞胎孕产，觅鸣族众等证。切思无法无伦，情同夷狄。投乞转呈，叩准究治，以正风化。上投

被犯胡元佑　李氏

族众　施行　干证胡廷侯　胡期明　胡期大　胡期贵

胡期荣　胡尚元　胡尚德

崇祯拾陆年　八月　日投状胡廷柯

胡廷柯的儿媳李氏在其夫赴外地务工期间，与廷柯的侄子胡元佑通奸并怀孕。因此，廷柯提出诉状，请求族众处罚两人。李氏与胡元佑通奸，是理应杖责一百、徒刑三年的重罪[②]，因此，请求族众将该诉状"转呈"于官。明代后期以降，无疑向地方官提起的诉讼不断增加，同时调停活动在乡村也仍然活跃地展开。乡村发生纠纷时，首先向里老、约保、宗族等"状投"，然后"转呈"地方官的案件也不少。

除亲族外，仅署名中见人、中人、见人（以下总称中见人）[③]的纠纷调停人的文书也不少。不仅仅是纠纷处理，凡订立民间各种契约文书时，一般中见人的居中调停与列席是必要的，其身份以及与契约当事人的关系，一般在文书中没有特别注明。

反映中见人参与纠纷处理的文书，代表性事例有嘉靖三十五年（1556）《吴廷康应役文约》[④]：

---

① 《契约文书》卷四，第137页。该文书与提交给官府的诉状具有同样的形式和内容，但也没有相当于批文或官印的部分。因没有胡廷柯的花押，也可能是原诉状的抄件。

② 《大明律·刑律·犯奸·亲属相奸》。

③ 山本英史《明清黟县西递胡氏契约文书研究》（《史学》65卷3号，1996年）通过对照徽州文书与族谱，考察了土地契约中人身份与契约当事人的关系。此外，也可参照以《中国农村惯行调查》为史料，论述中人的社会特点及功能的杜赞奇《文化、权力与国家：1900—1942年的华北农村》第181—191页（Prasenjit Duara, *Culture, Power, and the State: Rural North China 1900 - 1942*, Stanford University Press, 1988, pp. 181 - 191）。

④ 《契约文书》卷二，第246页。

具狀人胡廷柯年八十狀為藐法滅倫事[illegible][illegible]男[illegible][illegible]二載有媳李氏遭侄胡元佑誘惑婦心誕胎孕

[illegible][illegible]為族衆等証切思無法無倫情同夷狄[illegible]乞爺台呈叩准究治以正風化上告

被 胡元佑 李氏

干証 胡廷侯 胡期明 胡期大 胡期貴

胡期棠 胡尚元 胡尚德

族衆 施行

崇禎拾陸年 八月 日具狀胡廷柯

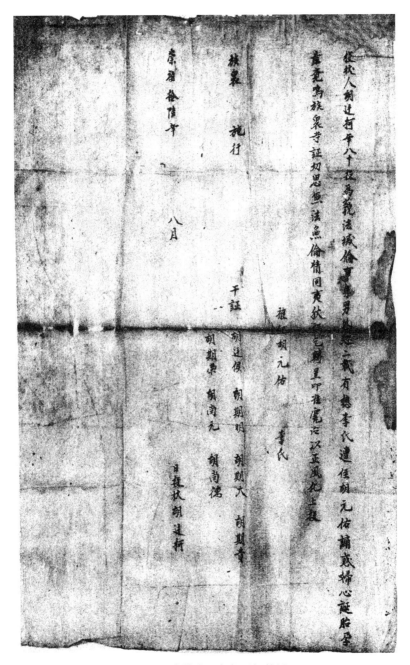

书影 7　崇祯十六年胡廷柯状纸

立约人吴廷康,今嘉靖叁拾伍年因妻身故,无处安葬,将妻丧柩安葬房东赖家山上,未存禀知雇。此宗祠告县,今愿浼中恳求免举。自后每年各纳宗祠工乙日,以偿国税。立此为照。

嘉靖三十伍年十月十八日　立文书人吴廷康(押)　见人章贵(押)

某县佃仆吴廷康将其妻灵柩擅自埋葬于主家的山地内。此山地可能是宗祠主家族人的共有族产,主家以宗祠名义告诉于县。于是,廷康委托中人进行调停,立此文约,作为赔偿,誓约每年用一天时间在宗祠中听从使唤。除这样一方委托中见人居中调停谢罪、赔偿的事例外,在土地纠纷中,许多案例是由中见人调查契约文书并实地取证,确定边界或所有权。此外,像主家与佃仆一样,当纠纷当事人之间的实力对比非常明显时,也有不经中见人等调停,当事人之间通过谈判直接解决的事例。

文书上作为中见人出现的调停人中,实际包含纠纷当事人的亲族;买卖和借贷契约中的中见人,当该契约发生纠纷时,也屡屡作为中见人进行调停。第四节中介绍的纠纷事例中,中见人参与调停的事例最多,在全部75例中有24例(32%)。明代后期的族谱和文集、地方志等传记史料中,被称为“处士”的当地有势力、有名望人士进行“排难解纷”的事迹也不胜枚举。这未必是套话,里老、约保等不能完全处理不断增加的纠纷,则当地有势力、有名望人士进行纠纷解决的重要性不断提高。

歙县人许镀[正德元年至隆庆五年(1506—1571)]的事迹,可以说是有名望人士的典型形象。他平素就被称“宗人有纷难,得公一言而解,言于里人,里人如其宗,言于郡人,郡人如其里”,因此,“郡中无识、不识,皆来质平”。某地有个残暴的土豪欺压乡民,里老人告诫却不服,许镀前去,怒目视之,土豪曰:“东泉公(许镀的号)耶,请下公服罪。”徽州知府听说了许镀的名声,感叹道,若乡村老人皆如他就好了。知县欲任命许镀为乡约长,但他推辞了,在乡里“剖决是非,善善恶恶,以为劝惩”,因此,宗人中再无诉讼之人。①

当然，不能依据许镀这样理想化的名人形象，来简单地论述日常纠纷调停的一般模式，但由此也可以看出，乡村纠纷处理经常自宗族延伸至村落、府县，以特定人物的能力和声望为依据予以处理。老人、乡约所需要的也是这种能力和声望，里老、约保进行纠纷解决时，不仅仅是其职权，个人资质和人际关系也具有重要意义。乡村中发生纠纷时，人们根据时机和场合，从里老、约保、亲族、中见人等中间选出适当的调停人，并且与各自具体的乡村人际关系相互结合、相互重合，同时，构成纠纷处理的框架。

第三节　地方官审判与乡村调停

随着近年来诉讼档案研究的进展，已探明清代后期的诉讼处理中，法庭外进行的各种民间调停和差役、乡保的作用具有重要意义，地方官审判与民间调停的特点及其相互关系等，正逐渐成为重要论点。本章并非以诉讼案卷为研究对象，所以难以从正面论述这一问题。但第四节介绍的文约、合同等民间文书中出现的纠纷事例中，75 例中有 32 例(42.6%)是诉至地方官的诉讼在和解后订立的文书。本节拟通过这种文书，从乡村的视角出发，探讨当时的诉讼处理过程。

一般来说，在乡村发生纠纷时，当事人首先向里老、约保、宗族进行“状投”，或通过亲族和中人进行调停和仲裁。若在这一阶段不能解决纠纷，当事人就会向知县(有时是知府)起诉，诉状由里长等向地方官“转呈”。地方官受理诉状后，如在清代后期一般是发给差役各种令状，让他们在当地“乡保”等乡役的协助下，进行事实调查和实地取证，传唤诉讼

① 许国《许文穆公集》卷一三《家状·东泉公行状》。

当事人和相关人员,或执行逮捕等事宜。①

但在明代的徽州,被委派调查取证诉讼的主要是当地里老、约保,而且,有时传唤诉讼关系人也是"票给原告赍,兼保甲同拘,以省差役骚扰。犯、证俱要依限赴审,如有抗拒,原告缴票,次差里保,后差快役"②,明末原则上原告、保甲等一起,使被告和证人出面,极力避免通过差役进行拘捕。总之,在明代后期,与诉讼相关的差役被派往乡村的机会,远少于清代。但有时在土地纠纷中,官府会令典史厅(南厅)对案件进行审理和取证,有时知县会亲自进行实地取证。

诉状被受理后,诉讼当事人和相关人员进行反诉和各种申请期间,乡村中也不断地进行各种调停活动。如上一节所述,亲族、中人等调停奏效,既有被诉方通过调停者进行赔礼道歉的,也有在里老、约保等调查取证的同时进行调停的。在这一阶段若未达成和解,双方当事人和相关人员、证人等将被传唤至法庭开庭,由地方官进行审理、讯问。

每次法庭讯问,地方官都会下达一些裁定或指示。既有在法庭一次就可以解决的案件,也有需要多次开庭反复审问的事例。另外,有时地方官命中人进行调停,例如万历十七年(1589),祁门县李新明与吴彦五因争夺店铺用地所有权而引起诉讼时,知县"委中[人]以情劝谕",最后新明所有店铺用地与彦五所有田骨(田地的收租权)相交换,双方达成和解。③

① 滋贺秀三前述《关于清代州县衙门诉讼的若干感想》第 44—50 页、艾马克《晚清中国的法律与地方社会》第 8 章《追踪与逮捕:担保》(Mark Allee, *Law and Local Society in Late Imperial China*, Chapter 8, "Search and Arrest: The Warrant")、黄宗智《清代的法律、社会与文化:民法的表达与实践》第 111—121 页(Philip Huang, *Civil Justice in China*, pp. 111-121)。

②《天启六年休宁县正堂牌》(《契约文书》卷四,第 199 页)所版刻的"察院(巡按御史)明文"。《万历三十六年歙县拘票》(《契约文书》卷三,第 387 页)、《天启二年休宁县正堂传唤赴审信牌》(《契约文书》卷四,第 66 页)中也有类似版刻(参照周绍泉前述《明清徽州诉讼案卷与明代地方审判》第 2—3 页)。这些令状本身均是发给原告或里长、约保的。

③《万历十七年祁门县李新明等以房兑田红契》,《会编考释》通号 825。

上一节介绍的万历年间绩溪知县陈嘉策，其作为知县处理诉讼的心得记载如下："勾摄则量道里之远近，投文即日听审，审讫就时发落。愿和者听，情轻者免纸免供，或不法当惩者，量情究拟。惟期两造两愿，各得其平止矣。"①若诉讼当事人被传唤至县衙，当日开庭，审问结束后直接下达裁定。审判时：(1) 如果当事人提出和解请求，要允许其和解；(2) 知县下达裁定时，若事情、情况属于较轻案件，免收纸费（一种审判费用）和供述书；(3) 若是应课以惩罚的不法行为，应酌情量刑。

无论在法庭审问前后，只要当事人提出和解请求，地方官均可以如(1) 一样撤销诉讼。如万历十四年(1586)，祁门县程五十与程访因坟山边界发生纠纷，向县提起诉讼，"亲族思得二家一脉，劝谕息讼"，与中人一起取证争议地，确定边界后，"二家复央中人，当官告准和息，回家议约埋石"。② 于是，诉讼和解之际，当事人之间订立文约、合同作为证据，同时也向地方官（有时也未必一定）提出平息诉讼的请求。

同(2) 一样通过地方官裁定解决诉讼的事例，在几件民间文书中可以得到确认。如万历三十三年(1605)《休宁程良猷立还银约》③：

> 弟良猷先年将自己现住土库楼房一备，前后贰约，共当到兄良臣名下，本银共拾贰两伍钱。至卅二年，良臣因猷无艮（银）赎屋，讦告本县。蒙断，猷将本利艮（银）贰拾两，取回前契约参纸。猷因屋未卖，无艮（银）抵还。自愿遵契，递年议还租艮（银）壹两正与臣，候猷将前判过银贰拾两正还臣，取赎前契约参纸，臣亦毋得执憑。此照。
>
> 照　　还
>
> 万历卅三年四月初一日立约人程良猷（押）
>
> 中见兄程良彝（押）　程良友（押）

---

① 前述《知县陈嘉策为申明里甲禁约以甦小民事》。

② 万历祁门《布政公誊契簿》所收合同，《契约文书》卷七，第205页。

③《契约文书》卷三，第339页。

该文书左侧有休宁县印,可能是知县用朱笔书写"照还"二字,并加旁点。程良猷以所居楼房为抵押,向兄良臣借银十二两五钱,到期却无法返还,良臣向休宁知县起诉,要求返还本息。知县判决良猷应支付本息二十两,良猷无法如数筹齐,根据协议,良猷每年向良臣支付一两作为房租,直至还清二十两借款为止,处理结果得到知县认证。与此相同,天启二年(1622),休宁县姚世杰将房宅典卖给汪国清,之后要求找价被拒绝而提起诉讼时,"蒙县主爷爷的天断",认可世杰找价后复卖,将价银"遵断照数收足"。①

当然,这种解决方法,并不经常基于当事人双方自愿。值得关注的事例之一,如万历十一年(1583),休宁县仆人朱法等22人,"不服主公约束,纠众倡乱",主家将此事诉于县,"蒙县主开恩,不深重究,押令当堂写立连名戒约",仆人们在法庭上订立戒约,誓约以后遵从与主家的约定,忠实地服从差遣。② 像这种以强迫形式要求当事人接受裁定的事例可能并不罕见。

本章选取的文约、合同中还没有发现像(3)那样地方官执行刑罚的案件,包括盗伐山林等具有可罚性的案件也没有判决的记载。但诉讼解决后,地方官接受当事人的申请下发的"执照""抄招给帖"等诉讼文书中,有不少记载根据审讯结果处以笞杖刑的判词。值得注意的是,笞杖量刑并不是与各个案件内容相应的拟律结果,基本上都是以《大明律·刑律·杂犯》的"不应为"条为根据。③

---

①《天启二年休宁县姚世杰加价复卖房屋红契》,《会编考释》通号771。

②《万历十一年朱法等连名戒约》,《契约文书》卷三,第121页。

③ 笔者愚见所及,反映"不应为"条适用的明末徽州诉讼文书(限于散件文书)如下:(1)《万历九年祁门县给汪于祐帖文》(《契约文书》卷三,第74—75页);(2)前述《万历十年祁门县对谢世济等审议文书》;(3)前述《万历十四年祁门郑凤等状文》;(4)《明嘉靖徽州府判批》(安徽省博物馆藏,编号2:16656);(5)《万历程元龙供状》(同前,编号2:23600);(6)《明万历徽州府判批》(同前,编号2:16659);(7)《谢顺告谢祖昌盗栗地一案所形成之告状、诉状、招供、给帖之抄件》(中国第一历史档案馆藏,明档2—8)。不过,截至目前,未见适用"不应为"条以外律条而施以刑罚的明末徽州诉讼文书。

滋贺秀三认为，清代地方官审判把重点放在适合各个具体案件的“情理”上，同时因缺乏充分的确定性，当事人双方接受后方产生效力，本质上属于“教谕性调停”。① 而黄宗智则认为，地方官判决以律例内容所证实的“积极原理”（positive principle）为根据，明确确认一方当事人的主张，与以妥协为要点的民间调停相比，二者具有完全不同的特点。②

当然，本章引用史料无法从正面论证这一问题。但黄宗智举例说明，清代地方官对侵占土地建筑物和二重买卖、盗卖族产、不履行债务等非法行为进行判定时，是以《大清律例》中盗卖田宅、典卖田宅、违禁取利等条文的“积极原理”为基础的。这种纠纷在本书论述的民间纠纷解决中，从常识性角度也会做出同样的判断，难以按照黄宗智的论证逻辑，把民间调停与地方官审判区分为两种截然不同的性质。这种判断基准可能大多属于构成“情理”一部分的一般性“道理”。

第四节　明末徽州乡村社会纠纷处理诸相

本节把明代后期的文约、合同等文书中所记载的 75 例纠纷，以一览表形式按年代顺序进行整理，在一定程度上以定量形式，阐述当时徽州乡村社会纠纷处理全貌。在收集文书方面，笔者基本上浏览了目前为止刊行的徽州文书资料集中所包含的明代后期的散件、簿册文书和清代的簿册文书，族谱中收录的有关处理坟墓等纠纷的文书，以及南京大学历

---

① 滋贺秀三的观点，在前述《清代中国的法与审判》以及《中国法文化的考察——通过诉讼方法》（《东西法文化》法哲学年报，1986 年度）等论著中有概括总结。

② 黄氏的观点在《清代的法律、社会与文化：民法的表达与实践》（*Civil Justice in China*）第一章《导言》及第四章《公式审判：清代成文法与民事审判》（“Formal Justice: Codified Law and Magisterial Adjudication in the Qing”）中明确阐述。寺田浩明《清代民事司法论中的“审判”与“调停”——兼评黄宗智近作》（《中国史学》五卷，1995 年）通过比较滋贺、黄两氏的观点，重新探讨了清代民事审判的特点。此外，《中国——社会与文化》13 号（1998 年）又组织《后期帝政中国的法、社会、文化》小特集，唐泽靖彦翻译了黄氏前述书的序言，滋贺秀三《清代的民事审判》、寺田浩明《清代听讼所见“逆说”现象的理解——兼论黄宗智“表达与实践”论》，批判了黄氏诸说，同时也阐发了他们自己的观点。

史系资料室和中国各地其他机关所收集的许多未公开的文书,但依然担心有遗漏之处。

从年代上来看,一览表涉及嘉靖元年至弘光元年的123年间,从县籍来看,有祁门县30例、休宁县15例、歙县4例、县籍不详22例。① 原来明代徽州文书的绝大部分来自祁门县、休宁县,歙县次之,其中,祁门县所占比例最高。从出处来看,《契约文书》49例、《会编考释》10例、《资料丛编》3例、南京大学历史系资料室所藏文书13例。笔者将以上文书概要按年代顺序整理为一览表。

明末徽州乡村社会纠纷一览表

年份、县籍	当事人姓名与纠纷原因、内容	纠纷处理过程	署名
1. 嘉靖元年(1522)/祁门县	十西都谢思志等人,在故祖已卖给谢纷等人的山地中祭祀祖墓。	谢纷等状投于里老。经老人李克绍裁定,谢思志等谢罪。	劝谕老人李克绍,见人谢纮、坟邻
2. 嘉靖元年(1522)/歙县	十三都叶文广将其父卖给汪深的山地,重复卖给休宁的方理致。	汪深状告于县。经里长康如贞调停,叶文广从方理致处赎回山地。	中见人叶春、里长户丁康子忠等
3. 嘉靖十七年(1538)/祁门县	十五都郑纹兄采伐郑纹等卖给侄子圣寿已故父亲的山林。	亲族查验卖山契,确认了圣寿等的管理权。	验契叔兄郑方等、亲眷汪勤等、里长
4. 嘉靖二十年(1541)/祁门县	十三都康泰与弟康英重复购入同一山地,双方争夺管理权。	双方告诉于官。亲族查验卖山契,并予以调停,最后平分山地,达成和解。	亲眷胡燿等、族人康玉等
5. 嘉靖二十一年(1542)/祁门县	十三都康萱与康大争夺山林管理权。	双方告诉于官。叔兄等取证后进行调停,确定边界。	劝谕叔兄康果轩等
6. 嘉靖二十一年(1542)/祁门县	十三都康恪将卖给康介等人的田底权,又重复卖给汪家。	经中人的调停,康恪买回田底权,确认康介等人的管理权。	中见人康社等

① 此处所列数据与本书下表中的数据略有出入,但不影响结论,故暂维持原貌。——译者

续　表

年份、县籍	当事人姓名与纠纷原因、内容	纠纷处理过程	署名
7. 嘉靖二十一年(1542)/休宁县	十二都朱永志与汪安，围绕山地买卖的卖价和税粮负担发生纠纷。	汪安向里老投状。经里老取证和中人调停，结算卖价和税粮。	中见人何班等
8. 嘉靖二十五年(1546)/不详	十五都佃人江友保等在耕作山地时，烧损了山主汪蛟潭的茶苗。	经中人调停，佃人谢罪，并赔偿茶苗价值。	中见人许志
9. 嘉靖二十六年(1547)/不详	十三都余堂保侵伐十五都汪汝梁的山地，毁损杉苗。	经中人调停，确定边界，余堂保誓约重新栽养苗木。	无
10. 嘉靖三十五年(1556)/不详	佃仆吴廷康擅自将其妻灵柩埋葬到主家坟山内。	主家宗祠告诉于县。吴廷康委托中人进行调停，谢罪并赔偿。	见人章贵
11. 嘉靖三十六年(1557)/休宁县	十三都程岩正等侵损其负责看守的城里苏忠义山地中的松苗。	苏忠义告诉于县。程岩正等要求和解，誓约栽补被侵损了的苗木。	中见人汪受
12. 嘉靖三十六年(1557)/祁门县	十西都佃仆冯初保次男冯德儿背叛主家谢氏逃亡。	谢氏状投于里长谢香。冯初保从谢氏祠堂筹借赎身银并谢罪。	中见堂叔冯贞保
13. 嘉靖三十六年(1557)/祁门县	五都洪氏三大房，围绕共同经营的坟山中的埋葬、坟林采伐等发生纠纷。	经里长等调停，调整了各房的坟山管理权，严禁侵葬。	劝谕里长陈廷震、中见人陈权
14. 嘉靖三十八年(1559)/休宁县	在城中苏氏始祖的坟山中，异族苏天昊盗葬其父灵柩。	苏天昊害怕被起诉，将灵柩移至他地，誓约和解。	无
15. 嘉靖三十八年(1559)/休宁县	城中苏天贤兄弟与其庶母李氏等，围绕卖出山地、田地发生纠纷。	经向坊长状投等后，又分别告诉于县。经坊长取证和亲邻调停，双方和解。	无

续 表

年份、县籍	当事人姓名 与纠纷原因、内容	纠纷处理过程	署名
16. 嘉靖三十九年(1560)/祁门县	十西都佃仆汪南等，不到十六都主家倪氏的葬礼服役。	经主家族长等调停，汪南等谢罪，誓约以后老老实实地服役。	房东族长倪普□等
17. 嘉靖四十一年(1562)/祁门县	十西都李兴户向汪周付户的出继者之子在黄册上的归属纠纷。	汪家告诉于县。经里老调查，遵从知县教谕，确定黄册上的归属。	里长谢钰等、中见人李满
18. 嘉靖四十二年(1562)/祁门县	谢祖昌与同族谢顺，围绕山地管理权发生纠纷。	两家告诉于府。经亲族调停，确定管理权，双方和解。	中见人李子忠等
19. 隆庆二年(1568)/不详	佃仆鲍佛祐盗伐主家吴氏宗祠坟山中的松木。	吴满向里投诉。鲍佛祐受责罚，誓约以后不再侵害坟林。	无
20. 隆庆二年(1568)/祁门县	李廷凤擅自采伐与同族李廷锡共同经营的山林，建造店屋。	经亲族调停，李廷凤等誓约保护和长养山林。	见立合同人李应濂等
21. 隆庆五年(1571)/不详	佃仆汪乞付等购买后采伐主家杉木时，误伐相邻的主家山林。	汪乞付等托中人调停，依照杉木价格进行赔偿，达成和解。	中见人江寿
22. 隆庆六年(1572)/祁门县	五都饶有寿盗伐洪家山林的杉木。	饶有寿委托约正进行调停，誓约按照树木价格进行赔偿。	约正洪莹
23. 万历元年(1573)/歙县	吴天护等卖给十八都同族吴德庆的山地的税负引发纠纷。	亲族、户众调查各里的黄册，改正错误，达成和解。	亲人谢廷周、族户长吴承泗等、见人、册里
24. 万历元年(1573)/祁门县	一都佃仆金二等盗伐了自己负责看守的城里的主家汪东海的坟林的松木。	经中人调停，金二等誓约照价赔偿林木，负责看守坟林、栽养。	中人王周保
25. 万历二年(1574)/祁门县	十西都谢承恩祖先从别人处误买了谢富润拥有的山地。	经中人调停，谢承恩等将山地退还给谢富润子孙谢敦等。	中见人李满等

续　表

年份、县籍	当事人姓名与纠纷原因、内容	纠纷处理过程	署名
26. 万历四年(1576)/祁门县	佃仆陈春保等四大房共有的三四都祖坟，被陈香盗葬。	经房东、里长调停，陈香进行赔偿，四大房的族人誓约保护祖坟。	房东汪□贡
27. 万历四年(1576)/祁门县	十五都康尚教误伐邻居亲族汪必祯、胡荣的坟林。	知县接到上诉后，委派典史处理案件，经里老取证和调停，三家和解。	老人方元等、里长汪孔孚等
28. 万历七年(1579)/不详	程净等在其父卖给程应举的山地中建造坟墓。	程应举告诉于县。经亲族、里约的取证和调停，确认管理权，双方达成和解。	亲眷李茂芝等、乡里程据等
29. 万历七年(1579)/祁门县	十六都郑月等侵占已卖给郑英才户的山地。	二家告诉于官。经亲眷调停，确认管理权，双方达成和解。	中见人郑天讯、亲眷汪于祐
30. 万历九年(1581)/不详	五都汪天护等租佃洪家的山地苗木，被蒋应盗伐。	蒋应委托甲长进行调停，汪天护等与蒋应均摊给洪家的赔偿。	甲长毕隆保、中见人王贵等
31. 万历十年(1582)/休宁县	一都毕九礼与金晋争夺宅基地、山林的管理权，不断发生诉讼。	丈量时都图正、里排进行取证，经亲人调停，确定边界，双方和解。	都正汪锡、图正汪琏、里长汪福、排年许泽生等、亲人许锡等
32. 万历十年(1582)/祁门县	五都洪氏六房的佃仆朱福元等，擅自在外地经营买卖，不服役。	朱福元等委托族人调停，誓约不离庄屋，老老实实地服役。	无
33. 万历十一年(1583)/休宁县	仆人朱法等不服从主家之命，纠合众人进行反抗。	知县接到主家告诉后，在法庭命仆人们订立戒约并谢罪。	无
34. 万历十三年(1585)/不详	佃仆胡安乞等租佃主家汪于祐山林中的杉木，被别人盗伐。	胡安乞等委托中人进行调停，誓约此后认真地看守、栽养山林。	附邻佃人林记龙等

续 表

年份、县籍	当事人姓名 与纠纷原因、内容	纠纷处理过程	署名
35. 万历十四年(1586)/祁门县	善和里的程五十与同族程访之间,发生山林边界纠纷。	二者告诉于县。经亲族取证与调停,确定了边界,双方和解。	中人陈招保等
36. 万历十五年(1587)/祁门县	十西都谢桐等与谢鈇,围绕从李氏重复购买同一山地,发生管理权纠纷。	中人调查二者的卖山契,确认先买者谢鈇的管理权。	劝谕中人谢文凤等、里长谢承恩
37. 万历十六年(1588)/休宁县	金顺等率石匠损害九都许凤等看守的苏家坟山。	经中人调停,许凤等保证,令金顺等恢复坟地原状。	中见人金耀等
38. 万历十六年(1588)/祁门县	十西都佃仆洪三保等盗伐主家谢敦本堂的山林中的杉木。	洪三保等经中人调停进行谢罪,誓约此后认真地看守山林。	中见人汪三保
39. 万历十七年(1589)/不详	十六都男子倪正沿在扫墓时,误伐郑宪副公的坟林。	郑家告诉于县。倪正沿托中人调停,谢罪并予以赔偿。	中见人倪宗保等
40. 万历十七年(1589)/祁门县	汪继文得到凌得隆等坟地的一部分,建造自家的坟墓。	二者告诉于县。经里长、中人调停,凌得隆买回坟地,纠纷平息。	中见里长汪天常等、中见证汪继钱等
41. 万历十七年(1589)/祁门县	十一都李新明与姻亲吴彦五,因溪潭等店基的管理权发生纠纷。	知县接到告诉后,命中人调停,李氏的店基与吴氏的田骨进行交换,事态平息。	中人余龙源等
42. 万历二十二年(1594)/休宁县	吴旦等将三都吴有祈、吴旦等共有的祖坟,盗卖给张桃。	根据知府判决,张桃支付吴有祈等坟地价款,承认其管理权。	凭族人吴玄桥、亲人赵冕、主盟祖母孙氏
43. 万历二十三年(1595)/不详	丘胜在十二都丘安祖先卖给十五都郑公祐的山地中,建造坟墓。	经中人调停,确定争议地界,双方达成和解。	中见人胡进奎等

续　表

年份、县籍	当事人姓名与纠纷原因、内容	纠纷处理过程	署名
44. 万历二十八年(1600)/休宁县	许应源经三都汪富贵转卖给张天盖的坟山边界不明确。	知县接到告诉后,命典史进行实地取证,中人等确定了边界,达成和解。	中间人程同仁等
45. 万历三十三年(1605)/祁门县	十六都胡玛等与汪尚美等交换山地时,将不属自己所有地误写入契内。	经中人调停,胡玛返还汪尚美交换时所得山地的一部分。	中见人郑应试等
46. 万历三十三年(1605)/休宁县	程良猷以住房为抵押,向兄程良臣借银,至期限未还。	根据知县裁定,程良猷誓约向兄支付房租,直至返还全部借款为止。	中见兄程良彝等
47. 万历三十三年(1605)/祁门县	洪氏仆人胡胜保等,在主家生员入学之际,不去伺候服役。	仆人们谢罪,誓约此后冠婚葬祭和入学时,老老实实地服役。	无
48. 万历三十七年(1609)/不详	二十二都叶兴与洪贵一起,采伐其租佃的王惟寿等的山林苗木。	王惟寿等经里长告诉于县。经里长调停,叶兴誓约负责看守、栽养。	里长陈本根等、中见人王惟交
49. 万历三十八年(1610)/不详	十三都康学政等与十五都汪必晟等,围绕共有山林的管理权发生纠纷。	中人调查双方的契书,重新订立清白合同,确定管理权。	中见代书康国瑞等
50. 万历三十八年(1610)/祁门县	十西都冯福生等在修理房屋时,盗窃谢氏祖坟的柱子。	经中人调停,冯福生誓约赔偿并恢复原状。	劝谕中见人谢侍等
51. 万历四十年(1612)/祁门县	石潭的汪本根将族兄已卖给房叔的山地,又盗卖给董六。	汪本根经兄本城调停,誓约从董六处取回卖契。	代书兄汪本城
52. 万历四十年(1612)/祁门县	吴氏仆人汪新奎等在主家祭祀时饮酒,放肆妄为。	接受主家各门主的投诉,仆人们谢罪,并誓约老老实实地服役。	中见家主吴应祖等

续　表

年份、县籍	当事人姓名与纠纷原因、内容	纠纷处理过程	署名
53. 万历四十八年(1620)/祁门县	一都凌应光与三四都凌寄祥,围绕相邻山地的边界发生纠纷。	里长、保长调查契书,在实地取证后确定边界。	保长汪廷试、劝谕里长汪天奎等、中见、山邻证
54. 天启元年(1621)/不详	王国朗等管理的山林,被租佃邻山的毕大舜侵伐。	经里长、邻人调停,毕大舜等谢罪,并誓约栽养侵伐山林。	中见人陈恩建等、里长王惟悌
55. 天启二年(1622)/歙县	黄垂继等建造坟墓时,附近朱廷桂等人住宅成为障碍,双方发生纠纷。	遵从御史之命,知县决定,朱氏迁移住宅,将宅基地卖给黄氏。	主盟汪石洲、中见人胡宗儒
56. 天启二年(1622)/休宁县	二十二都姚世杰将房屋典卖给汪国清后要求找价,引发纠纷。	根据知县判决,姚世杰绝卖房屋。	凭中人姚世本等
57. 天启四年(1624)/祁门县	戴明孙租佃十二都章家的山林,却疏于栽养苗木。	山主告诉于府之推官。戴明孙等经乡约调停,誓约再次栽养山林。	无
58. 天启五年(1625)/祁门县	佃仆康具旺等,擅自采伐主家的山林,烧成木炭出售。	佃仆等委托中人调停,谢罪并誓约栽养已采伐山林。	无
59. 天启五年(1625)/祁门县	章敦仁等购买戴明孙租佃的山林时,没有明确记载租佃关系。	章敦仁等告诉于县。经亲族调停,戴明孙等重立栽养文书。	中见人章世新等
60. 天启六年(1626)/祁门县	仆人陈社魁等企图在主家洪氏祖坟附近,侵葬祖母之棺。	仆人等谢罪,并以保甲长等为中见人,誓约将棺移至他处。	中见保长饶宗仁、甲长毕天浩、义兄
61. 天启六年(1626)/不详	陈大保等在租佃的汪家山地中,采伐薪木,盗伐林木。	陈大保等害怕山主告诉官府,经中人进行谢罪。	中见人胡梓护等

续　表

年份、县籍	当事人姓名与纠纷原因、内容	纠纷处理过程	署名
62. 天启七年(1627)/不详	二十二都陈武祯侵伐已出售给金登等的山林。	经中人调停，誓约以后不再侵占对方的山林、坟林。	中见人王惟恭等
63. 崇祯三年(1630)/休宁县	二十九都吴荣德等与亲人朱胜良，围绕房屋买卖和管理发生纠纷。	经亲族调停，遵从之前的合同结算买卖，确定管理权，双方达成和解。	中见人吴存明等
64. 崇祯四年(1631)/不详	黄记秋祖先误买谢氏山地，谢孟义以契业不明为由，诉于仓院。	根据推官指示，县官命里排、保甲、地邻等进行取证，经调停，最后和解。	中见里长李德寿、保长李君益、甲长社祖、地邻
65. 崇祯六年(1633)/不详	佃仆汪分龙之子长寿等，盗伐主家山林中的松木。	汪分龙害怕被上告，誓约重新栽养山地中的松苗。	见亲胡付应等
66. 崇祯六年(1633)/休宁县	朱朋与朱寿等，围绕相邻坟山边界发生纠纷，告诉于县。	奉知县之命，典史进行拘审。后经里约、亲邻调停，确定边界，事态平息。	中见里约亲邻陈德明等
67. 崇祯六年(1633)/休宁县	一都夏源要求支付卖给夏有恒的江西铅山县店屋后，索要找价等。	诉于铅山县后，亲族进行调停，夏有恒支付找价等，纠纷平息。	中人汪道元等、家族人夏尚耀等
68. 崇祯八年(1635)/不详	仆人胡四郎醉酒，对家主无礼。	胡四郎经里长、保长、亲人等调停，订立戒约并谢罪。	凭里长汪文玘、保长汪尚仁、亲人六十俚等
69. 崇祯十年(1637)/不详	同族程可造、程光宇等，争夺可造祖先卖给光宇祖先的坟地的管理权。	二者告诉于县。经族人取证、调停，确定边界，事态平息。	见［人］程陵等
70. 崇祯十三年（1640）/不详	佃仆李法寿等，盗伐主家山林中的杉松。	佃仆等谢罪，誓约负责山林栽养、看护，不再侵害。	无

续 表

年份、县籍	当事人姓名 与纠纷原因、内容	纠纷处理过程	署名
71. 崇祯十三年(1640)/歙县	汪云性与庄明善一起,将汪、庄二社的社田,盗卖给三十五都汪玄相。	经亲族调停,汪云性誓约将社田赎还给汪、庄二社。	无
72. 崇祯十四年(1641)/不详	在汪礼祖先已卖给城中周家的山地中,汪礼等停放母亲之棺。	二者告诉于县。亲族取证契书,汪礼等移走母棺,确认周家管理权。	亲余兴甫等、族中周汝宪等
73. 崇祯十四年(1641)/不详	仆人汪春阳不经主家同意,擅自将弟复阳出继给伯父新志。	经亲、友调停,汪春阳谢罪并订立戒约,誓约遵守家规。	凭亲友程继祖
74. 崇祯十五年(1642)/休宁县	王懋弟采伐、出售同族共有坟山上的树木。	族众禁止王懋弟侵害坟山和族产,给予一些临时生活费。	凭中族众王珍吾等、亲人金本清
75. 弘光元年(1645)/不详	汪礼兴等为架桥而盗伐倪宗椿等山地中的桥桁。	倪宗椿状投于约保。汪礼兴等谢罪,誓约以后不再盗伐。	乡约倪思爱等

【出处】

1.《嘉靖元年祁门谢思志等误认坟茔戒约》,《契约文书》卷二,第 5 页。
2.《歙县叶文广立还文约》,《资料丛编》一集,第 563 页。
3. 南京大学历史系资料室藏《嘉靖郑氏置产簿》,编号 000021。
4.《嘉靖祁门康氏抄契簿》所收合同,《契约文书》卷五,第 270 页。
5.《嘉靖祁门康氏抄契簿》所收合同,《契约文书》卷五,第 264 页。
6.《嘉靖祁门康氏抄契簿》所收文约,《契约文书》卷五,第 268 页。
7. 南京大学历史系资料室藏《明万历汪氏合同簿》,编号 000027。
8. 南京大学历史系资料室藏《民间佃约》,编号 000079。
9. 南京大学历史系资料室藏《明成化—天启断约》,编号 000072。
10.《嘉靖三十五年吴廷康应役文约》,《契约文书》卷二,246 页。
11、14、15、37.《万历休宁苏氏抄契簿》,《契约文书》卷六,第 222、228、132—135、425 页。
12.《嘉靖三十年祁门冯初保立还文约》,《契约文书》卷二,第 260 页。
13.《嘉靖三十六年祁门县洪昆等三房管理坟地合同》,《会编考释》通号 903。
16. 南京大学历史系资料室藏《嘉靖三十九年仆立还应主文书》,编号 000076。
17.《嘉靖四十一年祁门李长互等确定李云寄等承继合同》,《契约文书》卷二,第 320 页。
18.《嘉靖四十二年谢祖昌等息讼合同》,《契约文书》卷二,第 341 页。
19.《隆庆二年鲍佛祐因盗伐甘罚文约》,《契约文书》卷二,第 410 页。
20.《隆庆二年祁门县李廷锡等伙山戒约合同》,《会编考释》通号 882。
21.《隆庆五年汪乞付等甘罚文约》,《契约文书》卷二,第 470 页。

22.《隆庆六年祁门县饶有寿赔偿文书》,《会编考释》通号904。
23.《崇祯歙县吴氏家志》,《契约文书》卷九,第116页。
24. 南京大学历史系资料室藏《万历仆应主文书》,编号000084。
25.《万历二年祁门谢承恩等退还文约》,《契约文书》卷三,第9页。
26. 南京大学历史系资料室藏合同文书,编号000058。
27.《万历四年汪必祯等合同文约》,《契约文书》卷三,第25页。
28.《万历七年程应举等立经公合同》,《契约文书》卷三,第53页。
29.《万历七年郑月等立抄缴契》,《契约文书》卷三,第56页。
30.《万历九年汪天护等甘罚文约》,《契约文书》卷三,第72页。
31.《万历十年休宁毕九礼等合同文书》,《契约文书》卷三,第87页。
32.《万历十年朱福元等立还文书》,《契约文书》卷三,第89页。
33.《万历十一年朱法等连名戒约》,《契约文书》卷三,第121页。
34、54、65. 南京大学历史系资料室藏《明嘉靖—清宣统民间佃约》,编号000080。
35. 万历祁门《布政公誊契簿》所收合同,《契约文书》卷七,第205页。
36.《万历十五年祁门谢桐等立合同》,《契约文书》卷三,第182页。
38.《万历十六年祁门洪三保等立还文约》,《契约文书》卷三,第209页。
39.《万历十七年倪正沿立还文约》,《契约文书》卷三,第225页。
40、53.《嘉庆祁门凌氏誊契簿》,《契约文书》二编卷一一,第458、486页。
41.《万历十七年祁门县李新明等以房兑田红契》,《会编考释》通号825。
42.《万历二十二年休宁县吴有祈等卖坟山红契》,《会编考释》通号732。
43.《万历二十三年丘安等立合同文约》,《契约文书》卷三,第278页。
44.《万历二十八年许应元等立钉界清业合同》,《契约文书》卷三,第297页。
45、51.《顺治祁门汪氏抄契簿》,《契约文书》二编卷四,第98、35页。
46.《万历三十三年休宁程良猷立还文约》,《契约文书》卷三,第339页。
47.《万历三十三年祁门县仆人胡胜保等四大房应役文书》,《会编考释》通号863。
48. 南京大学历史系资料室藏《万历四十六张》,编号000079。
49.《万历三十八年康学政等立清白合同》,《契约文书》卷三,第410页。
50. 南京大学历史系资料室藏《万历因侵挖愿醮谢文约》,编号000086。
52.《万历四十年祁门县仆人汪新奎等应役文书》,《会编考释》通号865。
55.《天启二年歙县黄垂继等保坟移屋合同》,《会编考释》通号826。
56.《天启二年休宁县姚世杰加价复卖房屋红契》,《会编考释》通号771。
57、59.《天启五年戴明孙等承佃合同》,《契约文书》卷四,第177页。
58.《祁门县庄人康具旺等立还约》,《资料丛编》一集,第460页。
60.《祁门县仆人陈社魁等立还约》,《资料丛编》一集,第460页。
61.《天启六年陈大保因盗伐树木立甘罚戒约》,《契约文书》卷四,第196页。
62.《天启七年陈、金二家互不侵害坟茔合同》,《契约文书》卷四,第236页。
63、66. 顺治休宁朱氏《祖遗契录》,《契约文书》二编卷四,第248—249、278—280页。
64.《崇祯四年黄记秋、谢孟义息讼清业合同》,《契约文书》卷四,第306页。
67.《崇祯六年休宁县夏源卖店屋交业重复割根文书》,《会编考释》通号787。
68.《崇祯八年胡四郎戒约》,《契约文书》卷四,第382页。
69.《崇祯十年程可造等立保祖坟合同》,《契约文书》卷四,第431页。
70.《崇祯十三年李法等立还文约》,《契约文书》卷四,第456页。
71.《崇祯十三年歙县玘祥公会田地文契抄白》,《契约文书》卷一〇,第253页。
72.《崇祯十四年汪礼立清业合同文约》,《契约文书》卷四,第464页。
73.《崇祯十四年仆人汪春阳立甘罚文约》,《契约文书》卷四,第469页。
74. 南京大学历史系资料室藏《元至正二年至乾隆二十八年王氏文约契纸誊录簿》,编号000013。
75.《契约文书》二编卷一,第9页。

首先探讨纠纷内容。75 例纠纷均属于民事性突出的"户婚田地案"，近九成即 66 例(88%)是边界纠纷、交易纠纷、侵害地权、采伐林木等土地纠纷，其中，围绕山林、坟墓的纠纷占大部分。① 在徽州山区，山林资产价值极高，木材和山林产品的收益，是商业资本的重要来源。山林边界容易变得不清晰，而且因分割继承而细分化的地片被频繁地买卖，因此，山地所有权、交易方面的纠纷不断，盗伐山林、误伐等现象也时常发生。此外，坟墓具有同族结合中心的意义，条件好的坟地容易成为争占对象。坟墓、墓林一般位于山脊至山腰地带，容易与相邻山地之间发生边界纠纷。而且采伐墓林也会明显地破坏墓地风水，所以常常引发纠纷。

这些土地纠纷大致可分为四类：(a) 土地边界、所有权相关纠纷；(b) 土地交易纠纷；(c) 侵占坟墓等及盗葬；(d) 采伐山林、墓林。其中也有以土地交易时所产生矛盾为背景引发的边界纠纷、山地边界纠纷导致山林盗伐等，有时多种原因共生，本章暂以最主要原因为依据进行分类。

(a) 类主要是以土地边界、所有权为争论焦点而发生的纠纷，75 例中有 13 例(17.3%)(5、18、31、35、41、43、44、49、53、55、64、66、69)。其中，除 41 为店基管理权纠纷外，其余均是山地、坟墓方面的纠纷。在这些纠纷中，一般由里长、约保和亲族、中人进行取证和调停，双方当事人订立合同，确认边界和管理权。但也有的通过交换土地(41)，或者当事一方收买争议地(55)而解决纠纷。

(b) 类主要是土地交易引发的纠纷，占全体的 1/4 以上，共 20 例

① 关于明清时期徽州的山林、坟墓经营，可参照陈柯云《明清徽州地区山林经营中的"力分"问题》(《中国史研究》1987 年 1 期)、郑振满《茔山、墓田与徽商宗族组织——〈歙西溪南吴氏先茔志〉管窥》(《安徽史学》1988 年 1 期)、上田信《山林、宗族与乡约——以华中山间部事例为例》(地域世界史 10《人与人的地域史》，山川出版社，1997 年)等等。尤其是上田信的论文，对围绕山林、坟墓的社会关系作总体性展望，也论及围绕山林的纠纷处理、乡约(乡村禁约)，值得参考。

(26.7%)。有围绕山林、坟地、田地和宅基地等买卖契约的正当性发生的纠纷(15、40、59、63),有买卖之际课税名义变更(7、23)、土地交换(45)等引发的纠纷,也有侵占已卖出山地引发的诉讼(29)。还有不少事例是重复买卖山地、误买他人名义的山地(1、4、6、25、36),宗族成员擅自出卖同族共有的坟墓和族产(42、71、74),盗卖其他族人的山地(51)。此外,还有要求偿还以房屋为抵押的借银(46)、要求补足房屋和店屋的卖价(找价)引发的诉讼(56、67),均根据知县的裁定,认可其偿还或找价的要求①。

(c) 类为侵占坟墓、盗葬等方面的纠纷,共 10 例(13.3%)。除盗葬(14)和破坏(50)其他家族的坟墓,还有企图在已卖出山地中进行埋葬和祭祀祖墓而引发的纠纷(1、28、72),宗族成员在同族共有坟墓盗葬的事例(13、26)。有势力宗族的坟墓附近,常常会有佃仆等居住,他们也负责看守坟墓和栽养坟林,这些佃仆和奴仆图谋盗葬、侵葬主家坟墓(10、60),坟墓看守者懒于管理而导致坟山遭破坏(37)引发的纠纷有 3 例。

(d) 类盗伐、侵伐、误伐山林和墓林的土地纠纷数量最多,有 23 例(30.7%)。除盗伐、侵伐其他家族山林(9、22、54)和误伐墓林(27、39)外,也有误伐、侵伐已卖出山林(3、62),以及擅自侵伐同族共有的部分山林的事例(20)。山林地主一般委托租佃者栽养和看守山林,林木长成后共享收益,这时租佃人疏于栽养林木(57)、被他人盗伐山林(30)、租佃者自身进行盗伐(48、61)等也会引发纠纷。佃仆盗伐、误伐主家的山林(21、38、58、65、70),盗伐看守的山林(34)的事例也不少。关于墓林,也有负责看守、栽养的佃仆自行盗伐(19、24),管理者疏于看守(11)等引起

---

① 关于明清期找价诉讼的特点,详见岸本美绪《明清时期的“找价回赎”问题》(《中国——社会与文化》12 号,1997 年)。

的纠纷。还有烧毁别家山地中茶苗(8)和盗伐桥脚(75)的事例,也归类于此。

这些土地纠纷,不仅仅是边界和所有权纠纷,还常常伴有一些武力和不法行为。对于盗伐山林和坟林、盗葬坟墓、盗卖和重卖山地、侵占山地等,《大明律》规定施以笞杖刑等刑罚。[①] 但本节一览表所收录的诉讼事例中,没有明确记录地方官使用笞杖刑的事例。如前所述,根据地方官判决解决的诉讼,多适用"不应为"条例,一般在诉讼过程中达成和解时,即使包含可罚性不法行为,但若是盗伐林木则赔偿或重新栽养,若是盗葬坟墓则移葬至他处,若是盗卖和重卖山地则买回,若是侵占山地则恢复原状,通过这些途径解决纠纷。

除此之外,土地纠纷以外的纠纷,有佃仆对主家不履行服役(16、32、47),佃仆和奴仆反抗、对主人无礼(33、52、68)和逃亡(12),奴仆继承问题(73)等,(e)类与佃仆、奴仆身份和主仆关系相关的纠纷有 8 例(10.7%),加上佃仆盗伐山林、坟林和盗葬墓地等,几乎占全体的 1/4,有 18 例(24%)。关于佃仆、奴仆方面的纠纷,笔者将利用此表没有收录的诉讼文书等,在第七章进行系统论述。

不过,不同于"田地","户婚"即(f)类"继承"、婚姻方面的纠纷极少,除上述佃仆继承问题外,仅有关于出继者之子在黄册中的登记一例(17)。这可能是因为相比于土地文书,继承、婚姻的相关文书难以留存。[②] 事实上,明代中期休宁县人程敏政如此描述了徽州的诉讼:"不过产与墓、继之类耳。夫产者,世业之所守;墓者,先体之所藏;继者,家法

① 根据《大明律》的规定,盗伐、侵伐山林及损坏器物、作物,据《户律·田宅·弃毁器物稼穑等》条,依照盗窃罪处罚;盗伐坟林,据《刑律·贼盗·盗园陵树木》条应该杖八十;在他家坟墓内盗葬,也据《刑律·贼盗·发塚》条杖八十。此外,盗卖、侵占土地,据《户律·田宅·盗卖田宅》条,笞五十至杖八十、徒二年;重卖土地,也据《户律·田宅·典买田宅》条,依照盗窃处罚。

② 关于继承问题,可参照臼井佐知子《徽州文书所见"承继"》(《东洋史研究》55 卷 3 号,1996 年)。

所倚。”①明末祁门县也有“民讼多山木、坟茔、嗣继”②的记载，可见，继承问题与土地、山林和坟墓一样，是诉讼的主要原因。此外，根据前文介绍的向乡约、里长和族众投出的诉状，可以知道斗殴、犯奸等刑事事件以及水利纠纷的存在。

以下分析纠纷双方当事人的关系。时间上可分为嘉靖元年至四十五年(1522—1566)、隆庆元年至万历十五年(1567—1587)、万历十六年至四十八年(1588—1620)、天启元年至弘光元年(1621—1645)四个时期，将双方当事人的关系整理为表A。其中，同族间发生的纠纷有16例(占全体的21.3%)、姻亲间5例(6.7%)、同姓(有无同族关系不明，或同姓异族)间10例(13.3%)、异姓间(有无姻亲关系不明)18例(24%)。但在某种程度上，同姓、异姓中也包含同族和姻亲，所以亲族间发生纠纷的比例非常高。另外，佃仆、奴仆(全部异姓)与主家间发生的纠纷有18例(24%)，山林租佃者与山主(全部异姓)之间的纠纷有8例(10.7%)，两者相加占全体的1/3以上，有26例(34.7%)。从纵向发展来看，相比于同族、同姓间，异姓和主仆间的纠纷有增加倾向，可见地域内同族间竞争和主仆间对立有逐步激化趋势。

表A 纠纷双方当事人的关系

	嘉靖元年至四十五年(1522—1566)	隆庆元年至万历十五年(1567—1587)	万历十六年至四十八年(1588—1620)	天启元年至弘光元年(1621—1645)	合计(%)
同族	7	4	2	3	16(21.3%)
姻戚	1	1	2	1	5(6.7%)
同姓	2	4	3	2	10(13.3%)
异姓	3	2	6	7	18(24%)

① 程敏政《篁墩文集》卷三五《序·奉送张公之任徽州府序》。也可参照同书卷二七《序·赠推府李君之任徽州序》。

② 万历《祁门志》卷四《风俗》。

续　表

	嘉靖元年至四十五年(1522—1566)	隆庆元年至万历十五年(1567—1587)	万历十六年至四十八年(1588—1620)	天启元年至弘光元年(1621—1645)	合计(%)
主仆	3	6	3	6	18(24%)
主佃	2	1	2	3	8(10.7%)
合计	18	18	18	21	75(100%)

进而探讨处理纠纷的过程。在75例纠纷中,无需向官府起诉便在乡村层面得以解决的有43例(占全体的57.3%)。其中,经乡村各种调停和仲裁解决的事例38例(50.6%),当事人之间经谈判解决的事例5例(6.7%)。向地方官提起的诉讼有32例(42.7%)。提起诉讼后在当地调停和解的诉讼有27例(36%),在法庭上经地方官裁定解决的诉讼有5例(6.7%)。

在这些纠纷、诉讼的处理过程中,负责调停纠纷、仲裁以及调查取证、调停诉讼等,以某种形式参与纠纷解决的人物,可依照年代顺序整理为表B。此表主要据文书的书面,将可以确认负责调停和仲裁、调查取证等的人物,分为里老、约保、亲族、中见人等。若文书末有"劝谕里长"的署名,即使文中未出现也算作调停者。但在文书末署名为中见人,而文中不能确认其是否参与纠纷处理的人物,有可能仅仅是作成文书时的见证人,所以没有包含于表中。

表B　参与纠纷处理的人物

	嘉靖元年至四十五年(1522—1566)	隆庆元年至万历十五年(1567—1587)	万历十六年至四十八年(1588—1620)	天启元年至弘光元年(1621—1645)	合计(%)
里长	7	5	3	4	19(25.3%)
老人	3	1	0	0	4(5.3%)
乡约	0	2	0	3	5(6.7%)
保甲	0	1	1	4	6(8%)

续　表

	嘉靖元年至四十五年(1522—1566)	隆庆元年至万历十五年(1567—1587)	万历十六年至四十八年(1588—1620)	天启元年至弘光元年(1621—1645)	合计(%)
同族	7	5	1	7	20(26.7%)
姻戚	4	6	0	8	18(24%)
中见人	5	5	11	3	24(32%)
邻人	1	0	0	3	4(5.3%)
房东	1	2	1	0	4(5.3%)
当事人间谈判	2	0	1	2	5(6.7%)
地方官裁定	0	1	2	2	5(6.7%)

关于各种纠纷处理参与者的比例，笔者已在第二节详论，此不赘述，本节仅分析其整体发展趋势。首先，自万历中期开始，里长比例略有降低，直至崇祯年间，他们仍参与一定数量的纠纷处理，但到万历初年，老人已完全消失。隆庆年间起，乡约、保甲代替老人，负责纠纷处理，天启年间以后，二者数量合计超过里长。中见人为最多，参与近 1/3 的纠纷处理，同族和姻亲也与 1/4 左右的纠纷相关联。但万历中、后期，与中见人相比，同族、姻亲处理纠纷比例明显降低，天启年间以后，同族、姻亲比例反而高于中见人。其真正原因尚不清晰，或许是偶然的结果。此外，佃仆和奴仆的相关纠纷中，主家(房东)在 3 例中负责调停，争议地近邻的居民(地邻)参与土地纠纷调停的有 4 例。

接下来以纠纷当事人的关系为纵轴，以纠纷处理参与者为横轴，可整理出表 C。在同族之间的纠纷中，其他族人出面解决的，占所有 16 例中的 3/4，有 12 例，姻亲参与 9 例，大部分纠纷处理与亲族相关联。另一方面，姻亲间和同姓间发生纠纷时，不像同族间那样有明确的倾向。而异姓间发生的纠纷中，中见人在所有 18 例中占半数，即 9 例，里长在 1/3 即 6 例中负责调停和取证，与亲族相比，当然更希望处于第三者立场的人物作为调停者。

表 C　纠纷当事人的关系与纠纷处理参与者

	同族	姻戚	同姓	异姓	主仆	主佃
里长	3	2	4	6	3	1
老人	0	2	1	1	0	0
乡约	0	0	2	2	0	1
保甲	0	0	1	2	2	1
同族	12	1	2	1	3	1
姻戚	9	1	4	2	3	1
中见人	0	3	2	9	6	4
邻人	1	0	1	2	0	0
房东	1	0	0	0	2	0
当事人间谈判	0	0	1	0	3	1
地方官裁定	1	0	1	2	1	0

在主家与佃仆、仆人的纠纷中，中见人在 18 例中有 6 例，里长和同族、姻亲各 3 例，主家（纠纷当事人除外）调停 2 例、主仆间经谈判解决 3 例。在山主与租佃者间的纠纷中，中见人调停的，10 例中有 4 例。从整体上看，同族间纠纷中亲族负责解决的比例较高，异姓和主仆、主佃间纠纷中则为中见人，里长大致均衡地参与了当地的纠纷处理。

如第三、四章所论述的那样，明代前期（15 世纪前半期），里甲制下的老人又被称作“理判”，参与裁定纠纷。“众议”与同族调停互为补充，发挥了纠纷处理中心的作用。明代中期（15 世纪后半期—16 世纪初），里长和老人通过纠纷调停以及诉讼的调查取证等，仍然在纠纷处理的框架中起到连接点的作用，如第四章所论“值亭老人”那样，老人有时也会接受地方官的委派，重新审理诉讼。

16 世纪以降，随着徽州地域开发界限和商业活动的全面发展，具有较强封闭性的生活世界逐步扩大，同时围绕当地有限资源的竞争也日益激化，乡村中的社会关系和身份秩序也逐步动摇。如第五章所述，这种社会变动，是与同族间激烈对立、所在地发生纠纷的增加和复杂化直接相关的。明代后期乡村社会中，在老人、里甲制下平稳地解决当地纠纷的状况日益困难起来，结果导致向地方官提起的诉讼开始增加，“健讼”风潮明显。

适应这种社会变动、重新构筑纠纷处理框架的途径，可以有如下三方面。一是地方官治通过审判直接参与当地的纠纷处理。二是在里甲制基础上引入乡约、保甲制，通过乡村组织再次构筑纠纷处理和秩序维持体系。三是宗族组织、亲族、中见人以及当地有势力、有名望人士等民间诸主体，自发地处理纠纷，从而形成秩序。在现实生活中，这三种作用相互对抗，同时相互补充，作为一个整体，解决不断增加的纠纷。在当时的徽州乡村社会中，根据各个纠纷的性质和当事人的人际关系，除里长、老人外，还有乡约和保甲、亲族和宗族组织、邻人和朋友、当地有势力者和有名望者等各种主体处理纠纷的方式也逐渐被探索出来。

小结

寺田浩明注意到明末以后乡村中缔结的禁约、乡约、盟约等各种“约”，指出当时乡村社会秩序除了各种乡村大“约”，还涉及个人间私约、调停以及地方官告示和审判等，乡村秩序正是通过这些作用流动的对抗与统合而最终形成。① 明末徽州乡村社会中，当地各种集团和人际关系，

① 寺田浩明：《明清法秩序中“约”的特点》，沟口雄三等编《出自亚洲的考察 4　社会与国家》，东京大学出版会，1944 年。

里甲、乡约、保甲等乡村组织，地方官的统治力量等，并没有形成固定框架，而始终保持混沌竞逐这种过渡时期的状态，围绕纠纷处理的社会关系的多样性、流动性也反映了这种状况。

不过，这种明末时期乡村社会的混沌状况，并非在清初以降依然持续。熊远报分析了康熙年间徽州婺源县一位生员日记中出现的47例纠纷事例，他认为，许多村落内、村落间纠纷是由当地乡约，而同族内纠纷多由宗族负责调停和仲裁，族内、村内生员也常常作为调停者出现。① 尽管存在史料和地域的差异，但至清初，徽州逐渐形成了以乡约和宗族为中心的纠纷处理框架。

虽然徽州经历了明代后期以降的社会变动，但居住于各村落的明初以来有势力宗族的势力，并没有发生很大变化，能够以宗族和村落为基础，重组乡村秩序。然而，宗族结合则比较缓慢，而在人际关系丰富多样的江南，社会结合更加开放，即使在清初，其纠纷处理框架也极富流动性。② 明代后期以降，社会变动及其重构过程因各地域的社会构造而存在一定差异，徽州宗族组织发达、地缘结合比较牢固，可以视为华中南盆地地域最具代表性的案例之一。

---

① 熊远报：《清代徽州地域纠纷的构图——以乾隆朝婺源县西关坝诉讼为中心》，《东洋学报》81卷1号，1999年。

② 岸本美绪：《〈历年记〉所见清初地方社会生活》，《史学杂志》95编6号，1986年，后收入《明清交替与江南社会——17世纪中国秩序问题》，东京大学出版会，1999年，第257—263页。

第七章　明末徽州的佃仆制与纠纷

引言

明清时期的徽州府，广泛推行“佃仆制”，即以“主仆之分”隶属于特定的家庭或同族，除交纳佃租外，还负担各种劳役。徽州在宋元时期已普遍施行佃仆制，到明清时期，这种租佃形式在其他地域已逐渐消失，但在徽州依然存在，甚至到民国时期，仍根深蒂固地有所留存。

关于明清时期的佃仆制，主要通过丰富的文书史料进行研究，很早开始就涌现出许多研究成果。在第六章中，笔者通过分析文约、合同等 75 例徽州文书，进一步论述了明代后期徽州乡村社会中的纠纷处理，其中 18 例即近 1/4 是佃仆、奴仆与主家之间的纠纷。① 本章除利用徽州文书资料集所收民间文书外，还利用佃仆制相关研究论文中引用的文书、各种诉讼文书，对明代后期徽州乡村社会中主仆纠纷诸相进行考察。

---

① 与此相对，第三章讨论的共计 43 例纠纷处理相关文件中，主仆纠纷仅有一例。

第一节　明清徽州的佃仆制

在徽州文书研究中,佃仆制是最早受到注目、拥有众多研究成果的领域。1960年,傅衣凌利用徽州文书最早进行研究,在《文物参考资料》上,介绍、研究了明代徽州的佃仆文书。① “文化大革命”时期一度中断,1970年代后半期起,叶显恩②、章有义③致力于推进佃仆制的深入研究,之后以80年代前半期为主,刘重日④、魏金玉⑤、刘和惠⑥、彭超⑦等学者发表了许多专论。到90年代以后,周绍泉、陈柯云利用文书史料,详细地分析了佃仆家系复原以及与佃仆身份相关的诉讼案件,同时也从社会史视角进行了研究。⑧ 此外,日本的仁井田陞、小山正明对傅衣凌等人介

① 傅衣凌:《明代徽州庄仆文约辑存——明代徽州庄仆制度之侧面的研究》,初发表于1960年,后收入《明清农村社会经济》,生活·读书·新知三联书店,1961年。以下略称《侧面》。

② 叶显恩1978年以降发表了一系列佃仆制研究论文,后收集于《明清徽州农村社会与佃仆制》(安徽人民出版社,1983年,以下略称《佃仆制》)第六章《徽州的佃仆制度》。

③ 章有义《明清徽州土地关系研究》(中国社会科学出版社,1984年)、《关于明清时代徽州火佃性质问题赘言》(初发表于1987年,后收入《明清及近代农业史论集》,中国农业出版社,1997年)。

④ 刘重日《从部分徽档看明代的徽州奴仆及其斗争》(《中国农民战争史论丛》第三辑,1981年),刘重日、曹贵林《明代徽州庄仆制研究》(《明史研究论丛》第一辑,1982年),刘重日《火佃新探》(《历史研究》1982年2期),刘重日《再论“火佃”的渊源及其性质》(《明史研究》第五辑,黄山书社,1997年)。

⑤ 魏金玉:《明代皖南的佃仆》,《中国社会科学院经济研究所集刊》三集,1981年。以下略称《皖南》。

⑥ 刘和惠《明代徽州佃仆制考察》(《安徽史学》1984年1期)、《明代徽州胡氏佃仆文约》(《安徽史学》1984年2期)、《明代徽州佃仆制补论》(《安徽史学》1985年6期,以下略称《补论》)。

⑦ 彭超《试探庄仆、佃仆和火佃的区别》(《中国史研究》1984年1期)、《再谈火佃》(《明史研究》第一辑,黄山书社,1991年)。此外,关于清代佃仆制度的专论,有傅同钦、马子庄《清代安徽地区庄仆文约简介》(《南开学报》1980年1期)、韩恒煜《略论清代前期的佃仆制》(《清史论丛》第二辑,1980年)。关于20世纪80年代中期以前中国的佃仆制研究史及其争论焦点,可参照陈柯云《徽州文书契约研究概观》(《中国史研究动态》1987年5期)第1—4页。

⑧ 周绍泉《明后期祁门胡姓农民家族生活状况剖析》(《东方学报》67册,1995年)、《清康熙休宁“胡一案”中的农村社会与农民》(《’95国际徽学学术讨论会论文集》,安徽大学出版社,1997年),陈柯云《雍正五年开豁世仆谕旨在徽州的实施——以乾隆三十年休宁汪、胡互控案为中心》(《清史论丛》,辽宁古籍出版社,1995年)。

绍的文书,也进行了深入探讨。[①] 在欧美,居蜜和宋汉理发表了相关论文。[②] 本章主要以最具综合性的叶显恩的研究成果为基础,加上其他论著和笔者自己的见解,对明清徽州的佃仆制予以简要总结。

佃仆又称庄仆、地仆、庄佃、庄人、庄户等,在明代也常常用"火佃"的称呼。[③] 佃仆一般称自己的主家为"房东"。佃仆制在徽州固定下来,一般认为大致上始于宋代。在急速推进的山村型地域发展过程中,有势力地主和宗族召集没有土地和财产的外地流入者等,供给其土地和家屋,使其开垦和农耕,在发展集约型农业经营中形成了佃仆制。

构成佃仆身份的要素,一般表现为"佃主田、住主屋、葬主山",即耕种主家的田地和山林维持生计,住主家提供的房屋,死后埋葬于主家拥有的坟山。明清时代,徽州有势力宗族经常在自家所有的田地和山林附近,设置称作"庄"的居住地,招募没有土地的农民为佃仆,使其耕种田地、栽养山林。在坟墓旁边修筑佃仆居住的庄屋,使佃仆看守坟墓和管理坟林。在主家居住的村落内设置庄屋,让佃仆承担村内外的巡警和祠堂的管理等。佃仆死后,主家给予坟地进行埋葬,子孙代代继续作为佃仆。一般农民多通过与佃仆的妻女结婚或入赘,继承佃仆身份,有时是主家给家内奴仆以婚配,令其在主家的庄田上居住、佃种,从而使奴仆变

---

① 仁井田陞:《明末徽州的庄仆制——尤其是劳役婚》(初发表于 1961 年,后收入《中国法制史研究　奴隶农奴法・家族村落法》,东京大学出版会,1962 年)。小山正明《明代的大土地所有与奴仆》(初发表于 1974 年,后收入《明清社会经济史研究》,东京大学出版会,1992 年)、《文书史料所见明清时期徽州府下的奴婢、庄仆制》(初发表于 1984 年,前述书所收)。此外,臼井佐知子《徽州文书所见"承继"》(《东洋史研究》55 卷 3 号,1996 年),也与入赘、卖身、应役文书相关联,论及徽州的佃仆、奴仆制度。

② 宋汉理《中国地方史的变迁与延续》(Harriet T. Zurndorfer, *Change and Continuity in Chinese Local History: The Development of Hui-chou Prefecture, 800 to 1800*, E. J. Brill, 1989);居蜜《同族的延续:徽州的仆佃制》,刘广京主编《中国明清时期的正统》(Mi Chu Wien, "Kinship Extended: The Tenant/Servant of Hui-chou," in Kwang-ching Liu ed., *Orthodoxy in Late Imperial China*, University of California Press, 1990)。

③ 叶显恩前述《佃仆制》,第 233—239 页。

成佃仆。

佃仆与普通佃户一样,租佃主家的田地和山林,支付佃租,但同时在主家的婚姻、葬仪、祭祀等活动场合,有义务负担各种劳役。一般农民成为佃仆时,通常订立“应役文约”“服役文约”等文书,规定成为佃仆的事由和经过、服役内容、违约时惩罚规则等。此外,佃仆租佃主家的土地时,常常另立租田约和租山约。佃仆犯过错时,又订立“还文约”或“还文书”,规定谢罪、赔偿以及再犯时的处罚等,同时再次确认了“服役文约”的规定。继承佃仆身份时,另立服役文约和还文约,再度确认服役义务。

佃仆与家内奴仆不同,一般自成一家,拥有自己的生产资料和家产,在独立家庭经济下从事农业经营,有时还拥有一些土地。另一方面,佃仆的婚姻和继承,必须得到房东认可,经常由房东安排配偶。佃仆既有附属于各个地主之家的,也有在祠堂、纷墓等族产基础上附属于宗族及其支派的。但即使附属于各家,佃仆一族相对于房东一族也有“主仆之分”。另外,佃仆不得擅自离开庄地、迁移他处,庄地被买卖时,佃仆向新的所有者服役。庄地若被分割继承,佃仆的服役义务也被分割开来。但一般情况下,主家并非完全支配佃仆人身,应视作仅拥有使役权,伴随庄地的买卖和均分继承而转移和被分割的,原则上也是佃仆的使役权而不是佃仆的人身本身。

徽州佃仆制在有明一代得到进一步的巩固和维持,但到明代后期,主仆关系日益紧张,佃仆的社会流动也逐渐明显。明清易代之际,佃仆、奴仆爆发大规模叛乱。镇压叛乱之后,主仆关系重新构筑,但主仆纠纷依然多发,甚至有规模化倾向。然而,通过雍正年间“贱民解放令”,子子孙孙不得脱离佃仆身份的状况逐渐趋于缓和。到 19 世纪初,具备明确的卖身文契,除现阶段被主家扶养、向主家服役者以外,认可其可以脱离佃仆身份。受此影响,清代后半期,属于各个地主的佃仆数量不断减少,代之以普通的租佃关系。尽管如此,在周边山区地带,从属于祠堂等的佃仆制,直到 20 世纪前半期仍根深蒂固地延续。

在明清时期，徽州的有势力宗族和地主不仅拥有佃仆，还拥有许多家内奴仆。因明代原本禁止庶民拥有奴婢，故奴仆多作为名义上的家族成员而被称作“义男”。奴仆原则上没有独立的家庭经济，被主人扶养，从事耕作和家内劳动，同时也服他杂役，服役内容无限制。佃仆身份的依据，是各种服役文书，而奴仆身份的依据，则是卖身时所立卖身文书。卖身文书有单纯的“卖子契”形式，但多采取订立“婚书”和“入赘文约”，与奴仆的妻女结婚或入赘从而继承奴仆身份的形式。[①] 主家不仅拥有奴仆的使役权，还拥有其人身和生活等所有方面的支配权。

尽管如此，实际上佃仆和奴仆的区别并非绝对。奴仆中也有因主人给予住房和可耕地、组成独立家庭而逐渐变为佃仆的，但另一方面，佃仆中也有逐渐提高其对主家的隶属度而最后奴仆化的。介于二者中间的形态也较多，“仆”“仆人”“世仆”等称呼同时用于佃仆、奴仆，因此，也常常难以对文书和史料中的两者作出明确判断。此外，佃仆订立租佃文书等的时候，往往不明确显示佃仆身份，仅仅自称“佃人”“某都住人”等，这种情况下很难判断是一般佃户还是佃仆。但总体上，文书上称对方为“房东”“房主”“东主”等情况，判断其为佃仆则大致无误。

第二节　文书史料中出现的明代徽州主仆纠纷

本节将各种文书史料中出现的明代徽州佃仆、奴仆相关纠纷事例，以一览表形式予以总结。本书第六章已介绍了文书资料集所收以及南京大学历史系资料室所藏的纠纷解决时订立的文约、合同等民间文书中所记载的19例主仆纠纷。本节将在此基础上，增加各种诉讼文书、宗族合同等，以及佃仆制的相关研究论文所引用、介绍的文书，进一步扩大调

① “火佃”又写作“伙佃”，已经在宋元时代史料中频繁出现，原为“夥佃”，指集体耕种农田的佃户。正如叶显恩等学者所述（《佃仆制》第234—238页），在明代，“火佃”一般与“佃仆”“庄仆”通用。

查范围,共列出了52例纠纷。

我们首先来分析文书的出处。《契约文书》散件文书中收集了纠纷事例11例、簿册文书中收集1例。从《契约文书》二编所收录清代簿册文书中收集明代纠纷事例2例。以上均为中国社会科学院历史研究所(以下略称历史研究所)所藏文书。

《会编考释》中收录北京大学图书馆所藏文书2例,《资料丛编》一集中收录徽州地区博物馆(今黄山市博物馆)所藏文书1例。此外,笔者还从南京大学历史系资料室所藏原始文书中收集6例,从族谱和家规、墓志等所收录的文书中收集3例纠纷事例。从佃仆制的相关先行研究中,即以安徽省博物馆为代表的安徽省图书馆、历史研究所、中国社会科学院经济研究所(以下略称经济研究所)、文化部文物局、北京师范大学等处所藏文书中共收集25件事例。

若同一文书被研究论文多次引用,以发表时间早的论文作为出处。文书资料集所收录的文书,也有被其他研究论文所引用的,本书不再一一注释。围绕一件纠纷事例有两件相关文书残存时,以一件文书代表该事例,另一件作为附记。对于同一文书,若有原始文书和抄件两种形式,原始文书优先。

明代徽州主仆纠纷一览表

年份、县籍	当事人姓名 与纠纷原因、内容	纠纷处理过程	署名
1. 成化二十三年(1487)/不详	租借洪家住基的饶姓佃仆郑周保,未经洪家同意,将垣墙移向地界之外。	洪家不允许其移出垣墙,郑周保订立还文约,誓约恢复原状。	中见人程隆等
2. 弘治十一年(1498)/歙县	看守谭渡黄氏坟墓的佃仆吴福祖、隆兴等,在黄氏标挂(扫墓)时,没有供出所定物品。	隆兴等请求里长洪永贵、老人黄堂等调停,订立还文书,誓约以后忠实地服役、供出物品。	立文书吴福祖等十一名

续　表

年份、县籍	当事人姓名 与纠纷原因、内容	纠纷处理过程	署名
3. 弘治十三年（1500）/不详	黄宣的佃仆许社宗，在租佃自洪姓的山地中盗伐树木。	经黄宣调停，许社宗订立还文约，誓约以后不再侵伐洪姓山林。	见人黄宣等
4. 正德十五(1520)/祁门县	六都善和里程氏的五大支所属青真坞的山林，被各族人命奴仆乱伐。	青真坞山林作为五大支共有众业，订立合同文书，禁止族人和奴仆盗伐。	立合同文书人程旺等三十七名
5. 嘉靖五年(1526)/祁门县	李櫟与房弟李祥共有佃仆的庄基与使役权，李櫟不在时，李祥盗卖给族人。	接到李櫟告诉后，祁门知县命李祥支付价银十六两，责板二十。	（知县收到李櫟具告后所下发执照）
6. 嘉靖八年(1529)/祁门县	十一都黄氏从李氏的佃仆变成富人，黄珽被李三学叱骂，引发诉讼。	官府审理后，命令依然维持李、黄两家的主仆之名分。	（田邻报数结状）
7. 嘉靖二十四年(1545)/不详	佃仆林昭看守的山林，被他人盗伐，却没有告知主家。	主家准备驱逐林昭，林昭托人调停，订立还文约，誓约忠实地看守山林。	无
8. 嘉靖二十六年(1547)/歙县	溪南吴氏地仆叶积回等，擅自在河流中设碣，后又造水碓，引发诉讼。	吴氏一族合议，将族产坟山以三百两卖给族人有志，用作诉讼费用。	众立吴真锡等十九名
9. 嘉靖三十五年(1556)/不详	佃仆吴廷康将其妻灵柩擅自埋葬于房东的山地中，房东的宗祠告诉于县。	吴廷康经中人调停，立还文约，作为补偿，誓约每年在宗祠中服役一天。	立文书人吴廷康、见人章贵
10. 嘉靖三十六年(1557)/祁门县	十西都谢氏的佃仆冯初保次子、房东谢社右家仆德儿，背着主人携妻儿逃亡。	房东状投于里长谢香。经堂叔调停，初保从谢氏宗祠中获得交给旧主的赎身银，成为宗祠的奴仆。	立还文约仆人冯初保、冯德儿、中见堂叔冯贞保

续 表

年份、县籍	当事人姓名与纠纷原因、内容	纠纷处理过程	署名
11. 嘉靖三十九年(1560)/祁门县	十六都倪氏的佃仆十西都汪南等，在房东倪象的葬礼上，没有出来服役。	汪南等委托房东的族长进行调停，立还文约，誓约在婚礼、葬礼、清明节时服役。	立还文约仆人汪南等、房东族长倪友乾等
12. 隆庆二年(1568)/不详	吴氏宗祠佃仆鲍佛祐，在租佃房东的坟山中，盗伐墓林的松木。	吴满投诉于里长，鲍佛祐根据原立禁约接受责罚，立伏约，从坟山退佃。	伏约人鲍佛祐
13. 隆庆五年(1571)/祁门县	佃仆汪乞付等购买房东的山林进行采伐时，误伐了相邻其他房东的山林。	经中人江寿等调停，汪乞付等立还文约，向房东汪于祚照价赔偿。	立还文约佃人汪乞付等、中见人江寿
14. 万历元年(1573)/祁门县	县城汪东海的佃仆一都华桥金二等，在负责看护的房东坟山中盗伐松木。	金二等经中人王周保调停，立还文约，誓约忠实地看守、栽养坟山。	立还文书人金二等、中人王周保
15. 万历四年(1576)/祁门县	在汪氏佃仆陈春保等一族祖坟附近，族人陈香进行盗葬。	经做里长的房东的调解，陈香向族众赔偿银一两，族众立合同文约，禁止侵害祖坟。	立合同人陈春保等十名、房东汪□贡
16. 万历五年(1577)/祁门县	十四都安山的佃仆朱钿，背着主家携妻儿逃走，被主家抓住。	朱钿通过中见人订立限约，誓约到服役年份返回服役。	立还限约朱钿、中见保人谢凤保
17. 万历十年(1582)/祁门县	五都洪氏的佃仆胡胜保一族的祖墓，被族人胡寄兄弟盗葬母柩，胡姓一族进行阻止，胡寄兄弟反而投诉于县。	胡寄等败诉，再次引起诉讼，胡姓一族投状于房东洪氏，请求其主持进行诉讼。	投状人胡胜(保)等
18. 万历十年(1582)/祁门县	五都洪氏的佃仆朱福元等到外地经商，没有去主家的冠婚葬祭服役。	经族人调解，朱福元立还文书，誓约不再擅自去其他地方，忠实地服役。	立还文书仆人朱福元等

续　表

年份、县籍	当事人姓名与纠纷原因、内容	纠纷处理过程	署名
19. 万历十年(1582)/休宁县	环珠里张椿等的“逆仆”徐长保等，企图脱离仆人身份，向巡按御史起诉。	徽州府按照御史指示进行审理。张氏一族以十八两出卖族产田地，用作诉讼费用。	立契人张椿等、中见人张子陵等
20. 万历十一年(1583)/休宁县	十二都汪氏的仆人朱法等违背家主之命，聚众反抗，家主告诉于县。	知县命仆人等在法庭订立连名戒约，誓约忠实地向家主服役。	具连名戒约仆人朱法等二十二名
21. 万历十一年(1583)/祁门县	五都洪氏的佃仆胡乞保等，在没有通知房东的情况下，在坟山中盗葬其母灵柩。	房东状告于县。胡乞保等经老人、里长调停，订立还文约，将灵柩移至他处。	立文人胡乞保等、老人谢福、里长洪坚、中见叶大千
22. 万历十二年(1584)/祁门县	五都洪氏的佃仆许龙等，拒绝为房东服役，洪氏告诉于县。	许氏请求里长调停，订立还文约，誓约在房东婚姻、葬祭时忠实地服役。	不明
23. 万历十三年(1585)/不详	洪氏的佃仆、冠婚葬祭时负责奏乐的乐仆汪社等脱离主家，不服役。	经里长调解，汪社等订立还文约，会见主家，誓约忠实地服役。	立还文约人汪社等
24. 万历十三年(1585)/不详	佃仆胡安乞等所租佃的房东汪于祐山林中的大量杉木，被他人盗伐。	胡安乞等经中人调停，立还文约，誓约忠实地栽养、看护山林。	立还文约佃人胡安乞等、附邻佃人林记龙
25. 万历十五年(1587)/祁门县	十五都奇峰郑氏的佃仆许文多等，不承认其佃仆身份，告诉于祁门县，进而上诉于南京的屯院。	依屯院指示，祁门县重审判决。要解除佃仆身份，必须退佃郑氏田地，搬离郑氏房屋。	(祁门县断语、屯院批语、祁门县审语)
26. 万历十六年(1588)/祁门县	十西都佃仆洪三保等，在租佃房东谢敦本堂的山林中盗伐杉木。	房东逮捕捉洪三保等，三保经中人订立还文约，誓约看守山林。	立还人洪三保等、中见人汪山保

续 表

年份、县籍	当事人姓名与纠纷原因、内容	纠纷处理过程	署名
27. 万历十八年(1590)/祁门县	五都洪氏佃仆胡喜孙等,盗伐其看护的洪氏坟山中的树木。	胡喜孙等请求洪氏赦免,订立还文约,照价赔偿,誓约忠实地看护坟林。	立约仆胡喜孙等、中人牟世隆
28. 万历十八年(1590)/祁门县	奇峰郑氏佃仆汪乞祖出卖其租佃田地的佃权,擅自迁移至别的庄地。	郑氏状投于里长、地邻等。经里长调停,汪乞祖买回已出卖的佃权,誓约其长子租佃。	汪乞祖、承领长子汪兴、甲长郑神等、里长倪振
29. 万历二十四年(1596)/祁门县	看守奇峰郑氏祖墓的佃仆汪乞龙等,因不堪房东虐待,逃居浮梁县。	郑氏的四大房订立合同文约,族人誓约不再虐待守坟佃仆。	不明
30. 万历二十六年(1598)祁门县	奇峰郑氏的佃仆十六都郑秋保,盗窃房东宗祠的谷物。	房东状投于十六都里长。郑秋保订立还文约,照谷价赔偿,允许其居住在庄屋。	立还文约人郑秋保(其他署名人不详)
31. 万历三十年(1602)/祁门县	六都佃仆方正保擅自在坟山中埋葬其母,侵占邻居房东程仙的山界。	房东得知情况,方正保经中人订立还文书,誓约忠实地服役。	立还文书人方正保
32. 万历三十二年(1604)/祁门县	看护五都洪氏祖坟的佃仆胡喜孙等,挖掘坟山松木,使其受损。	房东因其初犯没有控告,胡喜孙等订立还文书,缴纳罚银并保全松木。	立还文书仆人胡喜孙等
33. 万历三十二年(1604)/休宁县	在程氏三大房祖墓周围的坟林中,程氏的仆人等盗伐守山人种植的柴、筱竹。	程氏的三大房订立禁约合同,禁止各房的仆婢和族人盗伐柴筱。	立禁约合同人程法等
34. 万历三十三年(1605)/祁门县	五都洪氏的佃仆胡胜保等四大房,在洪氏族人作为生员入学时,没有出来服役。	胡氏四大房乞求原谅,立还文书,誓约每年清明节和洪氏生员入学、纳监、科贡时均服役。	立还文书仆人胡胜保等十六人

续　表

年份、县籍	当事人姓名与纠纷原因、内容	纠纷处理过程	署名
35. 万历三十五年(1607)/祁门县	看守奇峰郑氏坟山的佃仆倪运保盗伐坟林后，对抗议的房东施以暴行，郑氏告诉于祁门县。	知县对倪运保加以杖罚，运保照木价赔偿，并立还文约，誓约忠实地看守坟墓。	立还文书人倪运保、中见人康京祥等
36. 万历四十年(1612)/祁门县	吴氏仆人汪新奎等的族人在吴氏葬礼时饮酒，行为放肆无礼。	吴氏族人诉于吴氏各门主公，汪新奎等订立还文书，誓约忠实地服役。	立还文书仆人汪新奎等、中见家主吴应祖等
37. 天启元年(1621)/祁门县	奇峰郑氏的佃仆许尚富等，自己建造住房，企图脱离佃仆身份，郑氏告诉于祁门县。	祁门县判决：许尚富等只有脱离郑氏土地，从其田地退佃，才能解除佃仆身份。	（署祁门县事休宁县主簿的审语）
38. 天启四年(1624)/祁门县	汪尚党等的佃仆李新柯，以十五都郑九侵伐李家的坟木为由，告诉于祁门县。	知县根据房东汪氏等的供述，认定李新柯的起诉为诬告，对其施以杖罚。	（祁门知县的审语）
39. 天启五年(1625)/祁门县	十三都石溪康氏的佃仆黄时龙，背着房东离开庄屋，投奔他主的庄地。	黄时龙经中人调解，订立还文约，返回庄屋，誓约忠实地服役。	立还文约佃人黄时龙、中见一甲凌应文
40. 天启五年(1625)/祁门县	佃仆康具旺等购买山林柴木烧制木炭时，误烧房东的林木并出售。	康具旺等经中人调解，订立文约，照木价赔偿，并誓约栽养山林。	立约人康具旺等
41. 天启五年(1625)/祁门县	五都洪氏的佃仆胡梦龙等，不遵守原立服役文书，反叛房东洪氏。	胡梦龙等经其叔胡法等调解，乞求原谅，订立还服义文书，誓约忠实地服役。	立还服义文书仆人胡梦龙等、叔胡法等

续 表

年份、县籍	当事人姓名与纠纷原因、内容	纠纷处理过程	署名
42. 天启六年(1626)/祁门县	五都洪氏的佃仆陈社魁，偷偷地在洪氏祖坟附近临时埋葬其祖母灵柩，图谋侵葬。	洪氏投诉于保甲饶宗仁等，经保甲调停，陈社魁订立还文书，誓约改葬灵柩并服役。	立还文书仆陈社魁等、中见保长饶宗仁、甲长毕天浩、义兄社龙
43. 天启年间/不详	佃仆许兴付在租佃房东的田地中，延迟时机种植小麦，收获量达不到租额。	房东诉于里长，许兴付立文约，每年种植大麦，誓约担负起耕作职责。	不明
44. 天启四年至崇祯二年(1624—1629)/休宁县	七都余氏购买潘氏的庄屋、佃仆，之后潘氏阻止佃仆向余氏服役，余氏告诉于祁门县、徽州府。	诉讼暂时解决，后又重燃，余氏自徽州府又上诉于南京屯院。最终判决佃仆向余氏服役。	《不平鸣稿·序》
45. 崇祯六年(1633)/不详	佃仆汪分龙的儿子盗伐房东山地的松木，烧制成炭。	房东责备其盗伐，汪分龙立承佃约，誓约租佃山地，栽养松木。	立承佃庄人汪分龙、见亲胡付应等
46. 崇祯八年(1635)/不详	仆人胡四郎因酒醉对家主无礼。	胡四郎经亲人六十俚等调停，向家主谢罪，订立戒约，誓约以后不再放肆。	立戒约仆人胡四郎等、凭里长汪文玘、保长汪尚仁、亲六十俚等
47. 崇祯十三年(1640)/不详	佃仆李法寿等，盗伐房东山林中的杉、松。	李法寿等立还长养文约，誓约以后不再盗伐，并长养、看护山林。	立还文约李法寿等
48. 崇祯十四年(1641)/休宁县	仆人汪春阳不经家主同意，私自将其弟给伯父汪新志作为养子，汪春阳与责备此事的家主发生争执。	汪春阳经亲朋调停，立甘罚戒约并谢罪，誓约遵守家规。	立罚戒约人汪春阳、凭亲友程继高等

续　表

年份、县籍	当事人姓名与纠纷原因、内容	纠纷处理过程	署名
49. 崇祯十六年(1643)/不详	谢氏八房的佃仆朱姓一族，因服役负担加重和主家虐待，从庄地迁徙、逃亡。	谢氏八房立合文，将朱姓一族的使役权平分为八，明确地规定佃仆的服役义务。	立分析火佃合文谢良善等
50. 崇祯十七年(1644)/休宁县	程氏“逆奴”一贯父子在秋报祭祀时，与程氏发生争执，一贯等先向府县起诉。	程氏一族合议，将族产田地的收租权以银八两卖给族人，用作诉讼费用。	卖契程元生等十二名
51. 弘光元年(1645)/祁门县	程氏的佃仆叶毛乞将其母埋葬于坟山时，超越边界，侵占了程氏的山地。	叶毛乞经中人立还文书，改葬灵柩，同时誓约忠实地服役。	立还文书人叶毛乞、见侄叶求富、见房东程和卿
52. 弘光元年(1645)/不详	胡氏五大房拥有的庄田中，部分族人将庄基和佃仆使役权卖给他姓。	族众用祀银买回庄基和使役权，立禁约，禁止卖给他姓。	立禁约五大房应曙等七十人

【出处】

1、3、7. 刘和惠《明代徽州农村社会契约初探》(《安徽史学》1989年第2期)，第31页《明代徽州农村社会契约内容简表》所引安徽省博物馆所藏文书。

2.《谭渡孝里黄氏族谱》卷五《祖墓·七里湾大塚火佃吴福祖等服辨文书》。详见第三章第三节。

4. 周绍泉、赵亚光《窦山公家议校注》(黄山书社，1993年)卷五《山场议》，第84—85页，《青真坞禁约》。

5.《嘉靖五年祁门李�恳请执照以保家业呈文》，《契约文书》卷二，第32页。

6. 叶显恩《佃仆制》第272页所引安徽省图书馆藏《田邻报数结状》。

8.《歙西溪南吴氏先茔志》，《唐始祖光传》垄塘山条所收议约。

9.《嘉靖三十五年吴廷康应役文约》，《契约文书》卷二，第246页。

10.《嘉靖三十六年祁门冯初保立还文约》，《契约文书》卷二，第260页。《嘉靖三十六年祁门谢镗卖仆文约》，《契约文书》卷二，第261页。详见第六章第二节。

11. 南京大学历史系资料室藏《明嘉靖三十九年仆立还应主文约》，编号000076。

12.《隆庆二年鲍佛祐因盗伐甘罚文约》，《契约文书》卷二，第410页。

13.《隆庆五年汪乞付等甘罚文约》，《契约文书》卷二，第470页。

14. 南京大学历史系资料室藏《万历仆立还应主文书》，编号000084。

15. 南京大学历史系资料室藏合同文书，编号000058。

16、21. 魏金玉《皖南》第173、171页所引经济研究所所藏文书。

17. 魏金玉《皖南》第179页所引《洪氏誊契簿》。
18. 《万历十年(祁门)朱福元立还文书》,《契约文书》卷三,第89页。
19. 《万历十年休宁县张椿等卖族田红契》,《会编考释》通号723。
20. 《万历十一年(休宁)朱法等连名戒约》,《契约文书》卷三,第121页。
22. 刘和惠《明代徽州佃仆制考察》第5页所引《洪氏誊契簿》。
23. 傅衣凌《侧面》第17—18页所引文化部文物局所藏文书。
24. 南京大学历史系资料室藏《明嘉靖一清宣统民间佃约》,编号000080。
25. 37. 彭超前述《试探庄仆、佃仆和火佃的区别》第79—80页所引安徽省博物馆藏《英才公誊契笏公祠办》。
26. 《万历十六年祁门洪三保等立还文约》,《契约文书》卷三,第209页。
27、32. 魏金玉《皖南》第167—168页所引《洪氏誊契簿》。
28、30. 刘和惠《补论》第55页所引《明天启郑氏誊契簿》。
29. 刘和惠《补论》第53—54页所引《明天启郑氏誊契簿》。
31、51. 章有义《明清及近代农业史论集》第367、368页所引《祁门程姓置产簿》。
33. 崇祯十五年休宁县程氏立《置产簿》所收禁约合同,《契约文书》卷一〇,第388页。
34. 傅衣凌《侧面》第2—3页所引文化部文物局所藏文书。
35. 刘和惠《补论》第54页所引安徽省博物馆藏《明天启郑氏誊契簿》。
36. 《万历四十年祁门县仆人汪新奎等应役文书》,《会编考释》通号865。
38. 《顺治祁门汪氏抄契簿》,《契约文书》二编卷四,第117页。
39. 刘重日、武新立《研究封建社会的宝贵资料——明清抄本〈租底簿〉两种》(《文献》1980年3期)第154—155页所引祁门康氏《各祠各会文书租底》。
40. 《祁门县庄人康具旺等立还约》,《资料丛编》一集,第460页。
41. 魏金玉《皖南》第169—170页所引中国历史博物馆所藏文书。
42. 傅衣凌《侧面》第13—14页所引文化部文物局所藏文书。另可参照《祁门县仆人陈社魁等立限约》,《资料丛编》一集,第460—461页。
43. 韩恒煜、李斌城《中国封建社会的佃农有甚么样的人身自由?》(《历史研究》1965年6期)第60页所介绍的北京师范大学历史系所藏文书。
44. 余显功辑《不平鸣稿》(南京大学历史系资料室藏,藏号0000148),《不平鸣稿序》。
45. 南京大学历史系资料室藏《明嘉靖——清宣统民间租约》,编号00080。
46. 《崇祯八年胡四郎戒约》,《契约文书》卷四,第382页。
47. 《崇祯十三年李法寿等立还文约》,《契约文书》卷四,第456页。
48. 《崇祯十四年仆人汪春阳立甘罚戒约》,《契约文书》卷四,第469页。
49. 刘重日《火佃新探》第123—124页所引北京师范大学藏《分析火佃合文》。
50. 《雍正休宁程氏置产簿》,《契约文书》二编卷六,第228页。
52. 刘重日、曹贵林《明代徽州庄仆制研究》第83页所引历史研究所所藏文书。

第三节　佃仆、奴仆相关纠纷诸相

本节拟对第二节一览表中的52例纠纷进行综括性研究。首先按照纠纷事例的县别进行归纳,其中,祁门县29例占近六成,其次为休宁县5例、歙县2例、县名不详者16例。① 祁门县纠纷事例较多,这是与纠纷、

① 此处所列数据与本书下表中的数据略有出入,但不影响结论,故暂维持原貌。——译者

诉讼相关的明代文书具有的共通倾向。加上祁门县特定宗族的许多相关事例大量留存下来，即五都櫸墅村洪氏与其佃仆之间的纠纷共有10例，尤其是与佃仆胡氏一族相关的纠纷有7例。[①] 此外，十五都奇峰村郑氏与其佃仆之间的纠纷也有6例。

若将纠纷当事人分为佃仆、奴仆，可以发现大部分纠纷是与佃仆相关的，可以判明是奴仆与主家之间的纠纷的仅有3例(20、46、48)。此外，奴仆乱伐佃仆栽养山林的纠纷有2例(4、33)。仅仅记载为“逆仆”但难以判明是佃仆还是奴仆的事例有2例(19、50)，从纠纷内容来看，可能是佃仆。

我们再分析文书种类。佃仆订立的还文约和还文书最多，共有22件(1、2、3、7、10、11、13、14、18、21、23、24、26、30、31、32、34、36、39、42、47、51)。此外，佃仆、奴仆订立的戒约、伏约、还限约等其他文约和文书共有11件(9、12、16、20、22、27、40、41、43、46、48)，主家或佃仆族人共同协议订立的合同和禁约、议约等有7件(4、8、15、29、33、49、52)。主家与佃仆之间或主家之间的诉讼文书和诉讼案卷有7件(5、6、25、35、37、38、44)，佃仆订立的承佃文书有2件(28、45)，主家族人共同订立的卖田契有2件(19、50)，佃仆致主家的投状有1件(17)。

以下我们来探讨纠纷的具体内容。一些纠纷事例，由数个原因综合所致，或出现多个争论点，本节依据最主要的事由，大致将其归纳为七类。

(一) 盗伐、误伐山林

徽州的地主、富民和有势力宗族，大多拥有广阔的山林，在坟山及与之相连的龙脉外的“山场”地带，展开以杉木为中心的林业经营。[②] 在经

① 与洪氏佃仆胡氏相关的文书，汇辑于周绍泉前述《明后期祁门胡姓农民家族生活状况剖析》，周氏据此复原了胡氏一族的系谱。

② 关于明清徽州的山林经营，可参照张雪慧《徽州历史上的林木经营初探》(《中国史研究》1987年1期)、陈柯云《明清徽州地区山林经营中的“力分”问题》(《中国史研究》1987年1期)、陈柯云《明清山林苗木经济初探》(《平准学刊》四辑上册，1989年)、上田信《山林、宗族与乡约——以华中山间部事例为例》(地域世界史10《人与人的地域史》，山川出版社，1997年)、上田信《森与绿的中国史——生态史学的尝试》(岩波书店，1999年)Ⅲ《东南山地》等等。

营山林时,向所雇劳动力和一般农民进行租佃,特别是在山地附近修建庄地,多委托佃仆来栽养、看护山林。

佃仆等山林租佃者,首先栽植杉、松等苗木(栽苗),使其充分成长,直至完全成材(长养)。在此期间,租佃者在山地中种植五谷杂粮,采伐薪木,以其收益(花利)来维持生计。经过二三十年,林木成材。作为“力分”,租佃者得到全部收成的三至五成,其余作为“主分”交给山主。例如,南明弘光元年(1645),徽州某县佃仆朱成龙租佃主家的山林时,在租佃之初,不仅种植杉苗木,同时也种植了粟,第二年种植了胡麻,将三成收获物交给山主,约定杉长成后,获得三成的力分。①

围绕山林发生的主家与佃仆之间的纠纷,首先是佃仆在租佃的主家山林中盗伐杉、松等(3、26、47),也有误伐主家山地中的杉(13)等事件,均通过订立还文约谢罪,誓约赔偿树木价值,并看守山林等。此外,还有在主家山地中擅自采伐柴薪等引发的纠纷(40、45)。租佃山林的佃仆,必须看守山林,防止发生盗伐和火灾等情况,但也有因林木被盗伐时没有立即向主家报告而订立还文约谢罪的事例(7、24)。

除此之外,还有主家的族人或奴仆进行盗伐的事件。例如,祁门县善和里程氏在青真坞的山地拥有庄地和田地,令佃仆栽养、看守山林。但族人让其奴仆擅自乱伐树木和薪木,致使山林荒废。正德十五年(1520),程氏各房订立合同禁约,将山林作为共有族产,决定对盗伐者课以罚金,对擅自砍伐薪木和栽培谷物的奴仆进行处罚(4)。② 但实际上,之后程氏族人的奴仆中,仍有结党进行盗伐、将杂木作为柴薪、将大树木售出换饮资的情况,若看护的佃仆抗议的话,便对其进行殴打。③ 隶属于宗族组织的佃仆与各个族人的奴仆之间的关系,由此可见一斑。

---

①《弘光元年徽州火佃朱成龙等承山约》,《会编考释》通号855。

② 周绍泉、赵亚光《窦山公家议校注》(黄山书社,1993年)卷五《山场议》,第84—85页,《青真坞禁约》。

③ 同上书,第74页。详见同书第85—95页所收围绕明末清初青真坞的一系列合同文书。

（二）盗伐墓林、荫林

徽州宗族及其支派，在各地拥有始祖以下的坟墓，常常在其附近设置庄屋，令佃仆等在此居住，负责墓前的献灯和烧香、坟墓的看守和清扫、墓田的耕作、坟墓附设房屋的管理、主家族人扫墓时的接待等。另外，坟墓周围的树林（墓林）、与坟墓相连有龙脉延伸的山脊上的树林（荫林），与种植杉和松的“山场”不同，为了保护风水，严禁粗暴采伐，这些墓林和荫林的栽养和看守，也是佃仆们的任务。①

上述一览表内的主仆纠纷中，一些守坟的佃仆盗伐墓林、荫林的树木，订立还文约等进行谢罪、赔偿的事件有 5 例(12、14、27、32、35)。例如，祁门县一都华桥的金二等，成为居住于县城的汪东海的佃仆后，负责看守坟墓。但万历元年(1573)，金二等擅自采伐坟山中的松木被发现，委托中人王周订立还文约，谢罪并赔偿树木价值，而且誓约忠实地看守坟山中的树木，按照原来的租山约，在坟墓周边山场中栽养树木(14)。② 另外，还有佃仆从主家处所得坟墓的树木被侵伐，而诉之于知县的事件(38)。

即使是墓林和荫林，采伐杂木和树枝作为柴薪、砍伐筱竹也是被许可的。休宁县程法一族在共有坟山中，命守山人（可能是佃仆）栽养墓林，同时允许其采伐柴木和筱竹，让其在清明节时交纳租银，作为族人扫墓的费用。但族人的奴婢们屡屡盗伐柴木和筱竹、盗采松叶等，使守山人得不到收益。因此，程氏三大房订立禁约合同，严禁奴婢和族人盗伐，

① 上田信前述《山林、宗族与乡约》第 99—105 页。

② 南京大学历史系资料室藏《万历仆立还应主文书》(编号 000084)：

一都华桥住人金二、金乞等，上年投到在城汪东海里业庄屋住歇，佃仆使唤，看守坟茔。其岁蓄庇木，是身等不合，私默入山，盗砍松木。是主等寻获，要行告治，身各知亏，托中王周，愿赔木□还文，今后再不敢故违。……祖坟□右山场，东降西田南田北石嘴，栽养各色木植，遵照先当文契看守，承财（成材?）主力相分。……子子孙孙，冠婚葬祭、阡（迁）坟造宅等事，听自调用使唤。今恐无凭，立此文约为照。

万历元年十二月初七日立还文书人　金二○　金乞●　金富●　方天○

代笔中人王周保（押）

甚至允许佃仆发现盗伐者可夺其柴刀、砸烂其扁担和柴筐(33)。①

(三)盗葬坟墓

"葬主山"是构成佃仆身份的三大要素之一,没有土地的农民死后,其子孙从地主那里获得坟地,作为补偿,担负劳役义务,有时会逐渐变为佃仆身份。佃仆死后,其子孙依托主家给予坟地,重新订立服役文书,继承佃仆身份和服役义务。

佃仆之母或妻死后,也需要通知主家,请求给予坟地,予以埋葬。不过也有擅自将灵柩埋葬于主家山地内(9),或企图在主家的坟山临时埋葬(42)②,或埋葬时侵占主家的山地等(31、51),从而引发纠纷的事例。此外,一部分族人企图盗葬主家给予佃仆一族的祖坟,其他族众诉之于主家,或者向地方官起诉的事件也有3例(15、17、21)。

(四)不履行服役义务

如果说"种主田、住主屋、葬主山"是构成佃仆身份的基本要素,那么,对主家的服役义务,是佃仆区别于一般佃户、显示"主仆之分"最明显的必要条件。佃仆平时在庄地中耕作田地和山林,主家若有冠婚葬祭以及其他仪式活动、祭祀等,有义务出来服役。例如,举行婚礼和各种仪式、祭祀时,抬轿、搬运物品、置办酒席、设祭坛和戏台、葬礼时搬运灵柩并下葬。另外,他们还跟随族人参加地方学校的入学和科举考试,还需服从主家的农业经营和商业活动等各种相关的劳役。守坟的佃仆负责坟墓的管理、看守和

① 崇祯十五年休宁程氏立《置产簿》所收禁约合同(《契约文书》卷一〇,第388页):

立禁约合同人程法、程璐、程玘三大房众等,原承　祖签业,土名大充口坟山一号,于上安葬高祖妣安人吴氏,向召守山人辛付、进童等,长养松木筱柴,荫护坟茔。其筱柴、守山人递年纳银贰钱柴价,清明交纳。……迩来各房子孙手下仆,妄侵盗松毛,并砍柴筱,不知松毛柴筱,乃守山人纳过山租,出力看守。今每盗害,则守山人出租无辜,且不服人心。今众议,三房子孙合议,立禁约四张,三房各执一张,与守山人一张。以后各房仆婢或不肖子孙、盗贼之流上山窃偷,许令守山人狠打夺刀,砍断柴担,砍碎柴篮,仍偿银一钱。如有纵其仆妾侵盗,众当面叱家主,仍行送　官,以故害祖宗不孝之罪。立此合同禁约,永远存照。

万历三十二年四月二十六日立禁约合同人　程法(他七人略)

② 在徽州,人们习惯在找到条件好的坟地之前先给灵柩搭建小屋,用茅茨、练瓦等加以覆盖,以作临时埋葬(停柩、殡厝)。参照叶显恩《佃仆制》第216—217页。

主家扫墓时的接待，祠堂的佃仆负责堂内的管理和清扫、烧香和献灯，还有担任乐器吹奏的“乐仆”等专门负责特定职务的佃仆。①

不履行服役义务的相关纠纷共有 7 例，均是佃仆订立还文书等谢罪并誓约忠实地服役。例如弘治十一年(1498)，看守歙县谭渡黄氏坟墓的佃仆吴福祖等，在清明节扫墓时不到场服役，黄氏进行告诉。因此，吴福祖等委托里长、老人进行调停，誓约若再次不履行服役，罚向祠堂纳米五石，接受责罚板八十(2)。②

佃仆在主家举行葬礼和到地方学校入学时不服役(11、34)，“乐仆”不服役(23)，秋报祭祀时不按照惯例服役(50)，还有其他一些不履行服役义务的纠纷(22、41)，这种还文书的具体事例，有万历十年(1582)《(祁门)朱福元立还文书》(18)③：

> 五都洪氏六房庄仆朱福元同朱迟富、廷保等，原身等始祖朱美德系六房主买讨，长大蒙与婚配。后因人众，又蒙将地造屋与住、山与葬祖，历代应付洪主，至今并不敢违抵拒。为因福元向擅往外买卖，一应冠婚葬祭，俱未出身应付。今因不合不亲应主，情亏，六房主人要行赍文理治背义。身托族人等立还文书，恳主免行告治。嗣后遵文，一应冠婚葬祭服侍，不敢有缺及背逆抵拒等情。如违，听六房主责罚，恃顽不服，即听赍文告理，准背逆论。身等各房子孙，亦不敢擅离庄屋，私搬他处住歇。或因求趁搬带家小，开店住歇，必须禀过洪主准许，方敢携带。如不准许，不敢致违。如违，亦准背逆逃走论，立还文书为照。
>
> 万历十年二月二十一日立还文书仆人朱福元　朱迟富　朱廷保
>
> 依口代笔朱世隆

① 叶显恩《佃仆制》第 262—267 页等。

②《谭渡孝里黄氏族谱》卷五《祖墓・七里湾大塚火佃吴福祖等服辨文书》。详情参照第三章第三节。

③《契约文书》卷三，第 89 页。

祁门五都洪氏佃仆朱福元等,其始祖卖身给洪氏,后蒙赐妻,随着子孙的增加,还被赐庄屋和坟墓,世代作为佃仆向洪氏服役。但朱福元擅自在外地从事商业经营,完全不参与主家的冠婚葬祭等仪式,洪氏以不履行服役为由,欲起诉他。于是,朱福元等委托族人为中介订立还文书,誓约以后在冠婚葬祭之际忠实地服役,若有违犯,甘负“背逆”之罪,而且朱氏的各房子孙,不得擅自离开庄屋,若因生意需举家赴外地,必须求得主人允许,若不服从,以“背逆逃走”罪论处。由此可见,佃仆之所以不履行服役,往往是因为生计问题而迁往外地或到外地从事商业活动。

（五）佃仆的逃亡、役权之争

如上所述,佃仆被禁止擅自离开庄地、移居他地,庄地若被买卖或均分继承,其使役权也被转移或分割。但 16 世纪以后,在社会移动和人口流动整体活跃的形势下,佃仆的逃亡和迁徙也逐渐显著起来。

与佃仆和奴仆逃亡相关的纠纷共有 5 例。例如,祁门县十西都谢氏的佃仆冯初保,将次子德儿卖给主家谢社右做奴仆,之后德儿携妻儿逃亡,嘉靖三十六年(1557)返回。谢社右将冯初保等告于里长,要求返还卖身时支付的银两,初保在谢氏宗祠敦本堂苦苦央求赎身银,德儿誓约子子孙孙向隶属于敦本堂的谢氏三大房服役(10)。①

还有佃仆因生活困苦举家逃走(16)或擅自搬离庄屋、投靠其他庄地的事例(39),均订立还文约等,返回庄屋,誓约服役。此外,还有耕种墓田的佃仆,卖掉墓田,投靠其他庄地的事例(28);有因守坟的佃仆逃亡,主家一族订立合同文约、协定不再虐待佃仆的事例(29)。

一般情况下,禁止将同族共有的庄地和佃仆(的使役权)卖给他姓,

---

①《嘉靖三十六年祁门冯初保立还文约》(《契约文书》卷二,第 260 页)、《嘉靖三十六年祁门谢镗卖仆文约》(《契约文书》卷二,第 261 页)。详情参照第六章第二节。

因此也有一些族人将同族共有庄地或佃仆擅自卖给他姓而引发纠纷的事例(5、52)。还有两宗族因以往买卖的佃仆的使役权发生纠纷,引发大规模的诉讼案件的事例(44)。明末佃仆的使役权随着均分继承而更细分,因买卖而呈现出复杂化倾向,从而也很容易产生这种纠纷。

(六)对主家无礼、反抗或脱离佃仆身份

众所周知,明末清初以华中南为中心,各地“奴变”频发,但明末徽州没有发生大规模奴仆叛乱。但可以确认,这一时期文书史料中记载的零星发生的对主家无礼和反抗事件有3例,其中2例是奴仆和佃仆因醉酒而对主家无礼的相对单纯的事件(36、46),另外1例是22名奴仆集体反抗主家,是非常重大的诉讼案件(20),暗示主家与佃仆、奴仆之间的对立态势正逐步恶化。另外,也有几例在纠纷过程中佃仆殴打谩骂主人的事件。

佃仆进一步要求脱离“主仆之分”引发诉讼的事件也有4例(6、19、25、37),其中3例是超出府县上诉至御史的大规模事件。这种诉讼的争论点在于佃仆身份成立的依据,本章第五节将对此进行深入探讨。

(七)其他纠纷事例

与山林方面的纠纷相比,以田地租佃问题为主要争论点的纠纷较少,佃仆因在租佃主家的田地中种植小麦过晚而不能上交规定的田租,誓约以后按时种植大麦并负责耕作的事例仅有1例(43)。但除此之外,未支付田租成为脱离佃仆身份之类诉讼的契机(37),在数个纠纷中,田地租佃问题成为争论焦点之一。佃仆擅自拆除租借住地的围墙(1),盗窃主家宗祠的谷物(30)等事例也有发生,也有因水碓设置等水利问题而引发的诉讼(8)。

最后讨论一例佃仆继承相关纠纷。崇祯三年(1630),某县汪氏的奴仆汪新志让汪氏佃仆之子汪正阳作为入赘女婿继嗣,崇祯十四年(1641),又擅自让外甥福阳作为自己的养子。得知此事的主家,以擅自决定继承问题,欲对福阳之兄春阳进行告诉。于是,春阳请求亲戚朋友进行调停,订立甘罚戒约谢罪,正阳也重新订立应主文约,与福阳均分家产，两人誓约对主家忠实地服役(48)。① 可见，佃仆和奴仆的继承，必须得到主家认可，此时佃仆重新订立服役文书，确认主仆关系和服役义务。从佃仆和奴仆投靠主家开始，每逢继承、婚姻、埋葬、租佃、庄屋居住，以及对主家犯过错等情况时，佃仆、奴仆就应该订立服役文书和还文约等，作为显示主仆关系存在的证据，世世代代保存于主家处。

第四节　主家对佃仆的惩罚与纠纷的解决

在第二节一览表所列出的 52 例佃仆、奴仆纠纷中，被起诉至地方官形成诉讼的共有 15 例(28.8%)，其中 8 例是地方官下达裁定后得到暂时解决的，也有裁定下达后又重新起诉的案件。还有 3 例是在向知县起诉后经里长、中人等调停达成和解的。另外 3 例是为了筹措与"逆仆"间纠纷的诉讼费用，由主家订立合同，其诉讼结果不明。

与上述情况不同，未向官府起诉便在乡村层面得以处理的纠纷事例有 37 例(71.1%)，其中 21 例是通过里长、中见人等调停或中介达成和解的，4 例是由主家自己解决纠纷。另外 7 例从文书字面上没有发现调停、中介者，可能其中多数是通过主家与佃仆的谈判解决的。以佃仆、奴仆相关纠纷和争执为契机，主家的族人一起订立禁约和合同的有 5 例，其结果不明。

以上 52 例中，除地方官裁定解决 8 例和纠纷结果不明的 8 例外，还

---

①《崇祯十四年仆人汪春阳立甘罚戒约》(《契约文书》卷四，第 469 页)：

立甘罚戒约仆人汪春阳，原父汪添志向蒙家主恩养，供[共]生兄弟二人，向今无异。因伯新志无嗣，先年以赘正阳成继，今又将弟复阳过继，不合未通家主。得知私自行事，家主责身欺藐之罪，不合出言，冒犯抵触，致家主欲以闻　官理论。自知情亏，恳求亲友劝息，恕身重罪，愿自甘立戒约。以后谨守家规，再不得忤逆等情，如违，听从　家主　执此经　官理治无辞。今恐无凭，立此甘罚戒约存照。

崇祯十四年七月　日　立甘罚戒约人汪春阳+

凭亲友程继祖　朱继高　汪正阳(押)

此外，可参照《崇祯十四年汪正阳应主文书》(《契约文书》卷四，第 467 页)。

有 36 例，笔者拟分析这 36 例中参与纠纷处理的人物。其中出现最多的是中见人（中人、见人），为 12 例（33.3%），里长 10 例（27.8%）。此外，佃仆的同族和主家各占 4 例（11.1%），老人、保甲、佃仆的姻戚、邻居各占 2 例（5.6%），没有注明调停、中介人的有 8 例（22.2%）。①

里长、中见人出现频率较高这一现象，不仅限于与佃仆和奴仆相关的纠纷，也是明代后期纠纷处理相关文书具有的共同倾向，然而，当事人同族和姻戚出现的比例却相当低。没有明确记载调停、中介人的，大致通过当事人双方来谈判解决的事例相当多。可能在主仆之间的纠纷中，当事人之间的实力对比比较明显，因此常常不需要第三者调停或中介，而是通过双方当事人的直接谈判来解决纠纷。

佃仆犯某些过错时，主家有时用“责板”（用竹板责打）进行惩罚。文书史料中出现的佃仆违约时的惩罚规则，有“愿自受责八十”“重责十板”等处罚规定，②在几部族谱所收录的宗规、族约中，也保存有对佃仆、奴仆的惩罚规定。例如，婺源县《溪南江氏家谱》（万历刊本）中所收“祠规”中，首先详细说明了明太祖“六谕”，其中“虽佃仆佣债之人，亦必一体待之，是谓和睦乡里”，将佃仆、佣工视为“和睦乡里”的对象。但在其后的记载中，却规定佃仆“或有触犯，告之祠正副，论以名分所在，朴责示惩”，规定：若佃仆犯有过错，应诉于宗祠的祠正、祠副，明确主仆的名分，并用

① 第六章所探讨的明代后期文约、合同等所反映的 75 例纠纷事例中，佃仆、奴仆为当事人的有 19 例，地方官裁定解决的有 4 例，对其余 52 例加以整理的话，中见人 18 例（34.6%），里长 16 例（30.8%），当事人的同族、姻戚各 17 例（34%），乡约 5 例（9.6%），老人、保甲、地邻各 4 例（7.7%），没有注明调停、中介者的 2 例（3.8%）。中见人、里长的比例在主仆纠纷情况下几乎没有什么变化，而当事者的族人、姻戚参与纠纷处理的比例，比主仆纠纷情况下高很多。这可能是因为族人、姻戚参与的调停、中介，多发生在同族族人之间的纠纷之际。

② 前述《谭渡孝里黄氏族谱》所收《七里湾大塚火佃吴福祖等服辨文书》、傅衣凌前述《明代徽州庄仆制度之侧面的研究》第 16 页所引历史研究所藏《明代休宁徐氏年会簿》等。

“朴责”进行惩罚。①

此外，《休宁范氏族谱》（万历二十七年序刊本）所收林塘宗的“宗规”也规定，村内居住的“众仆”中，“或有恃力互争、酗酒生事、凌虐同村里邻、诈欺经过商贩者，送该门房主，即行责戒，以儆其后”，应将其送至所属门（林塘宗内分支）予以处罚，而且强调“若其事关系主仆体统，则合力禁治，无致效尤。盖主仆分严，徽称美俗”，若是涉及“主仆之分”的事件，应动员范氏族人合力处理。② 另外，该书“统宗祠规”也规定，义男中若有施恶行者，“即鸣诸宗祠，会呈送官”，若义男自行服罪，“本主备具实情一纸，投祠约，各房长证明，即为画知存照”，主人将记载实情的状纸上报给宗祠和乡约，并由各房之长确认事实。③

这种惩罚性规定中，特别详细的如清代前期《清河张氏族谱》（乾隆十七年序刊本）中所收录的休宁县张氏“家规”。该家规虽然先叙述了婢仆“虽云卑贱，然皆人之子女也。既供役吾家，便当恩养”，但接着，对于奴婢犯无礼、反抗、妄言、抗辩、窃盗、喧哗、奸淫、抗拒主命、不履行服役、

---

①《溪南江氏家谱》第六册《祠规》（都察院右都御史江一麟撰）：

何谓和睦乡里？无分异姓、同姓，与我同处，田土相连，守望相依，各宜谦和敬让，喜庆相贺，患难相救，疾病相扶持，彼此协和，略无顾忌。不可因着小忿闲气，宿怨挟谋，交相启衅，亡身破家。虽佃仆佣债之人，亦必一体待之，是谓和睦乡里。……一御群下。祖宗所遗佃仆，服劳执役，须大家怜恤，毋恣凌虐。或有触犯，告之祠正副，论以名分所在，朴责示惩。所买奴婢及来投工役，亦宜爱惜。

②《休宁范氏族谱》，《谱祠·宗规·林塘宗规》：

村中住屋众仆，虽各房多寡不同，收养久近不一，其主仆之分均也，均当待以恩义。即有小犯，原情宽贷，不必分尔仆我仆，多生计较。回视祖宗时，气象便可见矣。但仆等或有恃力互争、酗酒生事、凌虐同村里邻、诈欺经过商贩者，送该门房主，即行责戒，以儆其后。不得偏护自遗伊戚。若其事关系主仆体统，则合力禁治，无致效尤。盖主仆分严，徽称美俗。

③ 同上书，《谱祠·宗规·统宗祠规·守望当严》：

若约中有义男不遵防范、踪迹可疑者，即时察之。若果有实迹可据，即鸣诸宗祠，会呈送官。若其人自知所犯难掩、畏罪自尽者，本主俱备实情一纸，投祠约，各房长证明，即为画知存照。

怠慢职守及其他过错，极其详尽地规定了笞、杖等责罚细则。①

在这样以严格的“主仆之分”为美德的徽州，佃仆和奴仆若有过错，强调应在祠堂和族内分支（门、房）的监督下，进行严厉地惩罚。但是，这种处罚也对违反宗族规约的主家族人做出规定，而不仅限于佃仆和奴仆。这种惩罚规定施行至何种程度难以判明，上述52例主仆纠纷中，并未显示主家事实上是否进行惩罚。许多纠纷是通过谢罪和赔偿实现解决的，而主家施行了何种惩罚，可能也未必会明确记录在文书内。尽管如此，佃仆订立的服役文书和还文约中，多处记录有佃仆违反规定时，“准不孝论”“准背逆论”“以叛逆论”等，表明不仅仅奴仆，连佃仆也被编入主家的家长式秩序中。

事实上，佃仆不履行服役、无礼等，也有在主家宗族组织的干预下处理的事例。例如，祁门县十西都汪南等一族是十六都倪氏的佃仆，嘉靖三十九年（1560），他们没有去主家葬礼上服役，倪氏对其进行起诉。于是，汪南等“托凭房东族长”，通过调停，订立还文约，誓约忠实地进行服

---

①《清河张氏宗谱》卷一三，《家规·婢仆役使第十二》：

一、毋失字婢仆。虽云卑贱，然皆人之子女也。既供役吾家，便当恩养，方得人力。长大便当婚配，勿令怨旷。且教之各执一事，庶日后免役，各得其所，不致饥寒。……一、仆无呼唤，不许入中堂；婢无命令，不容出外间。犯者责三十，男臀女臂。一、窃偷者笞，以物轻重为差革役。一、谋逆侵主陵墓、殴害家主，送官处死。一、私交主仇以为内患，杖一百革出。一、拒命杖六十，抗命杖八十，辱命杖四十。一、谬妄言者，笞三十。诟语及唆同。一、殴族人，主尊行杖六十，主同列杖四十，主卑行杖三十。一、与主抗言，笞二十。一、逃役杖五十，谋役坏事或作奸杖五十。一、出不禀命、擅出者杖三十。归必禀面、不面者杖三十。一、仆男娶女嫁，必叩主。生男女，必告知求命名。死必告知，丐地掩埋。不至者杖二十。一、受主委寄、玩事不忠，按事重轻拟杖。一、守主坟被他人侵者，杖六十。并不报者，加三等。如失去荫木砌石者，杖二十。并不报者，杖三十。监守自盗者，加一等。一、奸诈侮主，杖八十。馐馔不洁，杖二十。因致主疾，杖八十。一、宾至慢宾，杖二十。一、宾筵肴之，性味相犯，笞四十革役。一、懒惰笞二十。一、喧哗笞二十。一、奴婢相奸，各杖三十革出。一、奴婢有外奸者，杖三十，不改过，革出。

役(11)。[1] 万历四十年(1612)，祁门县佃仆汪新奎等族人在主家举办祭祀仪式时过量饮酒，酩酊大醉，行为粗暴。于是，主家的族人“投各门主公理论”，汪新奎等“愿到主家待罪”，誓约按旧规忠实地服役(36)。[2] 像这种“到主家待罪”，可能主家会给予某种程度的惩罚。

主家有时在佃仆一族内部发生纠纷时出面解决。例如，祁门县陈春保一族是汪氏的佃仆，万历四年(1576)，族人陈香在主家给予这一族的祖坟中擅自埋葬灵柩。因此，陈氏四大房族众，“凭房东、里长，令陈香出备谢坟银壹两，与众公用讫”，又经房东代书，订立合同文约，誓约各房子孙不再侵害祖坟(15)。[3]

祁门县五都洪氏的佃仆胡氏也因盗葬祖坟，在一族内部引发诉讼，诉讼过程中胡氏族众向主家提交的“投状”[4]留存了下来(17)：

投状人胡胜、胡住等，投状为恳求作主事。乞到房东府上山头，历葬坟无异，立还文书为照。岂恶胡寄、乞保弟兄济助，恃伊财力、正月内魆将母柩伐葬祖冢，害及存亡。众幸风闻，投邻急阻。恶毁捏棺挽(毁棺捏谗?)，县张爷准、送南厅吴老爷，审恶涉虚，给身印照存证。今复隐情，朦胧捏造。伏乞当官作主，保存祖冢，剪刁安良，生死感恩激切。具投房东山主众老官人施行。

万历十年正月　日　投状人胡胜　胡住　胡初　胡九

---

① 南京大学历史系资料室藏《明嘉靖三十九年仆立还应主文约》(编号 000076)：

拾西都汪南等、汪渊等，原祖汪天贵投至十六都　房东倪节隆公为仆，自祖以来，屡奉应主不缺。今因房东倪象身故，未得出县(?)报讣。有房东倪护兄弟要行呈治，今汪南等自知理亏，托凭房东族长劝谕侄倪护兄弟，免行□治，情愿立还文约。日后婚姻死葬，清明拜扫，即刻赴县(?)主，不敢有违。如违，不遵文约，听自房东理治不恕。今恐无凭，立此为照。

嘉靖三十九年七月初一日　立还文约仆人　汪南等＋汪渊等(押)　汪初等〇　汪胜等(押)　汪龙等

房东族长　倪普□(押)　倪友乾(押)　倪应龙(押)　倪天佑(押)　倪玉法(押)

依口代书房东　曹再盛(押)　王光大(押)

②《万历四十年祁门县仆人汪新奎等应役文书》，《会编考释》通号 865。

③ 南京大学历史系藏合同文书，编号 000058。

④ 魏金玉《皖南》第 179 页所引《洪氏誊契簿》。

万历十年(1582)正月,胡寄、胡乞保兄弟在洪氏给胡氏一族的祖坟中,擅自埋葬其母的棺材。族众投诉于邻居,胡寄兄弟却反向知县起诉。典史奉知县之命,进行审理,认可族众的主张,之后胡寄等再次起诉。因此,族众向洪氏提交“投状”,恳求主家洪氏向官府申请保全祖坟。结果,翌年即万历十一年(1583),被洪氏告诉于知县的胡寄等,不得已请求里长、老人等作为中介,订立还文约,谢罪并将灵柩移至他处(21)。①

佃仆的主家在祠堂和门、房等分支下,解决族内的主仆纠纷,或调停佃仆之间的纠纷,有时接受佃仆的“投状”直接成为诉讼当事人。除这种“投状”外,明末徽州文书中还留存有宗族成员向族众,或乡村居民向乡约、里长提交的“投状”。② 同样地,明代前期里甲制下,里民向老人和里长提起诉讼时,使用“状投”方式。③ 明代徽州的乡村社会中,纠纷处理框架仅有“国家审判”和“民间调停”两种类型,令人难以充分理解。在官方审判与乡村调停之间,有居中调停两者的老人、里长、乡约、宗族等,他们受理投状,充当纠纷解决和地方官审判的中介。当时纠纷处理框架,可以说是在地方官治和民间调停基础上,通过介于两者之间的乡村组织和宗族等的相互作用和中介功能而形成的。

第五节　主仆纠纷与地方官审判

如前所述,52 例主仆纠纷中,向地方官提起诉讼的案件有 15 例(28.8%),其中 8 例是通过地方官裁定得到基本解决的。本节将通过这些诉讼案件,探讨明清徽州的佃仆、奴仆制与法律上的身份制度是如何对应,在审判时又是如何处理的。

① 魏金玉《皖南》第 171 页所引经济研究所藏文书。

② 详情参照第六章第二节、第八章第一节。另可参照夫马进《讼师秘本的世界》(小野和子编《明末清初的社会与文化》,京都大学人文科学研究所,1996 年)第 204—210 页。

③ 详情参照第三章第一节、第八章第一节等。

笔者参考高桥芳郎的研究成果,对明代"奴婢"身份予以总结。①《大明律》规定,除了世袭的功臣之家,禁止庶民拥有和买卖"奴婢"。② 但对官僚阶层是否可以拥有"奴婢",没有明文规定,明律注释书中的解释也各不相同。事实上,即使是庶民之家,也以"义男""义子"等名义上的家族成员的形式,或以"雇工人"名义,广泛地使役着实际存在的奴婢。这种身份法上的混乱,在万历十六年(1588)的新题例中暂时得到整理:主家长年扶养并许配配偶的"财买义男",与子孙同样量刑;扶养期间暂时没有许配配偶的,在士人或庶民之家作为"雇工人",在缙绅(现任、退休官僚)之家则以"奴婢"量刑。但在这一阶段,禁止民间拥有"奴婢"的《大明律》原则在形式上仍维持不变,法律上正式承认民间可以拥有奴婢,是在清代雍正五年(1727)。

这种法律上的身份制度在现实审判中是如何应用的,情况未必明确,本节拟从以下 2 例明末徽州奴仆相关诉讼案件中窥其一端。首先是官僚阶层拥有奴仆的案件,即万历新题例制定的五年前,万历十一年(1583)《(休宁)朱法等连名戒约》③(20,书影 8):

> 具戒约仆人朱法、朱得旺、方运来、王秋、王使釭、张腊梨、倪的、程秀、胡进喜、胡加喜、胡珍、潘四仂、李秋狗、李才奇、邵三十、陈魁、陈松、陈清仂、王长发、吴腊狗、朱旦仂、程足[仂],情因不合不服主公约束,纠众倡乱。经众家主公呈告官处治,蒙
>
> 县主开恩,不深重究,押令当堂写立连名戒约。身等自知前非,悔过自新,磕求众家主仍复收留。嗣后永遵约束,小心供役,再不敢

① 高桥芳郎《宋—明身份法研究》(北海道大学图书刊行会,2001 年)第七章《明代的奴婢、义子孙、雇工人》、第八章《明末清初奴婢、雇工人身份的再编与特质》。

②《大明律·户律·户役·立嫡子违法》《大明律·户律·户役·收留迷失子女》《大明律·刑律·贼盗·略人略卖人》。

③《契约文书》卷三,第 121 页。

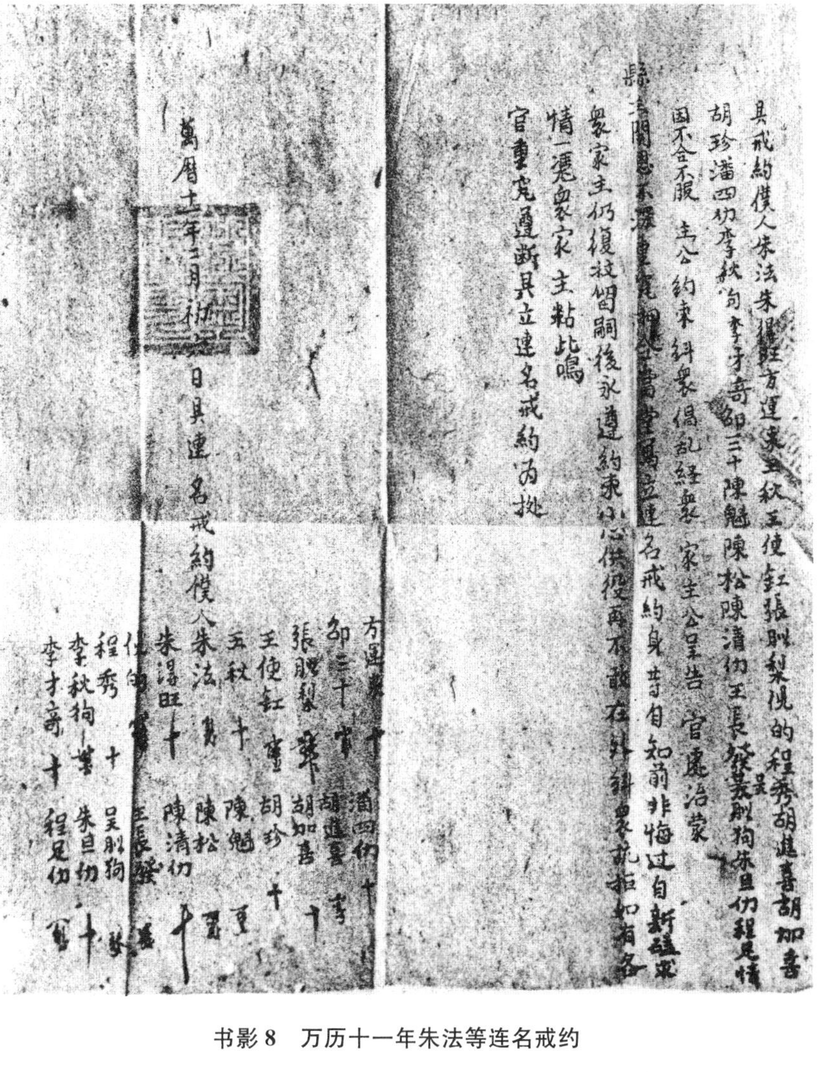

书影 8　万历十一年朱法等连名戒约

在外纠众抗拒。如有各情,一凭众家主粘此
鸣官重究。遵断具立连名戒约为照。
万历十一年二月初六日具连名戒约仆人朱法(押)(其余二十一名略)

休宁县十二都汪氏的奴仆朱法等 22 人,“不服主公约束,纠众倡乱”,汪氏告之于县。知县审问后,令朱法等“当堂写立连名戒约”,奴仆们誓约永远遵守与主家的约定并服役。翌年三月,原任嘉定县训导的汪尚嗣,与 4 名汪氏贡监生和生员,联名要求发给作为日后证据的记录审判结果的执照,获得批准。[①] 汪氏并非高官,而是“缙绅之家”。知县对汪氏拥有奴仆并无任何异议,并镇压奴仆的反抗,命其忠实地服役。可见,在万历十六年新题例公布以前,至少官僚阶层拥有奴仆,已成为公认的事实。

在刑事审判方面,反映民间被使役的奴婢如何量刑的案件,留存有崇祯年间歙县知县傅严的如下判例。佃仆汪三槐妻九弟,因欠一些佃租,与地主汪菊发生纠纷,汪三槐之母春兰为保护儿媳与汪菊打架,被推倒受伤,数日后死亡。审理这一案件的傅严,因春兰为汪野之婢,汪野与汪菊为堂兄弟,遂拟律“汪菊合依殴缌麻亲婢至死律[②],减徒,庶主仆分明,情节允协矣”。[③] 傅严对于伤害女婢致死,明确依据“奴婢”律进行量刑,可见明末不管缙绅、士庶,对民间被使役的奴仆和婢女,一律依“奴婢”律进行量刑。

另一方面,在明末徽州的地方审判中,对于独特的佃仆身份是如何处理的呢?在明代国法中,并没有规定“佃仆”的法定身份,这一问题比奴婢更微妙。[④] 首先,作为具有刑事性质的案件,我们来探讨万历三十五

---

① 《万历十一年休宁汪尚嗣等告立执照》,《契约文书》卷三,第 128 页。

② 《大明律·刑律·斗殴·良贱相殴》:“若殴缌麻小功亲奴婢……至死者,杖一百、徒三年。”

③ 傅严《歙纪》卷九《纪谳语·汪菊致死春兰一案》。

④ 据高桥芳郎研究,宋代佃户被划分为相对于地主有“主仆之分”、法律上被视为“雇佣人”身份的“佃仆”“地客”,和相对于地主有“主佃之分”、法律上适用“主佃专法”的“佃客”。明代时已不存在宋代那样的“主佃专法”,有“主仆之分”的佃仆是否具有某种法律上的身份,情况不明。(高桥芳郎前述《宋—明身份法研究》第一章《宋、元代的奴婢、雇佣人、佃仆的身份》、第二章《宋代佃户的身份问题》。)关于宋代佃户、佃仆研究史,宫泽知之《宋代农村社会史研究的展开》(谷川道雄编《战后日本的中国史论争》,河合文化教育研究所,1993 年)有详尽阐述。

年(1607),郑权秀与佃仆倪运保之间的诉讼(35)。① 郑氏的庄仆倪运保,盗伐了其负责看守的郑氏坟墓中的巨木三株,郑权秀对其责问,他"反行逞凶殴主"。郑权秀等将他告于祁门知县,知县做出如下判决:

> 审得倪运保、郑权秀,佃仆也。自供生住主基,父葬主山,则山中草木皆主所有,焉得盗砍主东冢木?据[运]保自供修补主屋,亦应禀主明白,岂得欺其不见而盗冢木乎?及秀等拜扫理说,反呈凶肆恶,殴骂百端,主仆之分荡然矣。运保杖警,仍追银四钱还主木价。

经知县确认,倪运保虽为居住郑氏的庄屋并接受郑氏给予的坟墓的佃仆,却盗伐主家的坟林,并对盘问自己的郑权秀"反逞凶肆恶,殴骂百端",因而"主仆之分荡然",对运保处以"杖警",并且命其照木价赔偿银四钱。

此处倪运保殴打并谩骂主家郑权秀等,依照《大明律》,"奴婢"殴打家长,应处斩刑,殴打家长近亲,则处绞刑;"雇工人"殴打家长及其近亲,杖一百、徒三年。② 知县认可倪运保与郑氏之间有明确的"主仆之分",但对运保的处罚,仅仅是"杖警"即惩戒性杖打。上述汪菊对春兰伤害致死事件中,知县适用"奴婢"律,减轻汪菊的徒刑。然而,在此判决中,佃仆倪运保虽为"奴婢",但量刑尚达不到"雇工人"标准。可见,认可佃仆与主家之间 "主仆之分"的存在,并非一定与认定佃仆的法定身份为"奴婢"或"雇工人"直接相关。③

---

① 刘和惠《补论》第 54 页所引安徽省博物馆藏《明天启郑氏誊契簿》。

②《大明律·刑律·斗殴·奴婢殴家长》。此外,奴婢骂家长的刑罚为绞,雇工人则杖八十、徒二年(《刑律·骂言·奴婢骂家长》)。

③ 不过,若比较汪菊案与倪运保案可知,伤害致死与殴打的区别甚大,或许对于后者,知县视这种诉讼案件本身为"州县自理之案"即"细事",并不严格拟律惩戒,仅以体罚处理。此外,盗伐坟林的刑罚为杖八十(《大明律·刑律·贼盗·盗园陵树木》),对不应为事理的重者,适用杖八十的刑罚(《刑律·杂犯·不应为》),此时一般将主旨明确记载在审语中,所以应将其视为惩戒性杖打。

接下来我们探讨佃仆要求脱离"主仆之分"而发生纠纷的事例,即祁门县奇峰村郑氏与其佃仆许氏之间的诉讼案件。① 许文多等人的祖父,于正德年间将一半家产卖给他姓,后来传至郑相达手中,许文多等反而从相达处,租佃原为自家家产的田地。隆庆三年(1569),许文多等将包括自家居住房屋在内的剩余一半家产,卖给郑相达,租借其家屋,于是,"住屋佃田,即有主仆之分",许文多等被视作郑相达的庄仆。但许文多等因田地、家屋原为自家的家产,不甘心作为庄仆服役,这一问题最后发展为郑、许两姓之间的诉讼。

最早审理这一诉讼的祁门县,判决许文多若要脱离"主仆之分",应离开租佃的田地和居住的庄屋。许文多不服判决,万历十五年(1587)上诉于南京的屯院。② 屯院指出,"卖田而不卖佃",即出卖了田地(田底权),但并没有同时出卖耕作权(田面权),这是"俗例",进而"以卖业人为庄仆,情理顺乎? 仰县再详",对许文多是否为庄仆提出质疑,命祁门县重新审理。

然而,祁门县重新审理后依然强调,许氏若要脱离佃仆身份,必须离开田地、庄屋,进而"况徽俗,在房东则以主人自居,在佃人则以庄仆自认,合郡皆然,相沿已久,比之他郡尤截然不复",并作出最后结论:徽州佃仆制已作为惯例确立下来,不能与其他地域相提并论。许氏离开田地和庄屋后,生活没有着落,无奈只得认同佃仆身份(25)。

30 余年后,这一诉讼死灰重燃。天启元年(1621),许文多之侄许尚富,为了脱离庄仆身份,租借郑氏的荒地,在此新建店房并移居于此。他又提出,既然已不再居住郑氏的房屋,便已不再是郑氏的庄仆。祁门县受理郑氏告诉后作出判决,尽管许尚富自己新建店房,但其用地仍是租

① 彭超前述《试探庄仆、佃仆和火佃的区别》第 79—80 页引用、介绍的安徽省博物馆藏《英才公誊契笏公祠辨》。

② "屯院"是指驻扎于南京、巡视南直隶卫所屯田的巡屯御史(万历《大明会典》卷一八《户部五·屯田》)。巡屯御史之所以审理这一诉讼,可能是因为郑氏是军户,问题田地属于郑氏的军庄。

借于郑氏，耕作的田地也归郑氏所有，故许氏不能免除庄仆的劳役，若要脱离庄仆身份，应离开住地和田地。最后，只要许氏“住主屋，佃主田”，就不被认可为脱离佃仆身份(37)。

当然，从法律上来说，并没有耕种地主的土地并居住其房屋就要承担“主仆之分”和服役义务的根据，即使从一般情理来讲，出卖田地和房屋的卖主许氏，担负对买主郑氏的“主仆之分”也是不自然的。因此，南京屯院对许氏是否为佃仆提出疑问，但实际问题是徽州的地方官否定作为“徽俗”扎根的佃仆制以及伴随佃仆制的“主仆之分”是困难的。① 既是审判官又是行政官的知县、知府，若不认可在现实中作为“徽俗”支撑徽州农业生产和社会关系的佃仆制，其施政将非常困难，祁门县的判决也明显地反映了这一点。

第六节　明末徽州社会与佃仆制

在第二节列举的佃仆、奴仆相关 52 例纠纷中，除前两例外，其余均发生在 1500 年以后。特别是万历元年(1573)以后的明末 70 余年中，集中了全部纠纷的 3/4，达 38 例。即使考虑到传世文书数量本身随时代发展而不断增加，我们依然可以看出，佃仆、奴仆相关纠纷在 16 世纪以后、明代后半期急剧增加。明末歙县人方弘静也指出：“嘉、隆以来，俗渐漓矣。……于是乎有主仆之狱。……仆不有主，主无以有其仆，冰涣之势也，纪纲弛矣。”自嘉靖、隆庆年间(1522—1572)以降，主仆关系动摇和主

① 汪道昆《太函副墨》卷一〇《姚令君生祠碑记》(参照傅衣凌《侧面》第 19 页)：“歙俗故以家世相役仆，而逆节渐萌。令君谓，闾右借是以庇其家，长民者借是以保其土，分定故也。渐诛跋扈，以正名。”明末歙县知县姚学闵赞成基于歙俗正主仆名分。此外，康熙《徽州府志》卷二《舆地志下・风俗》也在着重记载极为重视主仆之分的徽州风俗后指出：“民牧者，当随乡入俗，力持风化，万不可以他郡宽政施之新安。否则政如龚黄鲁卓，而舆议沸腾，余无可观矣。”地方官应遵从徽州之“俗”，维持主仆之分，若认同其他地区宽松的主仆关系，则难免遭到舆论非难。

仆纠纷增加之势非常显著。[1] 不言而喻,这种趋势是以16世纪以后整个社会的变动为背景的。

自唐末至宋代,徽州周边移民流入的同时,山区型地域开发也急速发展。在平息唐末五代的社会混乱、形成稳定的地域秩序的过程中,在有势力同族的带领下,以集体形式从事农耕的佃仆制得到普及。除了原本隶属于有势力同族的农民,后来流入的移民为了已被占有的田地、山林等农业资源,作为佃仆隶属于原住的同族。此外,没落农民也趋向佃仆化,有的奴仆也被给予耕地和住居,变为佃仆。

歙县泽富王氏的族谱中,留下了一段耐人寻味的史料,反映了元明易代之际徽州佃仆制的一个侧面。泽富的王维清是富裕地主,以里民刘氏之子为佣工。元末朱元璋攻打徽州,刘投奔其麾下,以微功获军职。维清为他设宴祝贺,刘怀旧怨,在宴席期间,率随从将维清一家全部杀死,唯一逃脱的男子也在杭州投军,维清一户灭门。因此,"火佃凌、项、程、胡数家,皆散出而各立户"[2]。王维清可能使用佣工和奴仆直接进行农业经营,同时利用佃仆进行租佃经营。而这种佃仆本来没有自己的户籍,与奴仆一样被编入主家的户籍。

明初以降,长江三角洲等地域,佃仆性质的租佃形式逐渐消失。但在徽州,对地主负有"主仆之分"和服役义务的佃仆制依然被牢固地维持着。最大规模的事例,是休宁县率东的程维宗[至顺三年至永乐十一年(1332—1413)]在元明交替时期从事商业活动致富,积聚休宁、歙两县四千余亩田产,分为5个庄,设370余家佃仆。同时他还备置祠堂和族产,

---

① 傅衣凌《侧面》第19页所引方弘静《素园存稿》卷一七《郡语》下。

②《泽富王氏宗谱》(万历元年刊本)卷二《十九世石桥下房》:

维清……家素裕饶,里之敬兴刘氏子,佣工其家。国朝未定之初,刘投戍,后以微功得授兵马。道过泽富,喜宴之,彼怀先憤,饮半,麾从悉杀之。子大都仅以身逃,诉于邓院判,得伸其冤。亦以孤力,投戍钱塘,无后。火佃凌、项、程、胡数家,皆散出而各立户。

此外,维清族弟王天佑传记中也有:"娶冯村张氏,止。火佃胡显、□祖贿求立户另住。"主家绝户后,佃仆通过贿赂脱离主家户籍,自立门户。

修建寺庙、设置市场、开发水利等，饥荒时还向佃民（大多应为佃仆）出借谷物。之后朝廷下命，无产人户出成丁二名移居南京永服徭役，维宗向官司提出“郡内大户田地，皆其人佃种。今若去之，必致荒芜”，得以撤回成命。[①] 这些无产人户中的大部分，极有可能是佃仆。

这种佃仆制的广泛存在，与徽州的自然条件和农业生产形态均有深刻联系。在徽州，除了新安江沿岸的比较广阔的平原地带，分散于山间地区的河谷平地和小盆地都有农业，耕地大多呈零星分布，收获量也少，还易遭受干旱和洪水灾害。为了克服这种不利条件，田地中“壮夫健牛，田不过数亩，粪壅缛栉，视他郡农，力过倍”，进行彻底的土地利用和劳动力极其集约的耕作；而为了在山地中发展林业、栽培五谷，农民早晨便进山，为防止虎狼侵袭，边唱歌边从事集体耕作。相对于耕地而言，人口过剩的徽州，一方面“中家而下，皆无田可业”，存在着大量无产农民，另一方面，集约型农业经营又必须投入大量劳动力。[②]

尤其对于拥有分散于山区的田地和广大山林的有势力宗族、地主来说，相比租佃给个别农民，设庄地招募佃仆，确保拥有稳定的劳动力更具有合理性。[③] 明代前期，农业以外的生活手段和向其他地域迁徙的机会比较有限，对于无地农民来说，从主家获得耕地和房屋、坟墓，但同时作为补偿，以佃仆身份遵守“主仆之分”、担负服役义务，也是不得已的选择。

总之，在明代前期的徽州，以向有限的农业资源投入大量劳动力的形式，维持资源与人口的均衡，在需要耕地、生活基础的佃仆与需要固定

---

① 张海鹏主编《明清徽商资料选编》（黄山书社，1985 年）第 80—83 页所引《休宁率东程氏家谱》。

② 嘉靖《徽州府志》卷二《风俗志》、卷八《食货志》。

③ 为确保劳动力，禁止或限制佃仆移居。例如，《永乐十四年祁门县谢俊杰等卖火佃住基文契》（《会编考释》通号 580）中有“其火佃汪祖家。一听振安使用、倩唤，本家即无阻当，即不移居他处。如有移居他处，一听振安报闻、追理”，伴随住基买卖，佃仆使役权也转移，同时明令禁止佃仆移居他处。

劳动力的有势力宗族、地主之间,大致维持了稳定的相互关系,二者之间的纠纷也较少。[①] 著名的万历《歙志》风土论中,记载了弘治年间(1488—1505)前后的社会状况:"家给人足,居则有室,佃则有田,薪则有山,艺则有圃。催科不扰,盗贼不生,婚嫁依时,闾阎安堵。妇人纺绩,男子桑蓬,臧获服劳,比邻敦睦。"[②]虽然这是公式化表述,但也反映了16世纪初期之前,生产资源与人口保持平衡,包括主仆关系在内的乡村社会关系和传统秩序处于相对稳定状态。

然而,根据《歙志》记载,16世纪以降"出贾既多,土田不重,操资交捷,起落不常。能者方成,拙者乃毁",进而"末富居多,本富尽少,富者愈富,贫者愈贫,起者独雄,落者辟易。……于是诈伪有鬼蜮,讦争有戈矛",商业化发展的同时,竞争激化和阶层分化、秩序混乱也急剧发展。这种整体状况,也鲜明地反映在与佃仆制相关的社会关系中。

16世纪以后的商业化,通过两种途径使佃仆经济地位的上升成为可能。一是山林产品的商业化。[③] 佃仆通常都是独立经营农业,常常租佃主家的山林,栽养杉、松等。徽州的杉木品质好,沿新安江南下运至杭州,经绩溪县通往南京。随着经济的活跃,江南地区木材需求量增加,经水路可以较容易地运输。山林成材需要二三十年时间,长成木材后,佃仆可以出卖作为"力坌"获得的林木,集中到手一笔现金。例如隆庆五年(1571),某县佃仆汪乞付等购买并采伐主家拥有山地的杉木时,误伐了

① 反映15世纪前半期徽州主佃关系的例子之一,是《休宁县市吴氏本宗谱》(嘉靖七年序刊本)卷七《文翰外集·潜德·处士吴公士悬墓碣铭》记载的吴士悬[洪武十五年至宣德四年(1382—1429)]的事迹:"岁时告歉,每损所积以济之。凡佃佣输田租,必饮食之。至于脚力之劳,皆辞而弗受。徐曰,公之惠多矣,愿世世以此报公也。……佃农间有宴安者,即踵门扣之,以警其堕,俗变于勤。"彼以酒食或脚力(搬运费)犒劳"佃佣",而佃佣们均谢绝。所谓"佃佣",可能是指佃仆。同时,根据这一史料可知,当时经营地主比较关心佃户的农耕、生活等。

② 万历《歙志》卷二《风土》。

③ 参照张雪慧前述《徽州历史上的林木经营初探》、陈柯云前述《明清山林苗木经济初探》、叶显恩《佃仆制》第三章第二节等等。

相邻其他主家的山林，故立还文约，进行赔偿。① 可见，佃仆购买主家的山林，采伐之后出售。

再加上茶、漆、制墨所用松、制纸所用楮、麻、竹等山林产品的商品化发达，在山林中栽培杂谷和采集柴薪也可以有现金收入。特别是祁门县的松木，含有许多松脂，杂质含量少，是优质烧窑业用燃料，因此，大量输出至相邻的浮梁县景德镇。② 天启五年(1625)，祁门县佃仆康具旺等，买入山林后进行采伐时，误伐了主家拥有山地的树木，“据造窑柴发卖”，立文约赔偿。③ 崇祯六年(1633)，佃仆汪分龙的儿子擅自采伐主家山地的松木，制造窑柴，最后谢罪并赔偿。④ 这些事例均表明，祁门等地的佃仆积极地推动着窑业用柴薪的商品化。

从徽州商人正式开始全国范围活动的 15 世纪末开始，至少佃仆已参与到商业活动中，这正是带动佃仆经济地位上升的第二个重要原因。歙县溪南吴氏的以下文书，很好地反映了 16 世纪初佃仆参与商业活动的过程：

> 十四都一图住人吴别系房东火佃，现承祖于永乐年间佃住，房东程孟贤、程希美等经业十四都杨干，土名新起段住基一

---

①《隆庆五年汪乞付等甘罚文约》(《契约文书》卷二，第 470 页)：

佃人汪乞付、江光[保]、林记龙等，今因买受房东汪德瑞叔(?)□土名迎牛坑里截杉木砍斫，与房东汪于祚、于□弟侄等同号外截山界相连。是身等不知，混斫过界。今房东汪于祚等要行告理，身自知理亏，不愿紊繁，托中江寿等恳浼纳价足(?)讫。立还文约为照。

隆庆伍年三月十五日立还文约佃人　汪乞付(押)　江光保○　林记龙×

中见人江寿(押)

② 陈柯云：《从〈李氏山林置产簿〉看明清徽州山林经营》，《江淮论坛》1992 年 1 期，第 76 页。

③《祁门县庄人康具旺等立还约》，《资料丛编》一集，第 460 页。

④ 南京大学历史系资料室藏《明嘉靖—清宣统民间租约》(编号 000080)：

庄人汪分龙，今因男长寿、长贵自不合将房东山桃坞松木私□窑柴，房东得知，要行理治，自情愿佃去本山窑儿培，前去砍拨锄种，遍山密撒松子，毋问险峻，不得抛荒尺土。三年之内，接山主踏看，如无苗木，听自追还花利，日后成材、主坌三孜相分，主得二孜，种人得一孜。其坌坌不敢变卖他人。如违，听自理治。存照。

崇祯六年七月初十日立承佃庄人汪分龙○　见亲胡付应(押)　胡□付○

业,瓦屋三间,男妇住歇。生长三男社寿、社孙、文贵,为守坟茔山场,作种生理。今有房东程子孙将火佃吴别父子并住基、房屋、山场,出卖与十六都二图房东　名下为业。长男社寿,先于弘治　年工雇去十六都房东吴　往外买卖,除支二艮(银)外,借艮(银)娶媳　氏,约文未还。本身年老,长男社寿回家,同三男文贵承当门户,永远看守坟山。今为次男社孙因无妻小,自愿过房与房东　处,跟随往外买卖,趁觅工钱,婚娶妻小终身之计。于内倘有艮(银)钱、货物付托,毋许侵用。如违,听从经　公受罚无词。倘有命运安危,此天命也,即无异言。今恐无凭,立此火佃文书为照。

正德七年二月初八日立火佃文书人吴别号　同男社寿号

社孙号　文贵号　依口代书人吕岩周号①

歙县十四都吴别是看守程氏坟山、耕种其田地的佃仆,后来程氏将庄地、山林和吴别等人的使役权一起,卖给了十六都溪南吴氏。吴别长子社寿已经被溪南吴氏雇用,在外地从事商业活动,但因吴别年老,社寿回家,与三子文贵一起作为佃仆看守坟山。代替他的次男社孙,跟随主家在外地经商,用薪金娶妻,作为终身之计。另外,也有像第三节介绍的祁门县五都洪氏佃仆朱福元那样,自己赴外地开小店铺做生意的。

16世纪以降,大量海外白银自东南沿海地区流入中国,徽州商人也参与了海外白银的输入,还深入参与了与白银进行交换的生丝、绢、棉织物、陶瓷器等的生产、流通。从沿海地区流入的白银扩散到全国,作为税收投向北边的白银再回流到内地,徽州商人在全国性商品流通中发挥了

①《吴氏坟山佃经理总簿》杨干山项。

巨大作用。[①] 徽州人控制着明末可以称作"龙脉"的白银流通，佃仆也直接或间接地参与了商业活动，从而也获得了提升其经济地位的机会。[②]

佃仆通过商品生产、商业活动所得的收入，有时投入购买土地。在当时的徽州文书中，留存有佃仆订立的几份土地买卖契约，[③]可见，佃仆拥有土地并不罕见。此外，到明末时，佃户、佃仆拥有耕作土地的田面权(田皮)的情况已非常普遍，这也是提高佃仆经济独立性的重要原因之一。[④] 拥有一定程度土地的佃仆具有自己的户籍，有时还担任里甲制下的甲首职务。[⑤] 佃仆所立文书中，还有佃仆亲自执笔的事例，可见部分佃仆已多少具备识字能力。[⑥] 这种识字能力在商业活动中是必要的，同时也提供了提升社会地位的各种机会。

到明代后期，已出现积蓄可与主家匹敌的财富的"豪奴"式佃仆。例

① 近年来关于徽州商人活动研究最有代表性的论著，有张海鹏、王廷元主编《徽商研究》(安徽人民出版社，1995 年)。近年来关于明末白银流入及其社会经济影响的论著，可参照艾维泗《明代中国与新兴的世界经济，1470—1650 年》(William Atwell, "Ming China and the Emerging World Economy, c. 1470 - 1650," in Twitchett and Mote eds., *The Cambridge History of China*, *Vol. 8*, Cambridge U. P., 1998)、岸本美绪《东亚的"近世"》(山川出版社，1998 年)。

②《醒世恒言》卷三五《徐老仆义愤成家》、《明史》卷二五二《孝义传二》收录有著名"义仆"阿寄的故事，以与徽州相邻的新安江沿江山地间的淳安县为舞台，阿寄从主人预付的少许资金起家，购买漆，然后在苏州、福建出售，获得巨大利益。这个故事虽是小说，但并非荒诞无稽，可能反映了当时佃仆、奴仆通过商业活动致富的情况。

③ 例如，《资料丛编》二集中，收录有 8 件佃仆向房东出卖田、地、山等的明代文书(参照同书《文契总表》)。傅衣凌《侧面》第 14 页、章有义前述《明清及近代农业史论集》第 390—391 页中，也介绍了万历年间佃仆、义男从主家购买山地、屋地的文书。

④ 杨国桢：《明清土地契约文书研究》，人民出版社，1988 年，第 218—223 页。

⑤ 反映佃仆承担甲首役的文书，有《嘉靖十六年祁门章进付等卖山赤契》(《资料丛编》二集，第 494—495 页)："十一都章进付、进才、进保，今因甲首无钱应当，将承祖父原买得汪志保山一备，坐落六保，土名朝山坞，系经理'坐'字七百九十一号，计山三亩……尽行立契，出卖与房东汪再阳名下为业。"可见，佃仆章进付等人，为筹措甲首役费用，出售隶属于房东汪再阳的山地。

⑥ 佃仆所立文书，多为稚拙之字，佃仆本人执笔的情况并非罕见。此外，《隆庆四年王连顺卖子婚书》(《契约文书》卷二，第 458 页)，是仆人王连顺将 17 岁的儿子王得金卖给家主汪镇东的卖身契，但末尾署名则为"奉书男王得金"，可见是被卖身的人本人执笔署名。文书用工整的楷书书写，他无疑受过一定的识字教育。

如，溪南吴氏地仆叶积回擅自引碣（水渠），在河流中建造水碓（用于碾米和灌溉的水车），[①]因"挟制一乡"而与主家发生纠纷。因此，嘉靖二十六年（1547），吴氏一族协议后，将族产的坟山以三百两巨款卖给族人有志，并议定以此作为与叶积回打官司等的费用。[②] 从高额诉讼费用来看，毫无疑问叶积回已蓄积了相当多的资产。

还有作为胥吏、衙役进入官府的佃仆，例如，祁门五都洪氏佃仆汪社等八人，是在冠婚葬祭时吹奏乐器的"乐仆"，万历十三年（1585），汪社到县衙门做皂隶，欲逃避乐仆的劳役，受到洪氏追究，结果，汪社誓约"不愿在县充皂，仍旧在家不时服役"。[③] 此外，还有从胥吏任官的佃仆，如看守婺源县江湾江氏祖墓的一佃仆，先任承差（胥吏的一种），后又任驿丞和巡检。但是，他"归则匍伏执厮役无贰，要非清流之故，主翁亦不锢之"，尽管他为任杂职的官员，但在家乡，依然顺从地承担作为佃仆的劳务，主家也并不阻止他任官。[④] 据传，在明末祁门县，"婚姻论门第，辨别上中下等甚严，所役属佃仆不得犯，犯则正之公庭，即人盛赀积行作吏，不得列

---

① 水碓是用于捣米、灌溉的大型水车，但道光《祁门县志》卷五《风俗》所引《康熙县志》有"土瘠民贫，岁入无几，多取给于水碓、磁土。旧志谓，水碓隘河身，磁土伤龙骨，皆利害攸关"。河流狭隘也成为纠纷起因之一。

②《歙西溪南吴氏先茔志》，《唐始祖光公》垄塘山项所收议约：

众立议约人溪南吴真锡、道宗、汝弼、吴铣等，为因始祖吴光公安葬垄塘山，子孙繁庶，年远失于经理，以致屡被外人侵占盗葬等情。又有本村地仆极恶叶积回父子，私造水碓，害人无厌，背义窃附。先年与本族告碣临河，仇家挟制一乡，众心共忿，意欲经官告理祖坟，及去碓以除民害。奈缺盘缠，众议将垄塘山除祖坟二穴外其余地山众议价银参伯两立契，尽行凭派下子孙有仗义者收买，听从两旁扦葬风水，付出价银，以备告理之费。或告坟山，或治恶仆，俱将此银使用。

嘉靖二十六年三月初七日众立吴真锡（他十八名略）　　代书吴承诰

③ 傅衣凌《侧面》第17—18页所引文化部文物局所藏文书。

④《溪南江氏家谱·第十六世讳公远墓》：

公之祭扫之仆，从主姓，世居婺源七都江湾前溪南浒，土名宋村坦。……诸仆中有由承差授驿巡秩者，归则匍伏执厮役无贰，要非清流之故。主翁亦不锢之。

承差是从属于布政司、按察司的一种胥吏，考满后经中央任事被授驿丞（万历《大明会典》卷五《吏部四·选官》）。

上流”①。即使是在商业上获得成功或获得官吏地位的佃仆，也不会取消“主仆之分”。

由此可见，16 世纪以降商品经济的发展，确实为佃仆经济独立性的提高、社会地位的提升提供了机会，但这未必一定导致佃仆身份和“主仆之分”的脱离，而成为致使主家与佃仆关系紧张的重要原因。与都市和商业繁荣密不可分，谷物价格的低迷和赋役负担的增大，招致农业的整体萧条，也直接打击了支撑农业生产的底层佃仆的生活。特别是明代前期之前，在地域开发已基本达到极限的徽州，16 世纪以降的人口剧增使耕地和农业资源的竞争日益激化，佃仆阶层作为社会上、经济上的弱者，直接受到这种弊病的影响。

嘉靖年间，祁门县善和里程氏的佃仆处于下述状况：

> 往时各佃率乐业安生，今多饥寒、多流亡，不自宁居者，其必有故矣。前人置立庄佃，不惟耕种田地，且以备预役使，故驶之宽而取之恕。今时之弊，役使繁苦，且征收、科取比昔不无加重，况又有分外之征。敛愈繁而佃愈困，其不至迁徙、流亡者几希矣。……计众佃仆，昔称繁庶，今渐落落，殊可慨也。……主众仆稀，征役日繁，彼何以堪。②

曾经安居于庄地的佃仆，随着田租和服役负担的加重而迁徙、逃亡，而且主家人口的增加，更加重其负担。不仅是善和里程氏，随着主家人数的增加，庄地和佃仆的使役权因反复均分继承和买卖，逐渐细分化、复杂化，佃仆服役义务也更加繁杂。

在明末徽州各地，佃仆从庄地迁徙和逃走、流亡的现象日益显著。

---

① 万历《祁门县志》卷四《风俗》。此外，谢肇淛《五杂俎》卷一四也有：“今世流品，可谓混淆之极。……有起自奴隶，骤得富贵，无不结姻高门，缔眷华胄者。……余邑长乐此禁甚励，为人奴者，子孙不许读书应试，违者必群击之。余谓此亦太过。……及之新安，见其俗不禁出仕，而禁婚姻，此制最为得之。”与《祁门县志》记述一致。

②《窦山公家议校注》卷六《庄佃议》。

例如,看守祁门奇峰郑氏共有祖墓的佃仆,因郑氏族人逐渐增加,且有虐待佃仆者,于万历二十四年(1596),“汪乞龙、汪保二房人口不安,逃居浮梁”,二房逃亡至相邻的浮梁县。① 看守歙县溪南吴氏祖墓的佃仆,其三房已死绝,仅剩男女二人,他们于崇祯元年(1628),“贫不守分,复行逃窜”。② 某县谢良善等人的佃仆汪有寿,父母双亡,二弟逃亡,三弟被卖身至他村,自己无法生活,不得不“飘流无倚,向在外境佣工糊口”。③

尤其是明朝灭亡前一年,即崇祯十六年(1643),谢良善等谢氏一族八房订立的“分析火佃合文”,真实地反映了这一状况。谢氏八房自祖先以来,拥有许多庄地和佃仆,曾经“人丁颇旺,农业颇丰,主仆各安无故”。但后来,佃仆“或以家贫飘流,或以艰娶出赘,或以债伙催迫,夫妇鬻身,星散不一”,而且“主众繁衍,叫唤不均……更不问农忙时月,苛叫不休,呼东即东,呼西即西,给工不见分文。……顺之视为常故,不顺则詈骂不已,继之笞挞”。结果,“老而贫者思欲远行就食,即壮而稍赡者亦恶烦欲窜躲”,他们纷纷迁徙他乡,或力争脱离佃仆身份。④

明末的商业化和秩序变动,使此前因发展集约型农业而被束缚在庄地中的徽州佃仆,也出现了社会流动和阶层分化的加剧。通过商品生产和商业活动提升社会地位,或作为胥吏和衙役进入官府的佃仆,意图脱离“主仆之分”和庄地的束缚;因过高的人口压力和过重的劳役负担而生活日益穷困的佃仆,为了另求生计而从庄地迁徙、逃亡或卖身,成为流民。另一方面,有势力的徽州宗族和地主,为了维持佃仆制,即使有必要付出巨大的经济、社会成本,也绝对不会轻易放弃佃仆制。在冠婚葬祭及其他祭祀、活动时,佃仆服役以一种可见形式,具体地体现着尊卑、主仆的身份,据此向地方社会显示其作为“名族”的地位是不可欠缺的。

---

① 刘和惠《补论》第53—54页所引《明天启郑氏誊契簿》。
② 《歙西溪南吴氏先茔志》,《二十世祖墓·重修金充庄屋纪事》。
③ 傅衣凌《侧面》第6页所引文化部文物局所藏文书。
④ 刘重日《火佃新探》第123—124页所引北京师范大学藏《分析火佃合文》。

佃仆服役义务本身,并未达到阻碍一般农业生产的地步,即使仅用货币交纳也不存在问题。但实际上,并没有证实所有服役义务都货币化的事例。佃仆服役具有显著的社会、文化意义,雇用劳动则没有这种意义,终究受“种主田、住主屋、葬主山”恩情的佃仆,有必要通过具体的服役体现其从属性。[①] 在经济方面,将佃仆服役作为一项义务确定下来,以此阻止佃仆擅自移居外地谋生,将佃仆束缚于庄地中,对于确保稳定的农业劳动力具有更重要的意义。

16 世纪以降,佃仆脱离庄地束缚和服役义务的动作增多,如第四、五节所举明末宗族规约和审判事例所示,佃仆与主家之间的“主仆之分”并没有因此而变得松弛,可以说反而起到了反作用,主家有重组佃仆制、强化“主仆之分”的倾向。其典型事例有休宁县七都余氏一族与潘氏一族争夺佃仆的使役权,从天启四年(1624)开始,前后进行了长达六年的大规模诉讼。这一诉讼解决后,余氏说“昔年,各仆拜节免其跪拜之仪,似乎太简”,于崇祯三年(1630)起制定新规则,规定元旦等节日时佃仆等须赴余氏处,“皆跪忌四拜,以明主仆之分”。[②]

明代后期宗族组织的完善与扩大,提高了具体体现“名族”地位的佃仆制的必要性。但另一方面,佃仆因经济实力增强而摆脱对主家的依赖性,或者因贫穷而流亡,佃仆制本身的动摇和流动化也不断增强。意图摆脱身份束缚的佃仆与极力维持“主仆之分”的主家之间的关系更加紧

---

① 关于传统中国身份秩序中“恩义”的意义,构成“贱”观念基础的服役性、从属性等,最近从结构性、历史性等角度进行研究的成果有:高桥芳郎《中国史中的恩与身份——与宋代以降主佃关系的关联》(《史朋》26 号,1993 年。岸本美绪 1995 年的书评可作参照)、岸本美绪《明清时代的“贱”观念》(1999 年 7 月,明清史研究合宿报告)。

② 余显功辑《不平鸣稿》(南京大学历史系资料室藏,编号 000148),《不平鸣稿序》。《不平鸣稿》(全四卷)汇集了关于余氏与潘氏一系列诉讼的一件文书的稿本,是反映围绕明末佃仆制的纠纷、诉讼的极重要史料。此外,居蜜《同族的延续:徽州的仆佃制》第 250—252 页(Mi Chu Wien, “Kinship Extended: The Tenant/Servant of Hui-chou”, pp. 250 - 252)也介绍了《不平鸣稿》的概要,指出“拥有佃仆,有时是关系到精英家族自尊心的问题”,即使有经济负担,也要保留佃仆。

张,纠纷和诉讼不断增加,佃仆相关纠纷也显著增加并日益复杂化。明末的徽州,佃仆方面的纠纷几乎成为常态,但还不至于发生大规模"奴变"。但是各个纠纷背后主仆关系的紧张,正孕育着一旦遇到契机便会爆发的可能性。

小结

崇祯十七年(顺治元年,1644),北京陷落的消息一传到南方,长江三角洲等地便爆发大规模奴仆叛乱。① 弘光元年(顺治二年,1645)五月,清军攻占南京,南明弘光政权崩溃,徽州一带几乎处于无政府状态。黟县蔡村奴仆宋乞,乘机纠合全县奴仆和佃仆起义,在县内建造 36 处山寨并统领之。奴仆、佃仆们宣称"皇帝已换,家主亦应作仆事我辈矣",称宋乞为"宋王","挟取其先世及其本身投主卖身文契"。若有敌对的有势力宗族,宋乞等就"率诸寨之兵攻破","焚杀一村",因而"邑人不敢自言衣冠之族"。

此后不久,奴仆、佃仆起义便从黟县波及休宁、祁门、歙县。九月,宋乞被杀,此时起,部分奴仆、佃仆归顺主家。即使这样,起义势头仍很高涨,十月清军进入徽州,清朝黟县知县授予宋乞继任者朱太以都司之职,对朱太之父等以乡饮酒礼招待,尽力怀柔。但翌年三月,起义军包围并炮击县城,知县请求清军救援。清军击破起义军,俘获千人,处刑百余人。就这样,徽州奴变宣告结束,参加起义的奴仆、佃仆,像原来一样"就仆舍执役"。②

① 关于明末清初奴变的系统研究,森正夫《奴变》(谷川道雄、森正夫编《中国民众叛乱史 4 明末—清Ⅱ》,平凡社,东洋文库,1983 年)最具概括性。

② 关于清初徽州的奴变,可参照森正夫前述《奴变》四《安徽南部》、宋汉理《中国地方史的变迁与延续》第 5 章《1644—1646 年徽州地方的奴隶、社会纠纷与明清社会变迁》(Zurndorfer, *Change and Continuity in Chinese Local History*, Chapter 5, "Bondservants, Social Conflict, and the Ming-Ch'ing Transition in Hui-chou Prefecture 1644—1646")、叶显恩《佃仆制》第 284—287 页等等。

清初的徽州文书中，保留了参加这次“奴变”（乙酉之乱）的奴仆、佃仆在起义被镇压过程中向主家谢罪的文书。例如，宋乞被杀后不久，顺治二年（乙酉）九月二十五日，祁门县“地仆”王三一等订立的甘罚约[①]（书影9）：

立甘罚戒约地仆王三一、朱良成、倪七用、王冬九，今不合被胡清、汪端时、贵时引诱，聚众结寨倡乱，劫掳放火等事，于本月二十四日，行劫本县西都汪客剑刀行囊。随于二十五日，又不合乱砍家主住基对面坟山荫木数十根造寨。当有两村家主拿获，口供实情，原系胡清三人倡首、身等不合误入同伴。自甘立罚约，求汪家主原情宽恕，以后不敢复蹈前非，其倡首三犯、听后获日送官重处。立此甘约存照。

乙酉年九月廿五日立甘罚约地仆　王三一十朱良成十倪七用十王冬九

凭现年里长汪文玘朝奉

黟县的奴仆起义也波及祁门县，王三一等召集奴仆、佃仆，建造山寨起义，大肆掠夺、放火，盗伐主家坟山的树木数十根，作为建造山寨的建材。但不久，王三一等被主家抓住，订立此甘罚约，谢罪并乞求主家原谅。另外，今存徽州文书中，还保存有自顺治二年末至翌年三月响应奴变的佃仆所订立的戒约等。他们“乘机拥众，向主挟去原卖文书”，或“叛主立寨，挟响伐木”，但最后不得不誓约：“今值清朝国法森严，上司明示概行枭斩……再三哀恳求免杀身，愿还戒约，东主婚姻葬祭，新正拜节，照旧服役。”[②]

① 《顺治二年王三一等立甘罚约》（《契约文书》二编卷一，第12页）。同日立的《乙酉年朱老寿立甘罚约》（同书卷一，第11页），立约者不同，其余内容几乎完全相同。

② 《祁门县江观大重立卖身契》（《资料丛编》一集，第554—555页）。傅衣凌《明季奴变史料拾补》（初发表于1947年，后收入《明清社会经济史论文集》，人民出版社，1982年）第386—387页所引历史研究所藏《五和义堂置产合同簿》所收仆人项粉等的戒约（顺治三年三月初九日）、仆人程起等的戒约（顺治三年三月初十日）。

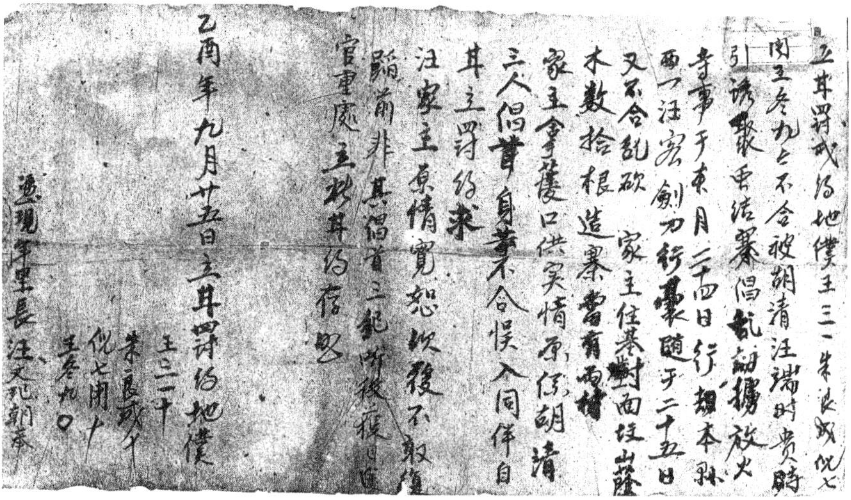

书影9　顺治二年王三一等订立甘罚约

随着清朝统治的确立，起义参加人员先后归顺主家，当然，佃仆、奴仆方面紧张的社会关系并未因此而消解。在清代前期的徽州文书中，与佃仆相关的纠纷依然较多，而且呈现出复杂化趋势。雍正五年（1727），雍正帝下谕旨，命解放徽州府等地的佃仆身份（“开豁”），但实际上“开豁”时有严格的条件，要求脱离佃仆身份的佃仆与极力维持“主仆之分”的主家之间的纠纷，时而会发展为主家一族与佃仆一族的整个宗族间大规模复杂诉讼。直至清代后期，佃仆制相关纠纷仍是徽州诉讼中最严重的问题。

第八章　结　语

本书以徽州文书为主要史料，同时也充分利用族谱、地方志、文集等其他文献史料，以明代徽州乡村社会的纠纷处理为中心，结合宋元以来当地有势力宗族参与纠纷解决和秩序维持的历史背景，对明代中期以降宗族结合的发展以及徽州特有的仆佃制的相关社会关系和纠纷进行了全面阐述。本书所阐明的明代徽州乡村社会纠纷处理、秩序维持的状态及其时代变迁，与以往的观点相比，存在相当大差异。先行研究一般认为，明初 14 世纪末以《教民榜文》规定的老人制为中心的纠纷处理、秩序维持、教化、劝农等乡村统治体系，不到半个世纪即在 15 世纪前半期便已走向衰落，到明代中期即 15 世纪后半期，在法律上已成为一纸空文。此外，16 世纪以降，里甲制自身也走向解体，新的乡村统治制度乡约、保甲制取而代之并日益普及。

然而，根据本书的考察可知，15 世纪前半期的实际情况是，老人在受理纠纷当事人的“状投”后，在向地方官起诉之前进行纠纷处理。15 世纪后半期，老人、里长除受理“状投”来处理纠纷外，还通过诉讼调停和实地取证、重新审理官府下发的诉讼案件等途径来解决纠纷，在纠纷处理框架中起着连接点的作用。16 世纪以降，里长与乡约、保甲，以及亲族、中见人等调停功能并存，在处理纠纷中发挥了极大作用。那么，这种纠纷处理形态的变化，在以明代为中心的长期社会变动中，处于怎样的地位呢？本章将通过乡村层面诉讼的提出，即向老人、里长等提交的“乡里状”的“状投”，以及与此相对立的豪民、乡绅等的“私受词状”，对这一问题进行考察。

第一节 徽州文书中的“状投”

一般来说，明清时期乡村中的民间调停均是通过口头形式进行的，在明代徽州，亲族、中见人等的调停，一般也是以口头形式进行的。但据徽州文书可知，向老人、里长等提出的起诉，多数是“状投”（也称作状告、投状、具词投告等），即不是口头而是通过诉状进行的。以下将本书探讨的明代徽州文书、《茗洲吴氏家记》等史料中出现的“状投”事例，重新整理为下表。

明代徽州乡村“状投”一览表

年 代	提出者	受理者	“状投”内容与过程
1. 建文三年（1401）	祁门县 谢淮安	在城里长 方子清	县城居民等误卖了谢淮安（能静）的山地。谢淮安遂向在城里长递交“状投”，据里长“谕判”，解除误卖行为。
2. 永乐十年（1412）	歙县 程任师等	里老	程佛保在程任师的山地中埋葬父母等。任师向里老“状投”，最后将埋葬地与佛保的柴山进行交换，双方达成和解。
3. 宣德二年（1427）	祁门县 谢振安	理判老人 谢尹奋	谢应祥等重复买卖山地。谢振安向老人“具词投告”，老人令双方交出文契，解除重卖。
4. 宣德六年（1431）	祁门县 李景祥	老人 谢尹奋	谢能静采伐、赊卖李景祥的山林。尽管李景祥向老人“状告”，最后也没有解决。

续 表

年　代	提出者	受理者	“状投”内容与过程
5. 正统五年(1440)	祁门县汪富润	里老	黄延寿等盗伐汪富润等的山林。汪富润向里老“状投”,延寿等承认采伐行为,予以赔偿。
6. 正统八年(1443)	祁门县谢能静	老人谢志道	方寿原重复买卖山地给谢能静等。能静“状告”于老人,老人审阅两家文契,解除重卖。
7. 成化五年(1469)	祁门县谢玉清	里老	程付云等强伐谢玉清等的山林。玉清向里老“状投”,但付云不露面,玉清告诉于县。
8. 成化十一年(1475)	祁门县汪思和	里老	汪思和与汪寿馨争夺山地。思和向里老“状投”,寿馨也告诉于县,经里老判理,达成和解。
9. 正德六年(1511)	休宁县茗洲吴氏	里长	谢春率无赖采伐吴氏的松木。吴氏“以牒”诉之于里长,又告于县、府后和解。
10. 正德十年(1515)	休宁县茗洲吴氏	里佐	李美率众强伐吴氏的松木。吴氏以“牒”诉于里佐,李美赔偿树木价值,达成和解。
11. 嘉靖元年(1522)	祁门县谢纷	里老李克绍	谢思志清明节时在谢纷的山地中进行扫墓。谢纷向里老 “状投”,经“劝谕老人”李克绍裁定,谢思志谢罪。
12. 嘉靖二十一年(1542)	休宁县汪安	里老	朱永志不向汪安支付买山费用。汪安向里老“投状”,经中人调停,核算卖价并和解。
13. 嘉靖三十六年(1557)	祁门县谢右	里长谢香	谢右的家仆冯德儿逃亡。谢右向里长“状投”,要求返还卖身费用,德儿之父支付赎身银。
14. 嘉靖三十八年(1559)	休宁县庶母李氏	坊长	苏天贤等人的庶母李氏的养老田被卖,向坊长“状投”,“转呈”至知县后,经亲邻调停,双方和解。

续 表

年 代	提出者	受理者	“状投”内容与过程
15. 万历十年(1582)	祁门县胡胜等	房东洪氏	族人胡寄等,擅自在洪氏佃仆胡氏一族的祖坟内进行埋葬。胡胜等向洪氏“投状”,请求保全祖坟。
16. 万历十八年(1590)	祁门县房东郑氏	邻里倪振等	郑氏的佃仆汪乞祖擅自出卖佃权并移居。郑氏向邻里“状投”,乞祖长子誓约佃种并服役。
17. 万历二十六年(1598)	祁门县房东郑氏	里长	郑氏佃仆郑秋保盗窃房东的祀谷。房东向里长“状投”,秋保谢罪并赔偿。
18. 天启元年(1621)	县名不详王国朗	里邻?	毕大舜采伐王国朗等的山林,国朗等进行“状投”。经里邻调停,大舜誓约负责采伐地的栽养。
19. 天启四年(1624)	县名不详吴留	约里排年	吴寿垄断水利,殴打叔祖吴留。吴留向约里、排年提出诉状,并请求向官府“转呈”。
20. 崇祯八年(1635)	县名不详闵良海	里保族长胡学周等	闵良海的耕牛失踪,在他村发现。经里保、族长确认,返还良海。良海提交领状,表示谢意。
21. 崇祯十六年(1643)	县名不详胡廷柯	族众	胡廷柯媳妇李氏与胡元佑通奸并怀孕。廷柯向族众提出诉状,并要求向官府“转呈”。
22. 弘光元年(1645)	县名不详倪宗椿	约保倪思受等	汪礼兴等采伐倪宗椿等的山林用以架桥。宗椿等“状投”于约保,礼兴等谢罪。

【出处】(资料集所收文书,仅显示卷、页数、通号,省略标题)

1.《会编考释》通号 564。
2. 上海图书馆藏《卖买田地契约》。
3.《契约文书》卷一,第 111 页。
4.《中国明朝档案总汇》一册,第 36—37 页。
5. 南京大学历史系资料室藏《明洪武—崇祯契》。
6.《契约文书》卷一,第 139 页。
7. 同上书,第 186 页。

8、12. 南京大学历史系资料室藏《明万历汪氏合同簿》。
9、10.《茗洲吴氏家记》卷一〇《社会记》。
11.《契约文书》卷二,第 5 页。
13.《契约文书》卷二,第 260、261 页。
14.《契约文书》卷六,第 132—135 页。
15. 魏金玉《明代皖南的佃仆》(《中国社会科学院经济研究所集刊》三集)第 179 页。
16、17. 刘和惠《明代徽州佃仆制补论》(《安徽史学》1985 年 6 期)第55 页。
18. 南京大学历史系资料室藏《明嘉靖—清宣统民间佃约》。
19.《契约文书》卷四,第 137 页。
20.《契约文书》卷四,第 387 页。
21.《契约文书》卷四,第 491 页。
22.《契约文书》二编卷一,第 9 页。

在上述 22 件事例中,发生于建文至嘉靖年间(15 世纪初至 16 世纪中期)的有 14 例(1—14),全部为向老人、里长(包括“里佐”、坊长)的“状投”。然而,没有一件属于向亲族、中见人等民间调停者“状投”的文书。尤其是发生于 15 世纪的 8 例(1—8)中,老人占 3 例(3、4、6)、里老(里长和老人)占 4 例(2、5、7、8)、里长占 1 例(1),均接受了“状投”,老人在 8 例中的 7 例、里长在 8 例中的 5 例均为“状投”对象。然而,正德、嘉靖年间(16 世纪初至中期)的 6 例中,里老占 2 例(11、12),里长占 2 例(9、13),“里佐”(10)、坊长(14)各 1 例。虽然“里佐”语义不明,但其余 5 例中,老人有 2 例,里长(或坊长)有 5 例,均受理了“状投”,与 15 世纪相比,老人与里长的比例发生了逆转。

在万历至弘光年间(16 世纪末至 17 世纪前半期),如第六章所探讨的那样,不仅仅是“状投”给老人和里长,“状投”给乡约、保甲、宗族组织、佃仆主家等的事例也得到证实,甚至这些诉状原件(的抄本)也留存下来。这一时期的 8 例(15—22)中,里长占 1 例(17),“邻里”(近邻和里长)占 2 例(16、18),佃仆的主家(15)、“约里排年”(乡约、里长、排年里长)(19)、“里保族长”(里长、保甲、族长)(20)、“族众”(21)、“约保”(乡约和保甲)(22)各占 1 例,他们均受理了“状投”,可见“状投”对象非常多样化。其中,里长占 8 例中的 5 例,乡约和保甲各 2 例,族长、族众也占 2 例,他们均受理“状投”,可见乡约、保甲、同族组织等出现后,依然是里长受理的诉状数量最多。在这一时期,仍然没有发现各亲族、中见人受理

"状投"的事例。

关于被"状投"的诉状本身(15、19、21),可参见第六章(19、21)、第七章(15)中的文书全文。无论在内容还是形式上,它们均采用与向地方官递交的诉状相同的式样,也采用了与清代后期地方档案中收录的诉状相同的情节(plot)和套语(cliche)。① 此外,在事例19、21中,受害者请求"约里排年"和"族众"向地方官"转呈"诉讼。这些均是关于殴打长辈亲属或同族内通奸等重大事件的诉讼,因此,从一开始就请求向官府"转呈"。

第二节 "乡里之状"的世界

在明代制度史的史料中,缺乏乡村层面"状投"的相关记载。规定由老人、里长处理诉讼的《教民榜文》中,仅有"老人、里甲……即须会议,从公剖断、许用竹篦、荆条量情决打"(第二条),"凡老人、里甲剖决民讼,许于各里申明亭议决"(第三条)等等,没有向老人、里长起诉必须使用诉状的规定。但张楷《律条疏义》[天顺五年(1461)初刻]的《刑律·杂犯·拆毁申明亭》条注释中有"凡民间应有词讼,许耆老、里长准受,于申明亭内剖理",可以看出老人、里长受理诉状。应槚《大明律释义》[嘉靖二十九年(1550)重刊]的该条注释更加明确:"各州县设立申明亭,凡民间应有词状,许耆老、里长准受,于本亭剖理。"可以确认老人、里长"准受词状"。此外,在苏州府吴江县庵村,与地方官的法庭一样,明初老人设有"公座、桌围、硃笔、刑杖","准理"里内纠纷,"差人拘执,据理审问、杖责,若情重者,审明备文申解"。由老人负责的"乡村审判",与地方官审判具有相同

① 例如,唐泽靖彦认为,清代后期诉状中,屡屡出现这种情节:在受到被告的不法行为后,被打成重伤,幸而被周围人搭救,于是提交诉状,请求公正裁决(《清代诉状及其书写者》,《中国——社会与文化》13号,1998年)。事例19中的诉状基本上按照这种情节书写。

形态,均是通过文书处理进行的。①

不仅仅在徽州,明代老人、里长经常受理诉状之事,在夫马进介绍的明末"讼师秘本"(诉状文例集)中也可以得到证实。根据最早的讼师秘本之一、上海图书馆所藏《萧曹遗笔》(万历二十年代刊行)记载,这种诉状被称作"乡里之状"。该书对"乡里之状"的作法做出如下说明:"乡里之状"应与向地方官递交的诉状一样,其形式是相同的,为了使案件自乡里上呈至县、府时可以顺利通过,应省略概括诉讼主旨的"截语"。另外,"乡里之状"的内容,不得与向县、府提交的诉状相互矛盾,这样会使地方官产生疑问。"乡里之状"相当于吊藤之根,县、府相当于藤的中间,上司相当于藤的新芽。正如扎根愈牢固、藤的生长愈茂盛一样,若"乡里之状"确凿无误的话,向县、府和上司提起的诉讼也会成功。②

另外,《萧曹遗笔》所收录的诉状文例中,也有遭到土豪暴行的受害者向都的里长、老人起诉,以致"状词山叠",但因"里老畏豪势焰,视投词若虚文",于是不得不向官府起诉之例。③ 据夫马进的研究,讼师秘本多照抄以往的文例,但在其后的讼师秘本中,有关"乡里之状"的文例往往被删除或节略,因此,与"乡里之状"相关的记述,相对于明末时期,还是更多地反映了嘉靖年间以前的状况。④ 如上所述,明末的徽州虽也在乡村进行"状投",但从"诉师讼本"的实用性来看,到 16 世纪中叶左右,徽州以外的其他地方,很可能也采用了"乡里之状"这一形式。因此,笔者

---

① 顺治《庵村志・风俗》。这是 17 世纪回顾明初事迹的记载,这种完备的老人审判制度,在当时的江南地方究竟普及到何种程度,尚存疑问。但《庵村志・风俗》有关明初的粮长的记述,与同时代史料相对照,基本上可以反映当时的实际情况(小山正明《明代的粮长——尤以前半期长江三角洲地带为中心》,初发表于 1969 年,后收入《明清社会经济史研究》,东京大学出版会,1992 年)。与老人制相关的记载,也具有一定的可信性。

② 上海图书馆本《萧曹遗笔》卷一《法家管见》。转引自夫马进《讼师秘本的世界》(小野和子编《明末清初的社会与文化》,京都大学人文科学研究所,1996 年)第 236 页。关于该书的书志、内容,可参照夫马进《讼师秘本〈萧曹遗笔〉的出现》(《史林》77 卷 2 号,1994 年)。

③ 上海图书馆本《萧曹遗笔》卷二《禀帖类・截打帖》。转引自夫马进前述论文第 236 页。

④ 夫马进前述论文第 204—210 页。

将乡村层面的诉状称作“乡里之状”。

根据笔者所见所闻，徽州以外的其他地方，几乎没有反映乡村纠纷处理实态的文书史料，编纂史料中也缺少具体的“状投”事例。但值得庆幸的是，自嘉靖九年（1530）在南直隶负责复审重罪案件的刑部郎中应槚，在其审理记录《谳狱稿》中，收集了以下案例，反映了16世纪前半期长江三角洲曾有人在乡村层面提出诉状。

（1）无锡县金瑞偏爱其妾，赶走正妻及其孩子，反抗父母的训诫。恼怒的父亲将金瑞的行为“具投”于总甲，总甲又“呈县捉拿”。①

（2）武进县周桂盗窃谈琛的衣服、米酒。周桂堂兄“缉知具首老人蒋珈”，接着“谈琛等转呈到县”，周桂被捕。②

（3）华亭县制盐场的总催（现场负责人）张悌殴打义子之父益仁，益仁后病死。甲首谢谏以张悌殴打益仁致死为由，向总甲“口投”。③

（1）、（2）先向总甲、老人“具投”（具首）的案件，后向县“转呈”，向总甲、老人递交的诉讼极有可能是以文书形式提出的。但也有如（3）一样，口头起诉的情况。以下案件更加具体地反映了乡村诉状提出的实际情况。

（4）丹徒县丁政试图劝说其子丁暹孝养继母卜氏，丁暹反而毁坏房门，盗走衣服，以棍棒殴打卜氏。于是，丁政向里长、老人王玺等“将情具告”。里长、老人将这一案件“转呈”至镇江府，知府以子女殴打父母罪（《大明律·刑律·斗殴·殴祖父母父母》），作出丁暹应处斩刑的拟罪。但在应槚等复审案件时，丁政却请求赦免丁暹：

> 丁暹平昔孝顺，近因夏税紧急无措，向后妻卜氏讨要麻布，变易完粮。（卜氏）不从，自将箱笼掼毁，男因有酒，一时抵触。妻因恼

① 应槚《谳狱稿》卷三《常镇等处会审疏》。
② 同上。
③ 应槚《谳狱稿》卷二《苏松等处会审疏》。

> 怒,偶遇不知名人,代写状词告图。转呈本府,不容分豁,致问重罪。①

丁暹为了缴纳夏税,请求卜氏卖麻布后交付,但被卜氏拒绝。酒后的丁暹进行反抗,卜氏一时恼怒,便请不知名的人书写诉状,向图(里)的里长、老人起诉,又被"转呈"至镇江府,丁暹被判重罪。卜氏可能不会写字,但不是口头而是专门找他人代写诉状,向里长、老人起诉。一般来说,接受这种诉状的老人、里长、总甲等,首先会先进行事实调查和实地取证,同时尝试调停。如果依然无法解决纠纷,便将调查、取证结果与案件一起向地方官"转呈"。诚如《萧曹遗笔》所记载的那样,如果存在内容完备的"乡里之状",对地方官的审理可能是非常有利的。由此可见,即使在16世纪前半期的长江三角洲,在乡村层面提出诉状的事例也并不罕见。

总之,在明代徽州,直到17世纪中期,向老人、里长、乡约、保甲、宗族组织、佃仆主家等进行"状投"的现象非常普遍。在其他地方,到16世纪中期,向老人、里长等提出"乡里之状"的"状投"也非常普遍。受理"状投"的老人、里长等,首先进行纠纷的调查取证和调停,在这个阶段没有解决的案件被"转呈"给地方官。但遇到重大案件,也会在"乡里之状"阶段请求向官府"转呈",这时受理"状投"者,也许首先要调查取证,然后向官府"转呈"。

第三节 "私受词状"的世界

老人、里长受理"乡里之状",法典中并未明文规定,但到16世纪中

① 应檟《谳狱稿》卷三《常镇等处会审疏》。所谓"佚名"诉状代笔者,事实上可能是卜氏的熟人或专职讼师,但在明代江南等地,也有流者、占卜师等"境外无名之人"代笔诉状(余自强《治谱》卷四《词讼门·告状投到状之殊》),因此也可能是这种代书人。关于乡村讼师、代书人,可参照夫马进《明清时代的讼师与诉讼制度》(梅原郁编《中国近世的法制与社会》,京都大学人文科学研究所,1993年)第469—470页。

期,已在制度上被视为诉讼处理过程中的一种惯例。但与此相反的是,明代法制史料中,屡屡出现各种主体非制度性受理个人诉状的记录。这种个人诉状受理以“私准词状”“擅准词状”“滥受民词”“滥接投词”等语句出现,在此统称为“私受词状”。

“私受词状”多表现为通过实力“武断乡里”势力的非法行为的一环。作为典型史料,有《皇明条法事类纂》所收成化十五年(1479)题奏:

> 各地上马、纳粟冠带荣身散官,多有不知法度、姿(恣)意妄为,违式起盖厅堂,僭用器物。其至谋充粮长,出入骑马,役使贫民,扛抬四轿,腰束银带,张打凉伞,前摆铜锣、叉铊、藤棍。下乡催粮,逼取私债,准折田产、屋室,奸宿妇女,擅准词状,无所不为。稍有不从,寻风陷害。及有无廉无耻武职官员,图其酒食饱醉、财贿往来,结为亲戚、契爱(友?)。……遇有斗殴、争占产业、报仇等项,辄便差军前来,要强取胜。论其违法,不能尽数。①

这则上奏谴责了:(1) 与官员使用同样的厅堂、器物、凉伞、骑马、四人担轿等,僭用官员身份特权和象征;(2) 奴仆、私兵等持有武器的暴力行为;(3) 侵害小民的财产或损伤其身体;(4) 私自受理诉状(以及实施惩罚);(5) 与地方官员、胥吏相勾结(此处指武官)等。这些都是具有土豪性质的地方有势力者的典型构成要素。这则史料经常被用来表现明代中期粮长阶层或有势力地主阶层的土豪的一面。② 但与此不同的是,文集等传记史料中,也有许多粮长劝农、开垦、整饬水利、教养文人以及调停纠纷(排难解纷)等方面的记载,这又反映出其作为有名望人士的一面。③

不限于粮长阶层,反映土豪特征和有名望人士特征的固定表现,在法制史料、传记史料中经常被使用。前者的典型事例,以明末日用类书

① 《皇明条法事类纂》卷一《职官有犯·禁约散官违法》。

② 小山正明:《明末清初的大土地所有——尤以长江三角洲地带为中心》(初发表于 1957、1958 年,后收入前述《明清社会经济史研究》)第 281 页等。

③ 小山正明前述《明代的粮长》第 212—326 页。

《五车拔锦》所收诉状文例集中《地方积年类》的一节为例：

> 无役人员私家放告，揽受民词，钱多得胜，钱少遭害。……地方豪强，猛狼似虎，扛抬四轿，渔猎乡村。来家虎坐，闻一科十，洒派良民。诈骗民财，害众成家，欺民无厌，沉没财物。托嘱官长，说事过钱，计嘱典吏，通同作弊。恐唬财本，受赃入己。带领狼仆，身骑高马，纵容虎伴，各持棍棒、竹篦，荆条、杖锁齐全，纽缚在地，私置非法，逼拷搒打。需索酒食，诈骗民财，欺压良善，有钱放生，无钱殴打。苦痛难受，受刑不过。酷害良民，妄生事端，排陷细民，有屈无伸。①

豪强骑马或乘四人担轿，率手持武器的奴仆，到乡村过于苛刻地征税，私自行使惩罚，掠夺农民家产等，这些内容与上述谴责粮长的上奏文大致相同，均由四字句式构成。明代的传记史料，常常彰显有名望人士的“排难解纷”，与此相反，法制史料中则频繁出现这种豪民“武断乡里”的事件，私自受理诉状和行使惩罚也是其中之一。

另一方面，里长与老人一起负责诉讼处理，但里长单独受理诉状时，有时也被视为“私受词状”。根据《皇明条法事类纂》所收上言可知，各地里长每十年就任一次现年里长，“率领弟男子侄，成群到县，及递历乡村，私受词状，不论清（情）之虚实，专一挟要财物……以此为十年一次生理”。他们负责征收税粮时，“尊坐寺观、庙宇、拘唤人户……稍有不从，以良迟为由，便加捶楚”，即使受害农民上诉，“以里长管辖挟势，莫敢谁何”，只有忍气吞声作罢。②

此外，据第六章介绍过的万历初年徽州府绩溪县知县陈嘉策的禁约可知，当地里长经常“因勾摄受词吓骗”，其中也有里长指使市井棍徒代

① 《新锲全补天下四民利用便观五车拔锦》[万历二十五年（1597）序]，《体式门·珥笔文锋·地方积年类》。

② 《皇明条法事类纂》卷四一，《因公科敛·刑科办事吏张林的上言（无标题）》。

行其职务,自己却“居乡高坐……滥接投词,吓取纸价”。因此,陈嘉策主张,“词讼不论事情大小,各不许(里长)接受投诉、武断转呈及受贿私和等弊”。[①] 然而,事实上明末徽州的里长经常受理诉状,然后“转呈”给地方官,因此,这种禁约未必具有实效性。

关于乡约,有史料记载:“不许滥受词状,以开武断之门。”[②]关于保甲,也有史料记述其“私受民词,当官曲禀,乘机吓诈,而为民病多矣”[③]。但在明末徽州,乡约、保甲也受理“状投”。于是,里长单独或乡约、保甲受理诉状,有时被看作“私受词状”,在这种情况下,“乡里之状”的受理与“私受词状”的界限比较模糊。若史料叙述者将里长等人的诉状受理看作诉讼制度基础中制度性惯例,这就是“乡里之状”,若理解为豪民“武断乡里”的延伸,便成为“私受词状”。

自16世纪中期开始,以江南等中国东、南部为中心,在任、暂时休假、退休官僚等“乡绅”(乡官)在地方社会中的威信、势力凸显出来。最早提出“乡绅之横”的同时代史料之一,是嘉靖二十一年(1542)右都御史毛伯温的题奏[④]:

> 今夫生于其乡,而沾一命以上者,皆曰乡官。虽见任、致仕、罢闲不同,其势皆可以凌厉小民。其间固有清修苦节,动闲礼度,戒饬子弟,守分畏法,严绳童仆,咸循约束,过自裁抑,德义成训,以求无玷于乡评者,御史固当礼重而表扬之。但其间亦有倚凭恣睢,武断乡曲,休致罢闲者,则计穷望绝,靡所顾惜。事故里居者,则薰势犹存,呼吸成威。或广受投献,或多收无赖,或违禁朘削,或减价买物,或不纳税粮,或私准词状。凡可以规利而肥家者,无不攘臂为之。此诚乡里之巨蠹,衣冠黠寇也。上司溺同类之念,而不受民诉,畸户怀忌器之戒,而

① 万历《绩溪县志》卷三《食货志・岁役・里甲之役》。
② 万历《漳州府志》卷六《漳州府・礼乐志・礼仪・乡约》。
③ 吴遵《初仕录》[嘉靖三十三年(1554)序],《立治篇・兵属・设保甲》。
④《条例备考》卷一《都通大例・惩势豪》。

罔敢鸣冤，俯首下心，甘受侵渔。弊所由来，非一日矣。

“乡官”（乡绅）一词，在明代中期以前也曾使用过，①但他们作为地方社会中具有支配性影响力的社会阶层受到关注，应该是始于嘉靖年间中期，即1540年前后。此处所举“乡官”“武断乡里”的事件中，接受投献和“上司溺同类之念，不受民诉”状况，与以往的粮长、豪民相比，是性质不同的要素。另一方面，收容无赖、放高利贷、压价购买物资、不纳税粮，而且私自受理诉状等，与明代中期以前豪民、粮长的“武断乡里”是相同的。当然，此前有官僚经历的人也存在类似行为，但这种行为作为一种社会现象而为人所知，便是在这一时期。

在毛伯温题奏的五年后，即嘉靖二十六年（1547），浙江巡抚朱纨有一著名上奏，弹劾了被认为是沿海走私贸易幕后主使的福建同安县乡绅林希元：

> 考察闲住佥事林希元，负才放诞，见事风生。每遇上官行部，则平素所撰诋毁前官传记等文一、二册寄览。自谓独持清论，实则明示挟制。守土之官畏而恶之，无如之何。以此树威，门揭“林府”二字。或擅受民词，私行拷讯；或擅出告示，侵夺有司。专造违式大船，假以渡船为名，专运贼赃并违禁货物。……此等乡官乃一方之蠹，多贤之玷。……盖罢官闲住，不惜名检，招亡纳叛，广布爪牙，武断乡曲，把持官府。下海通番之人借其赀本，藉其人船，动称某府，出入无忌。……盖不止一年，亦不止一家。林希元为耳。②

重田德曾对上引奏折进行令人印象深刻的论述：“模仿官府自称‘林府’，行使审判权—刑罚权，或者张贴告示，更以其实力为背景，收容亡命

① 《皇明条法事类纂》等明代中期法制史料中，极少出现“乡官”一语，多用“官豪势要”“势豪”等词汇。“官豪势要”“势豪”是相对于一般“豪民”而言，并不限于曾经为官者，也包括皇族、王府、功臣、宦官等相关人员，可能是指以某种形式保持与国家的关系的有势力阶层。前述《条例备考》中的题奏，题名“惩势豪”，反映出乡绅（乡官）最早可能是“势豪”的延伸。

② 朱纨《甓余杂集》卷二《章疏·阅视海防事》。参照片山诚二郎《明代海上走私贸易与沿海地方乡绅阶层——朱纨的海禁政策强化及其挫折过程的考察》（《历史学研究》164号，1953年）第27—28页。

之徒，构建私兵，武断乡曲，凌驾于官府之上”，林希元势力“俨然独立王国，基本上完善了其统治”。其指出这是表明“乡绅支配”体制最终得以形成的典型事例。① 即使撇开“乡绅支配”体制理论，16 世纪中期在东南沿海地区，以乡绅阶层为中心，与海上走私贸易相关的许多独立势力开始出现，这是开启明末社会经济急剧变动序幕的重要现象。同时代人开始明确认识到，乡绅势力的得势正好是在东南沿岸白银流入量剧增的 15 世纪 30—40 年代，这绝非偶然。②

另一方面，如前所述，“行使审判权—刑罚权，或者张贴告示，更以其实力为背景，收容亡命之徒，构建私兵，武断乡曲，凌驾于官府之上”，明代中期的豪民、粮长也常常被指责有这些行为。此外，明代前、中期，老人、里长趁御史评定政绩之机，对地方官进行毁誉褒贬，从而把持官府，这种现象也并不罕见。③ 且不说走私贸易，仅从这些现象来看，未必可以确认 16 世纪中期出现了“来自下层的封建化”，相对于政府控制而言，自律性势力确实日益抬头。当然，关于明末“乡绅之横”的说法，虽与明代中期关于豪民的史料具有相同的定型表现，可并非单纯地反映 16 世纪起“武断乡里”主体自豪民转变为乡绅。但被视为具有“乡绅支配”体制特征的暴力性土地积聚、收容游手好闲的无赖、通过奴仆和私兵行使武力、把持官府和私自进行诉讼处理、惩罚、监禁等各种现象，并不一定是 16 世纪以后的乡绅所特有的，确实有必要从明代前、中期豪民阶层的连续性这一观点出发再进行深入探讨。

与明代“乡绅之横”、豪民“武断乡里”类似的定型言论，事实上早在南宋时期，即 12 世纪至 13 世纪前半期就已出现。南宋时期的判语集

---

① 重田德：《乡绅统治的确立与构造》，初发表于 1971 年，后收入《清代社会经济史研究》，岩波书店，1975 年，第 190 页。

② 关于朱子学者林希元，参照小岛毅《中国近世礼之言论》（东京大学出版会，1996 年）第八章《林希元的阳明学批判》。关于林希元与走私贸易的关系，小岛毅认为他“（主观上）是站在当地民众的立场上行动的”（第 148 页）。

③ 和田正广：《明代官评的出现过程》，《九州大学东洋史论集》8 号，1980 年，第 80—84 页。

《名公书判清明集》一书,特别以江南东、西路(明代江西省之外还包括徽州等地)为中心,收录了许多对把持地方行政、武断乡里的“豪强”“豪横”的判决文书,在此将江南东路信州弋阳县的“豪强”方阎罗等人的例子作为典型事例予以介绍:

> 当职入境,即有遮道群泣,诉为豪强方阎罗、震霆、百六官虐害者。既而道途累累,诉之不绝。无非横逆武断、打缚骗乞、违法吞并、杀人害人之事。……承幹酒坊,俨如官司。接受白状,私置牢坊、杖直、枷锁,色色而有。坐厅书判,捉人吊打,收受罢吏以充厅干。啸聚凶恶,以为仆厮,出骑从徒,便是时官。以私酤为胁取之地,以骗胁为致富之原,吞并卑幼产业,斫伐平民坟林,兜揽刑死公事,以为扰害柄欛。①

该事例中被谴责的豪强专横行为,特别是私自受理诉状,以被罢免胥吏为骨干,以无赖之徒为爪牙,设牢狱、行刑罚、建厅堂、下判决的情形,正是明末“乡绅之横”中的“行使审判权—刑罚权……收容亡命之徒,构建私兵,武断乡曲,凌驾于官府之上”。尽管这种状况是极端的一面,但这一系列言论并不能仅仅作为定型表现的罗列来对待。南宋至明末,尤其是在国家和地方官治不能完全控制基层社会使其秩序化的局面中,收容许多从属者,凭借实力扩张其在地方社会中的势力,很容易生成私自受理诉状和进行监禁、惩罚等的地方势力。与此同时,在这种诸多势力“私受词状”的背景下,可以说,也存在纠纷当事者根据身边的权威、权力相应提出诉状的战略。

明代末期江南、东南沿海地区乡绅势力的扩大, 是由于“武断”地方

① 《名公书判清明集》卷一二《惩恶门·豪横》(蔡久轩)。关于《清明集》中的豪民形象,可参照陈智超《南宋二十户豪横的分析》(《宋史研究论文集》,浙江人民出版社,1987年)、梅原郁《宋代的形势与官户》(《东方学报》60册,1988年)、大泽正昭《主张的“愚民”们——传统中国的纠纷与解决办法》(角川书店,1996年)三《牢笼中的乱痴骚动》等等。

社会(或与此相表里的秩序化),人们为求保护而集结为“核”,①原来的豪民、粮长等逐渐转变为乡绅。当然,乡绅拥有优免徭役特权,有官僚经历者的威信和对地方政治的发言权,可以发挥超越州县的影响力等,比以往豪民拥有更大的权威、权力。但地方社会中的“乡绅之横”与南宋以来的地方势力“武断乡里”现象并非毫无关联。尤其是在社会经济变动时期,在国家控制比较薄弱的地域,很容易出现这种情况。林希元的事例可以看作是在超越国境的各民族和白银、商品等自由流通的海域世界,地方有势力者的势力突出发展扩大的例子。这一事例超前并深刻地反映出明末地方社会中乡绅威信、实力的扩张,同时也展现了 15 世纪豪民群体扩大化的趋势,从这一意义上可见其具有过渡期特点。

第四节　“排难解纷”与“武断乡里”的关系

如上所述,南宋时期尤以作为“健讼”之地而闻名的长江中下游山间盆地地带为中心,私自受理诉状、行使惩罚、武断乡里的豪民(豪强、豪横)势力已明显存在。同时,东南山间地区以福建山间地区至浙东、徽州为中心,是朱子学生成并普及的区域,如第二章所述,有德望的“长者”“处士”和乡村“耆老”阶层进行纠纷调停(排难解纷)这一观念由来已久。这些有名望人士“排难解纷”的史料,与反映豪民“武断乡里”“私受词状”的史料,在同一时期、相同地域大量共生,那么,如何对其进行整合性论述更为妥当呢?

许多为彰显故人而作的传记史料中记载着有名望人士式的纠纷调停,以谴责豪民为目的的法制史料中则记载暴力式纠纷介入,二者各自有所强调是理所当然的。即使对于同一时代的人来说,“排难解纷”与“武断乡里”的界限,有时也是主观而又模糊的。例如,第二章第二节介

① 岸本美绪:《明清时代的乡绅》,初发表于 1990 年,后收入《明清交替与江南社会——17 世纪中国的秩序问题》,东京大学出版会,1999 年,第 47—53 页。

绍的休宁县茗洲吴氏祖先小伍公，在金军南下时是率先提供军粮的富民。但他后来以其实力为背景，私自受理诉状，因侵犯知县权力而被乡里人排挤，不得已移居他地。在迁徙地，许多居民不务正业，从事不法之事，他首先以理谕之，仍不悔改者，予以惩罚并使之服从。[①] 族谱传记史料所罕见的是，既有为国事捐出资产的有名望人士的一面，也有私自受理诉状、侵犯地方官权力的豪强的一面，"以理"戒谕与私自惩罚，实际上具有互为表里的不可分关系。

同样，在南宋初期，当时的代表性道学派官僚胡寅，在致荆湖南路湘潭县新兴阶层黎氏的书简中，对这种"武断乡里"与"排难解纷"之间的模糊性，论述得更加明确。[②] 黎氏为新兴商人出身，是依靠纳财入军籍而得官位之人，"天性疾恶，故凡耳目所接，必为之区处"，其意图在于"使犯于有司，或颠倒其曲直，有所赇赂，曷若善言晓析之，使两解而去"，主观上属于典型的"排难解纷"。对此，胡寅却认为"夫分争辩讼，小人所不能免，听其词诉，而决其是非，此乃州县之权，非布衣韦带之职也"，提出民间作用仅限于纠纷调停、处断诉讼终究为州县官权限的忠告。尤其是"或用笞杖以惩之，是显用州县之权，事之最不得者也"，责难黎氏用笞杖行使惩罚，显然侵犯了州县官的权力。

胡寅还指出："今由贫窭而致富，以白身而得官，见信于乡人，争讼不决于有司，而取决于一言。自世俗观之，岂非美事。然稽之圣人之教，则悖矣。"得到乡里居民信任的地方有势力者"争讼不决于有司，而取决于一言"，无论从主观还是从"世俗"来看，有名望人士式的"排难解纷"均是违背"圣人之教"的。胡寅的观点与后世一概乐观地肯定有名望人士"排难解纷"的定型论调是相当不同的，他指出地方有势力者处理纠纷时，若

---

① 《茗洲吴氏家记》卷六《家传记》小伍公条。

② 胡寅《斐然集》卷一七《致黎生书》。关于该书简的内容，渡边纮良《关于宋代潭州湘潭县黎氏——外邑新兴阶层的听讼》（《东洋学报》65 卷 1、2 号，1984 年）中，详细探讨了黎氏的经济活动和诉讼。

伴随以私自受理诉状、行使惩罚等，就有可能转化为侵害地方官权力的“武断乡里”。

小伍公、黎氏事例均发生于南宋初社会混乱的时期，自北方南下的移民进入长江中下游的山间地区，在依靠官治维持秩序、处理诉讼的体制尚未确立的混乱情况下，地方有势力者凭借实力展开纠纷处理。但在南宋统治体制大体上稳定后，豪民“武断乡里”与“健讼”并存，依然被认作是这一地域的恶习。在胡寅居住的荆湖南路的衡州，13 世纪初“私置狱具，纵横乡落，不惟接受民户白词，抑且自撰白状，以饱溪壑之欲”，“公吏惟所号召，州郡为其控持”，①与胥吏相勾结把持官府的当地有势力者，私自受理诉状、监禁、拷问。

12 世纪后半期，浙东山区的婺州永康县人吕皓，对士人阶层的“排难解纷”曾总结如下：“士既穷居，不能高飞远举，固当与乡曲周旋上下。昔后汉陈实居乡，乡人有不平，不讼于有司，争诉于其门。时人尽称其美，而青史又夸言之。”②乡居士人阶层调停乡里纠纷，人们“不讼于有司，争诉于其门”是自古以来广为传颂的美俗。但事实上究竟如何呢？“无奈风俗与古先别，间一、二奉公而行，略警薄俗，便辄造谤，指为雄断乡曲。”婺州（金华）是 13 世纪以降正统派朱子学的据点，乡村“耆老”阶层以“礼”秩序为基础来调停纠纷的金华学派理念，为明代老人制提供了思想基础。③ 但即使在这一地域，对于南宋时人来说，乡居士人主观上的“排难解纷”，与“武断乡里”的边界也相当模糊。但从整体上来说，意识到“排难解纷”与“武断乡里”连续性的史料极少，之后南宋至元、明、清时期，对有名望人士“排难解纷”与豪民“武断乡里”进行定型叙述的史料不断出现。这种定型言论不仅对于近代“耆老绅士”“土豪劣绅”，甚至在“乡绅支配”论与“地域精英”论之间也产生了某种影响。

---

①《名公书判清明集》卷一四《惩恶门・奸恶・把持公事欺骗良民过恶山积》（宋自牧）。

② 吕皓：《云溪稿・白乡人》。参照渡边纮良前述《关于宋代潭州湘潭县黎氏》第 25 页注 54。

③ 滨岛敦俊：《明代江南农村社会研究》，东京大学出版会，1982 年，第 25—37 页。

南宋以来,在史料叙述者的认识中,区分“排难解纷”与“武断乡里”的标准是是否基于“礼”秩序。宗族尊长对卑幼、乡村耆老对民众、地方社会士人对庶民进行教导和戒谕,在这种文脉的延伸中进行的纠纷处理,就是“排难解纷”;脱离“礼”秩序,凭借弱肉强食的实力介入纠纷,则是“武断乡里”。对于南宋后朱子学系的士大夫来说,“礼”之实践是以反秩序的现实的地方社会为前提,具有反映应有社会秩序的意义,①尤其在浙东、徽州、福建等地,记载他们进行有名望人士式的纠纷调停的许多传记史料留存下来。当然,通过“礼”的教谕无法解决的纠纷,特别是面对“以强凌弱”的局面,就需要官治行使监禁、刑罚等权力,以“法”为基础进行裁决。然而,若民间各种主体受理诉状,实施监禁和刑罚,依“法”进行纠纷处理,即便其主观动机是以“礼”为基础进行调停,也被视为“武断乡里”。但事实上,南宋至元代,在东南山间地区,官治并未完全渗透,在这种不稳定秩序中,地方有势力者经常有必要凭借实力保护自己的权益财产。在现实的纠纷调停背景中,不仅是名望,这种实力方面要素的存在也很多。

明初政权想要在彻底打压南宋至元代以来“武断乡里”的豪民势力的同时,将《教民榜文》中有名望人士式的“排难解纷”在法律上制度化,即乡村“耆老”阶层的纠纷调停、秩序维持,在里甲制下以各里老人为中心来编制。其中不仅有“六谕”为代表的“礼”之教化,还有民事诉讼的排他性管辖权和用“竹篦、荆条”执行惩罚、受理诉状(《教民榜文》没有规定)等赋予的“法”的权限。因此,在理念上,当地有势力者的土豪式“武断乡里”被排除,有名望人士进行的“排难解纷”被整合到老人制范畴之中。

当然,事实上,明初以降的文集、族谱等传记史料中,仍有许多在野

---

① 近藤一成:《宋代的士大夫与社会——黄榦的礼世界与判语世界》,《宋元时代史基本问题》,汲古书院,1996年。

的有名望人士“排难解纷”的事迹，法制史料中则常常谴责豪民、粮长等“武断乡里”和“私受词状”。同样地，在有关老人的传记史料中以德望为基础的纠纷处理和教化，在法制史料中却被记述为滥用职权的不正当行为。于是，明代史料中有关乡村社会纠纷处理的言论，分为以下截然不同的四种类型：

(1) 老人(或老人与里长)受理“乡里之状”，公正地“剖决民讼”。

(2) 老人(或老人与里长)滥用职权，“颠倒是非”“把持官府”。

(3) 乡村有势力、有名望人士(包括粮长、乡绅等)公正地“排难解纷”。

(4) 豪民、粮长、里长(单独)、乡绅等“武断乡里”“私受词状”。

其中(1)和(2)是有关法律上的制度性的纠纷处理，(3)和(4)是按照民间惯例进行纠纷处理。而且(1)、(3)是规范的；大多出现于传记史料中；(2)、(4)是违反规范的，基本上出现于制度史的史料中。

事实上，有名望人士“排难解纷”与豪民“武断乡里”的界限，或里长等受理“乡里之状”与“私受词状”的界限并不明确。与此相同，老人进行公正的“剖决民讼”与不正当的“颠倒是非”的界限也多是主观性的，即使同一人物，立足点不同，有时会出现截然相反的叙述。例如，洪熙元年(1425)，四川监察御史何文渊就各地老人制的现状曾上言：

> 比年所用，多非其人，或出自仆隶，或规避差科。县官不究年德如何，辄令充应，使得凭借官府肆虐闾阎。或因民讼大肆贪饕，或求公文，横加骚扰，妄张威福，颠倒是非。或遇上司官按临，巧进谗言，易置贤愚，变乱白黑，挟制官府。

何文渊强调了老人制的弊端。这则史料一向被作为在15世纪前半期老人制走向动摇这一定论的证据之一。[①] 但是，何文渊后来转任温州

① 《宣宗实录》洪熙元年七月丙申条。参照小畑龙雄《明代乡村的教化与审判——以申明亭为中心》(《东洋史研究》11卷5、6号，1952年)第38页。

知府,关于他任知府的业绩,许多史料均显示其对当地老人(耆老)的信任。例如,关于申明亭长(守候于申明亭的老人)石安民,流传有“郡守何文渊甚加器重,凡有兴革必就计议”①的记载。另外,处理兄弟间分财产的相关诉讼时,知府何文渊“讯知其情皆惑于妇言,属其乡耆老,令两人立庭下,以大义谕之”,引导当事双方和解。② 何文渊本人也说:“往年吾自监察御史出知温州府,历官六年,朔望会集耆民,问乡民善否,官府行事得失。”③这里的“耆民”,无疑是指各里的老人,其题为《寄永嘉诸葛善耆老》的诗中有“往年知东瓯(温州),才薄政疏拙。谁人肯同心,相助有诸葛。遗骸与葬地,民讼代分豁”等句,他是在感谢“耆老”诸葛善协助他裁定诉讼。④ 即使同样以何文渊相关史料立论,以实录所收为依据,也可以说老人制自《教民榜文》颁行起不到30年便走向衰落,实际上人们也一直如此论述。但若以他作为温州知府的事迹为根据,也可以描绘出老人与地方官合作,参与地方政治、裁定纠纷的理想化形象。

总而言之,与明代乡村纠纷处理相关的上述四种类型的言论,在整个明代持续发散,可以说在现实乡村社会中展开的纠纷处理就在这四种类型的中间领域展开。本书第三章已论述,在15世纪的乡村,老人、里长与同族、“众议”等的调停相结合,与地方官审判相互补充,解决日常纠纷,这在徽州文书中有明确体现,但这种日常纠纷处理的实态很少出现于编纂史料中。⑤ 事实上,15世纪徽州乡村社会的一般状况,并没有德高望重的老人或有名望人士以“礼”之规范解决纠纷这一理想状态,但也并不完全是老人滥用职权、颠倒是非,豪民暴力武断乡里这样一个弱肉

---

① 万历《温州府志》卷一二《人物志二·义行》。
② 祁承㸁《牧津》卷一二《化导·何文渊》。
③ 何文渊《东园遗稿》卷二《序·送王义民还乡序》。
④ 何文渊《东园遗稿》卷四《五言古诗·寄永嘉诸葛善耆老》。
⑤ 川村康在《宋代“法共同体”初考》(宋代史研究会研究报告第六集《宋代社会网络》,汲古书院,1998年)中指出,根据未必反映基层社会日常性的判语史料来论述当时纠纷解决的整体特点,是比较危险的观点。

强食的世界。当时,老人、里长和其他调停者也受拘于地缘、血缘等的羁绊,时而也伴有不公正或弊端发生,但受理当事人"状投"后,无论如何,日常的土地纠纷等还是得到了解决。当然,在乡村秩序混乱时期,这种日常性也常常发生动摇,如第七章所探讨的佃仆纠纷,其文书史料反映了主仆关系的无秩序化。

不过,毫无疑问,有名望人士"排难解纷"和豪民"武断乡里",也确实体现了真实存在的历史状况之一面。把这些史料仅仅作为老套空洞的定型表现的再生产,指责其虚构性,是不够的。将南宋至明清时期不断产生这种叙述的意义放在历史的整体框架中进行评价才是有效的。

第五节 历时性展望

在本书结束之际,笔者欲通过徽州文书考察乡村社会纠纷处理,并将结果定位于宋元以降的历史发展脉络中,简单地加以论述。

唐末至元代中期(8 世纪末至 14 世纪初),中国东部、南部的社会经济具有人口持续增长、移民流入、商业化等特征。① 据青木敦的研究,尤其在以江南西、东路为中心的长江中下游山间地带,移民流入带来人口压力的增加、土地交易增加和竞争激化,相对于人口,行政规模明显不足,招致了移民社会特有的不稳定秩序和"健讼"风潮。② 上述土豪式有势力者"武断乡里"特别显著的现象,也出现在这一带,但同时,在以浙东、徽州为中心的东南山间地域,被称为"长者""处士"的乡村

① 关于唐代后半期至明代中期长期的人口、社会变动的概括,可参照郝若贝《750—1550 年中国的人口、政区与社会变迁》,《哈佛亚洲研究》第 42 页,1982 年(Robert Hartwell, "Demographic, Political, and Social Transformation of China, 750 - 1550," *Harvard Journal of Asiatic Studies* 42,1982)。

② 青木敦:《健讼的地域印象——以 11—13 世纪江西社会的法文化与人口移动为中心》,《社会经济史学》63 卷 3 号,1999 年。

有名望人士自发地进行纠纷调停(排难解纷)和乡村秩序维持,普遍地成为人们共有的理念。

尤其在人口增加、社会变动显著的长江中下游周边地区,宋代至明初"健讼""武断乡里"等越发明显,"长者""处士"参与纠纷处理、秩序维持的理念与此同时也广泛地传播开来,其原因何在呢?在宋元至明清时期的"后期帝政中国"(late imperial china),行政体系对基层社会的控制力逐渐减弱,施坚雅的观点为解答这一问题提供了重要线索。唐末(9世纪后半期)至清中期(19世纪前半期),总人口由8 000万左右增至4.25亿,商业化、商品生产和手工业的发达,全国性流通网和地域市场圈的成熟等,使经济规模不断扩大,社会体系也向大规模化、复杂化发展。然而,中国内地设置的县级行政治所总数,仅由唐代的1 235增至清代的1 360。尽管人口增长五倍、领域扩大、商业化发展,但基层行政单位数量增加甚少。因此,唐代中期至19世纪,基层行政功能一直持续降低。①

经济方面,宋代开始大量涌现的市镇,担负着唐代以前原属于州县城的商业功能。另一方面,这些州县发挥的行政、审判功能又有怎样的动向呢?施坚雅将唐末至明清视为一种长时段趋势,认为"从唐代开始的一个历时数百年的历史趋向,是官府插手地方事务的程度在逐步降低,不仅在买卖和商业上如此,在社会管理(如调解纠纷)和行政本身也如此",最后出现的并不仅仅是商业为主的都市功能新中心——市镇,"真正重大的变化,就是官僚政府在这些职能——行政社会功能、经济功能——上所起作用在不断萎缩"。②

那么,县城即地方官治不能充分发挥的行政、社会功能,特别是本书

① G. William Skinner ed., *The City in Late Imperial China*, Stanford University Press, 1977, "Introduction", pp. 17-26.(施坚雅:《中华帝国晚期的城市》,叶庭光等译,中华书局,2000年,第26页。)

② 同上书,第25—26页。

所关注的纠纷、诉讼处理功能，宋元至明清以何种形式来承担呢？韩明士(Robert Hymes)以宋代史为起点，从两种政治、社会思想史潮流的对抗关系的角度出发，梳理了这一问题。[①] 即固定的行政机构与持续膨胀的经济、社会相互乖离。北宋时期主要强化中央政府的领导地位，通过国家的行政、官僚机构，实现中央至地方、再到当地社会的“自上而下”(top down)的秩序化。这种“国家实践主义”(state activism)的代表性事例是11世纪末的王安石新法改革，具体措施有农业政策、救灾政策方面的青苗法，乡村统治、治安维持政策方面的保甲法，以及科举改革和州县学的完善等。这一方针在北宋末期蔡京当政时的财政政策、学校政策推动下，又向前推进一步。

然而，在南宋时期，以士大夫阶层为代表，引领当地社会的“地方精英”(local elite)自社会周边即自下而上(bottom up)地逐渐增强了对秩序化这一方针的影响力。这种“精英实践主义”(elite activism)的代表，是以朱熹及其门生为中心的道学派。具体措施有相对于青苗法的社仓法、相对于保甲法的乡约、相对于州县学的私立书院。这些活动与清末“地方精英”在国家与民间社会的中间领域开展的各种公共活动是一脉相承的。韩明士参考了玛丽·兰金(Mary Rankin)的观点，即在清末地方精英从事的各种活动中，“官”“私”之间出现并发展着“公共领域”(public sphere)。[②] 他指出，南宋时期的“精英实践主义”，是在“官”“民”的中间领域“社”“乡”等共同体中发展起来的，其中心理念是“义”。

针对地方精英领导的公共领域得以从国家与民间社会的对立中成

---

① 韩明士、谢康伦《控制世界：宋代中国的国家和社会目标》，加利福尼亚大学出版社，1993年，引言(Robert P. Hymes and Conrad Schirokauer eds., *Ordering the World: Approaches to State and Society in Sung Dynasty China*, University of California Press, 1993, “Introduction”)。此外，斯波义信《南宋“中间领域”社会的出现》(前述《宋元时代史基本问题》)，也以施坚雅、韩明士观点为基础，论述了南宋时期“官”“私”中间领域的成长。

② 冉枚烁《中国的精英运动和政治转型：1865—1911年的浙江》(Mary Rankin, *Elite Activism and Political Transformation in China: Zhejiang Province, 1865–1911*, Stanford University Press, 1986)。

长起来的论点,有人对中国的“公”和公共领域的概念提出了批评,并反对将国家与民间社会以二分法论述的讨论框架。① 在日本近来的明清史研究中,争论主要集中在国家与社会的功能同构上。② 当然,即使从承认国家与社会的同构性的角度来看,从宋代到明清时期,固定的行政体系与日益庞大、复杂的社会经济之间的差距不断扩大,为寻求“国家干预与民间秩序之间的最佳点”③而进行的各种社会组织和秩序化的尝试大概已成为宋代以降“国家与社会”问题的基调。本书探讨的明代乡村社会的纠纷处理与秩序形成,应该可以放在这样一个长期的整体背景下进行研究。但是,目前对这种宏观课题进行实证性探讨是非常困难的,本节略作概括,作为今后的研究展望。

与明代相比,宋元时期的地方审判机构可以说比较充实。宋代特别是在州一级设置了分别负责巡捕(逮捕嫌疑犯)、推鞫(调查)、检断(适用法律)的人员,民事法源也比明清时期更丰富。④ 元代已没有推鞫与检断的职掌,但胥吏的地位、职权得以扩大,胥吏之学“吏学”发达。⑤ 尽管如此,特别是在以江南东、西路为中心的东南山间地域,在移民流入带来的人口压力增加以及移民社会特有的不安定社会秩序的背景下,“健讼”风潮日益显著。地方官治的审判功能不健全,地方社会发生的纠纷的相当大部分,就不得不依靠民间各种主体解决。其中的极端,一面是“长者”

① R. Bin Wong,“Great Expectations:‘The Public Sphere’ and the Search for Modern Times in Chinese History”(《中国史学》3 号,1993 年)、冈元司《宋代地域社会的人的结合——以 Pubilc Sphere 的再探讨为线索》(《亚洲游学》7 号,1999 年)等。

② 岸本美绪前述《明清时代的乡绅》、《比较国制史研究与中国社会像》(《人民的历史学》116 卷,1993 年),小岛毅《中国近世的公议》(《思想》889 号,1998 年)等。

③ 岸本美绪前述《明清时代的乡绅》第 44—45 页。

④ 宫崎市定《宋元时代的法制与审判机构——元典章成立的时代、社会背景》(初发表于 1954 年,后收入《宫崎市定全集》第十一卷《宋元》,岩波书店,1992 年)二《宋代的审判机构》、佐立治人《〈清明集〉的“法意”与“人情”——诉讼当事人法律解释的痕迹》(梅原郁编《中国近世的法制与社会》,京都大学人文科学研究所,1993 年)。

⑤ 宫崎市定前述《宋元时代的法制与审判机构》三《元代的审判机构》、四《宋元的法学、吏学、讼学》。

“处士”等有名望人士“排难解纷”和秩序维持，另一面则是豪民暴力“私受词状”和“武断乡里”。现实中的纠纷处理，多在两者的中间领域展开，但这种定型言论的不断产生，反映出在地方官治不能充分实现诉讼处理、秩序维持的状况下多种主体自发开展纠纷处理的情况。

那么，如何评价明初朱元璋制定的以里甲制、老人制为中心的乡村统治制度在宋元之后的地位呢？从表面上来看，明初统治体制反映了南宋以来与潮流背道而驰的国家权力强化期，它具有连末端的乡村社会都纳入以皇帝为顶点的国家统治机构中的特点，在这一意义上，与王安石的保甲法等相通，具有通过“自上而下”的“国家实践主义”（ state activism ）进行社会构建的特点。①

但在另一方面，提出明初乡村统治体制理念的，是出身于浙东的儒家官僚，而浙东是正统朱子学的中心，是士人等进行地方行政改革和社会秩序维持等“自下而上”的“精英实践主义”活跃发展的地区。② 这种社会、思想环境在相邻的徽州也是一样。南宋以后的中国东、南部，在基层社会地缘、血缘的共同性基础上，地方官治无须直接参与，自发的农业生产维持和秩序形成逐渐推进。元代施行社制，委托乡村中有德望的年长者进行农法指导、秩序维持、教化、义仓管理、纠纷处理等，也是顺应这一趋势来稳定基层社会。③ 更进一步，在明代的乡村制度下，里内的纠纷处理、治安、秩序维持、教化、劝农等，也被委托给老人、里甲，税粮的科派、征集、运送和赋役黄册的编制等，自然也是里甲的职责。老人、里甲制具

---

① 若从里甲制下的纠纷处理来看，老人、里甲参与的户婚、田地、斗殴等纠纷的“理断”，并非纠纷当事人任意选择的简单调停，而是赋予轻微诉讼排他性管辖的权利与义务。而且不服从老人、里甲“理断”的人民，不进行公正“理断”的老人或妨碍里甲、老人、里甲“理断”的官吏等等，将受到国家重罚。这种形态的纠纷处理，其性质不同于以往当地社会诸主体自发的调停活动。

② 窦德士《儒学与专制：明朝建国中的职业精英》（John W. Dardess, *Confusianism and Autocracy: Professional Elites in the Founding of the Ming Dynasty*, University of California Press, 1982）。

③ 中岛乐章：《元代社制的确立与展开》，《九州大学东洋史论集》29 号，2001 年。

有乡村社会中地方衙门“刑名、钱谷”行政的“缩小版”特征。①

总之,明代的乡村统治制度,继承了浙东等地朱子学派士人阶层的理念,在委托民间有势力者、有名望人士征税、维持秩序、处理纠纷等方面,援引了乡约等南宋以来的“精英实践主义”。但另一方面,在国家强权统治下整齐划一地予以施行这一点上,又与王安石保甲法以来的“国家实践主义”一脉相承。它以南宋至元代不断增强的士人和当地有势力、有名望人士通过精英主义而形成的“自下而上”的社会秩序为基础,通过国家控制,重新构建“自上而下”的乡村统治体制。明初政权以相对有限的生活圈为中心,构成固定、完整的基层社会,从政策上抑制人口流动和社会流动,并通过赋役黄册和鱼鳞图册,牢固地掌握人口和土地,提供了导入这种体制的社会经济基础。

檀上宽指出,明初政权的乡村统治理念,一方面是压制“权力导向型”“私利追求型”富民,另一方面设想以浙东山区的“义门”郑氏所代表的“秩序维持型”富民为主导,完成秩序的确立。② 若将此与纠纷处理问题结合,就是要排除土豪式当地有势力者(豪民、豪强)进行“私受词状”和“武断乡里”的现象,通过乡村中有名望人士阶层(长者、处士、耆老)的“排难解纷”和教化,使基层社会秩序化成为一种理念。当然,这样的秩序构想也是始于宋元时期的广义上的“劝农”政策的基调,不过,在明代老人制中,长者、处士、耆老等进行“排难解纷”和教化、秩序维持,并不仅限于奖励,而是作为老人和里长的权限和义务,国家的审判机构和乡村统治制度在基层已实现制度化。

因此,作为理想模型,宋元史料中频繁出现的豪强“武断乡里”与有名望人士“排难解纷”这种两极的定型现象中,前者被镇压、排除,后者在

① 岩井茂树:《徭役与财政之间——为了中国税、役制度的历史性理解》(三),《经营经济论丛(京都产业大学)》29 卷 2 号,1994 年,第 33—40 页。

② 檀上宽《明朝专制统治史的构造》(汲古书院,1995 年)第二部分《元、明革命与江南地主的动向》。

制度上被老人制所吸收,乡村的纠纷处理在老人制下发展为一元化。当然,在现实的乡村社会中,明代前期也有很多史料指出豪民“武断乡里”和有名望人士“排难解纷”,另外,记述老人、里长进行纠纷解决和秩序维持的史料中,同时也有不少指责他们滥用职权、颠倒是非的记述。于是,明代史料中,上一节所示的四种类型言论反复出现。

然而,根据明代前、中期徽州文书所体现的实际情况,明代前期(15世纪前半期),“理判老人”接受纠纷当事人的“具词投告”后裁定纠纷;明代中期(15世纪后半期至16世纪初),老人和里长接受当事人的“状投”后处理里内的纠纷,即使是向官方提起的诉讼,也通过实地取证和调停,甚至重新审理等,在其解决过程中发挥着极大作用。当然,与此同时,非制度性的民间纠纷处理也与此并存,根据史料叙述者的立场和修辞,或表现为有名望人士“排难解纷”,或为豪民等“武断乡里”“私受词状”。但整体上,在包含了同族、村落、亲族、好友甚至“众议”等调停的纠纷、诉讼处理整体框架中,老人、里长无疑发挥了连接点的作用。

16世纪以降,来自海外的大量白银流入、商品经济扩大,与此相对应,边境军事支出使农民负担大增,安定团结的社会关系开始动摇,瓦解了作为里甲、老人制基础的乡村社会的共同性和秩序构造本身。纠纷和诉讼不断增加、激化,随之,以老人、里甲制为中心的纠纷处理框架开始动摇,尤其是老人制在16世纪后半期失去了其原有功能。于是,乡村社会中纠纷处理、秩序维持的主体多元化,里长、乡约、保甲、亲族、宗族组织、各类中见人、乡绅等多种主体承担起包括诉状受理在内的纠纷、诉讼处理的责任。但明代末期,代替以往老人、里甲制的新的纠纷处理框架还没有确立,多种纠纷处理主体并存,在互相对抗或补充中,人们根据各个纠纷的状况和社会关系,寻找与此相适应的解决手段。

总之,到明代中期,乡村中税粮的征收和搬运、水利等农业生产的维持、纠纷处理、秩序维持等,主要由粮长、里甲、老人制承担,地方官大多是间接参与的。16世纪以后,州县行政在征税、审判、水利等方面,不经里甲、老人制,更直接地在乡村社会中发挥作用,州县官的职权和责任大幅增加。尽管如此,州县的行政、审判功能基本上没有得到与此相对应的扩充。正如上田信所论,这是与以州县为范围的宗族组织的统合,以及乡绅势力的扩大相关联的。① 但地域性差异较大。总体上来说,徽州等东南山间地区宗族组织的扩大、长江三角洲乡绅势力的兴起更加显著。

明代后期,随着明初乡村统治体系的动摇,固定的府—州—县级行政机构已无法适应人口增长、经济规模扩大、社会结构复杂化的局面,行政体系与社会经济之间的差距再次凸显并日趋恶化。建立在安定团结的乡村秩序基础上的明初的"固"的社会组织开始动摇,与秩序构造的流动化相对应的"柔"的社会结构也尚未确立。在这种过渡期的混沌动态中,乡绅、豪民等地方有势力者,宗族组织,社、会等民间结社、宗教结社,以及无赖集团、农民起义军、边境军事集团等各种各样的社会集团和地方势力开始发展,人们纷纷集结起来。②

同时,在明末,明代前、中期还比较沉滞的南宋时期"国家实践主义"和"精英实践主义"的相关论调活跃起来,如沟口雄三所论,它以以张居正为代表的国家主导权与以东林党为代表的乡村主导权③对抗的形式开始活跃起来。具体来说,主政的张居正通过全国范围内的土地丈量和一条鞭法的实施、考成法的导入等,确保了财政基础,强化了监督地方行政的力度,通过这些国家主导措施,统治体制得以重构。与此同时,以东林派为首的乡绅、士人、地方官,通过乡约等乡村秩序的重构、以书院和学

① 上田信:《地域与宗族——浙江省山间部》(《东洋文化研究所纪要》94 号,1984 年)、《明清时期浙东州县行政与地域精英》(《东洋史研究》46 卷 3 号,1987 年)。

② 岸本美绪《明末清初的地方社会与"世论"》(初发表于 1987 年,后收入前述《明清交替与江南社会》)、《东亚、东南亚传统社会的形成》(岩波讲座世界历史 13《东亚、东南亚传统社会的形成》,岩波书店,1998 年)。

③ 沟口雄三:《所谓东林派人士的思想——前近代期中国思想的展开》(上),《东洋文化研究所纪要》75 册,1978 年。

校为中心的“地方公议”等，力图实现地方社会秩序的确立。明代后期阳明学派、东林派、朱子学派所共有的理念，就是以“礼”实现宗族、乡村秩序的确立。① 然而，南宋时期的“精英实践主义”，官僚、士人阶层是地方社会秩序化的承担者，而明末尤其是阳明学派的特征则是，立志以民众作为乡村秩序的中坚力量(儒教道德的民众化)。②

江西吉安府安福县出身的阳明学者罗大纮[万历十四年(1586)进士]详细地阐明了作为阳明学的基本思想之一的“万物一体之仁”思想：

> 仁本与万物同体，只为人自生分别，所以小了。古人天下一家，中国一人，非意之也，其心量原自如此。今处中国，只争个江西，江西又争个吉安，吉安又争个安福，安福又争个某房，某房又争个某祖父位下，某祖父位下又只争我一人，终生营营，不出一身一家之内，此岂不是自小乎？③

在理想的“礼”的秩序下，“‘私’相互对峙的空间总是被外围的‘公’所包容……家族内部的冲突由作为‘公’的代表的家长、族长来解决，家族同外部的关系则由‘公’来控制，于是从一开始，‘私’就应该由‘公’来解决”④。“宗人有纷难，得公一言而解。里人言，里人亦如其宗。郡人言，郡人亦如其里。”⑤这样由宗族—乡村—府县相连的，由有名望人士调停纷争的典范画面，也反映了这种“公”结构的连续性。

然而明末的人们所面对的事实是，中国的各省人，各省中的各府，各府中的各县，各县中的各宗族，各宗族中的各分支，各分支中的各家，各家中的各个人，为了自己的利益而相互争斗，将“修身—齐家—治国—平天下”的秩序结构颠倒过来，形成多重纠纷结构。明初社会构成

---

① 小岛毅前述《中国近世礼的言说》第七章—终章。
② 沟口雄三：《中国近世的思想世界》，《中国视座》，平凡社，1995年。
③ 黄宗羲《明儒学案》卷二三《江右王门学案八·给谏罗匡湖先生大纮·兰舟杂述》。
④ 小岛毅前述《中国近世的公议》第129页。
⑤ 许国《许穆公文集》卷一三《家状·东泉公行状》。

重点即乡村的共同性开始动摇,尊卑、长幼等关系开始变动,用一种新的秩序化方式来取代以安定、团结的乡村社会为前提的明初体制,是非常必要的,因此人们才不断地摸索。如岸本美绪所述,“万物一体之仁”就是分散的个人和集体不停地在对立与纠纷反复的混沌社会中,在希求包括社会全体在内的秩序的可能性与根本上的共同性的过程中所产生的理念。①

总而言之,讨论宋代以降政治、社会体制的基调是,固定的行政体系与人口增长、社会经济扩大、流动化之间的差距不断扩大,在家—(房)—宗族—乡村—(市镇)—州县—府—省—国家相连的多重秩序与纠纷结构中,可以说存在着这样一个课题,即通过何种主导权(initiative)、以何种层次为中心构成社会并使之秩序化。王安石以来的“国家实践主义”,是以国家为主导通过官僚机构实现社会统治,与此相对的南宋时期的“精英实践主义”,则是以地方上的士大夫阶层为主导,通过乡约、义仓、宗法、家礼等的逐步完善,力图立足于乡村、宗族层面实现社会的秩序化。事实上的乡村社会秩序(与纠纷),在来自两个方向的社会构成尝试的中间领域中,通过来自国家、官治的活动与乡村、宗族的活动之间混沌的相互作用而发生推移。

明初的乡村统治体制中,虽然依靠国家的主导与强权,但比起地方行政体系,当然还是以乡村层面的老人、里甲、粮长制为社会结构的中心,分担征税、纠纷处理、秩序维持等。明初政权有意识地抑制社会经济的扩大和流动,以完整的、固定的基层社会为基础,使对土地与人民的切实把握成为可能。实际上明代前、中期的徽州乡村社会,在比较稳定的地缘、血缘的共同性中,老人、里长与同族、“众议”等并存,通过与地方官治的相互作用,在纠纷处理、秩序维持框架中发挥了连接点的作用。当然,也存

① 岸本美绪:《明末社会与阳明学》,初发表于 1993 年,后收入前述《明清交替与江南社会》,第 76—86 页。

在豪民“武断乡里”和老人、里长、粮长等的非法和弊害行为，但可以说这些总体上并未对明初体系下的乡村秩序和共同性的存在构成威胁。

16世纪以降，随着明初社会结构和共同性的动摇，人们为了谋求新的社会结合场所，根据实际情况，集散于各类主体之下。徽州的宗族组织与里甲、乡约、保甲一起成为秩序形成的中心，与之相对，在江南和东南沿海地区，在不稳定的多种类型的人的结合中，乡绅的影响力提升得非常突出。明代末期的“乡绅之横”与其说是反映了新社会体制下“乡绅支配”的确立，不如说是在以往秩序崩溃的混乱时期出现的过渡时期现象的特点。

这种不稳定状况逐渐沉寂下来，形成较稳定的秩序结构，是在清代前期。清代基层社会中的纠纷处理、秩序维持的实际状况，有待今后的实证性研究，总体上在康熙年间，基层社会纠纷处理框架，在徽州以宗族组织及以此为基础的乡约、保甲为中心，在江南通过血缘、地缘、职缘等多种社会结合，逐渐形成更加灵活的形式。[①] 整体上，16世纪以后，伴随着老人、里甲制的动摇而产生的乡村的纠纷处理、秩序维持体系的动摇，大致到18世纪初，暂时形成比较稳定的框架，能够应对整个社会的流动。

总体上，清政府在家、宗族直至国家的上述多重秩序（纠纷）结构中，没有施行像明初政权那样的政策，没有将特定阶层，具体来说，就是没有将乡村定位成以老人、里甲、粮长为中心的社会结构和秩序化的场所。然而在清代，根据具体的政治课题和社会经济状况，或作为清政府的政策，或通过民间社会自发的活动，各阶层功能得以逐渐扩充。作为国家制度上的应对，在国家层面上，通过奏折制度的形成和耗羡提解的实施，朝廷强化了对地方行政和财政的控制。在省级层面，确立了作为长官的总督、巡抚的审判、行政及财政功能。介于省与府之间的道台的职务也

① 涩谷裕子《清代徽州农村社会中的生员共同体》（《史学》64卷3、4号，1995年）第107—109页、岸本美绪《〈历年记〉所见清初地方社会生活》（初发表于1986年，后收入前述《明清交替与江南社会》）第257—263页。

得以调整，在府、州、县固定担负审判、行政事务的刑名、钱谷幕友，这也非常重要。在市镇、乡村层面，设置汛防作为治安组织，在乡村中乡约、保甲制固定下来。这一系列的政策起源于 16 世纪后半期的张居正改革，在 18 世纪前半期的雍正时代大体上完成。

作为民间社会活动之一，明末凌驾于官治之上的“乡绅之横”逐渐衰落，到了清代，县等地域内，以乡绅为中心，包括士人层在内的“绅士”层，多作为地域和阶层的利益代表和作为与官治之间的中介者出现。县和大市镇中会馆、公所等更加普及，善会、善堂等慈善团体活动也全面展开。市镇不仅具有经济功能，作为寺庙和有势力宗族的祠堂等的所在地，其社会、文化功能也不断提高。宗族形成是自中心地域至周边地域、自有势力同族至中小同族逐渐普及的，这一系列活动大致也是始于 16 世纪，到 18 世纪大体安定下来。

清代前期，国家、社会两方面的秩序重构成为可能，以此为背景，除 17 世纪后半期之外，不断扩大的海外贸易带来白银输入和繁荣，以及北部边境军事支出减少使过重的农民负担得以减轻，也使国家与民间的经济基础稳定下来。关于清代进行的社会构建和秩序化，雍正年间进行的一系列政治改革代表了宋代以来的“国家实践主义”，清初“经世致用派”学者等则可以说继承了“精英实践主义”的学说。但现实生活中，清代前期施行的政策，缺乏明初体制那样整齐划一的加强社会统合的坚定意志。这是适应各个时期的政治、社会经济动态，在一定的国家政策和社会动向累积的基础上形成，且经过适当筛选的体制。（当然，清朝作为多民族国家，支配整体的统合应该存在更加明确的理念和构想。）而且，“容忍明末以降的社会流动，并试图借此重构中央集权统治”[①]的清朝统治体制是现实的、灵活的体系，尽管府州县等正规的行政机构几乎没有得到扩充，但它对于人口激增后规模化、复杂化的社会经济，仍具有一定的应变能力。

---

① 岸本美绪前述《明清时代的乡绅》第 55 页。

附录　书评一

中岛乐章著《明代乡村纠纷与秩序——以徽州文书为中心》[①]（书评）

松原健太郎

该书作者提出其研究目的在于“探明明代乡村纠纷处理实态及其变迁状况，进而探讨以此为背景的社会变动和宗族结合的展开、徽州特有的佃仆制诸问题，力图勾勒出当时乡村社会纠纷处理、秩序形成的状态”（第51页）。[②] 全书由八章构成。

第一章介绍徽州文书研究及“纠纷处理和秩序形成”的相关先行研究概况，设定该书的研究课题。第二章至第七章，以1994—1999年发表的六篇论文为基础，对现存徽州文书进行实证性分析论证。第八章总结了各章的研究成果，并作了历时性展望。对于研究“徽州文书”这一曾给

① 原载《史学杂志》113编9号，2004年。为避免内容重复，译成中文时有所删节。——译者
② 书评中的页码为日文版页码。——译者

中国社会经济史研究带来巨大影响的史料群，中岛乐章是如何进行“问题设定”以及如何确定研究方向的？本书评首先由此展开讨论。

“本书的主旨”是通过“探讨明代徽州文书这一同时代最丰富多彩的‘地方史料’，重新探讨先行研究中关于乡村社会纠纷处理和秩序形成问题的普遍认识”（第48页）。对于作为重新研究对象的“先行研究”中的“普遍认识”，他首先提到的是，关于“中国传统社会的纠纷处理”，经过战前、战后继承下来的“普遍观点”是：“大部分日常纠纷是通过宗族和村落、同业团体等各类自律性团体自行解决的，很少诉诸官府。”此外，有一个对这种“普遍观点”进行批判的“清代的诉讼处理系统研究”，和因史料有限，与清代一样，无法在“诉讼处理实态”研究上取得突破的“明代法制史研究”，中岛氏把二者作为“先行研究”的两种流派予以介绍。前者言及判语、档案史料中“纠纷处理实态”的极限，后者则指出“乡村社会纠纷处理的实态及其与官府审判的关系”模糊，他强调，“徽州文书”在突破这一瓶颈方面，具有无法替代的作用。

在课题设定上，区分中岛氏自身的研究与先行研究的殊异性，在于对纠纷处理的“实态”，或者更具体地说是对“民间调停与官府审判之间的关系”进行“综合性”论述。未进行充分综合性探讨（或者即使探讨了，史料提供的证据却不充分）的先行研究中，产生了初步认识。“普遍认识”的语义贴切程度难以断定。因而，中岛氏根据“徽州文书”进行全方位论述，并以此作为该书课题定位。最能明确地体现这一课题的，便是开头引用的“本书的主旨”这一节。本书评虽然无法对该书进行完整的介绍，但欲将该书的这一“主旨”作为讨论的一条线索来切入，进而言及各章的具体内容。

中岛氏较前人更侧重于整体性，在第二章提到了“老人制”[1]确立问题，认为“通过描绘明代乡村社会的纠纷处理全貌，可以从更宽广的视野

---

① 中岛乐章《明代中期的老人制与乡村审判》（《史滴》15号，1994年）、《明代的诉讼制度与老人制——以越诉问题、惩罚权为中心》（《中国——社会与文化》15号，2000年）。

认识老人制本身”(70 页),并且在“全貌”中分析老人制。在这里,他一方面描绘了记载中“有名望人士”作为“长者”“处士”等和平地进行纠纷处理(排难解纷)的情况;另一方面,也描绘了许多向官府提出诉讼的“豪民”等实行强制性地方支配(“武断乡里”)的社会现象。目前,这一共性理解还处于尝试阶段。关于这一点,中岛氏从记载宋代徽州“民习律令,性喜讼”等的史料中,归结为因有“竞争性秩序结构”这一前提,所以,即使有许多向官衙提出的诉讼,隶属国家的行政、审判机关也不能充分地发挥其在纠纷处理和秩序维持上的作用。“地方有势力、有名望人士”时而被责难为武断乡里的“豪民”,时而被赞扬为排难解纷的“长者”。总之,他们作为处理纠纷的主体具有十分重要的意义。中岛氏还从元代史料中发现了重视这种主体作用的“乡村统治思想”。他还参考了洪武十八、十九年左右开始的以里甲制为前提的“老人”作为制度发挥一定功能等记载。这些对洪武三十一年颁布的《教民榜文》中规定的老人制的形成过程起到了印证作用。

在第三章中,作者关于已“完成”的“老人制”的论述,首先是从对确立后不到半世纪就荒废的通说进行批判开始的。所谓通说,以《明实录》的记载为依据,“多着重强调制度的负面影响”(第 114 页),例如,在徽州文书有关祁门县十西都谢氏的文书中,有纠纷当事人向老人“具词投告”并由相关老人进行处理的事例,但其中也有《教民榜文》的规定没有被人们严格地遵守、老人制没有介入的纠纷处理事例(同样是祁门县十西都谢氏)。而且,本章还描述了同一主体有时“作为老人的裁定的见证人在场,有时作为同族有势力者进行调停,后来又成为老人,亲自参与裁定”的情况。他指出,老人制是“通过同族和村落有势力、有名望人士、得以广泛地推行,它以自发的纠纷处理为基础”。第三章在列举里长、老人介入的几起纠纷处理案例的基础上,通过系统地搜集、整理民间在解决纠纷时写成的文约、合同史料,发现了“明代前期”至“明代中期”纠纷处理情况的一些变化。在“前期”文书中出现的 9 例纠纷事例中,向老人、里长“状投”的纠纷有5例，他根据这一情况得出《教民榜文》的规定“未必是一纸空文”（第138页）的结论。而在“明代中期”，除里长、老人处理纠纷本身带有“调解”性质外，各种各样的民间调解，特别是中人的作用日益增强，不过，也有暂时向官员提出诉讼后委托里长、老人处理的事例。可见，从整体来看，里长的作用还是非常重要的。明代中期以后，虽然如清代法制史研究所显示的那样，纠纷处理是由民间人员和官员“同时进行”“相互补充”而共同完成的，但是也不应忽视里长在整个明代前、中期发挥的作用。

第四章论述了明代中期纠纷处理的实际状况，是以诉讼文书为主要史料心，来探讨老人制与地方官审判之间的关系。本章叙述了当事人采用向里长提出“状投”这一形式进行的上诉、官府向里长下达现场勘查的指示以及官府向在“申明亭”工作的“值亭老人”下达重新审理的指示，进而对整个诉讼过程进行考察。通过以上内容，作者深入探讨了官府审判与老人制之间建立起来的“互补关系”。

在第二、三、四章里，作者主要探讨了以下三个时期的变化：“前史”，宋元时期老人制的确立；“明代前期”，由老人实行的纠纷处理并非“民间调停的一环，而是与地方官审判具有类似性质”的“裁定”；“明代中期”，里长、老人的功能转变为“调解性”，与官府审判构成互补关系。

在论述过程中，中岛氏对认为老人制从明代中期开始“废弛”、明代中期《教民榜文》的规定成为一纸空文的见解，进行了最直接的批判。引用徽州文书，提出在实际的纠纷处理中老人制以何种形态发挥功能的论断，是中岛氏取得的业绩中较早被肯定之处。在该书中，他也强调明代前期《教民榜文》的规定“未必是一纸空文”（第138页），中期也“不能表明……完全为一纸空文”（第139页）。但同时，他又指出，明代前期“并没有严格按照《教民榜文》的规定”，“是否严格按照《教民榜文》的规定……也存在疑问”（第118页）。可以想象，发挥作用的老人制也没有按照《教民榜文》的规定得以实施。在否定“成为一纸空文”和“严格遵守”这两种极端状况时,《教民榜文》是如何发挥作用的?在“乡村社会纠纷处理框架”中,应该如何定位同时代的老人制的作用?对于这些问题,该书却没有进行深入的考察。[1] 我认为,这将对该书后面要探讨的内容产生一些影响。例如,该书将明代前期老人的“裁定”定性为并非“民间调停的一环,而是与地方官审判具有类似性质”(第118页)。老人制是“通过同族和村落有势力、有名望人士,得以广泛地推行,它以自发的纠纷处理为基础”(第123页),“元代以来以当地地主、处士等同族和村落中的有势力、有名望人士为主”(第124页)。同一主体有时作为老人参与“裁定”,有时作为同族有势力者进行“调停”工作。其中,作为“老人”进行的纠纷处理,具有不同的性质。那么,这种差别是由什么引起的呢?这是我们需要考虑的问题。但是,中岛氏在上述解释中,并没有对《教民榜文》予以准确评价,所以,这一点就变得模棱两可。

中岛氏围绕这一问题进行的相关探讨,一是以《祁门谢应祥等为重复卖山具结》为素材,通过老人在纠纷处理中使用的诸如“拘出”“着令”“理判老人”等语句,引起人们对强制性要素的关注;二是指出《孟宗谱》所录传记里,列举了传主老人实施“笞挞”惩罚的事例。若举有关前者的例子的话——判断某些纠纷处理是否属于“调解”性质的最单纯标志之一,就是结果是否需要当事人遵依[2]——在《祁门谢应祥等为重复卖山具结》里,当事人也是在不利的“裁定”下,不得不承认对方在土地上的主张,并在文书上署名、画押。强制性要素在实际生活中发挥的作用可以达到怎样的程度,另当别论,但看到这一文书本身,就自然地让人想到当事人达成一致意见是出于自愿的。为了令人信服地将处理与“民间调

① 加藤雄三在对该书的书评中,注有“中岛氏在使用‘制度’这一词语时,不能看出是怎样设想事物的”(《东洋史研究》62卷1号,2003年,第140页),虽然表述方式不同,但可认为与这一点有关联。

② 但是,因考虑到这种遵依被强制实行的可能,还有“誓约书”提出后的事态,滋贺秀三经过更慎重的考察程序,发现清代官员的审判本身具有“调解性质”(《清代中国的法与审判》,创文社,1984年,第252—255页)。

解"区分开来,在这一点上的看法就非常必要。关于后者,例如在一般人认为老人制、里甲制均没有发挥作用的清代族谱里,有许多例子表明,其作为对触犯法规的同族实行审判的主要手段,规定了杖责(用棒打)的"责"。① 《孟宗谱》中出现的"笞挞"的依据,不能仅仅求诸《教民榜文》中的"竹篦、荆条",有必要对民间的纠纷处理、违法行为的处罚与实行这样的惩罚三者之间的关系加以说明。

毋庸置疑,这一点与明代中期转变的问题也是相关的。有学者认为,明代前期老人的"裁定"与"调解"性质是不同的,如果不对作为争论依据的《教民榜文》予以明确定位就进行讨论的话,至少很难与明代中期以后出现的带有"调解"性质的里长的纠纷处理进行对比,并从中找出二者之间的关系。其中,例如从"里判老人"到"劝谕里老""谕解里老""勘谕里老"这一系列概念的变化(第 126 页)与实际上的历史性变化之间,有必要进行深入的探讨。

总之,中岛氏的研究,阐明了"老人"在明代前、中期徽州的纠纷处理中,发挥了重要作用。此外,他还指出,当时《教民榜文》的规定没有被人们严格遵守,并且以同族、村落为中心的乡村社会关系构成纠纷处理诸形态的基础。所以,下一阶段的工作就是,阐明作为社会关系的重要一部分的同族的纠纷处理,其基础是如何形成的?即同族(宗族)的结合,是如何成为纠纷处理的基础的?最后,确立起来的纠纷处理诸形态,具有何种特色和界限?对其进行阐明,成为有力的可供选择的答案。第五章以"纠纷与宗族结合的展开"为主题,但中岛氏的论述,使第五章与全书的整体联系受到限制。本章以发生在明代后期 1487—1579 年的休宁县茗洲吴氏一族和族外诸主体之间的 32 例纠纷为主要研究对象。另一方面,作者又同时指出,与这些族外主体间"连续不断的纠纷","成为扩大同族结合、强化宗族组织的重要契机"(第 203 页)。此外,他又指出,

① 前述滋贺著作 1984 年,第 99 页。另外,此类例子"不胜枚举",如同书第 132 页。

“宗族组织”的强化只不过是同时代各种社会变动的一个方面。在“多样性社会关系、社会集团的混沌角逐中，宗族结合也又开始展开和强化”（第 205 页），从而限定了同族结合的意义。

第六章在第二至四章论述的基础上，对明代后期进一步展开讨论。本章通过文约、合同等民间文书，来探讨“纠纷处理类型及其与地方官审判二者之间的关系”。然后，将“纠纷处理”的承担者划分为四种类型：(1) 里长、坊长；(2) 老人；(3) 乡约、保甲；(4) 亲族、中见人。从作为“里甲制系统”主体的里长、老人介入纠纷处理的事例和乡约、保甲在时间上的分布方面可以看出，里甲制与乡约、保甲制并存；另一方面也可看出，作为主流的乡约、保甲制逐渐稳固。接着，他探讨了老人的纠纷处理，尽管还存在着 16 世纪时（显示出明代中期的“调解”特征）的记录，但随着时代的变迁，老人处理纷争的事例也随之减少，几乎徒具形式。而且，在“里老、约保”处理纠纷的记录中，文书上出现诉讼用的“状投”这一概念。与此不同的是，民间的“亲族、中见人”均是通过口头形式来调解的。可以推测，地方官的纠纷处理和审判与这些纠纷处理形态，二者在相互对抗的同时，还存在一定程度的互补关系。

第七章围绕明末佃仆制问题展开论述，以主仆纠纷为主要考察对象。本章饶有兴趣地举出主仆纠纷事例，例证“当时纠纷处理框架，可以说是在地方官治和民间调停基础上，通过介于两者之间的乡村组织和宗族等的相互作用和中介功能而形成的”（第 291 页）。在与该书中心议题的关系上，用这种形式来加以强调。

第六、七章探讨的内容直至明末，中岛氏把整个明代乡村纠纷处理诸形态，看成一个循环体系，即“明代后期乡村社会中，在老人、里甲制下平稳地解决当地纠纷的状况日益困难起来，结果导致向地方官提起的诉讼开始增加，‘健讼’风潮明显”（第 256 页）。而在第二章，作者介绍了研究宋元时期的期刊著作所称的“人们花费的诉讼成本增加，导致‘健讼’风潮和‘讼学’的发达”，他还认为，“地方统治难以发挥直接处理乡村地区纠纷和维持秩序的作用。在宋元时期的徽州,‘长者’‘处士’等当地有势力、有名望人士,自发地调停和实施善举”(第101页)。正是出于宋元时期的这种情况,明代初期实施了里甲制。此处提到“长者”“处士”等阶层的作用,作为其制度化之一环,老人制也确立了,这个完整过程是该书议题的一个出发点。在“健讼”风潮下,乡村的社会关系以及有势力者、有名望者的纠纷处理对于官府审判的补充是非常必要的。相反地,在“竞争社会”发展过程中,在民间社会关系中具有基础地位的老人、里甲制的纠纷处理,与官府审判相互补充,还是产生了“健讼”风潮。官府审判本身的形态;由民间诸主体开展的自发的纠纷处理的形态;在民间的社会关系基础上,依托官府而形成的里甲制或乡约、保甲制的秩序的形态——这三者在明代相互影响进而各自完成转变。这些相互补充的各种纠纷处理形态结合后形成了何种秩序,便是该书的研究重点所在。

作者对这种互补性认为是十分合理的。假如有关明代历史性变化的评价可行的话,那么,现有史料中是哪种主体承担纠纷处理的?该主体是如何处理纠纷的?作者对此进行了详细的、多角度的深刻分析,这无疑也是该书所取得的最值得肯定的成果。即便如此,该书论述的美中不足就是开头提到过的,在“问题设定”的限定方法上还存在一些不足之处。

作为该书“结语”的第八章,在其开头部分重新提及“先行研究”的普遍认识:“《教民榜文》规定的老人制为中心的纠纷处理、秩序维持、教化、劝农等乡村统治体系”,很早就走向“衰落”。而且,“法律上已成为一纸空文”,不多久,以老人制为前提的里甲制也开始“解体”。作者对这种“先行研究”在各个阶段都予以否定。作者将其作为“主题”,通过“重新探讨先行研究中的普遍认识”的形式引出是很合理的论断,该书可以视为对这些“普遍认识”的重新论证。但就如前述一样,例如,关于明代前期的老人,既否定了《教民榜文》“成为一纸空文”,也否定了其曾被严格执行过。所以,发挥功能的老人制成为社会关系的基础时,是什么在支撑这些构成民间社会关系实体的同族、村落?“当地有势力、有名望人士”为何得势?通过具体的事例来追究的问题,不仅与该书的主题有密切关系,更是深入探讨这一问题所必不可少的要素。中岛氏也提到的杜赞奇(Prasenjit Duara)以及杜赞奇之前的科大卫(David Faure)也研究过这一点,他们对于传统中国的社会关系中同族、地缘性结合、民间信仰与“官”之间的实质性关系等,也提出了自己的观点。[①] 对汉语、英语先行研究均有广泛涉猎的中岛氏,在这方面却没有展开论述,从该书的影响效果方面来看,可以说非常遗憾。尽管如此,对这些研究状况提供积极贡献,以“纠纷处理”的诸样态为突破口,着手诸如“徽州文书”类史料群研究,还是存在极大可能性。在该书中,作者对老人制是否“废弛”、《教民榜文》的规定是否成了“成为一纸空文”、里甲制是否“解体”等一些“先行研究”进行了问题设定,对引出这些问题的结论比较注重,也明确展示了与这些研究的关系,遗憾的是未在根本性分析的基础上进一步深入设定问题。与此相关的是该书的一个特点——“全体性叙述”,从一个新视角进行统合整理,但对此前的“先行研究”视角没有进行批判。

通过纠纷处理“体系的全貌”,透视“整个明清时期”,像这种将共时性构造与历时性变迁放到同一焦点上研究的课题,其难度之大是现代许多历史学者必须正视的。这样的历史叙述的方法论本身(即便社会学、人类学领域之间存在一定的相交部分)仍值得商榷。

这种方法论的困难之处,作为其自身来说是有其历史渊源的。莫米利亚诺(Arnaldo Momigliano)从“古事学研究”(Antiquarian research)的

① 例如,杜赞奇《文化、权力与国家:1900—1942年的中国北方农村》(Prasenjit Duara, *Culture, Power, and the State: Rural North China, 1900－1942*, Stanford University Press, 1988)、科大卫《中国乡村社会构造:香港新界的宗族与村落》(David Faure, *Structure of China Rural Society: Lineage and Village in the Eastern New Territories, Hong Kong*, Oxford University Press, 1986)。

发展这一观点出发,一直追溯到古典、古代验证对象。[①] 修昔底德(Thukydides)认为,当把历史学的对象限定在政治史中心时,比如,希腊诸城市的起源,希腊与外界的法、习惯形态的比较,各种技艺发展的开端,对这些事物的探究,都需要从历史学中排除开来。对这些事物的探究,一方面在考古学(archaiologia)等领域比较发达,特别是在对哲学发展的贡献上为人们所知。但是另一方面,修昔底德之后的古典、古代的历史学者,对这方面的知识却没有予以足够重视。莫米利亚诺在研究中,对从历史学中排除的关于过去一定事物的知识,特别是与政治性问题意识等无关的知识加以整理,使其自成体系。这个体系的整理优先于历时性变化的分析,他把具有这种性质的知识形态称为"古事学"(antiquarianism)。

"古事学"与哲学的关系,盛行于罗马时代,其后的7—14世纪处于休眠状态,15—16世纪重新兴起,莫米利亚诺对这些均没有深入探讨。17世纪时,一些博学的自由思想家(Libertins erudits)积极地欲继承古典古代的古事学研究,莫米利亚诺对这类人的思考特征的描述,在这里作一简单介绍。

以克劳德·法布里(Nicolas. Claude Fabri sieur de Peiresc,1580—1637)为代表的人物,其思维方式特征有:一、与其说是对同时代展开的关于怀疑主义的争论不够重视,倒不如说是从意识上排斥这种抽象性争论。二、其内部,对凭直觉就能捕捉到的事物的言论更感兴趣,对这些的考证具有科学性、客观性——与历史学中的史料所解释的一样,从所有各阶段的偏见到最终的自由,也并不是不可能的。这种古事学研究与狭义历史学间的关系是,一方面,在若干局部处于对立紧张关系;另一方

① 莫米利亚诺:《博学好古研究的兴起》,《现代史学的古典基础》(Arnaldo Momigliano,"The Rise of Antiquarian Research" in *The Classical Foundations of Modern Historiography*, University of California Press,1990,pp. 54 - 79)。参照冯洁音中译本《现代史学的古典基础》,华东师范大学出版社,2009年。

面，莫米利亚诺对两者间共性的研究的产生，以及一直到目前为止的现状进行了探索。其结论是，现代社会学和人类学在继承上述“古事学”的积极意义上发挥了作用。同时他也指出，今后的社会学和历史学之间不存在不同的学问领域。[①]

莫米利亚诺的以上观点，对现代历史学家的启示是：一方面，要对某个社会“构造”的体系，以及该社会的各种要素的历时性变化，（使两者联系起来）同时进行分析。另一方面，当前为解决此课题所进行的历史研究，在内部容易陷入古事学思考的特有弊端，对这些有必要给予足够重视。首要的弊端是，全盘肯定“史料”的解释，能排除历史学家偏见，具有“科学性、客观性”的态度（这种态度，拒绝在既定框架、教条下对史料的歪曲解读，也能表明自身的正当性）。作为历史学家的自主条件，他们所注重的事态是，参照“客观性”基准对史料的正确解读。如果采取这种态度的话，在原来历史学家的自主条件中，对不同水准的事态的“问题设定”和“史料的正确解读能力”，没有做出充分的辨别，结果容易导致在应该从哪个角度去阐明问题这一点上变得模棱两可。

历史学家的“问题设定”，即“不是讨论如何对过去某个事物进行研究，而是设定的问题是关于出于何种目的研究，或者是想阐明的问题是什么”。关于“史料”，于今年二月过世的溪内谦认为，“在解读史料的过程中，偶尔也能幸运地发现有趣的课题”，即使这样，这些问题的设定也少不了对史料的解读。问题设定的背后肯定存在着“个人的动机和学界、社会立场上的客观因素”。[②] 上述关于古事学的思考方法的弊端，正是由于对这一点的认识不足。在溪内氏看来，更重要的是，在史料解读的基础上进行框架构建和问题设定，在（包含史料的解读等的）作业过程中是可变的。[③] 在这里可以设想的是，在“问题设定”和详细的“史料”解

① 同上书，《结论》，第 155 页（“Conclusion”ibid，p. 155）。
② 溪内谦：《现代史学习》，岩波书店，1995 年，第 42—44 页。
③ 同上书，第 125—126 页。

读之间，一方的作业会不停地影响到另一方的作业。在这个过程中，不管是“问题设定”还是史料的解读都会发生变化，可以看作一种往返运动。

这种往返运动在历史学家不断研究“先行研究”的基础上，在确定自己观点的过程中，在对问题设定进行充分的批判时是很有必要的。但是，古事学的思考欠缺对历史学家的主体条件的批判性考察，这是阻碍往返运动发展的一个因素。

古事学传统中最好的部分，恐怕是能对一定的社会现象提供一个有体系的全面分析的视点。中岛氏此书的功绩，一方面体现在对明代的乡村社会中的“纠纷处理”，做了一个全面的叙述。但是在另一方面，尝试对整个制度和时间上的重大变化这两者进行研究，也是潜伏着内在危险的。作者敢于正视这一难题，并对其着手研究。对作者在该书中所取得的可喜成果，笔者再次向他表示敬意。

附录　书评二

中岛乐章著《明代乡村的纠纷与秩序——以徽州文书为中心》[①]（书评）

伊藤正彦

1980年以后的明清史研究，积极地利用一些不断被整理、公开出来的地方档案和民间文书等第一手资料，主要关注对象扩展到对传统中国社会固有秩序和伦理的阐明。徽州地方的民间文书等史料从数量、内容和丰富性上看，在第一手资料中都是很可观的。1990年代中期以后，在这些徽州文书及相关史料的“驱动”下，中岛乐章开始致力于对老人制实态的研究。该书正是对其研究成果的总结，阐明了明代乡村社会纠纷处理的实态及变化。第一章和第八章是新撰，第二章至第七章是在其发表的论文的基础上加以增补和改订而成。

以下按照该书概要依次予以介绍。第一章“徽州文书研究的展开”，

① 原载《社会经济史学》69卷1号，2003年。为避免内容重复，译成中文时有所删节。——译者

在实地考察所取得成果的基础上,介绍了数量达20万件以上的徽州文书的整理、收藏状况。同时,对近代明清社会史研究的动向进行了整理,并提出了该书的研究课题。

第二章根据文集、地方志、族谱中收录的传记史料,探寻老人制的形成过程。山村开发的完成,使得南宋、元代时期的徽州,争夺少量农业资源的斗争开始激化。再加上地方官治的弱化,由年长者和处士等当地的有势力、有名望人士进行纠纷处理的现象变得普遍起来。由此,与明朝的乡村统治思想共通的理念便形成了。老人制是在洪武十四年的里甲制施行后,经耆宿制后过了20年才形成。洪武二十七年,户婚、田土等轻微案件的审判权交于老人。洪武三十一年《教民榜文》的颁布,标志着老人制正式确立。洪武年间的徽州,确实是老人在从事着纠纷处理、教化以及治安的维护,他们都是附属于有势力宗族的地主和处士。

第三章和第四章阐明了明代前期(洪武至正统年间,1368—1449年)和中期(景泰至正德年间,1450—1521年)的纠纷处理的实态。在第三章里,根据文书、合同等43件民间文书,作者探讨了里甲制下的纠纷处理。前期的9件都是在乡村范围内解决的,其中5件是由老人、里长裁决的。老人被称为"理判老人",除了处理由自己提出诉讼的案件,还负责地方官受理案件的实地取证、调查。中期,老人就如其"劝谕老人"的称呼一样,性质转变为调解。尽管如此,34件中有16件是在老人、里长的实地取证、调查以及调解下解决的。

第四章根据诉讼文书的资料,探讨了老人制与地方官的审判之间的相互关系。明代中期的徽州,地方官接到诉讼案件后,经常命令老人、里长进行实地取证和调查。弘治年间,老人、里长在以都为单位而设置的申明亭里轮番工作。受地方官的委任,对诉讼展开再审理的"值亭老人"的制度已经存在。类似的制度在徽州以外的各地也存在。明代前期、中期,包括"值亭老人"在内的广义老人制,在处理纠纷上发挥了重要的作用。

第五章阐明了明代中、后期关于宗族纠纷和宗族统合的实态。随着商业活动的开展，山村型的休宁县茗洲村得以开发。其中吴氏在15世纪末以来，家族中士人和任官者辈出。到了16世纪初，已发展成为具有族谱、祠堂、族产的名族。这个过程中，一直伴随着与周边其他家族的纠纷。在16世纪前半期，甚至出现了暴力对立（械斗）。茗洲吴氏欲通过同族分支的再统合以及宗族组织的强化来扭转这一局面。

第六章以75件民间文书为素材，阐明了明代后期（嘉靖年间以后，1522—1645）的纠纷处理的实态。75件文书中的43件是在乡村社会范围内解决的，32件是向地方官提起诉讼的，后者中经乡村层面的各种调解而得以解决的达27件。整理乡村的纠纷处理主体，就会发现里长参与的有19例，并且一直持续到崇祯年间。老人参与的例子仅有4例，至万历年间以后就徒具形式了。乡约、保甲参与的有11件，从隆庆、万历年间起就取代老人的地位，开始发挥功能。其中最常见的是亲族、中见人，两者参与的例子多达62件。明代后期，这些纠纷处理主体处于竞争状态。清初，纠纷处理的中心则逐渐过渡到以宗族和乡约为主。

第七章通过52件文书探讨明代后期的主仆纠纷的情况。以“主仆之分”为媒介，服从主家（承担租税和劳役）的这种佃仆制，在徽州这个独特的地域被广泛推行。在主仆纠纷的地方官的审判中，国法（奴婢律和雇工人律）未必严格地适用，反而是当地惯行的裁定更受到尊重。而且，主仆纠纷在万历年间以后频繁发生，其原因是商业化的发展。佃仆介入商业以后，他们有了提升经济地位的机会，出现了一些拥有自己的土地、能够积蓄财产以及成为衙役和官吏等的佃仆。其与当时正欲扩大组织整备和加强佃仆制的有势力宗族，形成了激烈对峙的局面。

第八章把以上考察置于宋至清代的特定历史时段中，尝试对其加以总结和概括。关于徽州的乡村的纠纷处理的实态，与老人制在15世纪前半期就处于废弛状态的通行说法不同的是，作者认为直至16世纪，老人制和里长仍发挥重要作用。老人制是在南宋以来的名望家提倡的“排难解纷”和豪民提倡的“私受词状”两者之中，摒弃后者，而把前者作为一项制度来行使。即使到了明代，名望家的“排难解纷”和豪民的“私受词状”仍与老人制一起被广泛地推行。宋代以降，面对大规模化、复杂化的社会、经济，国家的行政能力表现出一贯低下，这导致“排难解纷”“私受词状”同时活跃地发挥作用的局面。到了清代，民间自发的行为得到发展，创造出了具有较强适应性的制度。

本书最大的意义，就是对老人制以及乡村范围的纠纷处理的实态和变迁的论述。这是前人未有的，具有极高的实证价值。向老人、里长提起的诉讼与向地方官提起的诉讼，都是在同一形式诉状下进行的；老人和里长在地方官受理的案件中，承担实地取证、调查以及复审的责任……作者在阐明这些尚未明晰的史实的同时，还具体地论述了经亲族、近邻和老人、里长调解后，还尚未解决的案件提交至地方官的整个过程，以及地方官受理的案件，经过老人、里长和亲族、近邻的调解，直至最终得以解决的整个过程。重新定位老人制的废弛、解体是 16 世纪以后才出现的现象。

该书的第二个成果，就是提出地域社会论这一模式。该书援引先行研究，在此基础上把纠纷处理诸相，定位在徽州的地域开发史上。着眼于宗族统合和佃仆制问题，提出了与江南相比，徽州的宗族和乡村组织发挥作用更大这一特性。在中国史研究的地域社会论里，通过捕捉社会秩序的生成过程这一方法概念，设定地域社会的视角，和追求与地理框架相对应的实体—地域社会的视角，两种视角并存。该书则是试图结合两种视角，进行综合阐述。

之所以能取得如此丰厚的成果，与作者大量搜索和解读徽州文书的工作是密不可分的。在此对中岛氏的尽心尽力以及与我们共享其成果表示敬意和谢意。因本人是专攻宋元史，对明清史研究的评价，在宝贵的实证成果面前，难免会提出一些空泛的问题。以下提出若干问题，与作者商榷。

疑问点之一，明代一般由当地老人、里长和乡约、保甲承担诉讼的实地取证和调查，而清代对乡村采取更直接的地方官治（第204、234页）。另一方面，中岛氏在宋至清代的国际和社会的关系这一问题上，指出国家行政能力的一贯低下。国家行政能力低下，却直接进行官治的方法，这种现象应如何解释呢？

中岛氏引用韩明士（Robert Hymes）的观点，把宋至明时期的国家、社会秩序的展开过程，视作“国家实践主义”（state activism）和“精英实践主义”（elite activism）的循环（第346—354页。前者的代表是王安石的新法和张居正的改革，后者的代表是道学派的活动和东林派的活动，明初改革将两者合二为一）。或许正因如此，清代又重新回到“国家实践主义”。如果是这样的话，针对16世纪以后的社会变动，列举了以下三大对策：(1) 地方官治的直接参与；(2) 乡约、保甲制的导入；(3) 由民间诸主体组成的秩序（第256页）。另外，认为里甲制、老人制的重构也是可能的。诚然，中岛氏认为清朝政府“没有施行那样的政策”（第355页）。但是，即使清朝是专制国家，但是否能够自由地选择政策，暂时存疑。

这些疑问均是由于对老人制性质的不同理解。中岛氏把老人、里长的活动放在乡村范围内来理解（第354页）。乡村里有声望者和有势力者担任老人、里长，以乡村为舞台开展活动，这些都是无可争议的事实。但是，毋庸置疑，他们的存在和活动，是以全国统一的人民编成的里甲制为基础，在这种强制承担起国家末端业务的职役制度下进行的。从老人、里长这种根深蒂固的性质来看，该书详细描述的他们在进行纠纷处理时的活动姿态，正是国家通过人民编成和职役，在乡村范围内发挥功能的具体表现。明末的乡约、保甲制，在统一的人民编成和职役解体时，由地方官个别地采取实施。对此，清代官府派遣差役这一行为，应被视为在社会统合处于困难时期所采取的一项措施。

最后，纠纷频发的历史、社会条件究竟是什么？这是个棘手的难题，之后开发的边境状况、开发结束后的状况，或者两者的融合（第100—101、204页）等问题尚未明晰。包括这个难题在内，我认为在吸收该书成果的基础上，对中国历史上的明代老人制的历史评价，尚需进一步深入探讨。

“海外中国研究丛书”书目

1. 中国的现代化 [美]吉尔伯特·罗兹曼 主编 国家社会科学基金“比较现代化”课题组 译 沈宗美 校
2. 寻求富强:严复与西方 [美]本杰明·史华兹 著 叶凤美 译
3. 中国现代思想中的唯科学主义(1900—1950) [美]郭颖颐 著 雷颐 译
4. 台湾:走向工业化社会 [美]吴元黎 著
5. 中国思想传统的现代诠释 余英时 著
6. 胡适与中国的文艺复兴:中国革命中的自由主义,1917—1937 [美]格里德 著 鲁奇 译
7. 德国思想家论中国 [德]夏瑞春 编 陈爱政 等译
8. 摆脱困境:新儒学与中国政治文化的演进 [美]墨子刻 著 颜世安 高华 黄东兰 译
9. 儒家思想新论:创造性转换的自我 [美]杜维明 著 曹幼华 单丁 译 周文彰 等校
10. 洪业:清朝开国史 [美]魏斐德 著 陈苏镇 薄小莹 包伟民 陈晓燕 牛朴 谭天星 译 阎步克 等校
11. 走向 21 世纪:中国经济的现状、问题和前景 [美]D. H. 帕金斯 著 陈志标 编译
12. 中国:传统与变革 [美]费正清 赖肖尔 主编 陈仲丹 潘兴明 庞朝阳 译 吴世民 张子清 洪邮生 校
13. 中华帝国的法律 [美]D. 布朗 C. 莫里斯 著 朱勇 译 梁治平 校
14. 梁启超与中国思想的过渡(1890—1907) [美]张灏 著 崔志海 葛夫平 译
15. 儒教与道教 [德]马克斯·韦伯 著 洪天富 译
16. 中国政治 [美]詹姆斯·R. 汤森 布兰特利·沃马克 著 顾速 董方 译
17. 文化、权力与国家:1900—1942 年的华北农村 [美]杜赞奇 著 王福明 译
18. 义和团运动的起源 [美]周锡瑞 著 张俊义 王栋 译
19. 在传统与现代性之间:王韬与晚清革命 [美]柯文 著 雷颐 罗检秋 译
20. 最后的儒家:梁漱溟与中国现代化的两难 [美]艾恺 著 王宗昱 冀建中 译
21. 蒙元入侵前夜的中国日常生活 [法]谢和耐 著 刘东 译
22. 东亚之锋 [美]小 R. 霍夫亨兹 K. E. 柯德尔 著 黎鸣 译
23. 中国社会史 [法]谢和耐 著 黄建华 黄迅余 译
24. 从理学到朴学:中华帝国晚期思想与社会变化面面观 [美]艾尔曼 著 赵刚 译
25. 孔子哲学思微 [美]郝大维 安乐哲 著 蒋弋为 李志林 译
26. 北美中国古典文学研究名家十年文选 乐黛云 陈珏 编选
27. 东亚文明:五个阶段的对话 [美]狄百瑞 著 何兆武 何冰 译
28. 五四运动:现代中国的思想革命 [美]周策纵 著 周子平 等译
29. 近代中国与新世界:康有为变法与大同思想研究 [美]萧公权 著 汪荣祖 译
30. 功利主义儒家:陈亮对朱熹的挑战 [美]田浩 著 姜长苏 译
31. 莱布尼兹和儒学 [美]孟德卫 著 张学智 译
32. 佛教征服中国:佛教在中国中古早期的传播与适应 [荷兰]许理和 著 李四龙 裴勇 等译
33. 新政革命与日本:中国,1898—1912 [美]任达 著 李仲贤 译
34. 经学、政治和宗族:中华帝国晚期常州今文学派研究 [美]艾尔曼 著 赵刚 译
35. 中国制度史研究 [美]杨联陞 著 彭刚 程钢 译

36. 汉代农业:早期中国农业经济的形成 [美]许倬云 著 程农 张鸣 译 邓正来 校
37. 转变的中国:历史变迁与欧洲经验的局限 [美]王国斌 著 李伯重 连玲玲 译
38. 欧洲中国古典文学研究名家十年文选 乐黛云 陈珏 龚刚 编选
39. 中国农民经济:河北和山东的农民发展,1890—1949 [美]马若孟 著 史建云 译
40. 汉哲学思维的文化探源 [美]郝大维 安乐哲 著 施忠连 译
41. 近代中国之种族观念 [英]冯客 著 杨立华 译
42. 血路:革命中国中的沈定一(玄庐)传奇 [美]萧邦奇 著 周武彪 译
43. 历史三调:作为事件、经历和神话的义和团 [美]柯文 著 杜继东 译
44. 斯文:唐宋思想的转型 [美]包弼德 著 刘宁 译
45. 宋代江南经济史研究 [日]斯波义信 著 方健 何忠礼 译
46. 山东台头:一个中国村庄 杨懋春 著 张雄 沈炜 秦美珠 译
47. 现实主义的限制:革命时代的中国小说 [美]安敏成 著 姜涛 译
48. 上海罢工:中国工人政治研究 [美]裴宜理 著 刘平 译
49. 中国转向内在:两宋之际的文化转向 [美]刘子健 著 赵冬梅 译
50. 孔子:即凡而圣 [美]赫伯特·芬格莱特 著 彭国翔 张华 译
51. 18 世纪中国的官僚制度与荒政 [法]魏丕信 著 徐建青 译
52. 他山的石头记:宇文所安自选集 [美]宇文所安 著 田晓菲 编译
53. 危险的愉悦:20 世纪上海的娼妓问题与现代性 [美]贺萧 著 韩敏中 盛宁 译
54. 中国食物 [美]尤金·N. 安德森 著 马孆 刘东 译 刘东 审校
55. 大分流:欧洲、中国及现代世界经济的发展 [美]彭慕兰 著 史建云 译
56. 古代中国的思想世界 [美]本杰明·史华兹 著 程钢 译 刘东 校
57. 内闱:宋代的婚姻和妇女生活 [美]伊沛霞 著 胡志宏 译
58. 中国北方村落的社会性别与权力 [加]朱爱岚 著 胡玉坤 译
59. 先贤的民主:杜威、孔子与中国民主之希望 [美]郝大维 安乐哲 著 何刚强 译
60. 向往心灵转化的庄子:内篇分析 [美]爱莲心 著 周炽成 译
61. 中国人的幸福观 [德]鲍吾刚 著 严蓓雯 韩雪临 吴德祖 译
62. 闺塾师:明末清初江南的才女文化 [美]高彦颐 著 李志生 译
63. 缀珍录:十八世纪及其前后的中国妇女 [美]曼素恩 著 定宜庄 颜宜葳 译
64. 革命与历史:中国马克思主义历史学的起源,1919—1937 [美]德里克 著 翁贺凯 译
65. 竞争的话语:明清小说中的正统性、本真性及所生成之意义 [美]艾梅兰 著 罗琳 译
66. 云南禄村:中国妇女与农村发展 [加]宝森 著 胡玉坤 译
67. 中国近代思维的挫折 [日]岛田虔次 著 甘万萍 译
68. 中国的亚洲内陆边疆 [美]拉铁摩尔 著 唐晓峰 译
69. 为权力祈祷:佛教与晚明中国士绅社会的形成 [加]卜正民 著 张华 译
70. 天潢贵胄:宋代宗室史 [美]贾志扬 著 赵冬梅 译
71. 儒家之道:中国哲学之探讨 [美]倪德卫 著 [美]万白安 编 周炽成 译
72. 都市里的农家女:性别、流动与社会变迁 [澳]杰华 著 吴小英 译
73. 另类的现代性:改革开放时代中国性别化的渴望 [美]罗丽莎 著 黄新 译
74. 近代中国的知识分子与文明 [日]佐藤慎一 著 刘岳兵 译
75. 繁盛之阴:中国医学史中的性(960—1665) [美]费侠莉 著 甄橙 主译 吴朝霞 主校
76. 中国大众宗教 [美]韦思谛 编 陈仲丹 译
77. 中国诗画语言研究 [法]程抱一 著 涂卫群 译
78. 中国的思维世界 [日]沟口雄三 小岛毅 著 孙歌 等译

79. 德国与中华民国　[美]柯伟林 著　陈谦平 陈红民 武菁 申晓云 译　钱乘旦 校
80. 中国近代经济史研究:清末海关财政与通商口岸市场圈　[日]滨下武志 著　高淑娟 孙彬 译
81. 回应革命与改革:皖北李村的社会变迁与延续　韩敏 著　陆益龙 徐新玉 译
82. 中国现代文学与电影中的城市:空间、时间与性别构形　[美]张英进 著　秦立彦 译
83. 现代的诱惑:书写半殖民地中国的现代主义(1917—1937)　[美]史书美 著　何恬 译
84. 开放的帝国:1600 年前的中国历史　[美]芮乐伟·韩森 著　梁侃 邹劲风 译
85. 改良与革命:辛亥革命在两湖　[美]周锡瑞 著　杨慎之 译
86. 章学诚的生平与思想　[美]倪德卫 著　杨立华 译
87. 卫生的现代性:中国通商口岸健康与疾病的意义　[美]罗芙芸 著　向磊 译
88. 道与庶道:宋代以来的道教、民间信仰和神灵模式　[美]韩明士 著　皮庆生 译
89. 间谍王:戴笠与中国特工　[美]魏斐德 著　梁禾 译
90. 中国的女性与性相:1949 年以来的性别话语　[英]艾华 著　施施 译
91. 近代中国的犯罪、惩罚与监狱　[荷]冯客 著　徐有威 等译　潘兴明 校
92. 帝国的隐喻:中国民间宗教　[英]王斯福 著　赵旭东 译
93. 王弼《老子注》研究　[德]瓦格纳 著　杨立华 译
94. 寻求正义:1905—1906 年的抵制美货运动　[美]王冠华 著　刘甜甜 译
95. 传统中国日常生活中的协商:中古契约研究　[美]韩森 著　鲁西奇 译
96. 从民族国家拯救历史:民族主义话语与中国现代史研究　[美]杜赞奇 著　王宪明 高继美 李海燕 李点 译
97. 欧几里得在中国:汉译《几何原本》的源流与影响　[荷]安国风 著　纪志刚 郑诚 郑方磊 译
98. 十八世纪中国社会　[美]韩书瑞 罗友枝 著　陈仲丹 译
99. 中国与达尔文　[美]浦嘉珉 著　钟永强 译
100. 私人领域的变形:唐宋诗词中的园林与玩好　[美]杨晓山 著　文韬 译
101. 理解农民中国:社会科学哲学的案例研究　[美]李丹 著　张天虹 张洪云 张胜波 译
102. 山东叛乱:1774 年的王伦起义　[美]韩书瑞 著　刘平 唐雁超 译
103. 毁灭的种子:战争与革命中的国民党中国(1937—1949)　[美]易劳逸 著　王建朗 王贤知 贾维 译
104. 缠足:"金莲崇拜"盛极而衰的演变　[美]高彦颐 著　苗延威 译
105. 饕餮之欲:当代中国的食与色　[美]冯珠娣 著　郭乙瑶 马磊 江素侠 译
106. 翻译的传说:中国新女性的形成(1898—1918)　胡缨 著　龙瑜宬 彭珊珊 译
107. 中国的经济革命:20 世纪的乡村工业　[日]顾琳 著　王玉茹 张玮 李进霞 译
108. 礼物、关系学与国家:中国人际关系与主体性建构　杨美惠 著　赵旭东 孙珉 译　张跃宏 译校
109. 朱熹的思维世界　[美]田浩 著
110. 皇帝和祖宗:华南的国家与宗族　[英]科大卫 著　卜永坚 译
111. 明清时代东亚海域的文化交流　[日]松浦章 著　郑洁西 等译
112. 中国美学问题　[美]苏源熙 著　卞东波 译　张强强 朱霞欢 校
113. 清代内河水运史研究　[日]松浦章 著　董科 译
114. 大萧条时期的中国:市场、国家与世界经济　[日]城山智子 著　孟凡礼 尚国敏 译 唐磊 校
115. 美国的中国形象(1931—1949)　[美] T. 克里斯托弗·杰斯普森 著　姜智芹 译
116. 技术与性别:晚期帝制中国的权力经纬　[英]白馥兰 著　江湄 邓京力 译

117. 中国善书研究 [日]酒井忠夫 著 刘岳兵 何英莺 孙雪梅 译
118. 千年末世之乱:1813年八卦教起义 [美]韩书瑞 著 陈仲丹 译
119. 西学东渐与中国事情 [日]增田涉 著 由其民 周启乾 译
120. 六朝精神史研究 [日]吉川忠夫 著 王启发 译
121. 矢志不渝:明清时期的贞女现象 [美]卢苇菁 著 秦立彦 译
122. 纠纷与秩序:徽州文书中的明朝 [日]中岛乐章 著 郭万平 译
123. 中华帝国晚期的欲望与小说叙述 [美]黄卫总 著 张蕴爽 译
124. 虎、米、丝、泥:帝制晚期华南的环境与经济 [美]马立博 著 王玉茹 关永强 译
125. 一江黑水:中国未来的环境挑战 [美]易明 著 姜智芹 译
126.《诗经》原意研究 [日]家井真 著 陆越 译
127. 施剑翘复仇案:民国时期公众同情的兴起与影响 [美]林郁沁 著 陈湘静 译
128. 义和团运动前夕华北的地方动乱与社会冲突(修订译本) [德]狄德满 著 崔华杰 译
129. 铁泪图:19世纪中国对于饥馑的文化反应 [美]艾志端 著 曹曦 译
130. 饶家驹安全区:战时上海的难民 [美]阮玛霞 著 白华山 译
131. 危险的边疆:游牧帝国与中国 [美]巴菲尔德 著 袁剑 译
132. 工程国家:民国时期(1927—1937)的淮河治理及国家建设 [美]戴维・艾伦・佩兹 著 姜智芹 译
133. 历史宝筏:过去、西方与中国妇女问题 [美]季家珍 著 杨可 译
134. 姐妹们与陌生人:上海棉纱厂女工,1919—1949 [美]韩起澜 著 韩慈 译
135. 银线:19世纪的世界与中国 林满红 著 詹庆华 林满红 译
136. 寻求中国民主 [澳]冯兆基 著 刘悦斌 徐硙 译
137. 墨梅 [美]毕嘉珍 著 陆敏珍 译
138. 清代上海沙船航运业史研究 [日]松浦章 著 杨蕾 王亦诤 董科 译
139. 男性特质论:中国的社会与性别 [澳]雷金庆 著 [澳]刘婷 译
140. 重读中国女性生命故事 游鉴明 胡缨 季家珍 主编
141. 跨太平洋位移:20世纪美国文学中的民族志、翻译和文本间旅行 黄运特 著 陈倩 译
142. 认知诸形式:反思人类精神的统一性与多样性 [英]G.E.R.劳埃德 著 池志培 译
143. 中国乡村的基督教:1860—1900年江西省的冲突与适应 [美]史维东 著 吴薇 译
144. 假想的"满大人":同情、现代性与中国疼痛 [美]韩瑞 著 袁剑 译
145. 中国的捐纳制度与社会 伍跃 著
146. 文书行政的汉帝国 [日]富谷至 著 刘恒武 孔李波 译
147. 城市里的陌生人:中国流动人口的空间、权力与社会网络的重构 [美]张骊 著 袁长庚 译
148. 性别、政治与民主:近代中国的妇女参政 [澳]李木兰 著 方小平 译
149. 近代日本的中国认识 [日]野村浩一 著 张学锋 译
150. 狮龙共舞:一个英国人笔下的威海卫与中国传统文化 [英]庄士敦 著 刘本森 译 威海市博物馆 郭大松 校
151. 人物、角色与心灵:《牡丹亭》与《桃花扇》中的身份认同 [美]吕立亭 著 白华山 译
152. 中国社会中的宗教与仪式 [美]武雅士 著 彭泽安 邵铁峰 译 郭潇威 校
153. 自贡商人:近代早期中国的企业家 [美]曾小萍 著 董建中 译
154. 大象的退却:一部中国环境史 [英]伊懋可 著 梅雪芹 毛利霞 王玉山 译
155. 明代江南土地制度研究 [日]森正夫 著 伍跃 张学锋 等译 范金民 夏维中 审校
156. 儒学与女性 [美]罗莎莉 著 丁佳伟 曹秀娟 译

157. 行善的艺术:晚明中国的慈善事业(新译本) [美]韩德玲 著 曹晔 译
158. 近代中国的渔业战争和环境变化 [美]穆盛博 著 胡文亮 译
159. 权力关系:宋代中国的家族、地位与国家 [美]柏文莉 著 刘云军 译
160. 权力源自地位:北京大学、知识分子与中国政治文化,1898—1929 [美]魏定熙 著 张蒙 译
161. 工开万物:17 世纪中国的知识与技术 [德]薛凤 著 吴秀杰 白岚玲 译
162. 忠贞不贰:辽代的越境之举 [英]史怀梅 著 曹流 译
163. 内藤湖南:政治与汉学(1866—1934) [美]傅佛果 著 陶德民 何英莺 译
164. 他者中的华人:中国近现代移民史 [美]孔飞力 著 李明欢 译 黄鸣奋 校
165. 古代中国的动物与灵异 [英]胡司德 著 蓝旭 译
166. 两访中国茶乡 [英]罗伯特·福琼 著 敖雪岗 译
167. 缔造选本:《花间集》的文化语境与诗学实践 [美]田安 著 马强才 译
168. 扬州评话探讨 [丹麦]易德波 著 米锋 易德波 译 李今芸 校译
169.《左传》的书写与解读 李惠仪 著 文韬 许明德 译
170. 以竹为生:一个四川手工造纸村的 20 世纪社会史 [德]艾约博 著 韩巍 译 吴秀杰 校
171. 东方之旅:1579—1724 耶稣会传教团在中国 [美]柏理安 著 毛瑞方 译
172. "地域社会"视野下的明清史研究:以江南和福建为中心 [日]森正夫 著 于志嘉 马一虹 黄东兰 阿风 等译
173. 技术、性别、历史:重新审视帝制中国的大转型 [英]白馥兰 著 吴秀杰 白岚玲 译
174. 中国小说戏曲史 [日]狩野直喜 张真 译
175. 历史上的黑暗一页:英国外交文件与英美海军档案中的南京大屠杀 [美]陆束屏 编著/翻译
176. 罗马与中国:比较视野下的古代世界帝国 [奥]沃尔特·施德尔 主编 李平 译
177. 矛与盾的共存:明清时期江西社会研究 [韩]吴金成 著 崔荣根 译 薛戈 校译
178. 唯一的希望:在中国独生子女政策下成年 [美]冯文 著 常姝 译
179. 国之枭雄:曹操传 [澳]张磊夫 著 方笑天 译
180. 汉帝国的日常生活 [英]鲁惟一 著 刘洁 余霄 译
181. 大分流之外:中国和欧洲经济变迁的政治 [美]王国斌 罗森塔尔 著 周琳 译 王国斌 张萌 审校
182. 中正之笔:颜真卿书法与宋代文人政治 [美]倪雅梅 著 杨简茹 译 祝帅 校译
183. 江南三角洲市镇研究 [日]森正夫 编 丁韵 胡婧 等译 范金民 审校
184. 忍辱负重的使命:美国外交官记载的南京大屠杀与劫后的社会状况 [美]陆束屏 编著/翻译
185. 修仙:古代中国的修行与社会记忆 [美]康儒博 著 顾漩 译
186. 烧钱:中国人生活世界中的物质精神 [美]柏桦 著 袁剑 刘玺鸿 译
187. 话语的长城:文化中国历险记 [美]苏源熙 著 盛珂 译
188. 诸葛武侯 [日]内藤湖南 著 张真 译
189. 盟友背信:一战中的中国 [英]吴芳思 克里斯托弗·阿南德尔 著 张宇扬 译
190. 亚里士多德在中国:语言、范畴和翻译 [英]罗伯特·沃迪 著 韩小强 译
191. 马背上的朝廷:巡幸与清朝统治的建构,1680—1785 [美]张勉治 著 董建中 译
192. 申不害:公元前四世纪中国的政治哲学家 [美]顾立雅 著 马腾 译
193. 晋武帝司马炎 [日]福原启郎 著 陆帅 译
194. 唐人如何吟诗:带你走进汉语音韵学 [日]大岛正二 著 柳悦 译

195. 古代中国的宇宙论 [日]浅野裕一 著 吴昊阳 译
196. 中国思想的道家之论:一种哲学解释 [美]陈汉生 著 周景松 谢尔逊 等译 张丰乾 校译
197. 诗歌之力:袁枚女弟子屈秉筠(1767—1810) [加]孟留喜 著 吴夏平 译
198. 中国逻辑的发现 [德]顾有信 著 陈志伟 译
199. 高丽时代宋商往来研究 [韩]李镇汉 著 李廷青 戴琳剑 译 楼正豪 校
200. 中国近世财政史研究 [日]岩井茂树 著 付勇 译 范金民 审校
201. 魏晋政治社会史研究 [日]福原启郎 著 陆帅 刘萃峰 张紫毫 译
202. 宋帝国的危机与维系:信息、领土与人际网络 [比利时]魏希德 著 刘云军 译
203. 中国精英与政治变迁:20 世纪初的浙江 [美]萧邦奇 著 徐立望 杨涛羽 译 李齐 校
204. 北京的人力车夫:1920 年代的市民与政治 [美]史谦德 著 周书垚 袁剑 译 周育民 校
205. 1901—1909 年的门户开放政策:西奥多·罗斯福与中国 [美]格雷戈里·摩尔 著 赵嘉玉 译
206. 清帝国之乱:义和团运动与八国联军之役 [美]明恩溥 著 郭大松 刘本森 译
207. 宋代文人的精神生活(960—1279) [美]何复平 著 叶树勋 单虹泽 译
208. 梅兰芳与 20 世纪国际舞台:中国戏剧的定位与置换 [美]田民 著 何恬 译
209. 郭店楚简《老子》新研究 [日]池田知久 著 曹峰 孙佩霞 译
210. 德与礼——亚洲人对领导能力与公众利益的理想 [美]狄培理 著 闵锐武 闵月 译
211. 棘闱:宋代科举与社会 [美]贾志扬 著
212. 通过儒家现代性而思 [法]毕游塞 著 白欲晓 译
213. 阳明学的位相 [日]荒木见悟 著 焦堃 陈晓杰 廖明飞 申绪璐 译
214. 明清的戏曲——江南宗族社会的表象 [日]田仲一成 著 云贵彬 王文勋 译
215. 日本近代中国学的形成:汉学革新与文化交涉 陶德民 著 辜承尧 译
216. 声色:永明时代的宫廷文学与文化 [新加坡]吴妙慧 著 朱梦雯 译
217. 神秘体验与唐代世俗社会:戴孚《广异记》解读 [英]杜德桥 著 杨为刚 查屏球 译 吴晨 审校
218. 清代中国的法与审判 [日]滋贺秀三 著 熊远报 译
219. 铁路与中国转型 [德]柯丽莎 著 金毅 译
220. 生命之道:中医的物、思维与行动 [美]冯珠娣 著 刘小朦 申琛 译
221. 中国古代北疆史的考古学研究 [日]宫本一夫 著 黄建秋 译
222. 异史氏:蒲松龄与中国文言小说 [美]蔡九迪 著 任增强 译 陈嘉艺 审校
223. 中国江南六朝考古学研究 [日]藤井康隆 著 张学锋 刘可维 译
224. 商会与近代中国的社团网络革命 [加]陈忠平 著
225. 帝国之后:近代中国国家观念的转型(1885—1924) [美]沙培德 著 刘芳 译
226. 天地不仁:中国古典哲学中恶的问题 [美]方岚生 著 林捷 汪日宣 译
227. 卿本著者:明清女性的性别身份、能动主体和文学书写 [加]方秀洁 著 周睿 陈昉昊 译
228. 古代中华观念的形成 [日]渡边英幸 著 吴昊阳 译
229. 明清中国的经济结构 [日]足立启二 著 杨缨 译
230. 国家与市场之间的中国妇女 [加]朱爱岚 著 蔡一平 胡玉坤 译
231. 高丽与中国的海上交流(918—1392) [韩]李镇汉 著 宋文志 李廷青 译
232. 寻找六边形:中国农村的市场和社会结构 [美]施坚雅 著 史建云 徐秀丽 译